# 康熙滿文嘉言選

## 都 俞 吁 咈

莊吉發編譯

《康熙帝半身像》軸 北京故宮博物院藏

滿 語 叢 刊

文史哲出版社印行

康熙帝南巡圖卷・江寧閱武（局部）

# 康熙滿文嘉言選

都　俞　吁　咈

## 目　　次

# 出 版 說 明

我國歷代以來，就是一個多民族的國家，各兄弟民族多有自己的民族語言和文字。滿文是由蒙古文字脫胎而來，成吉思汗征伐乃蠻時，曾俘獲乃蠻太陽汗的掌印官塔塔統阿。成吉思汗見他爲人忠誠，就派他繼續掌管印信。塔塔統阿是維吾爾人，於是令塔塔統阿以老維吾爾文書寫蒙古語音，這是蒙古族正式使用自己新文字的開始。後世出土的碑銘，有所謂《成吉思汗石碑文書》，是宋理宗寶慶元年（1225）成吉思汗次弟合撒兒之子也孫格所豎立的紀功碑。碑文由上而下，從左至右，直行書寫，與老維吾爾文的字體相似，後世遂稱這種老維吾爾體的蒙古文字爲舊蒙文或老蒙文，其字母較容易書寫，流傳較久，而成爲蒙古通行文字，許多精通老維吾爾文的維吾爾人開始大量登用，或任必闍赤即秘書等職，或教諸皇子讀書。蒙古文字的創制，更加促進了蒙古文化的發展。

元世祖忽必烈汗爲繙譯梵文和藏文佛經的方便，於中統元年（1260）命國師八思巴喇嘛創造新字。八思巴喇嘛將梵文和藏文融合的蘭札體字母改造成四方形的音標，自左至右書寫，稱爲蒙古新字，於元世祖至元六年（1269）正式頒佈使用。元順帝至正八年（1348）所立莫高窟六字真言，分別以漢文、西夏文、梵文、藏文、老蒙文及蒙古新字等六體文字書寫。碑文居中右側爲漢文，作「唵嘛呢八㗌吽」（om mani padme hūm）。居中左側左起一行就是老維吾爾體由上而下直行書寫的老蒙文，滿文的創造，就是由老維吾爾體的老蒙文脫胎而來。

女真族是滿族的主體民族，蒙古滅金後，女真遺族散居於混同江流域，開元城以北，東濱海，西接兀良哈，南鄰朝鮮。由於元朝蒙古對東北女真的統治以及地緣的便利，在滿族崛起以前，女真與蒙古的接觸，已極密切，蒙古文化對女真產生了很大的影響，女真地區除了使用漢文外，同時也使用蒙古語言文字。明朝後期，滿族的經濟與文化，進入迅速發展的階段，但在滿族居住的地區，仍然沒有滿族自己的文字，其文移往來，主要使用蒙古文字，必須「習蒙古書，譯蒙古語通之。」使用女真語的民族書寫蒙古文字，未習蒙古語的女真族則無從了解，這種現象實在不能適應新興滿族共同的需要。明神宗萬曆二十七年（1599）二月，清太祖努爾哈齊爲了文移往來及記注政事的需要，即命巴克什額爾德尼、扎爾固齊噶蓋仿照老蒙文創制滿文，亦即以老蒙文字母爲基礎，拼寫女真語，聯綴成句，而發明了拼音文字，例如將蒙古字母的「ᠠ」（a）字下接「ᠮᠠ」（ma）字，就成「ᠠᠮᠠ」（ama），意即父親。這種由老維吾爾體老蒙文脫胎而來的初期滿文，在字旁未加圈點，未能充分表達女真語言，無從區別人名、地名的讀音。清太宗天聰六年（1632），皇太極命巴克什達海將初創滿文在字旁加置圈點，使音義分明，同時增添一些新字母，使滿文的語音、形體更臻完善，區別了原來容易混淆的語音。清太祖時期的初創滿文，習稱老滿文，又稱無圈點滿文。天聰年間，巴克什達海奉命改進的滿文，習稱新滿文，又稱加圈點滿文，滿文的創制，就是滿族承襲北亞文化的具體表現。

臺北國立故宮博物院典藏清史館纂修《國語志》稿本，其卷首有奎善撰〈滿文源流〉一文。原文有一段敘述說：「文字所以代結繩，無論何國文字，其糾結屈曲，無不含有結繩遺意。然體制不一，則又以地勢而殊。歐洲多水，故英、法國文字橫行，如風浪，如水紋。滿洲故里多山林，故文字矗立高聳，如古樹，如孤峰。蓋造文字，本乎人心，人心之靈，實根於天地自然之理，非偶然也。」滿文是一種拼音文字，由上而下，由左而右，直行書寫，字形矗立高聳，滿文的創造，有其文化、地理背景，的確不是偶然的。從此，滿洲已有能準確表達自己語言的新文字，由於滿文的創造及改進，更加促進了滿洲文化的發展。

起居注是官名，掌記注之事，起居注官記錄帝王言行的檔冊，稱爲《起居注檔冊》，簡稱《記注冊》，又習稱《起居注冊》，是類似日記體的一種史料。其體例起源甚早，周代已設左史、右史之職。漢武帝時，禁中有起居注。王莽時，置柱下五史，聽事侍旁，記載言行，以比古代左右史。東漢明帝、獻帝時，俱置起居注。魏晉時，著作郎兼掌起居注。北魏孝文帝太和十四年(490)，置起居令史。隋代置起居注舍人。唐代更置起居郎、起居舍人。唐代記注體例，是以事繫日，以日繫月，以月繫時，以時繫年，並於每季彙送史館，起居注制度日臻完善。宋代仿唐代制度，仍以起居郎及起居舍人分掌記注。元朝雖設起居注，惟所記皆臣工奏聞事件，不記君主言行。明朝洪武初年即置起居注，北京大學圖書館所藏《萬曆起居注》是迄今存世較早、較完整的起居注冊。

清朝入關以前，內國史院的職掌，主要爲記注皇帝詔令，但尚未正式確立起居注的官名。順治十年（1653）正月，工科都給事中劉顯績奏稱：

> 自古帝王，左史記言，右史記動，期昭示當時，垂法後世。我皇上種種美政，史不勝書，乞做前代設立記注官，凡有詔諭，及諸臣啟奏，皇上一言一動，隨事直書，存貯內院，

以為聖子神孫萬事法則。

給事中劉顯績的建議，並未被採行。康熙七年（1668）九月，內秘書院侍讀學士熊賜履疏稱：

皇上一身，宗廟社稷所倚賴，中外臣民所瞻仰。近聞車駕將幸邊外，伏乞俯採芻言，收回成命，如以農隙講武，則請遴選儒臣，簪筆左右，一言一動，書之簡冊，以垂永久。

侍讀學士熊賜履所奏「一言一動，書之簡冊」，就是記注起居。原奏奉旨「是，朕允所奏，停止邊外之行，所稱應設起居注官，知道了。」據《欽定大清會典事例》的記載，康熙九年（1670），始置起居注館於太和門西廊。《清史稿》亦謂「康熙九年，始設起居注館，在太和門西廡。置滿洲記注官四人，漢八人，以日講官兼攝。」起居注館隸屬翰林院（bithei yamun）。據清實錄的記載，清朝正式設置起居注官是始於康熙十年（1671）八月。是月十六日，實錄記載：

設立起居注，命日講官兼攝，添設漢日講官二員，滿漢字主事二員，滿字主事一員，漢軍主事一員。

起居注官是從掌院學士以下，編檢以上，侍講、侍讀等，由翰林院開列請簡。每日二員侍值，將應記之事，以滿漢文分別記注。起居注館的編制，日益擴大。康熙十一年（1672），增設滿字筆帖式四員，滿漢字筆帖式二員。次年，增設滿洲記注官一員，漢記注官二員。康熙十六年（1677），增設滿洲記注官一員。康熙二十年（1681），增設漢記注官八員，至此，滿漢記注官共二十二員。因記注起居關係機要，其滿洲記注官，「必用上三旗人方可」。滿漢記注官日值記載，會同校閱，並將起居注冊會同內閣諸臣看封儲庫。康熙二十二年（1683）二月初一日，起居注冊有一段記載云：

翰林院為康熙二十一年起居注冊照例會同內閣諸臣看封貯庫，以綠頭簽啟奏。上曰：「爾等可同內閣諸臣來奏，另有諭旨。」少頃，同內閣諸臣進。上曰：「記注起居事跡，將以垂之史冊，所關甚要。或在朕前原未陳奏，乃在外妄稱如何上奏，如何奉旨？私自緣飾開寫送起居注館。且每日止該直官二員記注，或因與己相善，特美其辭；與己不相善，故抑其辭，皆未可知。起居注官能必其盡君子乎？記注冊朕不欲親閱，朕所行政事，即不記注，其善與否，自有天下人記之。爾等傳諭九卿、詹事、科、道等官會議，應作何公看？如以所無之事誣飾記注者將嚴懲焉！」

起居注冊的記載，因爲可以垂之史冊，所以必須客觀，不可緣飾。其應如何公看之處，九卿等遵旨議奏。次日，起居注冊有一段記載：

上又問曰：「昨所諭起居注檔冊事，九卿等公議若何？」大學士明珠等奏曰：「九卿公議云，起居注事宜皆記載機密，垂諸史冊者，所關重大，臣等不敢閱。且滿漢起居注官，共二十二員，日直記載俱係公同校閱，凡九卿官員所奏之事，從無私自繕寫送進史館記注之例。如有繕寫送進者，起居注衙門必進呈御覽，方敢入冊，向來定例如此。」上曰：「知道了，可仍照舊例。」

大學士等固然不敢閱看起居注冊，康熙皇帝亦不親閱。起居注冊由滿漢起居注官公同校閱，從無私自繕寫送進史館記注之例。其記注檔案，亦不得任意私自刪抹。

康熙年間，記注官日直記事，從未間斷。但在康熙末年，起居注官奉命裁撤。康熙五十五年（1716），兩江總督赫壽題請寬免江南舊欠錢糧。部議不准行。後來赫壽又摺奏求免，康熙皇帝批令繕本具題，戶部滿大臣力主不行。康熙皇帝後來始知赫壽受人囑託，確有情弊。且西北正值軍事孔殷之時，故未准所請，照部議分年帶徵。康熙五十六（1717）三月間，記注官陳璋等查閱檔案，欲將康熙皇帝未蠲免舊欠錢糧前後諭旨不符之處，指出書寫。是月十六日，起居注冊有一段記載：

> 辰時，上御暢春園內澹寧居，召大學士、學士、九卿、詹事、科、道入。上曰：「記注官陳璋于今年三月內查閱檔案，抄朕去年十二月所諭江南錢糧之旨與趙熊詔，伊等皆屬有心，特以朕于去年曾諭江南舊欠錢糧相應蠲免，今年未行蠲免，意欲將朕前後互異之處，指出書寫耳。去年赫壽請頒特恩蠲免前項錢糧摺奏，朕批令繕本具題。及繕本具題後，朕知赫壽受人囑託，又私行通同商定具題欺朕，且以西邊正用兵餉之時，故舊欠未准蠲免，照依部議分年帶徵。朕御極以來，蠲免天下錢糧數千萬兩，豈有惜此些微錢糧之理？江南官員眾多，赫壽唯欲沽取善譽于官，而民殊不感戴，且聲名不堪。朕于事無不經歷，人亦焉能欺朕？朕豈肯以大權授人乎？若不將此故曉喻諸臣，爾必謂朕前後諭旨不符，所係非輕。且漢人著作文籍內，有將未題之稿云欲行具奏，以事已完結未獲具奏等語。似此並未入告者，尚且書寫，況其他乎？起居注衙門記注諭旨，原為敬慎起見。然自古未有久行設立者，亦有旋立旋止者，皆由所記不實故耳。記注官所記諭旨，朕從不檢閱，交與大學士等校看。大學士等事務繁多，亦無暇細校。又或以師生同年瞻顧情面，恐致仇怨，即有錯謬之處，亦不指出。殊不知記注諭旨，雖一字皆有關係。朕聽政之日，記注官入侍，伊等身尚無措，豈能備記諭旨，詳悉記載耶？侍班

漢官歸寓後，將朕諭旨纂寫，數日方攜至署，與滿官校看，又每爭競是非。由此觀之，將朕諭旨多遺漏舛訛可知。唯朕硃書諭旨及批本發科之旨，始為真確耳，其起居注所記，難于憑信也。」

由引文內容可知起居注官所記諭旨的纂修及其校看情形，侍班漢記注官返回寓所後，始將諭旨纂寫，經過數日後方攜至起居注衙門，與滿洲記注官校看，起居注館進呈御覽時，康熙皇帝並不檢閱，照例交給大學士等校看。但因大學士等事務繁雜，記注官所記諭旨，多無暇細校，所以起居注冊內所錄諭旨，仍須與硃筆諭旨及批本發科諭旨互相對照，以免有遺漏舛記之處。康熙五十七年（1718）三月初三日，起居注冊有一段記載：

自古以來，設立起居注，立數月而廢者有之，立一、二年而廢者有之，未有如朕設立之久者。今觀記注官內，年少微員甚多，皆非經歷事體之人。伊等自顧不暇，豈能詳悉記朕之言？或有關係大臣之事央求於彼，即行任意粉飾，將朕之旨，愈致錯誤，不能詳記者甚多。記注之事，關係甚重，一言失實，即啟後世之疑。即如趙熊詔亦曾私自抄錄。若朕設立起居注，閱一、二年即行裁革，或疑朕畏他人議論是非。朕御極已五十七年，與自古在位未久者不同，是非無煩伊等記注。此衙門甚屬無益，爾等會同九卿，將作何裁革之處，詳議具奏。

歷代以來，起居注官的設置，或數月而廢，或一、二年而廢。康熙初年設立起居注衙門以後，歷時長久，已經形成一種傳統制度。康熙皇帝雖因起居注官記載失實而將起居注衙門裁撤，但在雍正元年（1723）翰林院又奉旨恢復起居注衙門，如康熙五十六年（1717）以前故事，於雍正皇帝視朝臨御、祭祀壇廟之時，令滿漢講官各二人侍班，除記錄諭旨、政務外，所有君主一言一事，俱令書諸簡冊。恢復建置的起居注衙門，其員額雖有變動，但起居注衙門直至清朝末年，依然存在，其記注工作，亦未曾間斷。

清代歷朝起居注冊，包含滿文本與漢文本兩套。康熙十年（1671）八月，正式設置起居注官，起居注冊記載即始於是年九月，滿漢文本九、十月各合爲一冊，其餘每月各一冊，閏月各增一冊。康熙五十七年（1718）三月十五日以後，起居注冊停止記注。起居注冊記注的範圍很廣，凡逢朝會、御殿、御門聽政、有事郊廟、外藩入朝、大閱校射、勾決重囚等，起居注官都分日侍直。凡謁陵、校獵、駐蹕南苑、巡狩方岳，記注官俱扈從。康熙皇帝親詣兩宮問安，起居注官亦隨行記注。但昏定晨省，問安視膳，爲子孫常禮，康熙十四年（1675），康熙皇帝諭令侍值官不必隨行。每日御門聽政一切應商酌事件，起居注官除照常記注外，遇有折本啓奏，則令侍班記注。至於滿漢臣工題奏事件，則須分別對譯，滿洲記注官據滿字奏章纂修滿文本起居注冊；漢記注官則據漢字奏章纂修漢文本起居注冊。其滿漢文諭旨亦各據滿漢字諭旨分別纂修滿漢文本起居注冊。在康熙年間，諭旨及奏章多以滿字書寫，因此，漢文本起居注冊必俟譯出漢字後始據譯漢諭旨或譯漢奏章纂修漢文本起居注冊。

滿文的創制，既由老蒙文脫胎而來，可以說明滿文就是承襲了北亞文化的傳統。滿洲語文是滿族的主體語文，探討滿學，不能忽視滿洲語文的重要性。滿族入主中原後，滿文成了清朝的國語，國語和騎射成了北亞傳統文化的主要特徵。起居注冊多處記載清初諸帝提倡國語騎射的內容，其主要原因，就是在於強調北亞傳統文化的重要性。康熙皇帝御門聽政時指出，「達海始作滿書，大有裨於文治。」康熙十二年（1673）四月十二日，起居注冊有一段記錄說：

> 巳時，上詣太皇太后、皇太后宮問安。上謂侍臣曰：此時滿洲，朕不慮其不知滿語，但恐後生子弟漸習漢語，竟忘滿語，亦未可知。且滿漢文義照字翻譯，可通用者甚多。今之翻譯者，尚知辭意，酌而用之，後生子弟未必知此，不特差失大意，抑且言語欠當，關係不小。因顧謂翰林院學士傅達禮曰：爾任翰苑之職，可體朕此意，將滿語照漢文字彙發明，某字應如何用，某字當某處用，集成一書，使有益於後學。

將滿語詞彙編成字書，對保存滿洲語文及對滿族後生子弟學習滿語，都有很大裨益。皇五子胤祺只讀滿文，康熙皇帝諭諸臣曰：「皇五子向在皇太后宮中育養，皇太后愛之不令其讀漢書，止令其習清書。今漢書雖未曾讀，已能通曉清書矣。」康熙二十六年（1687）六月初十日，康熙皇帝當著諸臣面前令皇五子誦讀清書即滿文書一篇，皇五子念誦時段落清楚，句句明亮。康熙皇帝認爲不深通學問，就無從明達治體，所以格外重視諸皇子的教育，特命吏部尙書達哈塔等人輔導皇太子讀書。康熙皇帝令皇太子書寫滿文一紙，令達哈塔校對，然後令諸臣傳閱。諸大臣啓奏：「臣等雖習清書，未能精工。仰觀皇太子書法端妍勻熟，非臣等所可學而至也。」六月十一日巳時，皇太子在無逸齋讀書，達哈塔等人侍立於東，起居注官伊圖等侍立於西。皇太子書寫滿文一紙，交給起居注官伊圖等傳閱。伊圖等面啓曰：「小字、精楷大字從來難寫，皇太子所書，誠可爲人法式。」達哈塔等指出皇太子滿文書法，精熟秀美，字畫端正，反映康熙皇帝對滿洲語文教育的重視。康熙年間，君臣對話時，也常提及滿語的問題。康熙十四年（1675）閏五月十一日辰時，康熙皇帝御弘德殿，召刑部員外郎張鵬翮至懋勤殿，詢問他所學滿語、滿文情形。康熙十九年（1680）八月二十日，因吏部題補內閣典籍一事垂詢大學士等。明珠面奏公舉中書汪世英。他說：「歷俸較世英多者，尚有三、四人，但其人精通滿語，可辦典籍之事。」奉旨：「依所擬用」。康熙三十六年（1697）十二月二十日辰時，康熙皇帝御南苑舊宮，大學士阿蘭泰遵旨以宗室人數查奏，康熙皇帝諭曰：

> 宗室俱係太祖高皇帝一身所出，惟在鑲藍旗者，乃太祖高皇帝弟裔，且係全旗，並未分裂，習尚甚好，竟無匪類。觀其服用既朴，且整步射騎射俱善，試及第者比他旗亦多，於前鋒校員缺，引見前鋒等俱諳滿語。問之，謂伊王之門禁漢語也，且今衣帽款式，俱流於漢習，無足觀矣。惟內制照常，看來鑲藍旗亦毫無變易舊制。

鑲藍旗滿洲，用滿語，禁漢語，不變舊制，重視傳統，得到康熙皇帝的肯定。滿文本起居注冊記注含有大量的君臣對話內容，雖然都是滿文書面語，但對研究滿學卻提供了既珍貴又豐富的語文資料。

滿語眼鏡，滿語或音譯作「yan ging」，或意譯作「yasai buleku」。康熙皇帝御門聽政時先曾詢問大臣「yasa derikeo？yan ging baitalambio akūn？」（目昏否？用眼鏡否？）後來，康熙皇帝又問另一位大臣「si fi jafara de yasai buleku be baitalambio？」（汝執筆可戴眼鏡乎？）康熙皇帝因爲身體不適，令奏事員外傳諭，諭旨中有「mini dolo majige murime nimembi, geli ajige tule generengge foholon.」（因朕腹內微痛，又小便勤數。）句中「murime」，可作「絞」解，絞痛，滿語作「muribume nimembi」，此處「majige murime nimembi」，只作「微痛」解。出恭，滿語作「edun tuwambi」，或作「tule genembi」，小便作「narhūn edun tuwambi」，康熙朝起居注冊作「ajige tule genembi」，所用辭彙不同。滿語「girin」，意思是「一帶地方」。起居注冊內「yalu giyang, tumen giyang ni emu girin i ba.」（鴨綠江、圖們江一帶地方。）句中「一帶地方」，滿語作「emu girin i ba」。柳條邊，新滿文作「biregen」，或「birgen jase」。滿文本起居注冊作「birehen jase」。雞蛋，新滿文作「umhan」，滿文本起居注冊作「umgan」。煎煮，新滿文作「fuifumbi」，滿文本起居注冊作「foifumbi」。坐名題補，滿文本起居注冊作「dahabufi sindambi」。指南針，滿文本起居注冊作「julergi be toktobure ulme」，意即「定南針」，可以補充辭典的滿文辭彙。滿文虛字「haran」，其含義與「turgun」相近，用法不同。滿文本起居注冊有例句云：「bi ning hiya de coohalame genehe de, umai amu isinjirakū, ere gemu den bade genefi, sukdun tesurakū haran.」意即「朕出師寧夏時，竟不成寐，皆因地高，故氣不足。」爲研究滿語語法句型提供很好的例句。漢文本起居注冊有一段記載說：

> 庫勒納奏曰：「聞說黑龍江日長夜短，雖晚日落，不至甚暗，不知何故？」上曰：「黑龍江極東北之地，日出日入，皆近東北方，所以黑龍江夜短，日落亦不甚暗。」

爲了便於比較，將引文內容的滿文本起居注冊記載轉寫羅馬字拼音如下：

> kurene i wesimbuhengge, donjici aihūn i ba inenggi golmin dobori foholon, udu yamji šun tuheke seme asuru farhūn akū sembi, ere turgun be sarkū dele hendume, aihūn i ba umesi dergi amargi ergide bi, šun i tucire tuherengge gemu dergi amargi ba ofi, tuttu aihun i ba dobori foholon, farhūn akū sehe.

對照滿文本起居注冊得知漢文本起居注冊所稱「黑龍江」，是指黑龍江城瑷琿，不是黑龍江水流。黑龍江水流，滿文作「sahaliyan ula」。漢文中的黑龍江，或指瑷琿，或指黑龍江水流，滿文則分別得很清楚。

清代歷朝都有滿漢文本起居注冊，是清朝起居注冊的重要特色。由於滿漢文互相對譯，事實上就是滿漢合璧，對起居注冊的內容及人名、地名等辭彙的讀音，可以通過兩種不同文字的記載，而獲得正確答案。例如康熙五十二年（1713）二月初一日因冊立皇太子事，康熙皇帝召領侍衛內大臣、滿漢大學士九卿等面諭廢黜皇太子的緣由，節錄漢文本起居注冊一段內容如下：

> 觀今之居官者，祇如翰苑通套文章，全無實際。太子之為國本，朕豈不知？本一不正，關係非輕。朕將胤礽從幼教訓，並未知撻人詈人。迨後長成，變為暴虐，無所不為，不知忠孝，不識廉恥，行事乖戾，有不可言者矣。

引文中，「胤礽」，滿文本起居注冊讀如「in ceng」，「礽」，匙盈切，音成。皇長子胤禔，滿文讀如「amba age in jy」，大阿哥胤禔的「禔」，職伊切，音脂。皇三子胤祉，滿文讀如「ilaci age in cy」，三阿哥胤祉的「祉」，蚩益切，音尺。此外，如《黃檔子》，滿文讀如「suwayan dangse」，黃帶子則作「haksan umiyesum」，意即金黃色的帶子。正藍，滿文作「gulu lamun」，《藍檔子》，滿文作「yacin dangse」，句子「yacin」，是青色，但也是黑色，亦可作青黑色。對照滿漢文本起居注冊後，對於滿洲文化或清朝制度方面的許多名詞，可以深入的認識。或許可以說，滿漢本起居注冊是探討滿學的重要工具之一。

康熙年間（1662-1722），是清朝的盛世，康熙皇帝重視清文國語，滿語嫻熟。康熙十一年（1672）十二月十六日，《起居注冊》記載太皇太后的一段話說：「予雖在宮壼，太宗行政亦略知之，彼時開創，甚重騎射。方今天下太平，四方寧謐，然安不忘危，閒暇時仍宜訓練武備。」「安不忘危」，就是居安思危的憂患意識。康熙皇帝相信，「此時滿洲，朕不慮其不知滿語，但恐後生子弟漸習漢語，竟忘滿語。」重視清文國語，是康熙朝滿洲君臣的共識。滿文本《起居注冊》，其滿文書法，精熟秀美，字畫端正，充分反映康熙年間滿文的嫻熟精工。滿文本《起居注冊》不僅保存了文化內容，同時也保存了滿文的書法筆順，對於學習滿文提供了珍貴的語文範本。工欲善其事，必先利其器。為了充實滿文基礎教學，蒐集滿文教材，本書輯錄康熙朝《起居注冊》滿文諭旨及君臣對話語錄，編為二百個篇目，並將滿文轉寫羅馬拼音，對照漢文，題為《康熙滿文嘉言選》，對於初學滿文者，或可提供一定的參考價值。是書滿文羅馬拼音及漢文，由國立中正大學博士班林加豐同學、文化大學博士班簡意娟同學打字排版，中央研究院歷史語言研究所李慧敏小姐、國立臺灣大學博士班鹿智鈞、國立臺灣師範大學蔡松穎同學、國立清華大學碩士班簡湛竹、國立中央大學碩士班齊汝萱同學、國立苗栗農工國文科彭悅柔老師細心校對，並承國立臺灣大學中文學系滿文班同學的熱心協助，在此一併致謝。

二〇一三年一月

**莊吉發** 識

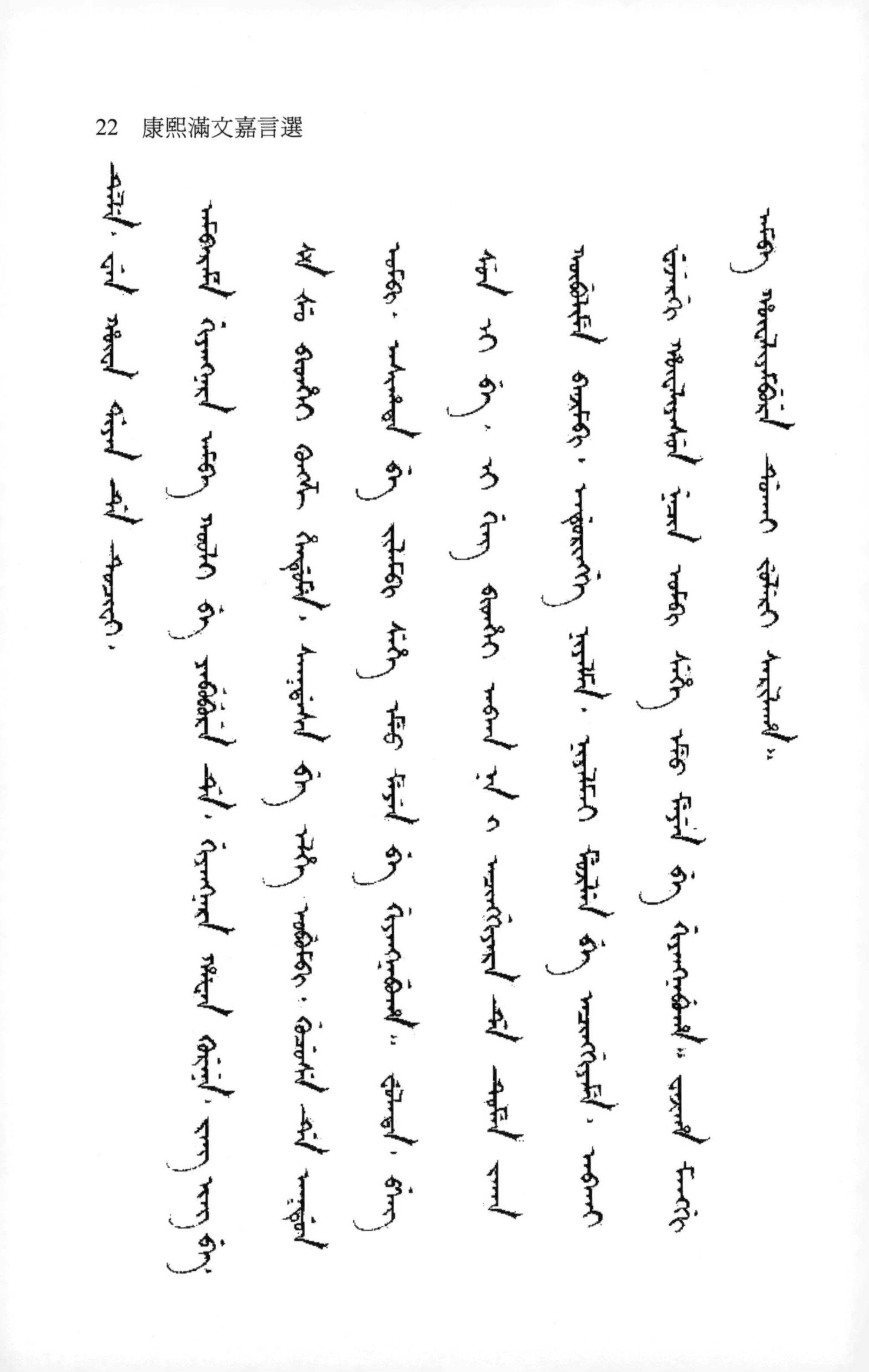

# 一、經筵大典

dele, wen hūwa diyan de tucifi, ambarame giyangnara amba kooli be yabubure de, giyangnara hafan kurene, jang ing be, sy šu bithei kungdz hendume, sakdasa be elhe obumbi, gucuse de akdun ombi. asihata be jilambi sehe emu meyen be giyangnabuha. fulata, peng sun i be, i ging bithei abka na i acinggiyara de tumen jaka kūbulime banjimbi, enduringge niyalma, niyalmai mujilen be acinggiyame, abkai fejergi hūwaliyasun necin ombi sehe emu meyen be giyangnabuha. wajiha manggi, amba hūwaliyambure dukai julergi sarilaha.

---

上御文華殿舉行經筵大典，講官庫勒納、張英講四書孔子曰：老者安之，朋友信之，少者懷之一節，傅喇塔、彭孫遹、講易經天地感而萬物化生，聖人感人心而天下和平一節畢，宴於太和門前。

---

上御文华殿举行经筵大典，讲官库勒纳、张英讲四书孔子曰：老者安之，朋友信之，少者怀之一节，傅喇塔、彭孙遹、讲易经天地感而万物化生，圣人感人心而天下和平一节毕，宴于太和门前。

ᡝᠵᡝᠨ ᡨᠠᠴᡳᠪᡠᠮᡝ ᠨᡳᠶᠠᠯᠮᠠ ᠪᡝᠶᡝ ᡤᡳᠰᡠᡵᡝᡵᡝ᠈ ᠣᠵᠣᡵᠣ ᠠᡴᡡ ᡳ ᠰᡠᠯᡝ ᠪᡠᡨᡠ ᠴᡳᡥᠠᠩᡤᠠ᠈ ᡝᠮᡠ

ᠠᠮᠠᠰᡳ ᠰᡠᠨᠵᠠ ᡳ ᡨᡠᠸᠠᠮᠪᡳ ᡤᡡᠨᡳᠨ᠈ ᡳᠰᡳᠪᡠᡥᠠᡴᡡ ᠠᡴᡡ᠉ ᠮᡝᡵᡤᡝᠨ ᠵᡠᡵᡤᠠᠨ ᡤᡳᠰᡠᠨ᠈

ᠪᡝ ᡥᡝᠨᡩᡠᡵᡝ ᡤᡝᠨᡤᡳᠶᡝᠨ ᡤᡠᠸᠠᠯᡳᠶᠠᠮᠪᡳ ᡠᠯᠠᠨ ᠪᠠᡳᡨᠠ᠈ ᠪᡠᡥᡳᠶᡝᠮᡝ ᡳ ᠪᡝ ᠪᠠᡳᠴᠠᠮᡝ᠈ ᡠᠵᡝᠯᡝᠮᡝ ᡳ ᡳᠰᡳᠨᡳᡥᡝ

ᡤᡠᠨᡳᠨ᠈ ᠣᠵᠣᡵᠣ ᠪᡝ ᡤᡡᠨᡳᠮᡝ ᠪᡠᡥᡝ᠈ ᠠᡳ ᡳ ᠣᠮᠪᡳ ᡤᡝᠨᡤᡳᠶᡝᠨ᠈ ᡳ ᡠᠯᠠᠨ ᠪᠠᡳᡨᠠ ᠰᡳᠮᡝ ᡳ

ᡨᡠᠸᠠᠮᡝ᠈ ᡤᡳᠰᡠᠨ ᡥᡝᠰᡝ ᡝᠯᡝ ᠪᠠᡳᡨᠠ ᡥᡡᠸᠠᡩᠠ᠉ ᡤᡳᠰᡠᠨ ᠪᡝ ᡨᡠᠸᠠᠮᡝ ᠣᡵᡤᠣᠨ ᡥᡡᠸᠠᡩᠠᠮᡝ

ᡤᡠᠸᡝᠨᡳᠨ ᠪᡝ᠈ ᡤᡳᠰᡠᠨ ᡤᡝᠨᡤᡳᠶᡝᠨ ᡨᡠᠸᠠᡴᡳ ᠰᡳᠨ ᡳ ᠪᠠᡳᡨᠠ ᠰᡳ᠈ ᡳᠨᡝᡴᡠ ᠪᡝ ᡤᡡᠨᡳᠨ ᡤᡡᠰᡝ ᡳᠨᠵᡝᠩᡤᡝ᠈

ᡥᡡᠸᠠᡩᠠᠮᡝ ᡨᡠᠸᠠᠴᡳ ᡤᡝᠨᡤᡳᠶᡝᠨ ᠪᠠᡳᡨᠠ ᠴᡳ᠈ ᡨᡠᠸᠠᠨᡤᡳᠶᠠᠮᡝ ᠣᡵᠣᠨ ᠪᡝ ᡨᡠᠸᠠᠴᡳ ᠣᠮᠪᡳ᠉

# 二、有益身心

hese wasimbuhangge, inenggidari bithe giyangnarangge, daci beye mujilen de tusa okini, tacin fonjin ulhiyen i nonggibukini. serengge. te giyangnara hafasai teile giyangname, bi amasi giyangnarakū oci, damu fe kooli be dahaha bime, ulhiyen i inenggi goidaha manggi, an i baita ofi, tacin fonjin i doro de tusa akū sere anggala, inu amaha jalan de durun obuci ojorakū ombi. ereci amasi dosifi giyangnara de, giyangnara hafasa giyangname wajiha manggi, bi kemuni amasi giyangnaki, uttu ishunde giyangname leolehe de, teni yargiyan tacin de tusa ombi.

---

諭曰：日講原期有益身心，加進學問。今止講官進講，朕不覆講，則但循舊例，漸至日久將成故事，不惟於學問之道無益，亦非所以爲法于後世也。自後進講時，講官講畢，朕仍覆講，如此互相講論，方可有裨實學。

---

谕曰：日讲原期有益身心，加进学问。今止讲官进讲，朕不覆讲，则但循旧例，渐至日久将成故事，不惟于学问之道无益，亦非所以为法于后世也。自后进讲时，讲官讲毕，朕仍覆讲，如此互相讲论，方可有裨实学。

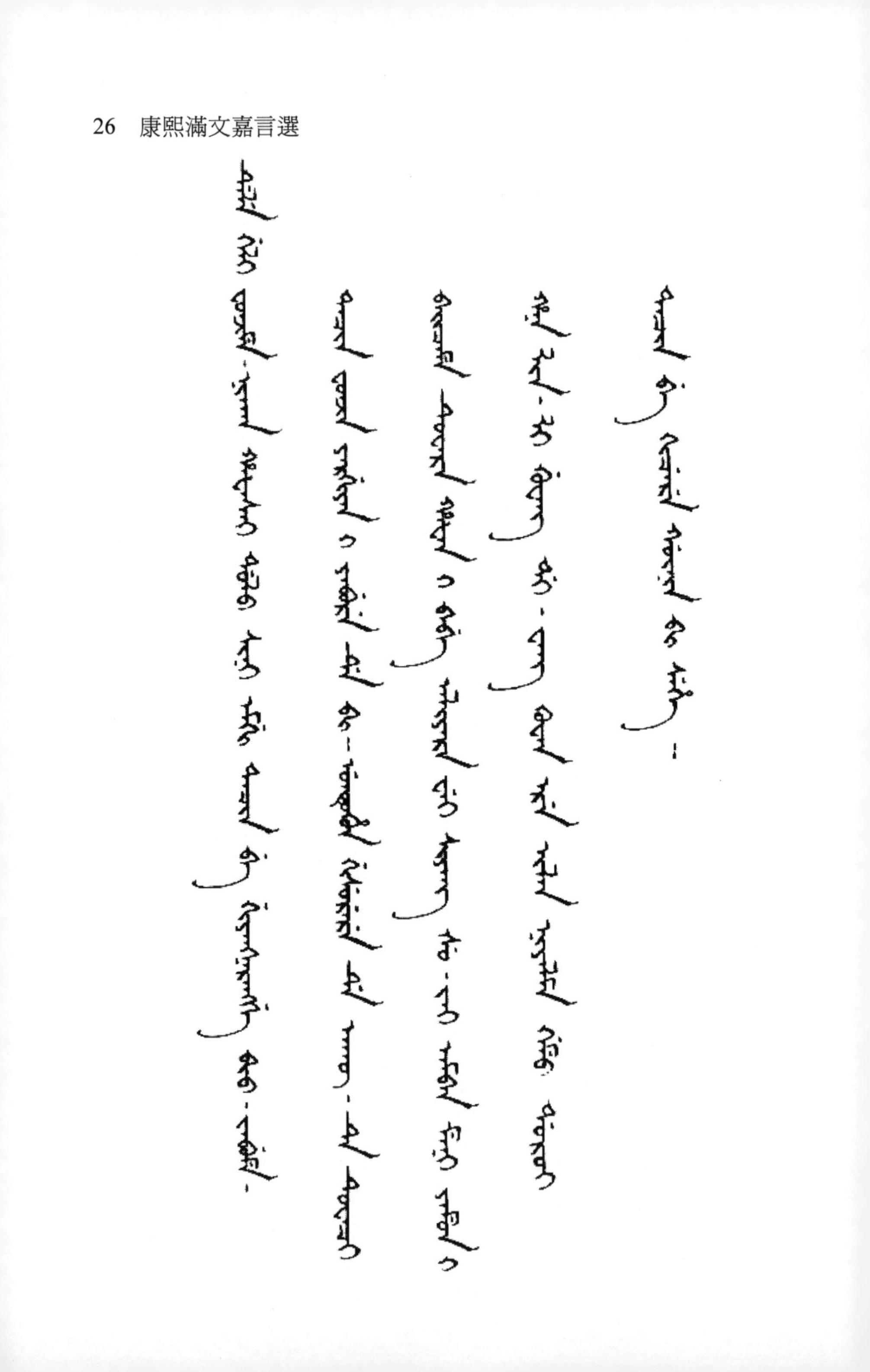

[illegible]

[illegible]

[illegible]

[illegible]

[illegible]

# 三、講論理學

dele geli fonjime, nikan hafasai dolo sini emgi tacin be giyangnarangge bio, jabume, tacin fonjin yargiyan i yabure de bi. untuhun gisurere de akū, te tuwaci baicame tuwara hafan i babe aliyara wei siyang šu, jai amban meni yamun i han lin, li guwang di, wang kuwan ere ilan niyalma gemu doroi tacin be kicere gūnin bi sehe.

---

上又問曰：漢官中有與爾同講學的否？對曰：學問在實踐，不在空講。近見候補御史魏象樞，臣衙門翰林李光地、王寬，茲三人俱有志於理學。

---

上又问曰：汉官中有与尔同讲学的否？对曰：学问在实践，不在空讲。近见候补御史魏象枢，臣衙门翰林李光地、王宽，兹三人俱有志于理学。

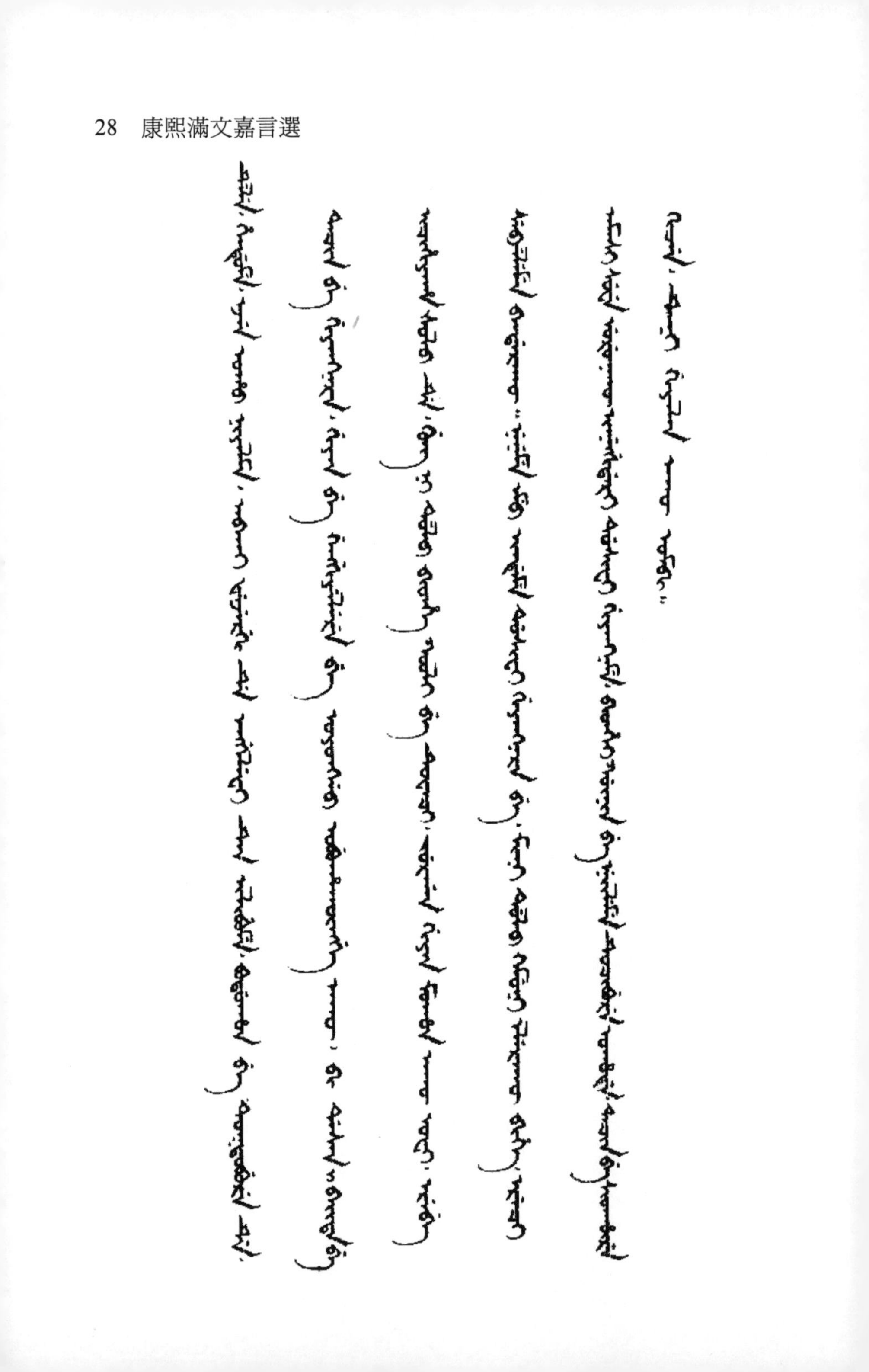

# 四、講學明理

dele hendume, ejen oho niyalma, abkai fejergi de enggelefi ten ilibume, bodohon be toktobure de, tacin be giyangnara, giyan be genggiyelere be oyonggo obuhakūngge akū, bi dasan i baita be genggiyelere be oyonggo obuhakūngge akū, bi dasan i baita be icihiyaha šolo de, gung ni dolo bithe kooli be tuwaci, jurgan giyan mohon akū ofi. erebe sebjeleme bandarakū. neneme emu indeme dosifi giyangnara be, mini dolo kemuni elerakū bihe, ereci amasi suwe urunakū inenggidari dosifi giyangname, bithei gūnin be neileme tucibure ohode, tacin be sithūre kicen, teni giyalan akū ombi.

---

上曰：人主臨御天下，建極綏猷，未有不以講學明理爲先務。朕聽政之暇，即於宮中披閱典籍，殊覺義理無窮，樂此不疲。向來隔日進講，朕心猶爲未足，嗣後爾等須日侍講讀，闡發書旨，爲學之切，庶可無間。

---

上曰：人主临御天下，建极绥猷，未有不以讲学明理为先务。朕听政之暇，即于宫中披阅典籍，殊觉义理无穷，乐此不疲。向来隔日进讲，朕心犹为未足，嗣后尔等须日侍讲读，阐发书旨，为学之切，庶可无间。

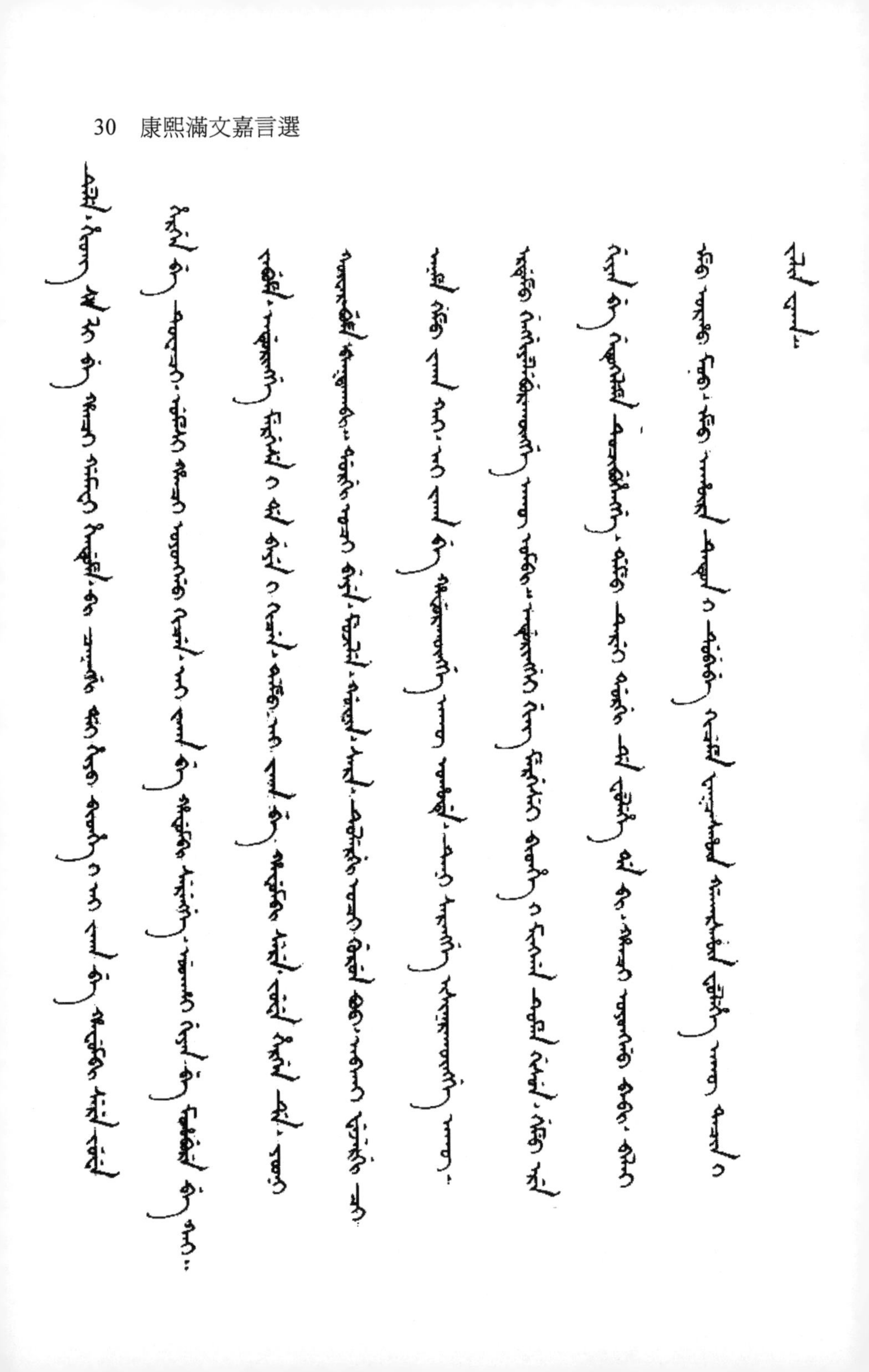

# 五、格物窮理

dele, hiong sy li be hanci gamafi hendume, bi cananggi dai hiyo bithe i ai jaka be hafumbi sere juwe hergen be tuwaci, umesi hanci oyonggo kicen, ai jaka be hafumbi serengge, uthai giyan be mohobure be kai. jabume, enduringge mergese i da beye i kicen. damu ai jaka be hafumbi sere juwe hergen de, yooni kūwarabume baktakabi. dorgi oci beye, mujilen, gūnin, sara, tulergi oci gurun boo, abkai fejergi ci aname gemu jaka kai, ai jaka be hafurakūngge akū ohode, teni sarangge isinarakūngge akū, erdemu genggiyeleburakūngge akū ombi. enduringgei ging mergesei bithe i minggan tumen gisun, gemu ere giyan be getukeleme tucibuhengge, damu terei dorgi de fulehe da bi, hanci oyonggo babi. balai emu orho moo, emu ahūra tetun i dubebe kiceme fakcashūn gakarshūn fulehe akū tacin i jalin waka.

---

上召熊賜履至御前諭曰：朕昨觀大學格物二字，最是切要工夫，蓋格物即窮理也。對曰：聖賢本體工夫只格物二字包括無餘，內而身心意知，外而家國天下，皆物也。物無不格，斯知無不致，而德無不明，聖經賢傳，千言萬語，無非發明此理。但其間有根本，有切要，非泛騖於一草木一器具之末，爲支離無本之學也。

---

上召熊赐履至御前谕曰：朕昨观大学格物二字，最是切要工夫，盖格物即穷理也。对曰：圣贤本体工夫只格物二字包括无余，内而身心意知，外而家国天下，皆物也。物无不格，斯知无不致，而德无不明，圣经贤传，千言万语，无非发明此理。但其间有根本，有切要，非泛骛于一草木一器具之末，为支离无本之学也。

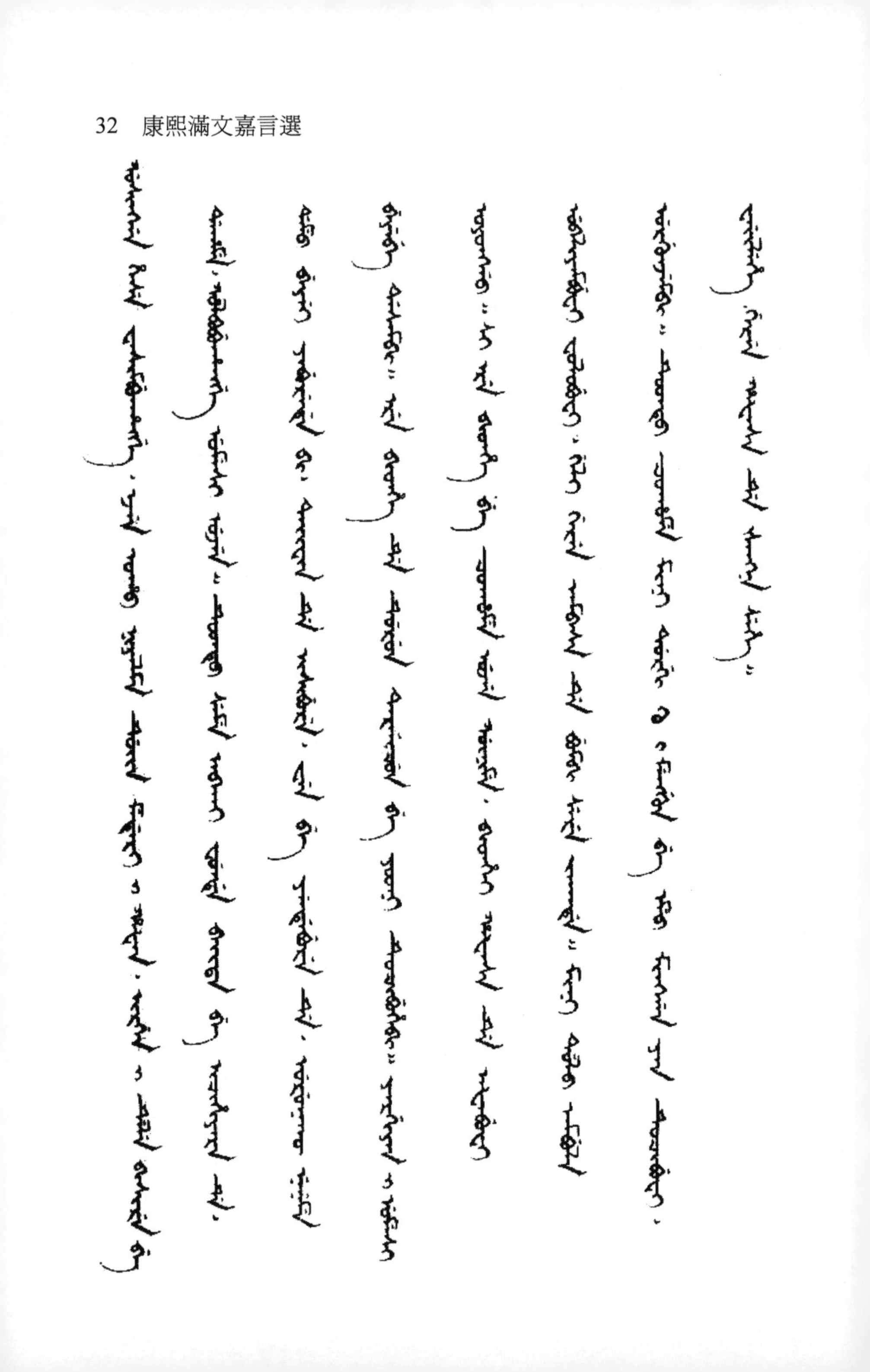

# 六、大學衍義

gosingga hese wasimbuhangge, ejen oho niyalma duin mederi i hafan, irgen i dele bisire be dahame, holbobuhangge umesi ujen. tuttu seme abkai funde baita be icihiyara de, damu beyei yaburede bi, taifin de isibure, wen be yendebure de, urunakū neneme beyebe dasambi. ere bithe de durun targacun be yooni tucibuhebi. yargiyan i umesi oyonggo. si ere bithe be cohome ujen gūnime, bithei hafasa de afabufi ubaliyambufi folobufi, geli geren ambasa de bumbi sere jakade. mini dolo ambula urgunjembi. tuttu cohome mini dorgi ku i menggun be emu minggan yan tucibufi, weilehe geren hafasa de šangna sehe.

---

奉慈諭云：人主居四海臣民之上，所關甚鉅，然代天理物，端在躬行，致治興化，必先修己，此書法戒畢陳，誠爲切要，爾特加意是編，命儒臣翻譯刊刻，更令頒賜諸臣，予心欣悅，用是特出予內帑白金一千兩，可即賚予在事官員。

---

奉慈谕云：人主居四海臣民之上，所关甚巨，然代天理物，端在躬行，致治兴化，必先修己，此书法戒毕陈，诚为切要，尔特加意是编，命儒臣翻译刊刻，更令颁赐诸臣，予心欣悦，用是特出予内帑白金一千两，可即赍予在事官员。

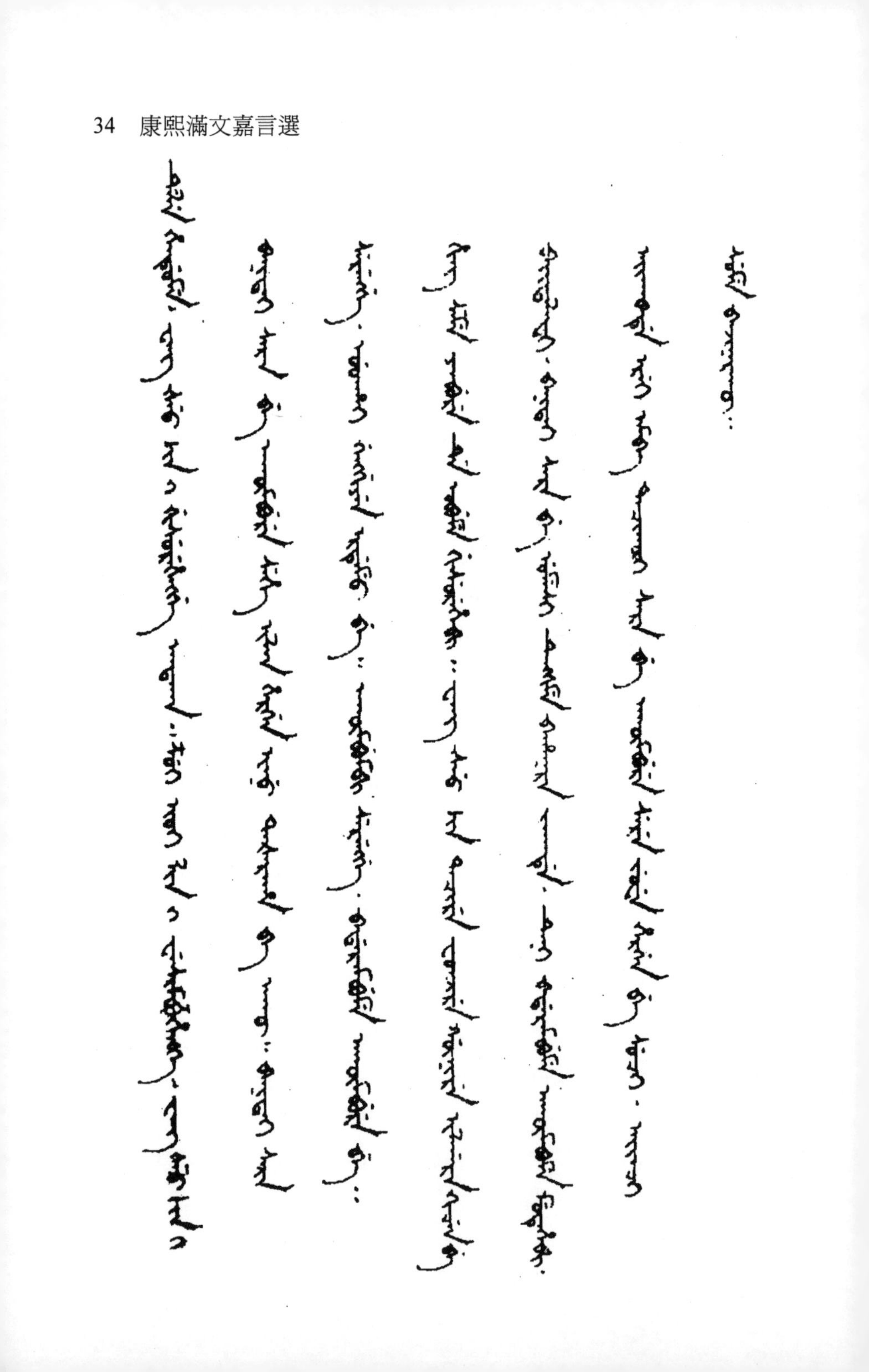

# 七、推致良知

dele hendume, wang šeo zin i gisurehengge antaka. ts'ui ioi lin i wesimbuhengge, wang šeo zin i banitai sara be akūmbure sehe ilan hergen inu tašaraha ba akū. banitai sara serengge, uthai genggiyen erdemu be. akūmbumbi serengge, badarambume akūmbure be. hing seme yabure de obume gisurehebi. wang šeo zin tacire fonjire gūnire ilgara kicen be baitalafi, banitai sara be umesi tengkime bahanara jakade, teni badarambume akūmbume mutehebi, aikabade erei amba tacikūi sara be akūmbure sere juwe hergen be suci, ainci sume banjinarakū.

---

上曰：王守仁之說何如？崔蔚林奏：王守仁致良知三字，亦不差，良知即明德，致是推致，就篤行上說是王守仁用過學問思辨之功，認得良知真切，方能推致，若以此解大學致知二字，却解不去。

---

上曰：王守仁之说何如？崔蔚林奏：王守仁致良知三字，亦不差，良知即明德，致是推致，就笃行上说是王守仁用过学问思辨之功，认得良知真切，方能推致，若以此解大学致知二字，却解不去。

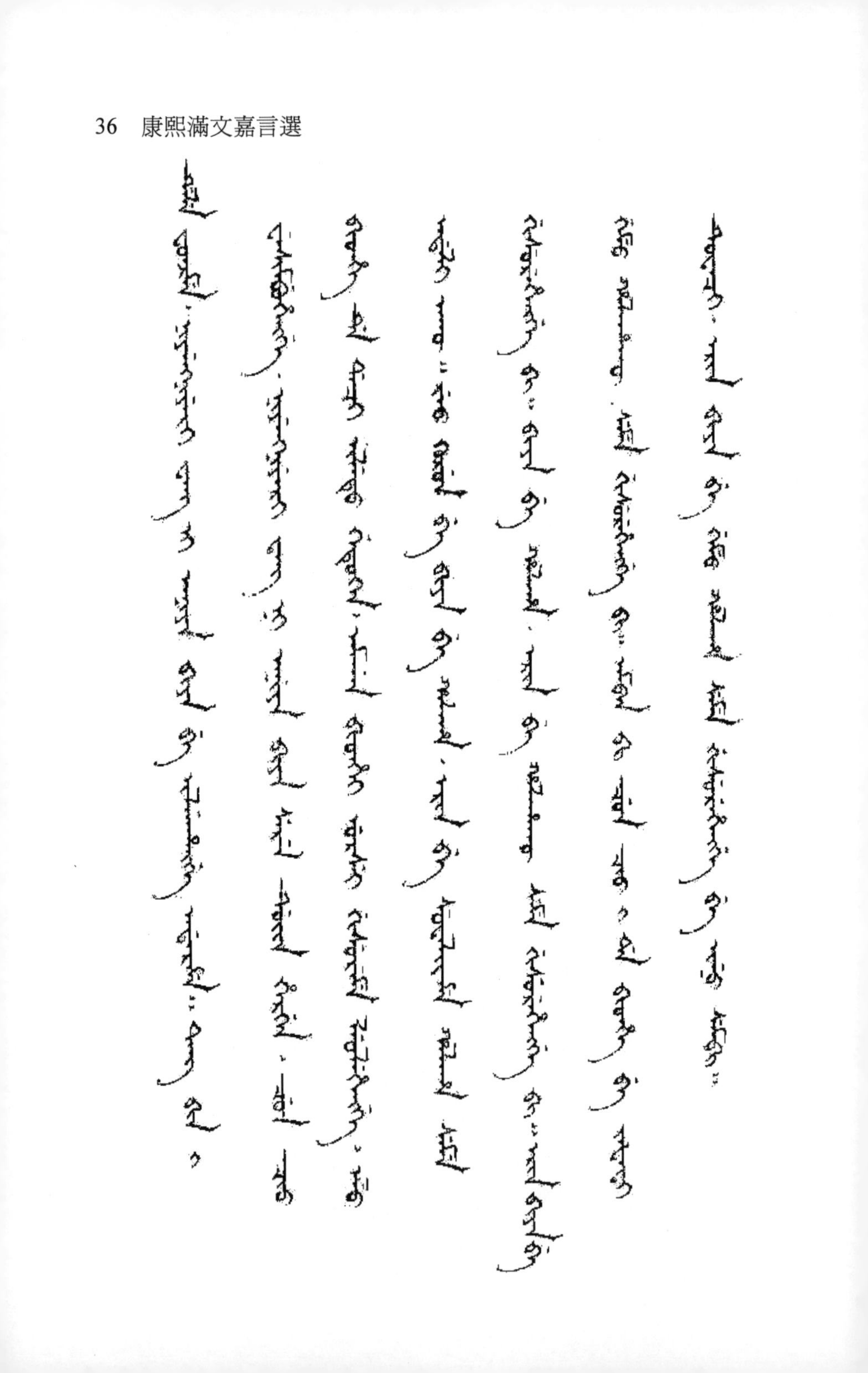

# 八、春王正月

dele fonjime, niyengniyeri wang ni aniya biya be ilgahangge adarame. tang bin i wesimbuhengge, niyengiyeri wang ni aniya biya sere duin hergen, cun cio bithe de daci iletu getuken, amaga bithei ursei gisureme leolehengge, emu adali akū. jeo gurun be biya be halaha, erin be suwaliyame halaha seme gisurehengge bi. biya be halaha, erin be halahakū seme gisurehengge bi. erin biya be gemu halahakū seme gisurehengge bi. amban bi cun cio i da bithe be jafafi tuwaci, erin biya be gemu halaha seme gisurehengge be inu sembi.

---

上問曰：春王正月如何辨？湯斌對曰：春王正月四字，在春秋本自明顯，後儒議論不一，有言周改月兼改時者，有言改月不改時者，有言時月俱不改者。臣以春秋本斷之，以爲時月俱改之說爲是。

---

上問曰：春王正月如何辨？湯斌對曰：春王正月四字，在春秋本自明顯，後儒議論不一，有言周改月兼改時者，有言改月不改時者，有言時月俱不改者。臣以春秋本斷之，以為時月俱改之說為是。

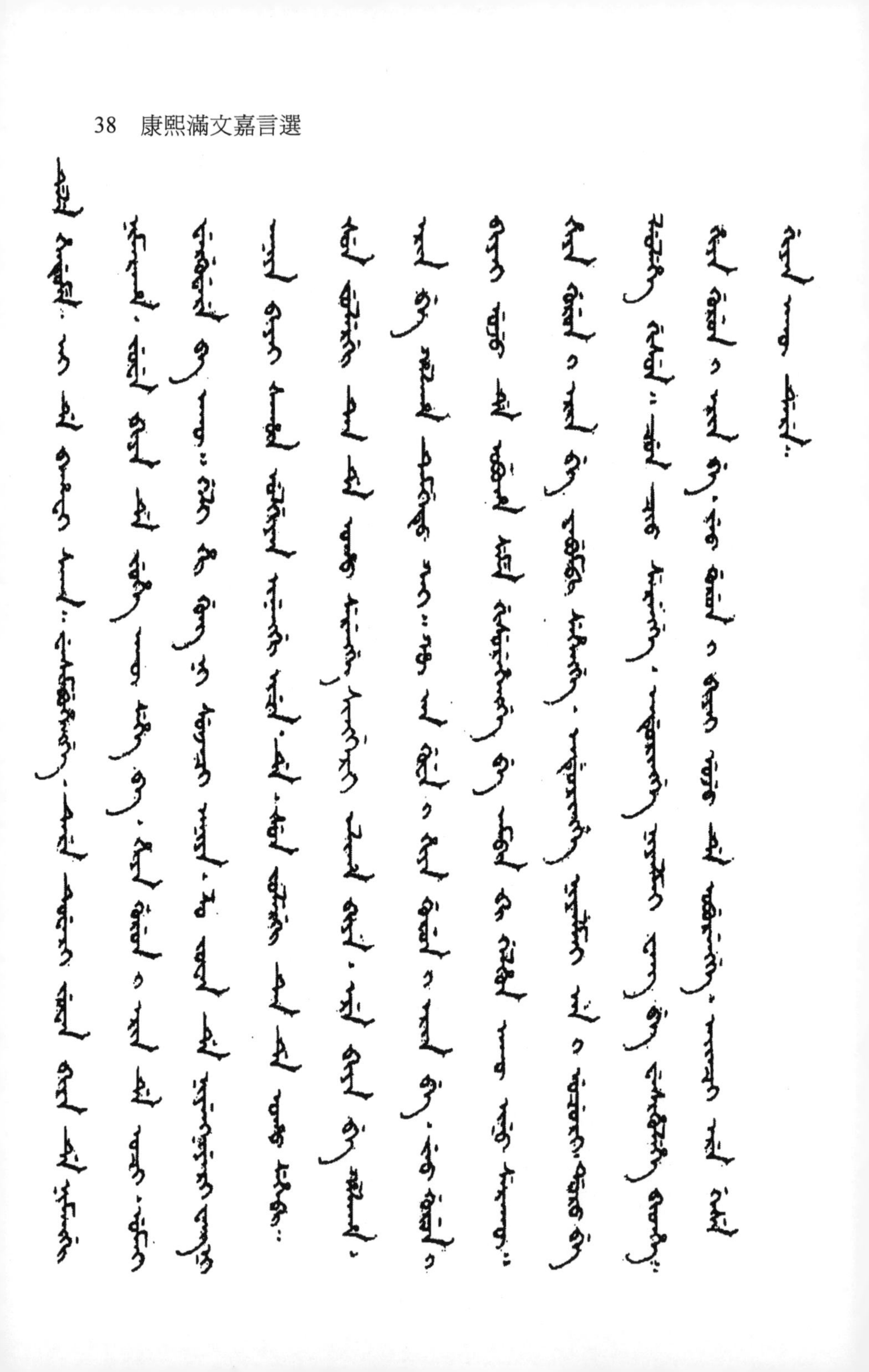

# 九、聖人論道

dele hendume, ai de bahafi saha. wesimbuhengge, tere tuweri juwan biya de nimanggi nimaraha, juwe biya de juhe akū sehe ba, hiya gurun i erin de oci, umai ferguwere ba akū. geli hi gung ni sunjaci aniya. dzo juwan de niyengniyeri wang ni aniya biyai šahūn ulgiyan inenggi ice de, šun julergi ten de oho sehebi. šun julergi ten de oho serengge, singgeri aliha biya, ere biya be halaha, erin be halaha temgetu kai. hū an guwe i hiya gurun i erin be, jeo gurun i biyai uju de obuha seme gisurehengge be amban bi gelhun akū inu serakū. hiya gurun i erin be yabumbi sehengge, enduringge niyalmai an i ucuri, doro be leolehe gisun. cun cio serengge, enduringge niyalmai wang be wesihulehe bithe. hiya gurun i erin be, jeo gurun i biyai uju de oburengge. ainci ere gese giyan akū dere.

---

上曰：何以見之？對曰：如冬十月雨雪，二月無冰，在夏時原不爲異。又僖公五年，左傳春王正月辛亥朔，日南至。日南至者，子月也，此改月改時之證也。胡安國言，夏時冠周月，臣不敢以爲然，行夏之時，聖人平日論道之言。春秋者，聖人尊王之書，以夏時冠周月，恐無此理。

---

上曰：何以见之？对曰：如冬十月雨雪，二月无冰，在夏时原不为异。又僖公五年，左传春王正月辛亥朔，日南至。日南至者，子月也，此改月改时之证也。胡安国言，夏时冠周月，臣不敢以为然，行夏之时，圣人平日论道之言。春秋者，圣人尊王之书，以夏时冠周月，恐无此理。

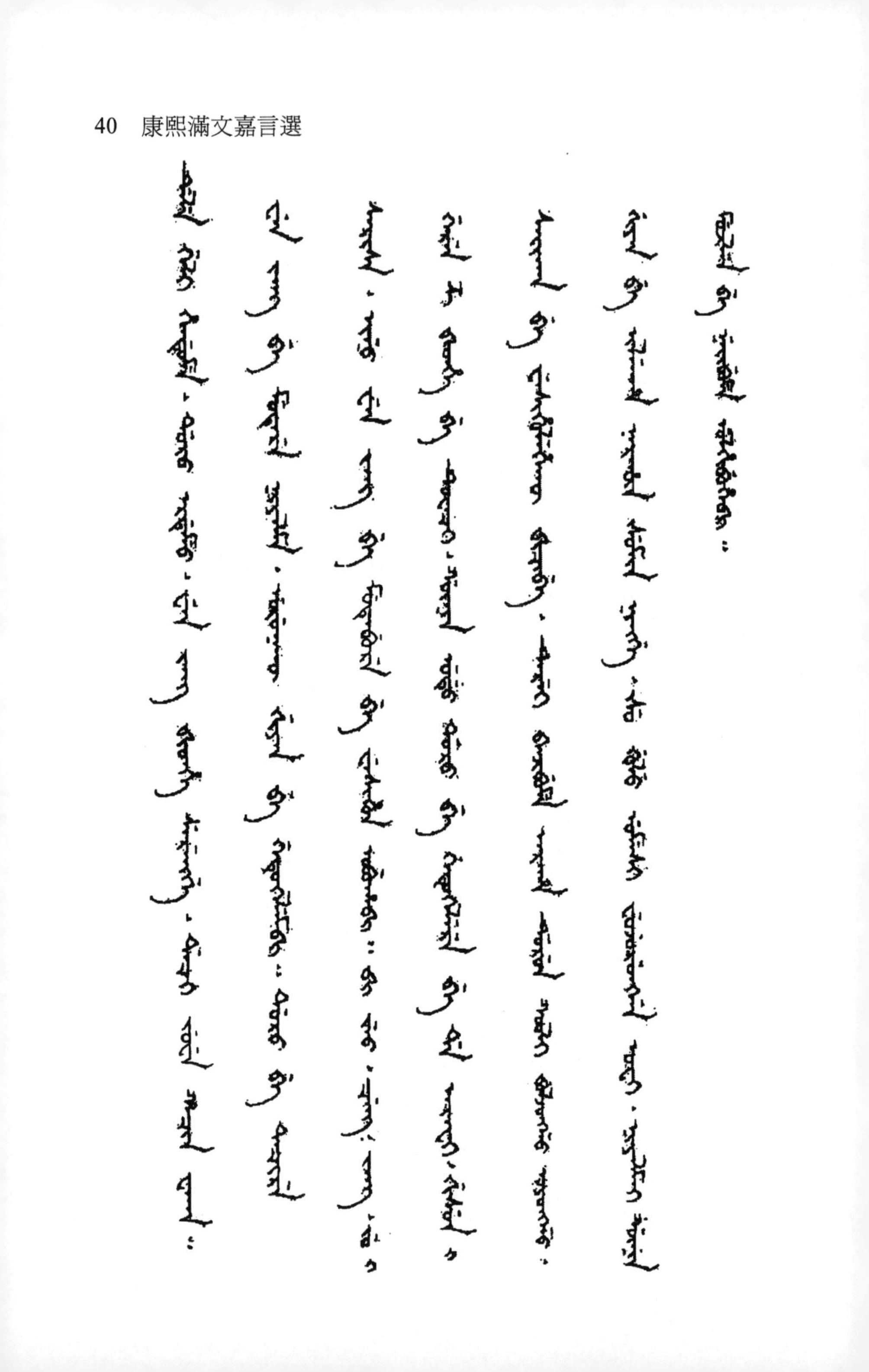

# 十、道德文章

dele geli hendume, doro erdemu, wen jang bithe serengge, daci juwe hacin waka. wen jang be mutere niyalma, urunakū giyan be getukelembi. doro be tacire saisa, inu wen jang be mutebure be wesihun obuhabi. bi jeo ceng, jang, ju i geren dz bithe be tuwaci, gūnin udu doro be getukelere be da arafi, gisun i saikan be wesihulehekū bicibe, terei banjibume araha durun kooli boljonggo oyonggo, giyan be ilgaha narhūn šumin ningge, šu gulu umesi fujurungga ofi, niyalmai gūnin mujilen be neibume ulhibuhebi.

---

上又曰：從來道德文章，原非二事，能文之士，必須能明理，而學道之人，亦貴能文章。朕觀周程張朱諸子之書，雖主於明道，不尙詞華，而其著作體裁簡要，晰理精深，何嘗不文質燦然，令人神解意釋。

---

上又曰：从来道德文章，原非二事，能文之士，必须能明理，而学道之人，亦贵能文章。朕观周程张朱诸子之书，虽主于明道，不尚词华，而其著作体裁简要，晰理精深，何尝不文质灿然，令人神解意释。

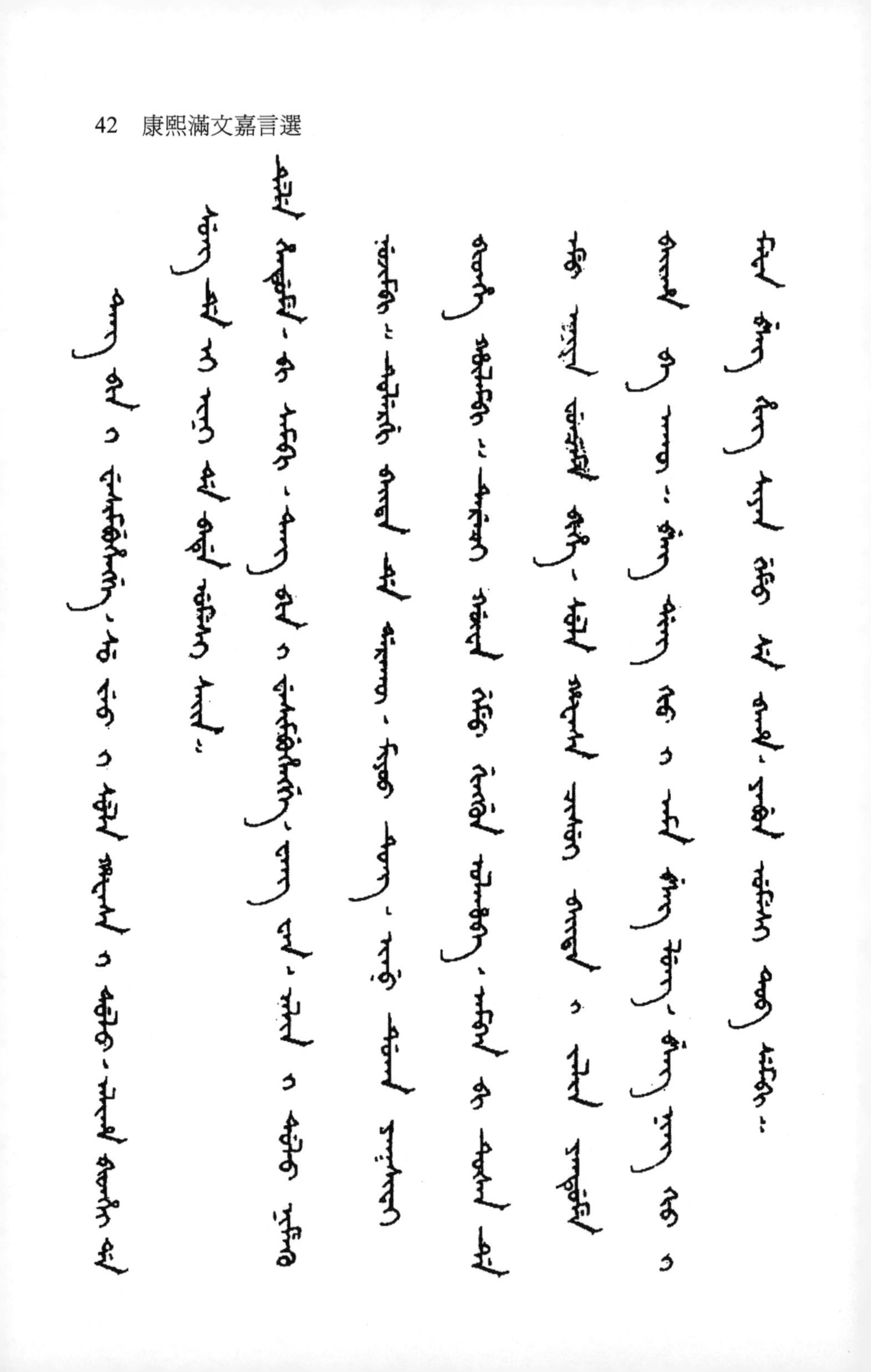

[illegible]

[illegible]

[illegible]

[illegible]

[illegible]

[illegible]

[illegible]

[illegible]

# 十一、杜門讀書

tang bin i wesimbuhengge, su jeo i sula hafasa i dolo, aliha bithei da sung de i ini da bade umesi sain. dele hendume, bi sambi, tang bin i wesimbuhengge, wang wan, alin i dolo nimeku ujimbi. tulergi baita de darakū, miyoo tung, inu duka yaksifi bithe hūlambi. tereci gūwa gemu ginggun olhoba, amban bi tušan de emu aniya funceme bihe, sula hafasa cisui baita i jalin yandume baiha ba akū. peng ding kio i ama peng lung, peng ning kio i mafa peng hing siyan gemu se baha, yabun umesi tob sembi.

---

湯斌奏曰：蘇州鄉紳如大學士宋德宜居鄉最善。上曰：朕知之。湯斌曰：汪琬養病山中，不與外事。繆彤亦杜門讀書，其餘俱謹慎。臣在任年餘，實未見鄉紳以私事干瀆。彭定求之父彭瓏，彭寧求之祖彭行先皆年高，品行甚端。

---

汤斌奏曰：苏州乡绅如大学士宋德宜居乡最善。上曰：朕知之。汤斌曰：汪琬养病山中，不与外事。缪彤亦杜门读书，其余俱谨慎。臣在任年余，实未见乡绅以私事干渎。彭定求之父彭珑，彭宁求之祖彭行先皆年高，品行甚端。

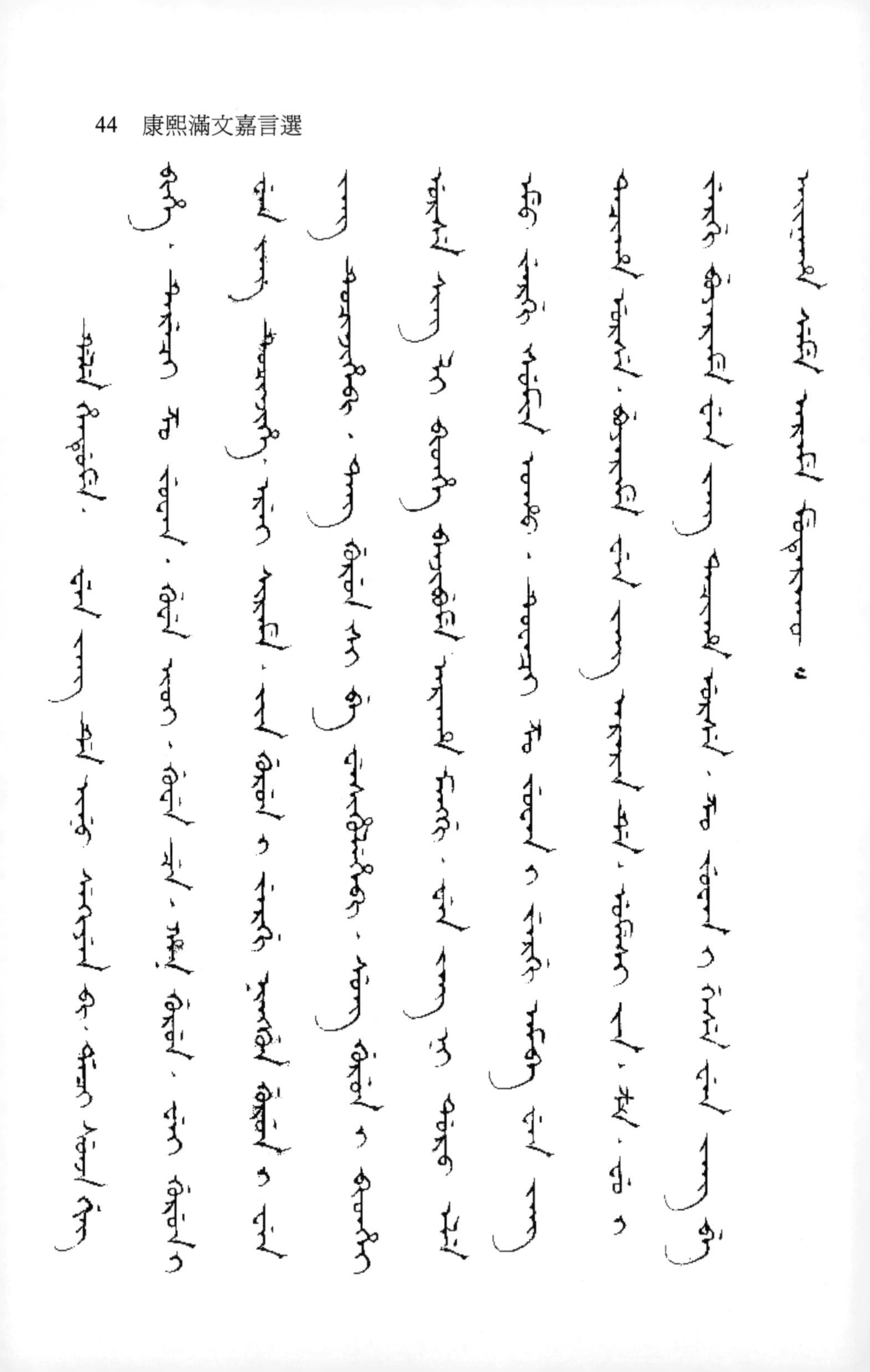

[illegible]

[illegible]

[illegible]

[illegible]

[illegible]

[illegible]

[illegible]

[illegible]

[illegible]

# 十二、文章本源

dele hendume,wen jang de inu sekiyen bi, daci sunja ging bihe, tereci dzo juwan, guwe ioi, guwe ce, han gurun, wei gurun i wen jang tucinjihe, erei sirame, jin gurun i jergi ninggun gurun i wen jang tucinjihebi, tang gurun ši be wesihulehebi, sung gurun i bithei urse sing li bithe banjibume araha manggi, wen jang ni doro ele emu jergi šumin oho, tuwaci dzo juwan i jergi amba wen jang taciha urse, buyarame wen jang arara de, umesi ja, ts'y、fu i jergi buyarame wen jang taciha urse, dzo juwan i gese wen jang be ainaha seme arame muterakū.

---

上曰：文章自有本源，初有五經，次左國漢魏諸文，又次乃有晉及六朝文，唐人尚比興，宋儒著性理，於是文章之道愈深一曾矣。習左國諸文者，著尋常文字甚易，習於尋常詞賦之流者，未有能左國之文者也。

---

上曰：文章自有本源，初有五经，次左国汉魏诸文，又次乃有晋及六朝文，唐人尚比兴，宋儒着性理，于是文章之道愈深一曾矣。习左国诸文者，着寻常文字甚易，习于寻常词赋之流者，未有能左国之文者也。

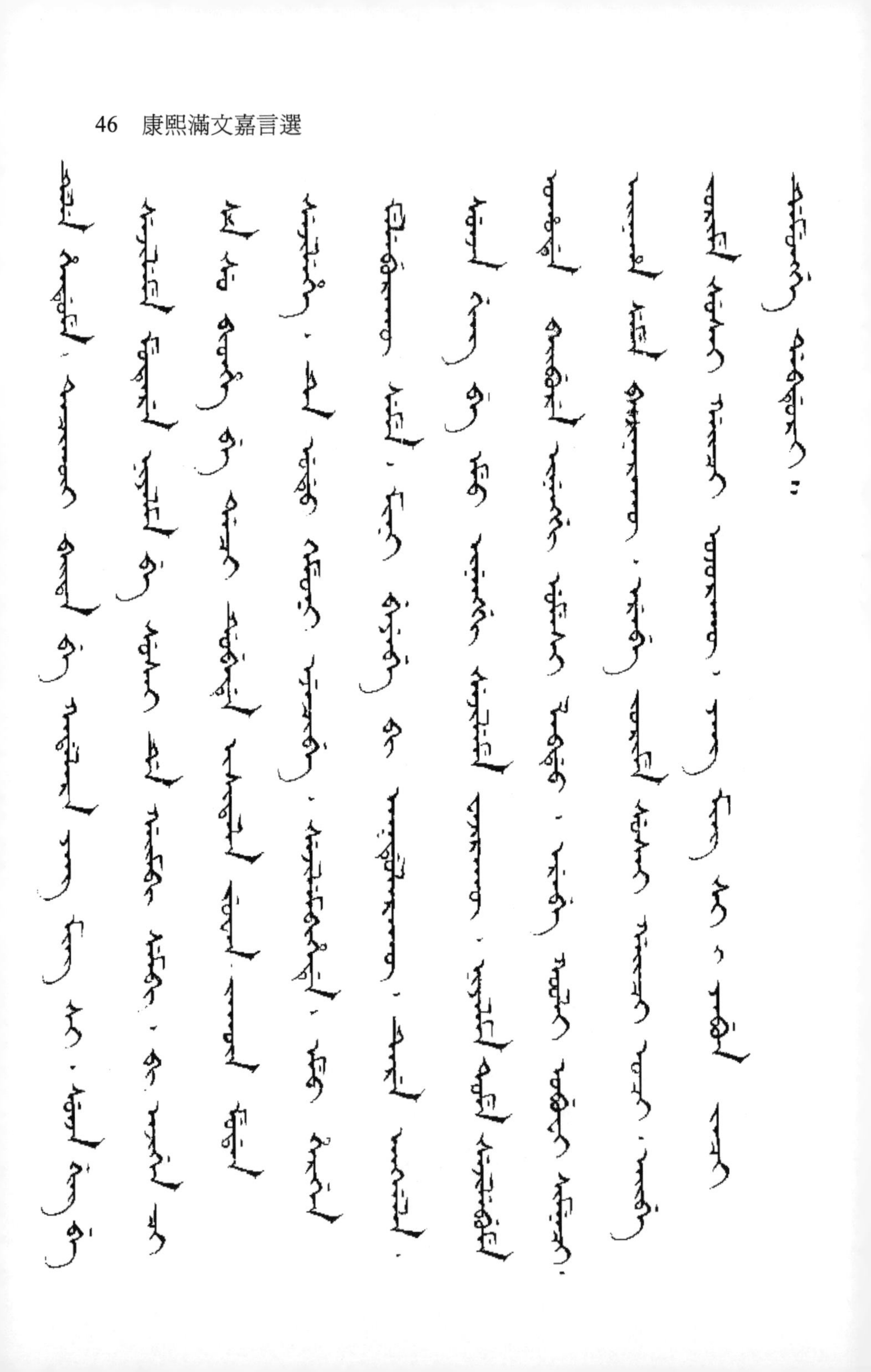

# 十三、背誦五經

dele hendume, tacikūi baita be kadalara yang ming ši, sunja ging be šejileme mutere niyalma be susai de gaimbi sembi, bi ajigen ci sy šu bithe be daci dubede isitala juwan jakūn mudan šejilehe, te udu kemuni ejecibe, šejilembihede, emu hergen meleburakū seme, mini beyebe bi akdularakū, tere anggala, sunja ging be emu inenggi šejileme wajirakū, niyalma tome šejilebume ohode, baibure inenggi umesi labdu, erebe kooli obufi simneci, ainaha seme banjinarakū, erebe jorime šusai gaici oci, aibe jorime šusai gaici ojorakū, yang ming ši i yabun jaci demungge dabduri.

---

上曰：聞得學院楊名時以能背誦五經者，取爲生員。朕自幼將四書從頭至尾背誦十八遍，今雖未忘，倘背誦云一字不遺，朕亦不能自信，況五經一日背誦不完，若人人令其背誦，需日亦多，似此取士，斷不可行。若藉此可以取士，則何所不可藉以取士耶？楊名時之行，深爲怪誕。

---

上曰：闻得学院杨名时以能背诵五经者，取为生员。朕自幼将四书从头至尾背诵十八遍，今虽未忘，倘背诵云一字不遗，朕亦不能自信，况五经一日背诵不完，若人人令其背诵，需日亦多，似此取士，断不可行。若藉此可以取士，则何所不可藉以取士耶？杨名时之行，深为怪诞。

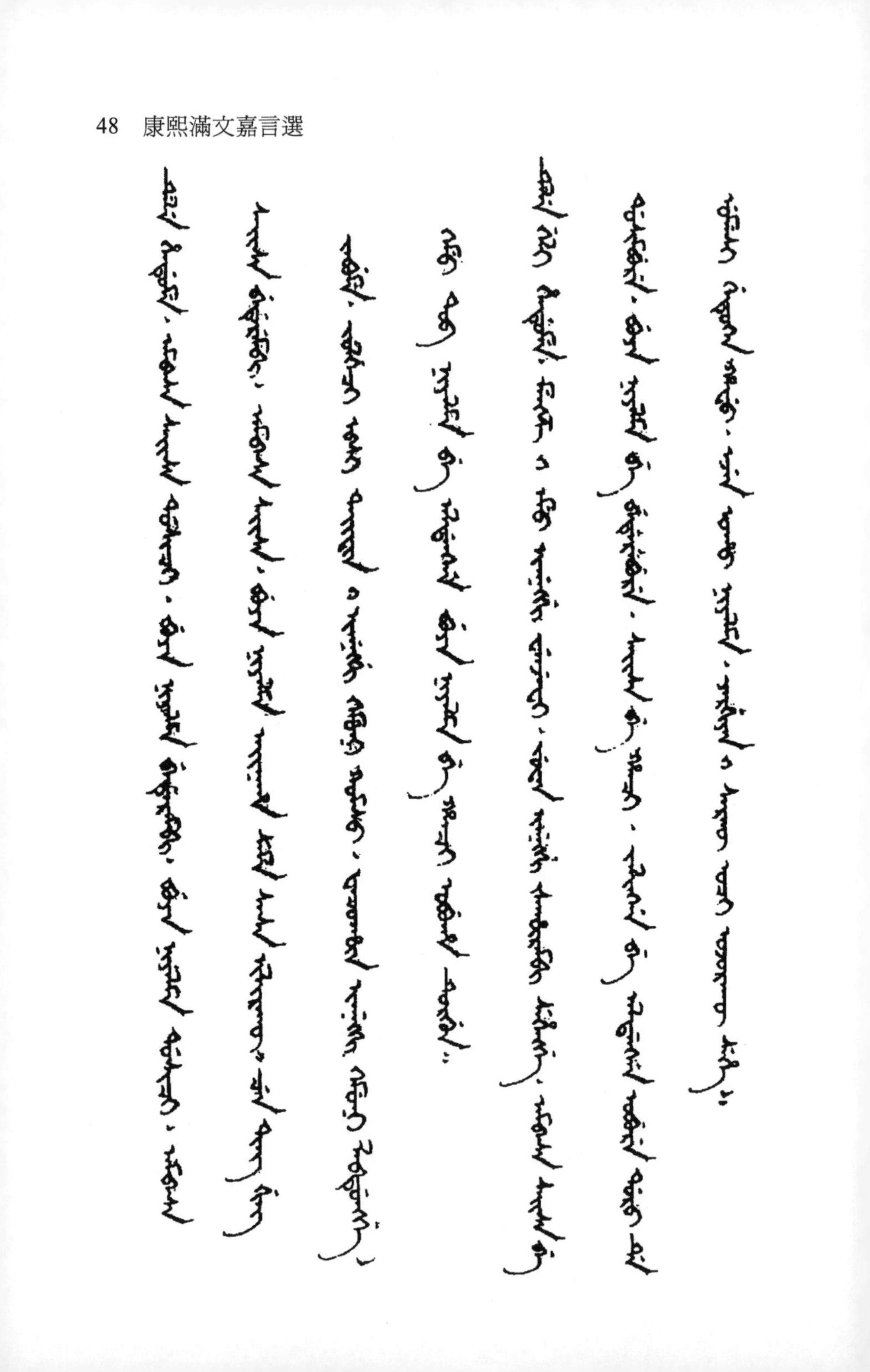

[illegible]

# 十四、一暴十寒

dele hendume, ambasa saisa dosici, buya niyalma bederembi, buya niyalma dosici, ambasa saisa bederembi, ambasa saisa, buya niyalma ainaha seme sasa ilirakū. cen ting ging jabume, julgeci ebsi taifin i inenggi kemuni komso, facuhūn inenggi kemuni labdungge, gemu tob niyalma be aldangga buya niyalma be hanci obuha turgun. dele geli hendume, mengdz i emu inenggi wenjefi, juwan inenggi šahūrambi sehengge. ambasa saisa be dosimbure, buya niyalma be bederebure, saisa be hanci, jalingga be aldangga obure doro de umesi getuken hafu, ejen oho niyalma, yargiyan i sarkū oci ojorakū sehe.

---

上曰：君子進則小人退，小人進則君子退，君子小人勢不並立。陳廷敬對曰：自古以來，治日常少，而亂日常多者，皆由於踈正人親小人之故。上又曰：孟子所謂一暴十寒，于進君子退小人，親賢遠佞之道，最爲透徹，人君誠不可不知。

---

上曰：君子进则小人退，小人进则君子退，君子小人势不并立。陈廷敬对曰：自古以来，治日常少，而乱日常多者，皆由于踈正人亲小人之故。上又曰：孟子所谓一暴十寒，于进君子退小人，亲贤远佞之道，最为透彻，人君诚不可不知。

ᠪᡳᠰᡳᡵᡝ ᡨᠠᠴᡳᠪᡠᡥᠠᠩᡤᡝ᠈ ᠪᡝ ᠪᡳ ᡨᡝ ᠪᠠᡳᡨᠠ ᠪᡝ ᠣᠶᠣᠩᡤᠣ ᡳᠯᡳᡵᡝ ᡤᡳᠰᡠᡵᡝᠨ᠈ ᠪᡳᠴᡳ ᡠᡥᡝᠨ ᡨᡠᠸᠠᡴᡳᠶᠠᠮᠪᡳ ᠣ

ᡥᡡᡨᡠᡵᡳᠩᡤᠠ᠈ ᡳᠯᡳᠨ ᡠᡥᡝᡵᡳ ᠪᠣᠯᡤᠣ ᠪᡝᠶᡝ ᠪᡝ ᡩᠣᠯᡤᠣᠨ᠈ ᡤᡝᠩᡤᡳᠶᡝᠨ ᠣ ᡨᠠᠴᡳᠮᡝ ᡥᡡᠰᡠᠯᡝᠮᡝ

ᠪᠠᠨᠵᡳᡥᠠ ᡥᡡᡨᡠᡵᡳᠪᡠᡥᡝᠪᡳ᠈ ᠪᠣᠯᡤᠣᠨ ᠣ ᠪᠣᠯᡤᠣ ᡳᠯᡝ ᡤᡳᠩᡤᡠᠨ ᡨᡠᠸᠠᠮᠪᡳᡵᡝ᠈ ᠰᡝᠮᡝ ᡨᡝ ᠪᠣᡩᠣᠮᡝ ᡥᡡᠸᠠᠯᡳᠶᠠᠰᡠᠨ

ᡤᡳᠩᡤᡠᠯᡝᡵᡝ ᠠᡴᡡᠮᠪᡠᠮᡝ᠉ ᠶᠠᠶᠠ ᠪᠠᡳᡨᠠ ᠪᡝ ᠠᡴᡡᠮᠪᡠᡵᡝ ᡥᠣᠰᡳᡤᠠᠨ ᡥᠣᡨᠣᠨ᠈ ᡤᡳᠰᡠᠨ ᠰᠠᠨ ᠠᡴᡡᠨ

ᡤᡳᠩᡤᡠᠯᡝᠮᡝ ᠪᡠᠴᡳ ᡨᡠᠸᠠᡵᡝ ᡤᡳᠩᡤᡠᠯᡝᠮᡝ ᡠᠮᡝᠰᡳ ᠰᡝᡥᡝ᠉

# 十五、參講通鑑

hese wasimbuhangge, bi sy šu bithe be ududu jergi giyangnaha, mini dolo inu getuken i ulhihebi, kemuni hafu buleku bithe be tuwaci, nenehe jalan i jabšaha ufaraha baita holbobuhabi, dasan i doro de umesi tusangga. sy šu bithei suwaliyame giyangnaci acambi. ere bithe be adarame tukiyeceme sonjofi, giyang jang arafi giyangnara babe suwe gisurefi wesimbu sehe.

---

上諭曰：四書屢經講讀，朕心業已熟曉，每觀通鑑，事關前代得失，甚有裨於治道，應與四書參講，作何揀擇，撰擬講章進講，爾等議奏。

---

上谕曰：四书屡经讲读，朕心业已熟晓，每观通鉴，事关前代得失，甚有裨于治道，应与四书参讲，作何拣择，撰拟讲章进讲，尔等议奏。

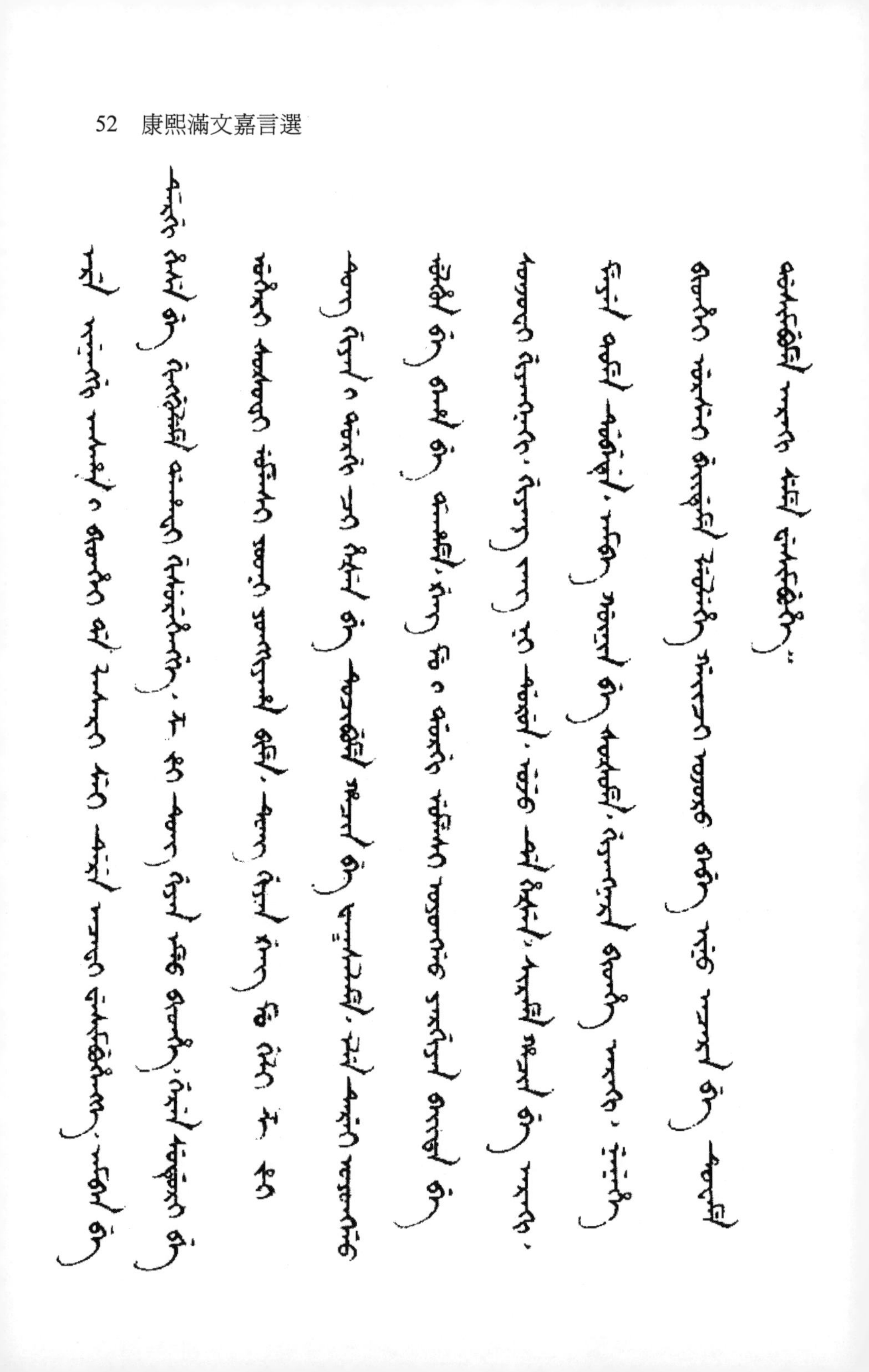

# 十六、通鑑綱目

ere inenggi, ashan i bithei da lasari sei dere acafi wesimbuhengge, amban be dergi hese be gingguleme dahafi gisurehengge, dz jy tung giyan emu bithe, geren suduri be uheri šošofi umesi yooni yongkiyaha bime, tung giyan g'ang mu geli dz jy tung giyan i dorgi ci hešen be tucibume hacin be faksalame, ele terei oyonggo ulhun be baha be dahame, g'ang mu i dorgi umesi oyonggo yargiyan baita be sonjofi giyangnaki, giyang jang ni durun. uju de hešen, sirame hacin be araki, meyen tome dubede, amba gūnin be šošome, giyangnara bithe araki, nenehe bithei ursei beideme leolehe gaici ojoro babe inu acara be tuwame dosimbume araki seme wesimbuhe.

---

是日，學士喇沙里等面奏言，臣等恭奉上諭，謹議資治通鑑一書，統貫諸史，最爲詳備，而通鑑綱目又從資治通鑑中提綱分目，尤得要領，擬從綱目中擇切要事實進講。講章體裁，首列綱，次列目，每條之後，總括大義，撰爲講說，先儒論斷可採者，亦酌量附入。

---

是日，学士喇沙里等面奏言，臣等恭奉上谕，谨议资治通鉴一书，统贯诸史，最为详备，而通鉴纲目又从资治通鉴中提纲分目，尤得要领，拟从纲目中择切要事实进讲。讲章体裁，首列纲，次列目，每条之后，总括大义，撰为讲说，先儒论断可采者，亦酌量附入。

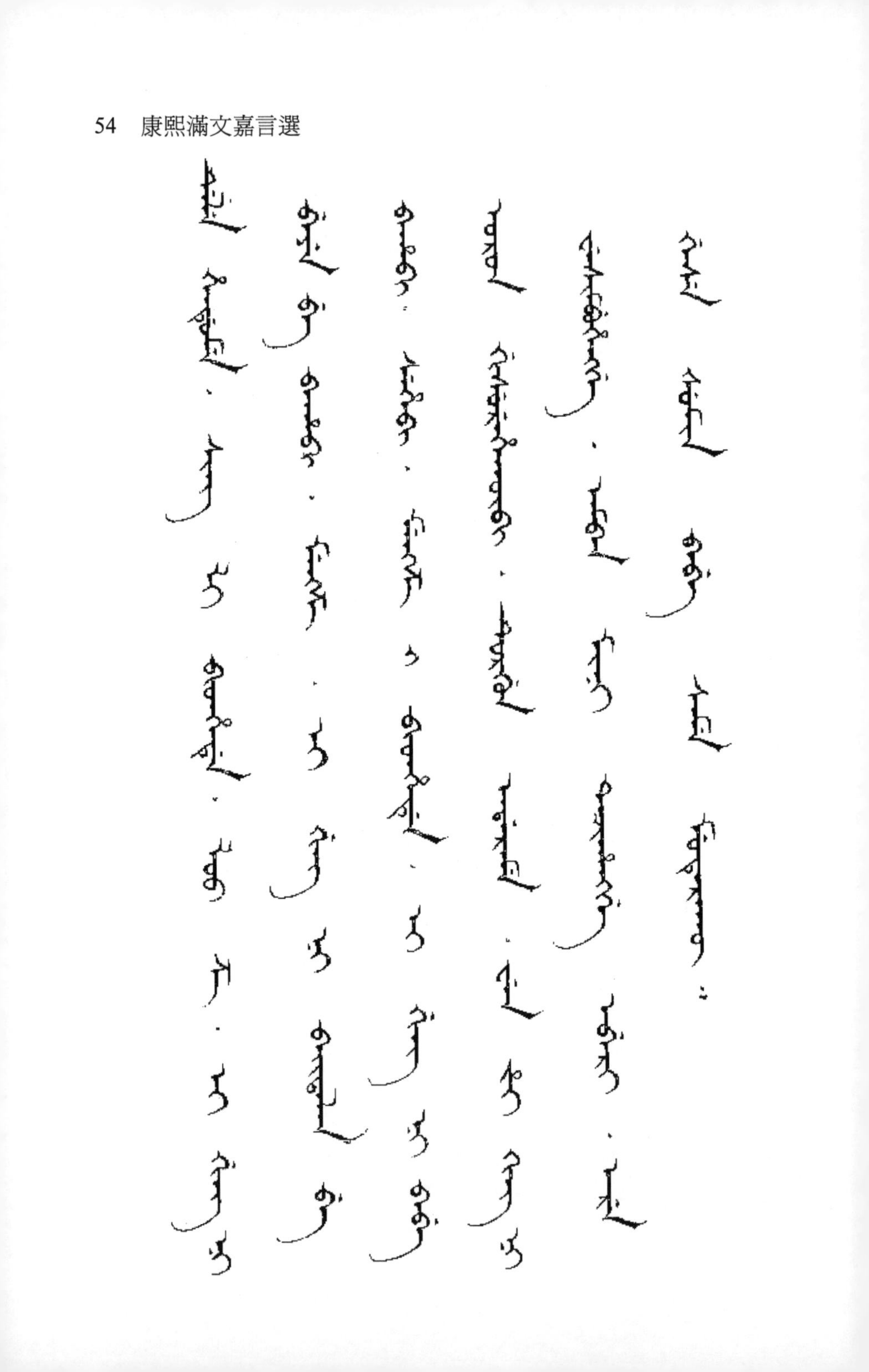

# 十七、易經體用

dele hendume, sing li bithede, loo dz, i ging ni beye be bahabi, mengdz, i ging ni baitalan be bahabi sehebi, mengdz i bithede, i ging ni babe oron gisurehekūbi, turgun adarame. wen jy king ni wesimbuhengge, amban mini tacihangge eberi, ere gese šumin babe same muterakū.

---

上曰：性理書中云，老子得易之體；孟子得易之用。孟子書中並未言及易，其故何也？文志鯨奏曰:「臣所學疏淺，不能知其深奧。」

---

上曰：性理书中云，老子得易之体；孟子得易之用。孟子书中并未言及易，其故何也？文志鲸奏曰:「臣所学疏浅，不能知其深奥。」

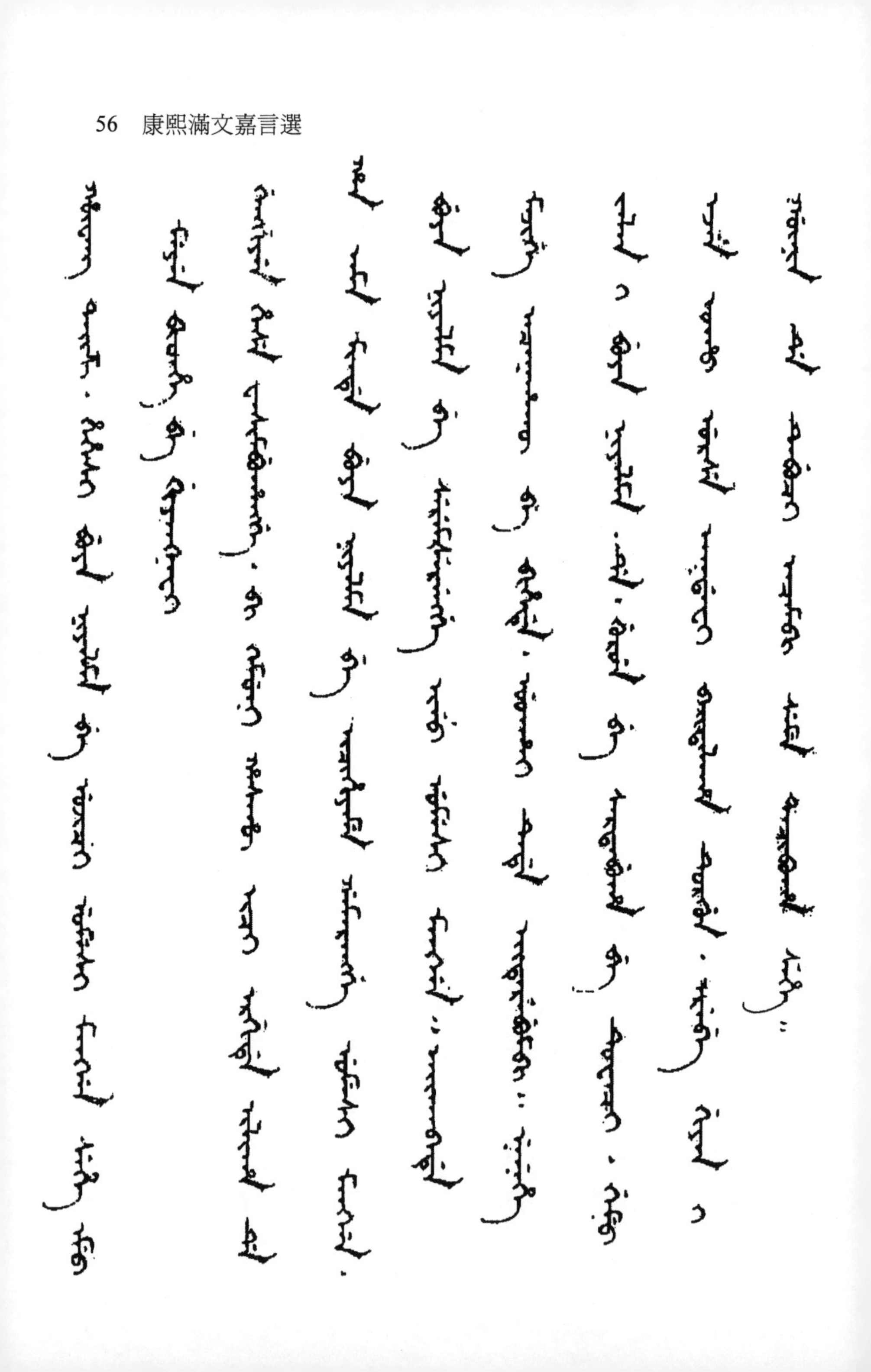

# 十八、小人難防

hūwang taidz, hehesi buya niyalma be ujici umesi mangga sehe emu meyen bithe be giyangnafi genggiyen hese wasimbuhangge, bi kemuni hashū ici ergide iliha de, han ama minde buya niyalma be icihiyame gamarangge umesi mangga, buya niyalma be seremšerengge inu umesi mangga. aikabade majige acanahakū be bihede, uthai tede eiterebumbi. nenehe jalan i buya niyalma de, gurun be sartabuha be tuwaci, gemu ejen oho urse akdafi baitalaha turgun, erebe giyan i gūnin de tebuci acambi seme tacibuha sehe.

---

皇太子講唯女子小人爲難養也一節畢諭曰：予常侍左右，聞皇父教誨云：最難處者小人，最難防者亦小人，但少有不當，即爲所欺，覽前代小人悞國，皆因爲上者信用之故，當念茲在茲。

---

皇太子讲唯女子小人为难养也一节毕谕曰：予常侍左右，闻皇父教诲云：最难处者小人，最难防者亦小人，但少有不当，即为所欺，览前代小人悞国，皆因为上者信用之故，当念兹在兹。

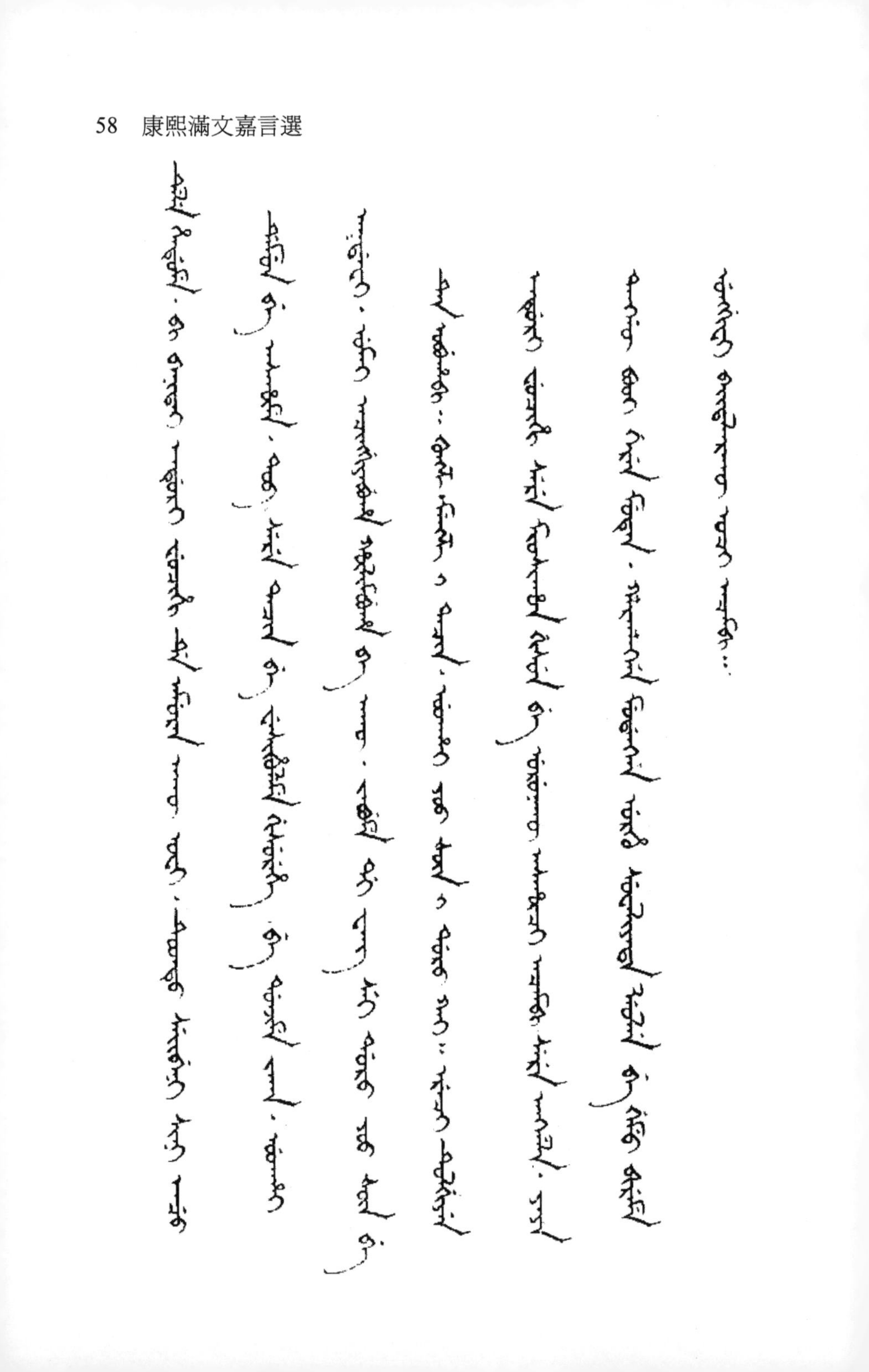

[illegible]

[illegible]

[illegible]

[illegible]

[illegible]

[illegible]

[illegible]

# 十九、崇儒重道

dele hendume, bi banitai enduri fucihi de amuran akū ofi, tuttu seibeni sini encu demun be ashūme, tob sere tacin be wesihuleme gisurehe be donjime jaka, uthai akdafi, umai acinggiyabuha hūlimbuha ba akū. jabume di wang sei doro yoo šūn be ten obuhabi. kungdz, mengdz i tacin, uthai yoo šūn i doro kai. ereci tulgiyen enduri fucihi sere miosihon gisun be urunakū ashūci acambi sere anggala, yaya tanggū booi geren muten, hargangga mudangga urhu suwaliyata leolen be gemu bireme unggifi baitalarakū oci acambi.

---

上曰：朕生來不好仙佛，所以向來爾講闢異端崇正學，朕一聞便信，更無搖惑。對曰：帝王之道，以堯舜爲極，孔孟之學，即堯舜之道也。外此不特仙佛邪說，在所必黜，即一切百家衆技支曲偏雜之論，皆當擯斥勿錄。

---

上曰：朕生来不好仙佛，所以向来尔讲辟异端崇正学，朕一闻便信，更无摇惑。对曰：帝王之道，以尧舜为极，孔孟之学，即尧舜之道也。外此不特仙佛邪说，在所必黜，即一切百家众技支曲偏杂之论，皆当摈斥勿录。

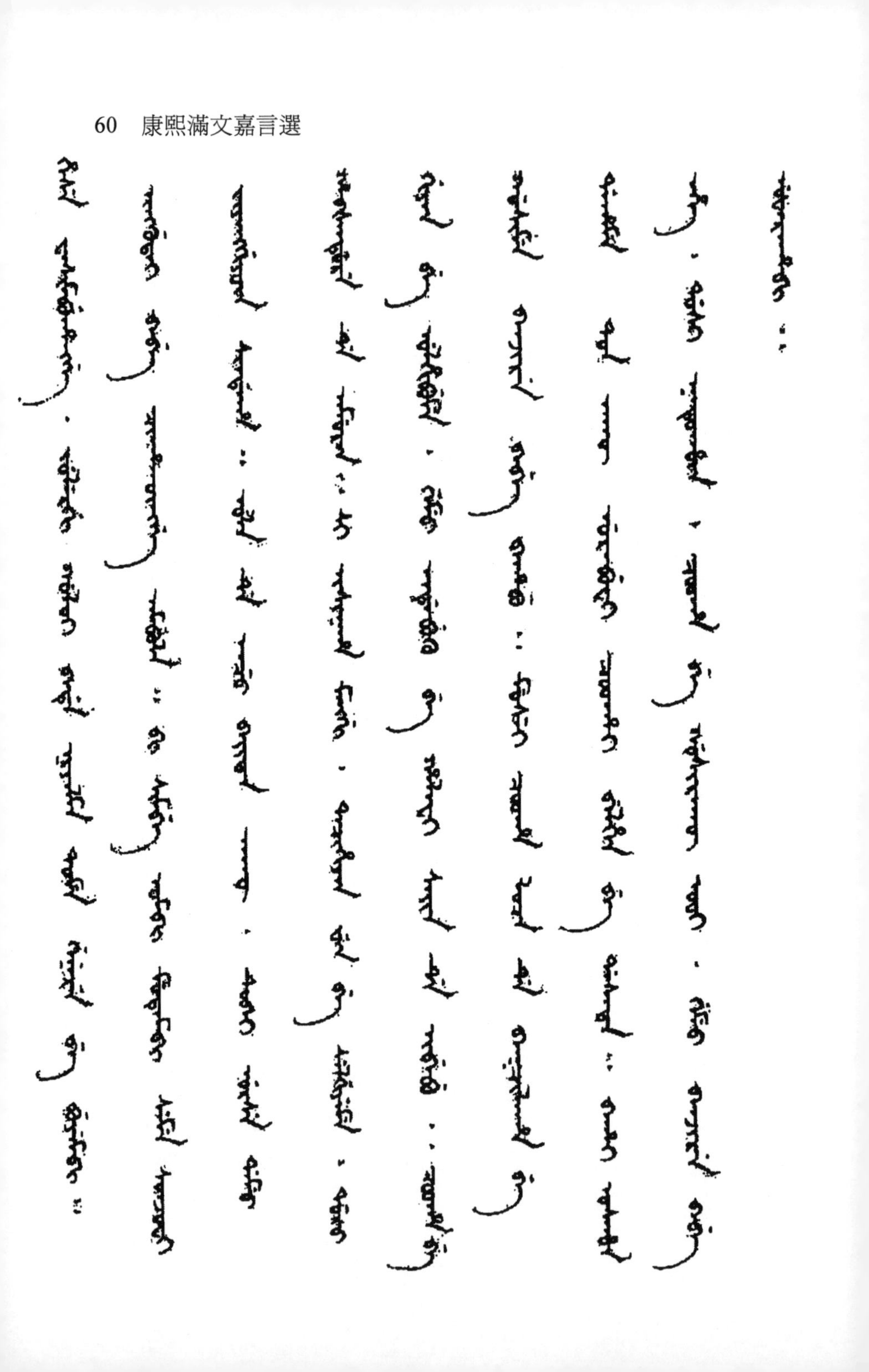

[illegible]

[illegible]

[illegible]

[illegible]

[illegible]

[illegible]

[illegible]

[illegible]

[illegible]

# 二十、敷布教化

hese wasimbuhangge, julergi goloi bade niyalma tome genere be buyembi. ninggutai babe cihakūngge ambula. bi simbe ombi mutembi seme sonjofi jiyanggiyūn sindaha. ula de encu baita akū, tubai urse damu habšandure de amuran. si isinaha manggi, tacihiyan wen be selgiyeme, doro giyan be ulhibume, gemu endebuku be halafi sain de ibebu. cooha be gosime banjire babe bahabu. musei cooha loca de bakcilaha be dahame, ton akū urebufi coohai belhen be dasata. bahai oshon ehe, dosi nantuhūn, cooha be gosirakū ofi, gemu banjire babe ufarahabi.

---

諭曰：南方各省，人人願往，至寧古塔則不願者多，朕以爾才能可用，故簡任爲將軍，烏喇別無他事，彼土之人，惟好訐訟，爾至，當敷布教化，俾識理義，令俱改過遷善，尤宜愛養兵丁，令各得所。我兵逼近羅察，須時加操練，以修武備。巴海暴戾貪污，不恤士卒，遂致失所。

---

谕曰：南方各省，人人愿往，至宁古塔则不愿者多，朕以尔才能可用，故简任为将军，乌喇别无他事，彼土之人，惟好讦讼，尔至，当敷布教化，俾识理义，令俱改过迁善，尤宜爱养兵丁，令各得所。我兵逼近罗察，须时加操练，以修武备。巴海暴戾贪污，不恤士卒，遂致失所。

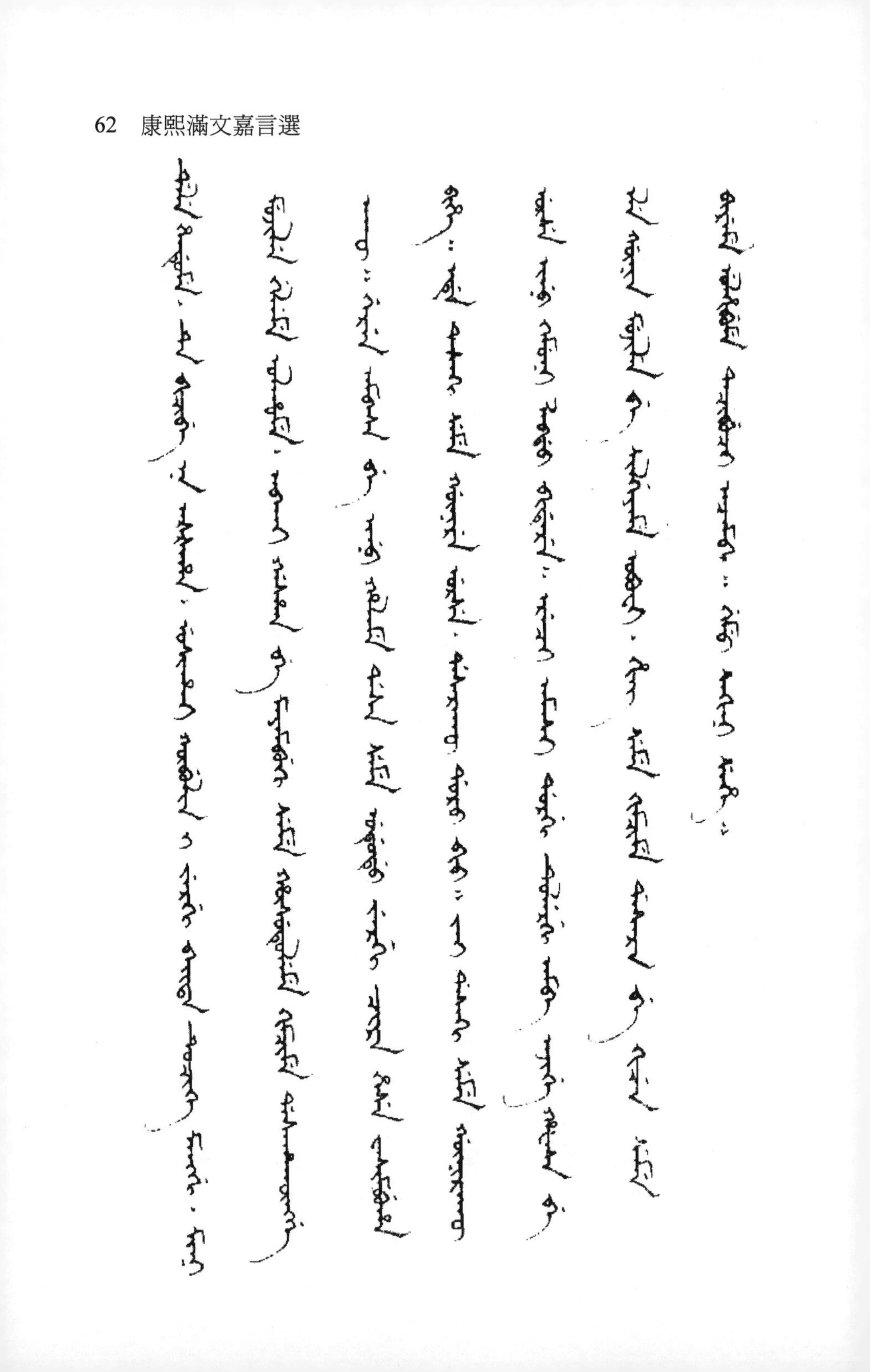

# 二十一、力行修省

dele hendume, te bicibe na aššaha, usihai kūblin i jergi baita tucike manggi, mini mujilen geleme olhome, abkai gashan be mayambuki seme hūsutuleme kimcime dasahakūngge akū. geren ambasa be inu halame dasa seme ududu jergi cira hese wasimbuha bihe. ede dasaki seme gūnire urse. dasarakū doro bio. jai dasaki seme gūnirakū urse inu kemuni labdu bidere. ereci amasi dorgi tulergi amba ajige hafasa be ele gūnin mujilen be silgiyame obofi, hing seme kimcime dasara be kice seme bireme ulhibume tacibuci acambi.gemu sakini sehe.

---

上曰：近如地震星變等項，朕心存敬畏，無不力行修省，以弭天災，其各臣工亦屢下嚴旨，敕令修改，其意在修省者，豈不洗滌，其罔知悛改者，恐亦尚多。今後著內外大小臣工益加洗心滌慮，實圖修省，應通行申飭，咸使知之。

---

上曰：近如地震星变等项，朕心存敬畏，无不力行修省，以弭天灾，其各臣工亦屡下严旨，敕令修改，其意在修省者，岂不洗涤，其罔知悛改者，恐亦尚多。今后着内外大小臣工益加洗心涤虑，实图修省，应通行申饬，咸使知之。

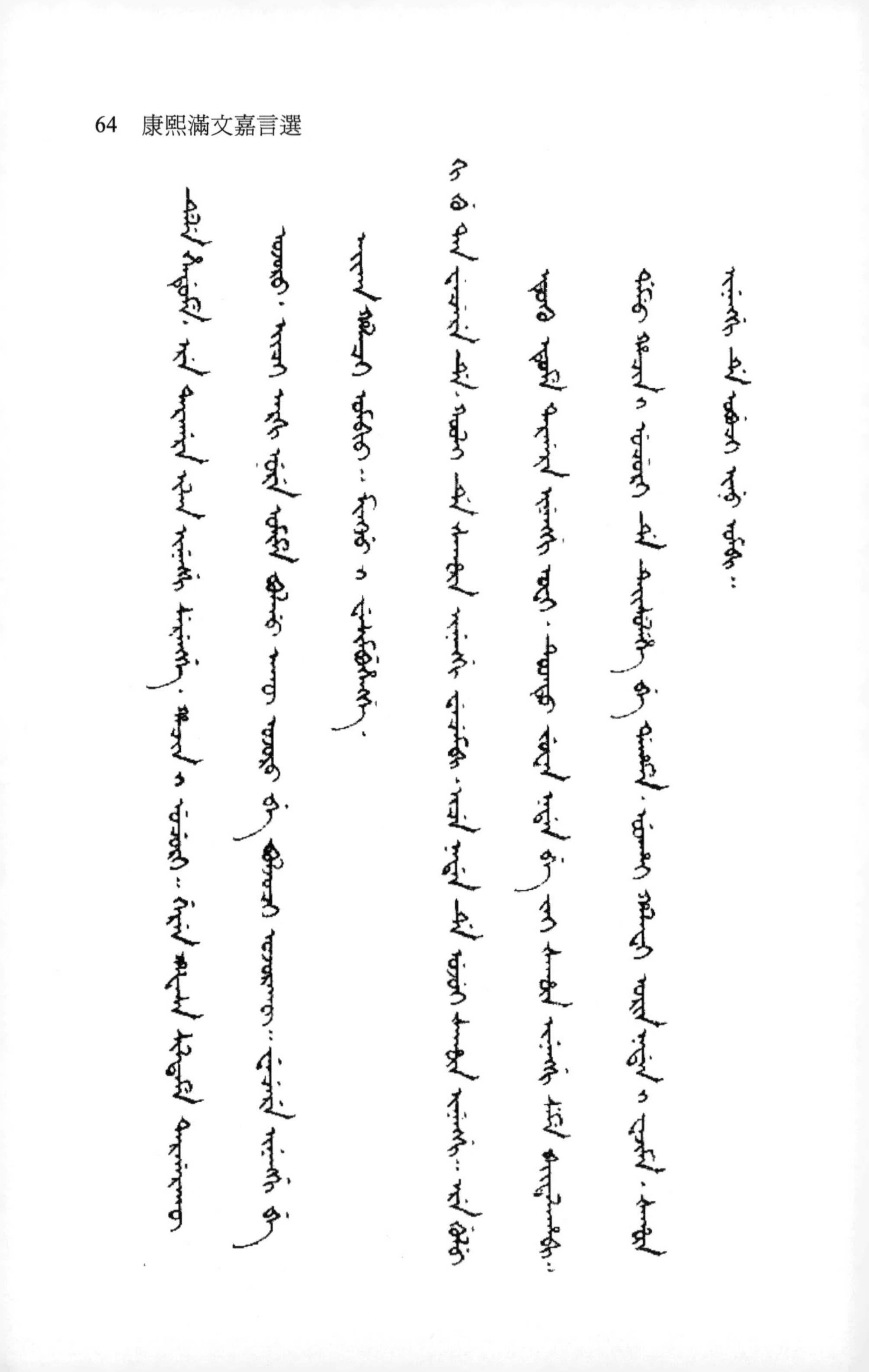

# 二十二、祀天祈穀

dele hendume, ere targara ilan inenggi serengge, hacin i ucuri. geren hafasa siltame targarakū ojoro, eici arki nure omime bolgo akū ojoro be boljoci ojorakū. wecere inenggi be aika halaci ombio. mingju i wesimbuhengge, ki gu tan wecere de, kooli de šahūn inenggi wecembi, ice nadan de ujui šahūn inenggi. ere gulu etuku etume targara inenggi ofi, tuttu juwan nadan be jai šahūn inenggi seme baitalahabi. damu hacin i ucuri de teisulehe be dahame, uthai halafi orin nadan i wajime, šahūn inenggi de obuci inu ombi.

---

上曰：此應齋戒三日，係元宵節，恐各官託故不行齋戒及飲酒不潔，亦未可知，改擇祭日可乎？明珠奏曰：祭祈穀壇，例用辛日，初七日爲上辛，因係素服齋戒之日，故用十七中辛，但既遇元宵，即改於二十七日下辛亦可。

---

上曰：此应斋戒三日，系元宵节，恐各官托故不行斋戒及饮酒不洁，亦未可知，改择祭日可乎？明珠奏曰：祭祈谷坛，例用辛日，初七日为上辛，因系素服斋戒之日，故用十七中辛，但既遇元宵，即改于二十七日下辛亦可。

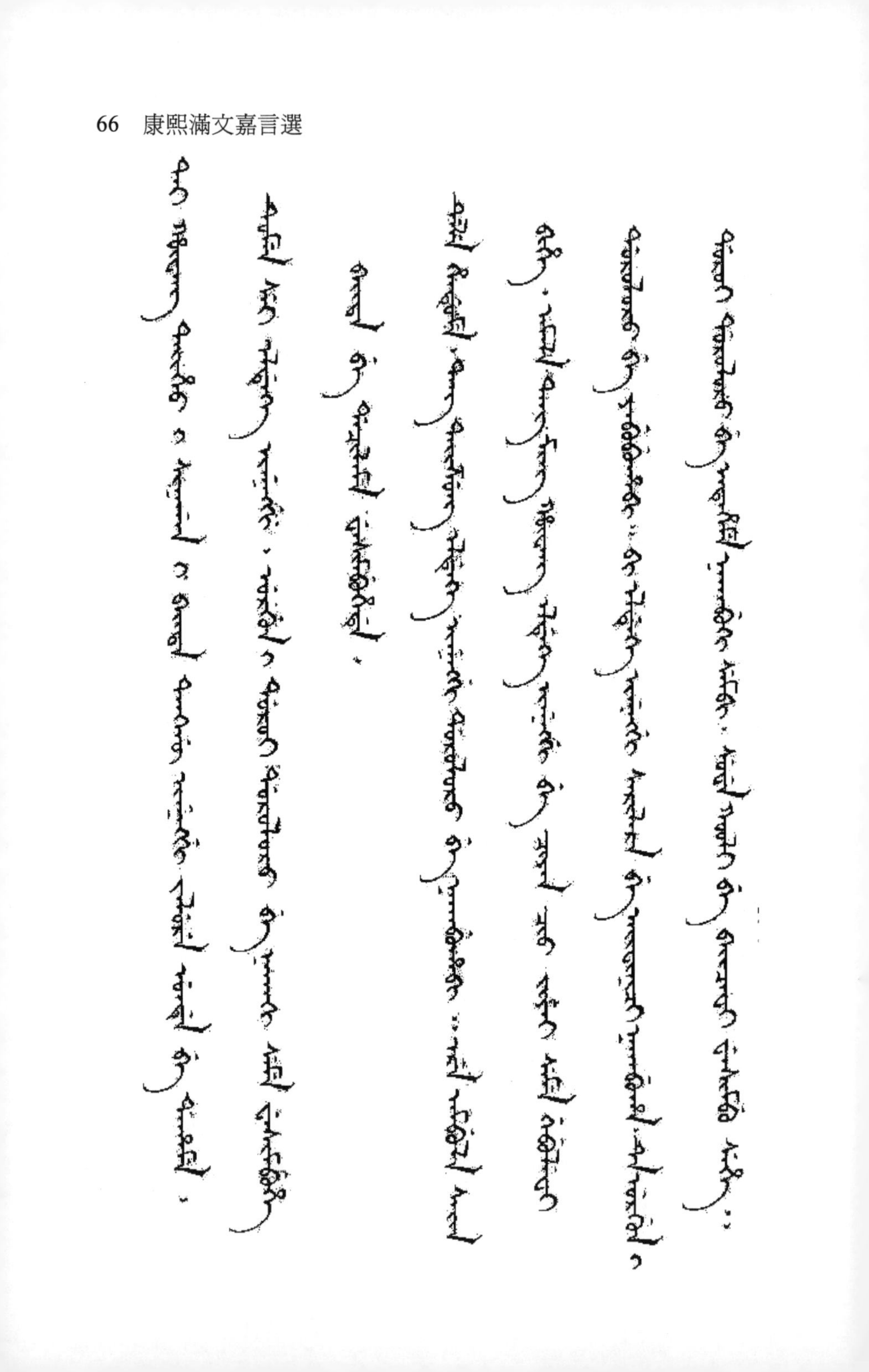

# 二十三、誕日行禮

tai hūwang taiheo i sinagan i baita tanggū inenggi jalure unde be dahame, tumen sei eldeke inenggi, urgun i doroi doroloro be nakaki seme wesimbuhe baita be dacilame wesimbuhede, dele hendume, tang taidzung eldeke inenggi doroloro be nakabuhabi. ere ambula sain bihe, amala tang ming hūwang eldeke inenggi be ciyan cio jiyei seme gebulefi doroloro be yabubuhabi. bi eldeke inenggi sarilara be aifinici nakabuha, te urgun i doroi doroloro be enteheme nakabuki sembi, suwe kooli be baicafi wesimbu sehe.

---

太皇太后之喪未滿百日，萬壽日應停止慶賀禮。上曰：唐太宗停止誕日行禮甚善，後唐明皇以誕日名爲千秋節令行禮。朕之生日，久已停止筵宴，今欲將慶賀禮永行停止，爾等查例具奏。

---

太皇太后之丧未满百日，万寿日应停止庆贺礼。上曰：唐太宗停止诞日行礼甚善，后唐明皇以诞日名为千秋节令行礼。朕之生日，久已停止筵宴，今欲将庆贺礼永行停止，尔等查例具奏。

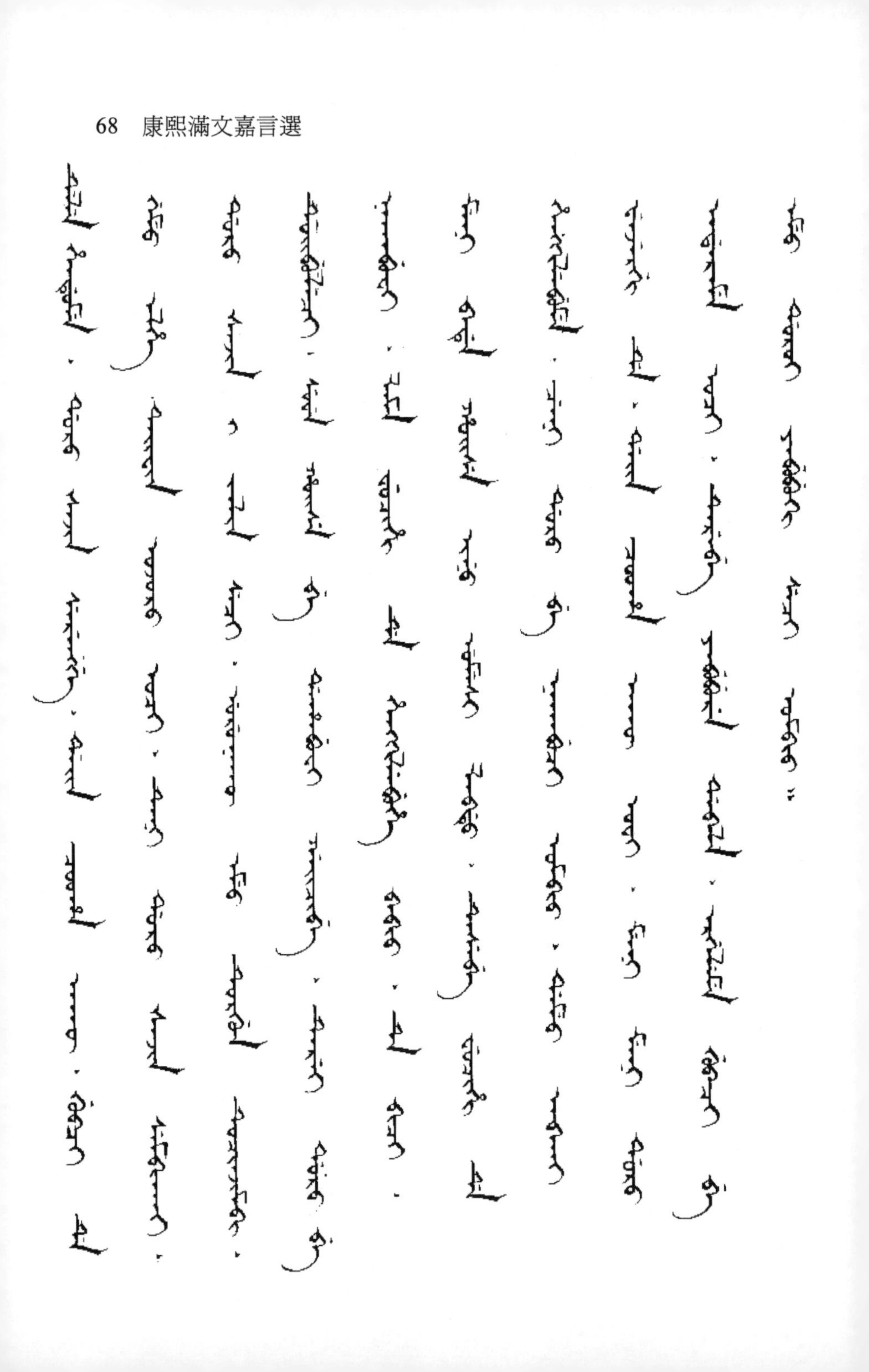

# 二十四、皈依佛法

dele hendume, doro šajin serengge, dain cooha akū, gubci de gemu elhe taifin ojoro oci, teni doro šajin sembikai, doro šajin i jalin seci, urunakū emu turgun tucinjimbi, duibuleci, suwe hoise be dahabufi gaicibe, terei doro be nakabufi, lama fucihi de hengkilebuhe babio, te bici, meni bade hoise inu umesi labdu, tesebe fucihi de hengkilebume, ceni doro be nakabuci ombio, damu abkai fejergi de, dain cooha akū ofi, meni meni doro adarame oci, terebe yabubure dabala, ergeleme gubci be emu doroi yabubuki seci ombio.

---

上曰：道法者休息兵戎，令宇內昇平，始云道法。若以護法爲辭，必生釁端，譬如爾等雖招撫回子，曾滅其教，亦令其皈依佛法，跪拜喇嘛否？即今朕處回子甚多，若盡令伊等皈依佛法，滅其教門可乎？天下太平之時，惟令各行其道，若強之使合，斷不可爲。

---

上曰：道法者休息兵戎，令宇内升平，始云道法。若以护法为辞，必生衅端，譬如尔等虽招抚回子，曾灭其教，亦令其皈依佛法，跪拜喇嘛否？即今朕处回子甚多，若尽令伊等皈依佛法，灭其教门可乎？天下太平之时，惟令各行其道，若强之使合，断不可为。

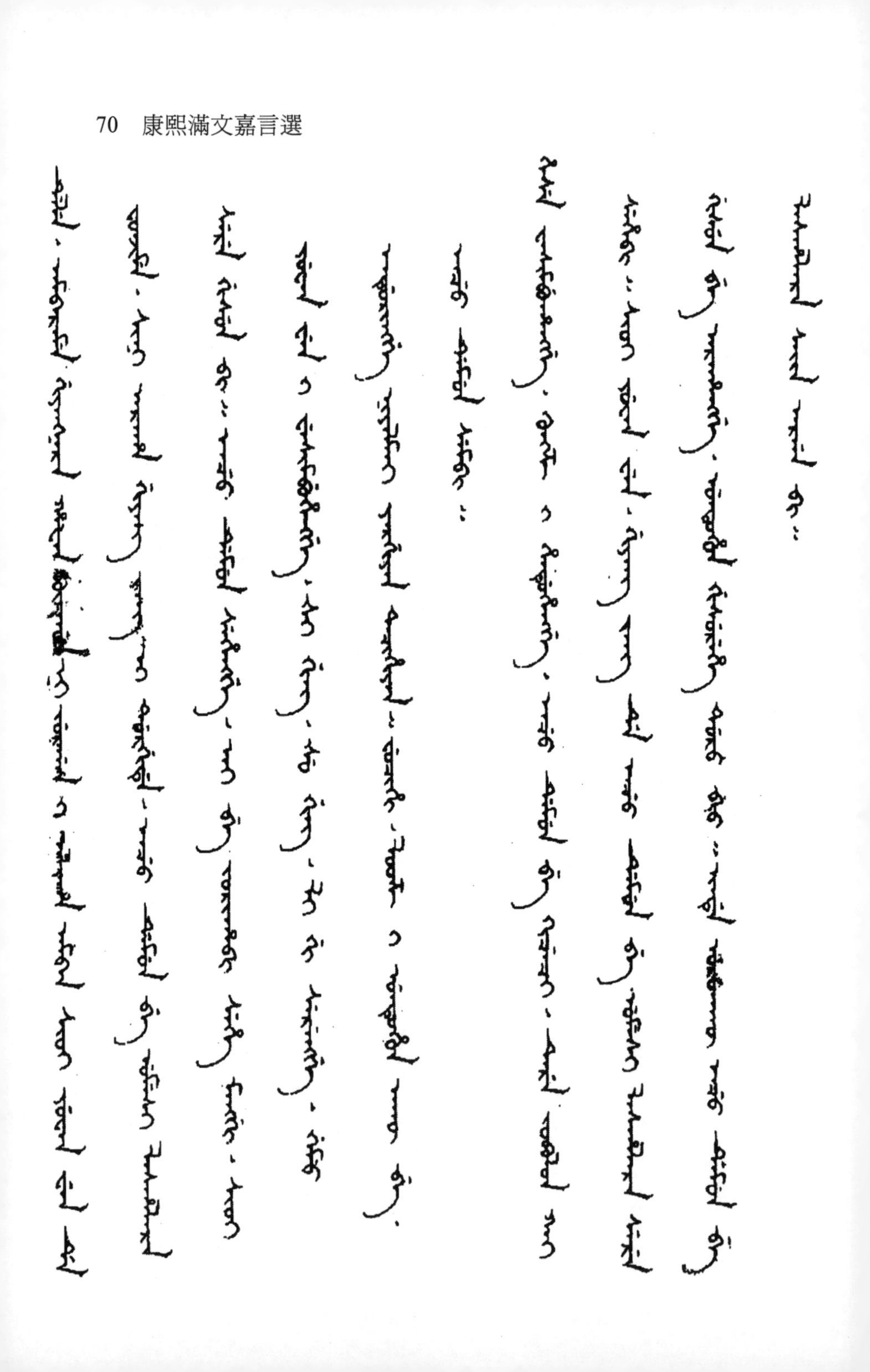

# 二十五、佛老異端

dele, ambarame giyangnara hafan boigon i jurgan i aliha amban sioi yuwan wen de fonjime, sini araha giyang jang ni dorgide, encu demun be umesi lashalara sere gisun bi. encu demun sehengge, ai be jorihabi sehe manggi, sioi yuwan wen i wesimbuhengge, ši ging, šu ging, li gi serengge, gemu enduringge niyalmai yargiyan tacihiyan. fucihi, loodz i untuhun akū be, encu demun sembi. hese wasimbuhangge, kungdz i henduhengge, encu demun be kiceci, tere jobolon kai sehebi. sioi yuwan wen, giyang jang de encu demun be umesi lashalara sere gisun be arahangge, untuhun gisurehe doro bio. inde urunakū encu demun be lashalara sain arga bi.

---

上問經筵講官戶部尚書徐元文曰：爾所撰講章內有使異端其永絕之語，所謂異端者，何所指也？徐元文奏曰：詩書禮皆聖人之實教，若佛老虛無，乃異端也。諭曰：孔子云，攻乎異端，斯害也已。徐元文講章內所云，使異端其永絕，豈虛語耶？伊必有永絕異端之良策。

---

上问经筵讲官户部尚书徐元文曰：尔所撰讲章内有使异端其永绝之语，所谓异端者，何所指也？徐元文奏曰：诗书礼皆圣人之实教，若佛老虚无，乃异端也。谕曰：孔子云，攻乎异端，斯害也已。徐元文讲章内所云，使异端其永绝，岂虚语耶？伊必有永绝异端之良策。

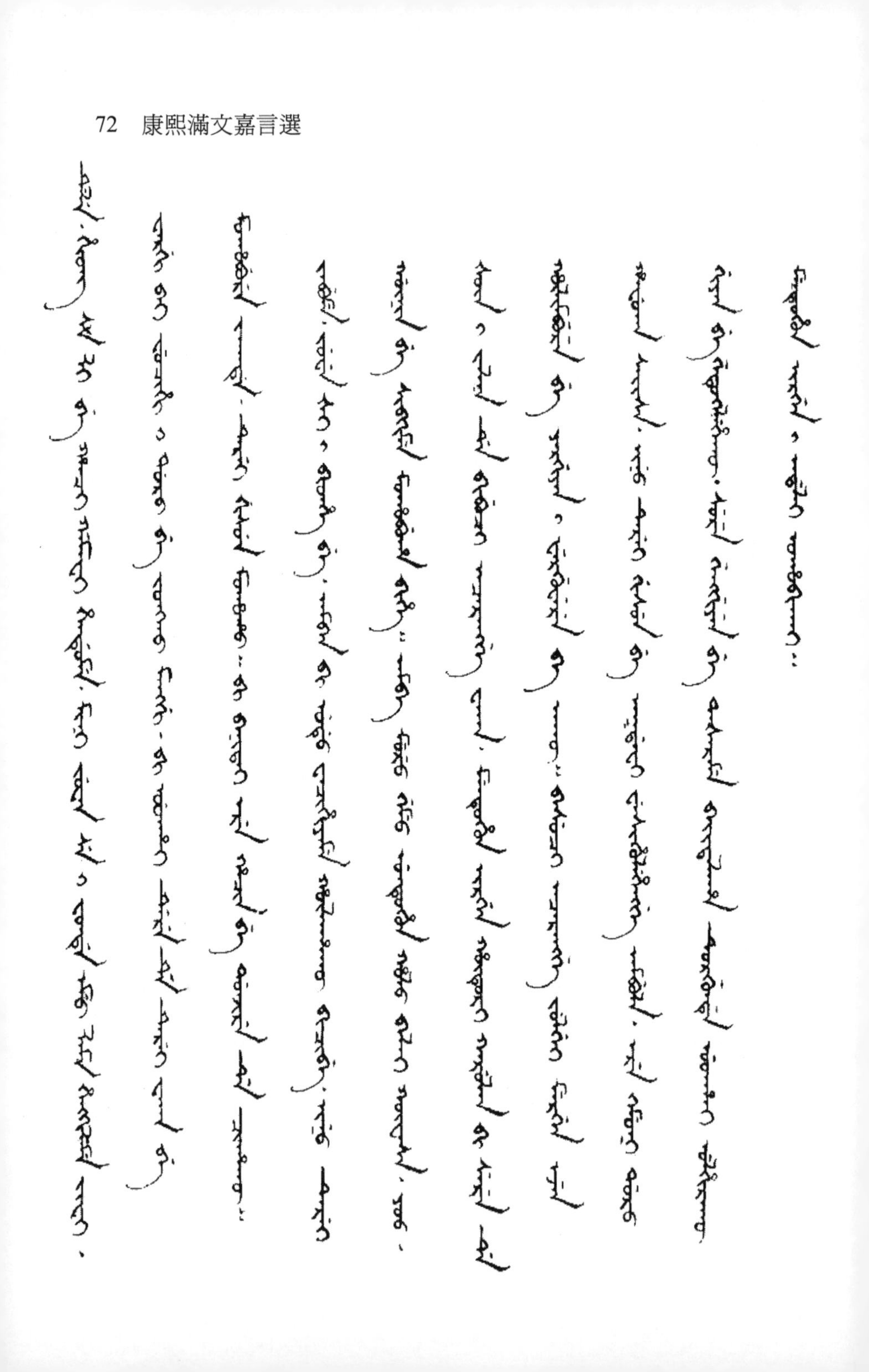

# 二十六、西方佛法

dele, hiong sy li be hanci gamafi hendume, mini juwan se i fonde emu lama hengkileme jifi, wargi bai fucihi i doro be jongko manggi, bi uthai dere de terei waka be mohobure jakade, terei gisun mohoho. bi banitai ere hacin be donjire de cihakū. jabume, juwe ši i bithe be, amban bi udu wacihiyame hūlahakū bicibe, inu terei gūnin be sibkime mohobuha bihe. amba muru gemu untuhun holo balai kūwasa, yoo, šun i jalan de bibuci acarangge waka, mentuhun irgen hūturi karulan bi sere de hūlimbure be yargiyan i ferguwere ba akū. basuci acarangge julgei meregen ejen hafuka saisa, inu terei gisun be akdafi wesihulehengge ambula, ere kemuni doro giyan be getukelehekū, sure genggiyen be tašarame baitalaha turgunde uthai ulhirakū mentuhun irgen i adali ohobikai.

---

上召熊賜履至御前諭曰：朕十歲時，一喇嘛來朝，提起西方佛法，朕即面闢其謬，彼竟語塞。蓋朕生來便厭聞此種也。對曰：二氏之書，臣雖未盡讀，亦曾窮究其指，大都荒唐幻妄，不可容於堯舜之世，愚氓惑於福果，固無足怪，可笑從來英君達士，亦多崇信其說，畢竟是道理不明，聰明誤用，直於愚民無知等耳。

---

上召熊赐履至御前谕曰：朕十岁时，一喇嘛来朝，提起西方佛法，朕即面辟其谬，彼竟语塞。盖朕生来便厌闻此种也。对曰：二氏之书，臣虽未尽读，亦曾穷究其指，大都荒唐幻妄，不可容于尧舜之世，愚氓惑于福果，固无足怪，可笑从来英君达士，亦多崇信其说，毕竟是道理不明，聪明误用，直于愚民无知等耳。

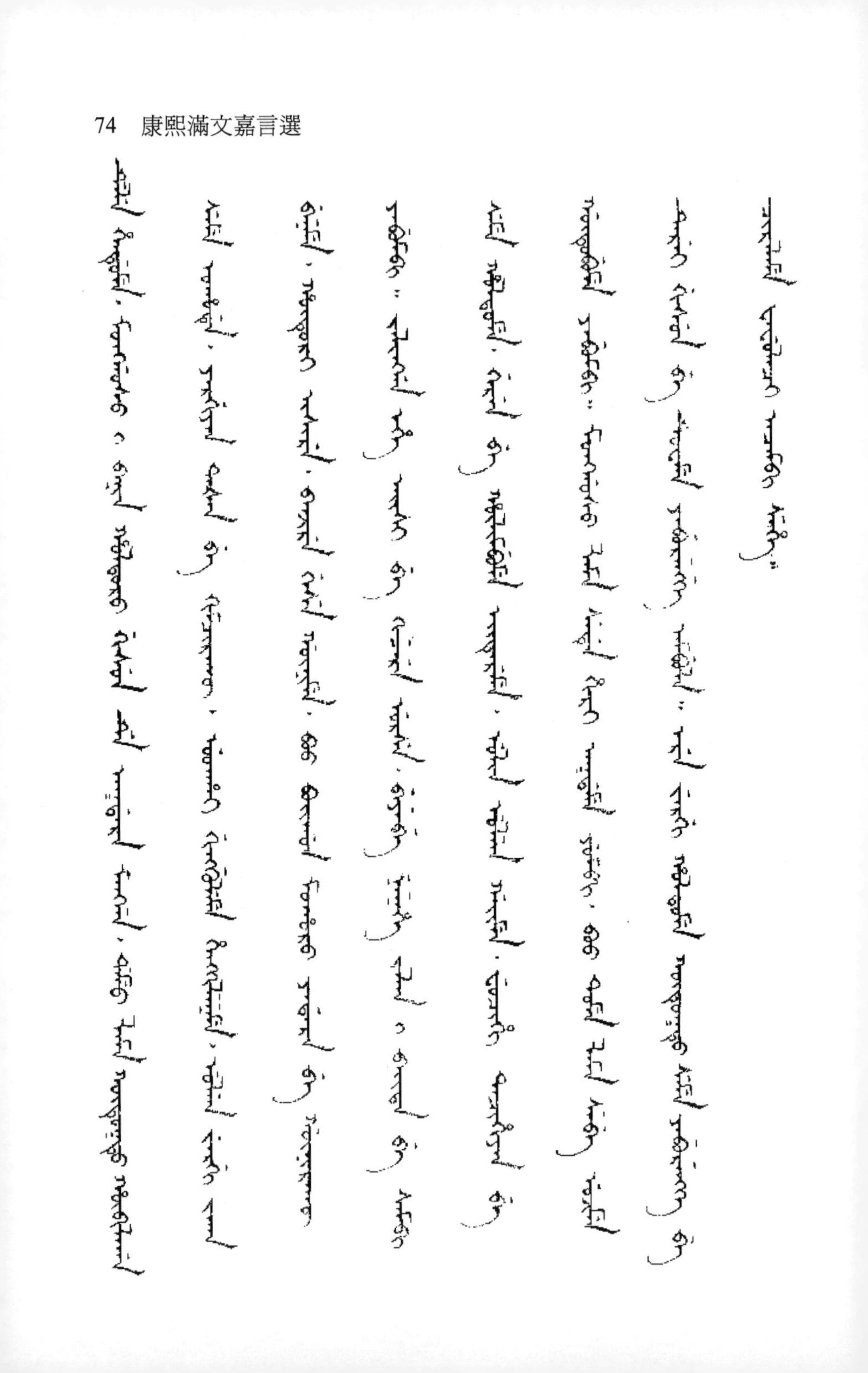

# 二十七、呼畢勒罕

dele hendume, monggoso i banin holtoro gisun de akdara mangga, damu lama kūtuktu hūbilgan seme ohode, yargiyan tašan be kimcirakū, uthai gingguleme hengkileneme, ulga jergi jaka beneme, hūturi isire, banjire gese gūnime, boo boigon mohoro yadara be gūnirakū yabumbi. jalingga ehe aisi be kicere urse, beyebe nenehe jalan i baita be sambi seme holtome, geren be hūlimbume eitereme, ulin ulga gaime, fucihi tacihiyan be gūtubume yabumbi. monggoso lama sede hiri akdame yumpi. boo tome lama sebe ujime terei gisun be tuwame yaburengge ambula. ere jergi holtome kūtuktu seme yaburengge be ciralame fafulaci acambi sehe.

---

上曰：蒙古之性深信詭言，但聞喇嘛庫圖克圖忽必爾汗，不詳其真僞，便至誠叩頭送牲畜等物，以爲可以獲福長生，即至破蕩家產，不以爲意，而奸宄營利之徒詐謂能知前生事，惑眾欺人，罔取財帛牲畜，以累佛教，諸蒙古篤信喇嘛，久已惑溺，家家供養喇嘛，聽其言而行者甚眾，應將此等詐稱庫圖克圖者，嚴行禁止。

---

上曰：蒙古之性深信诡言，但闻喇嘛库图克图忽必尔汗，不详其真伪，便至诚叩头送牲畜等物，以为可以获福长生，即至破荡家产，不以为意，而奸宄营利之徒诈谓能知前生事，惑众欺人，罔取财帛牲畜，以累佛教，诸蒙古笃信喇嘛，久已惑溺，家家供养喇嘛，听其言而行者甚众，应将此等诈称库图克图者，严行禁止。

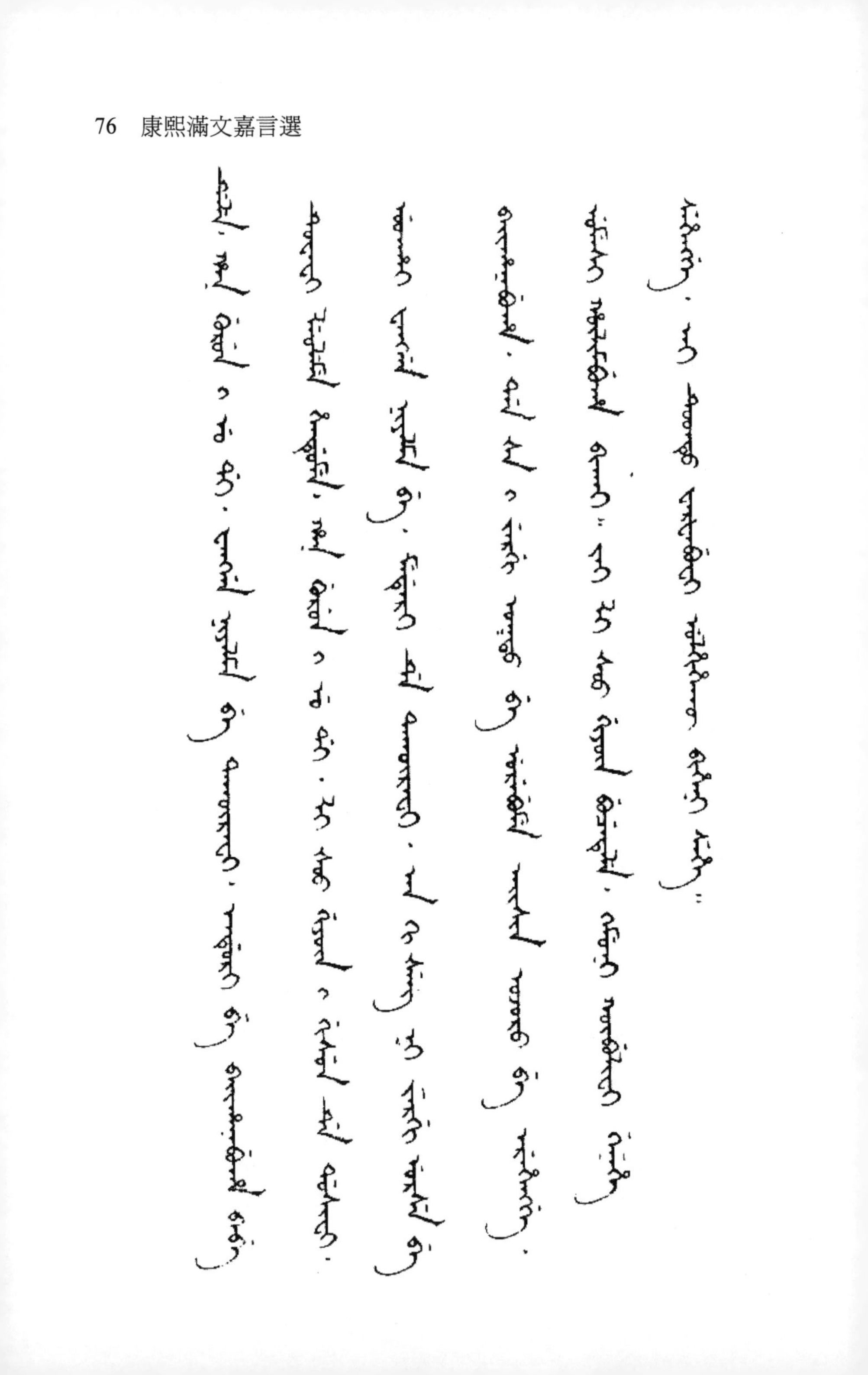

# 二十八、方士入海

dele, han gurun i u di, fangga niyalma be takūrafi, enduri be baihanabuha babe tuwafi leoleme hendume, han gurun i u di, li šoo giyūn i gisun de dosifi, uthai fangga niyalma be, mederi de takūrafi, an ki šeng ni jergi urse be baihanabuha. dan ša i jergi okto be urebume aisin ojoro be erehengge, umesi hūlimbuha bikai. jai li šoo giyūn bucetele, kemuni kūbulifi genehe sehengge, ai tuttu farfabufi ulhihekū biheni sehe.

---

上閱漢武帝遣方士求神仙論曰：漢武帝信李少君之說，遂遣方士入海，求安期生之屬，化丹砂諸藥，以冀成金，惑已甚矣。至李少君既死，猶以爲化去，何其迷而不悟耶。

---

上阅汉武帝遣方士求神仙论曰：汉武帝信李少君之说，遂遣方士入海，求安期生之属，化丹砂诸药，以冀成金，惑已甚矣。至李少君既死，犹以为化去，何其迷而不悟耶。

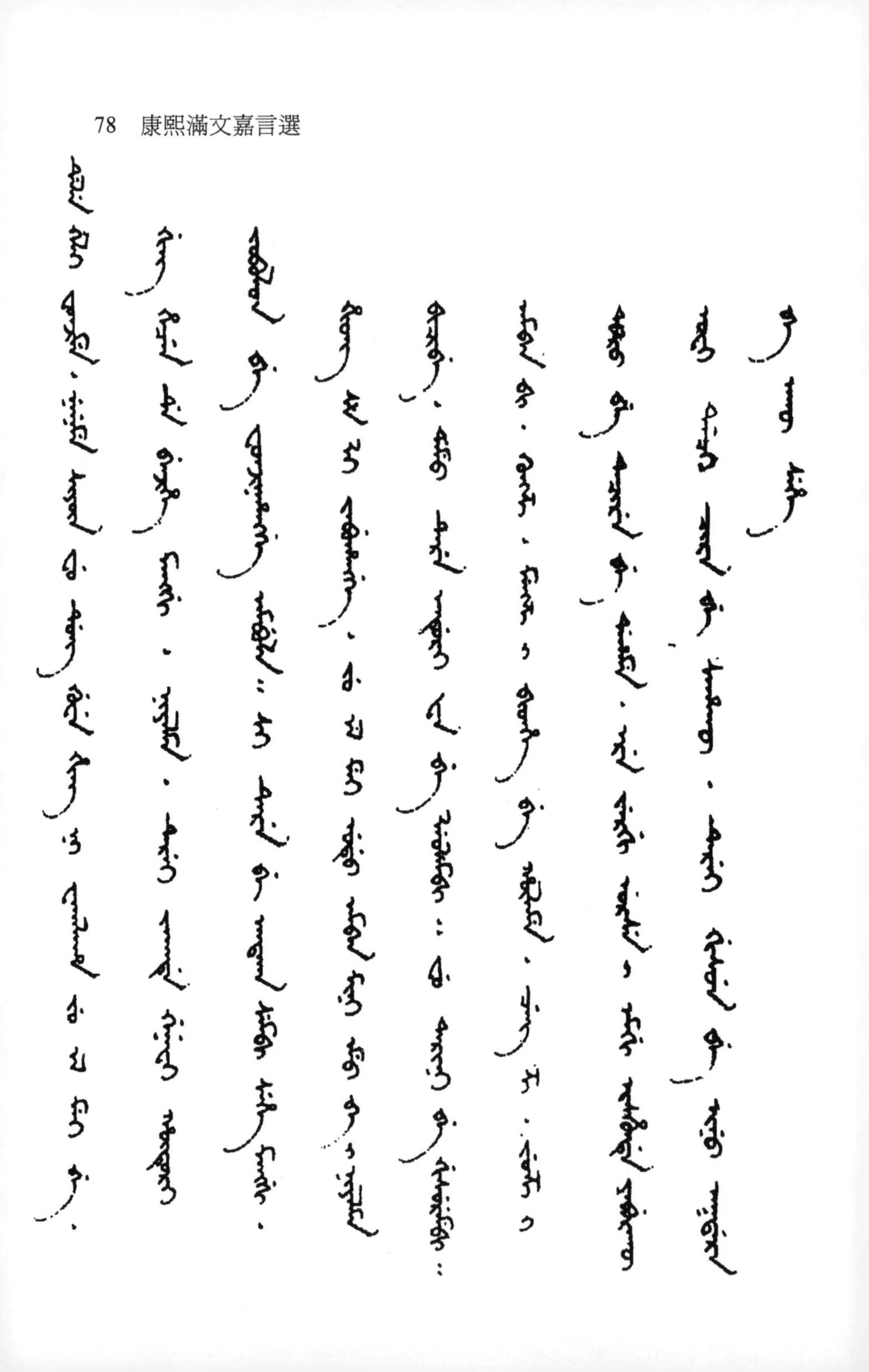

[illegible]

# 二十九、問卜休咎

dele geli fonjime, neneme siyūn fu dung guwe hing ni wakalaha ju el mei be, ging hecen de benjihe manggi, niyalma, terei jakade genefi hūturi jobolon be fonjinahangge ambula. si tere be antaka sembi sehe manggi, hiong sy li jabuhangge, ju el mei udu amban mini emu ba i niyalma bicibe, damu tere enduri fa be leolembi. fu tarini be gisurembi. amban bi, kungdz. mengdz i bithe be hūlame. ceng dz, judz i doro be tacire be dahame, ere jergi urse i emgi ishunde yaburakū ofi, daci cira be sahakū, terei gisun be inu akdara ba akū sehe.

---

上又問曰：先前巡撫董國興所參之朱二眉解到京師，人多去問他休咎，爾以爲何如？熊賜履對曰：朱二眉雖與臣同鄉，但他講仙術，用符呪。臣讀孔孟之書，學程朱之道，不與此輩交往，生平未覩其面，亦不信其說。

---

上又问曰：先前巡抚董国兴所参之朱二眉解到京师，人多去问他休咎，尔以为何如？熊赐履对曰：朱二眉虽与臣同乡，但他讲仙术，用符呪。臣读孔孟之书，学程朱之道，不与此辈交往，生平未覩其面，亦不信其说。

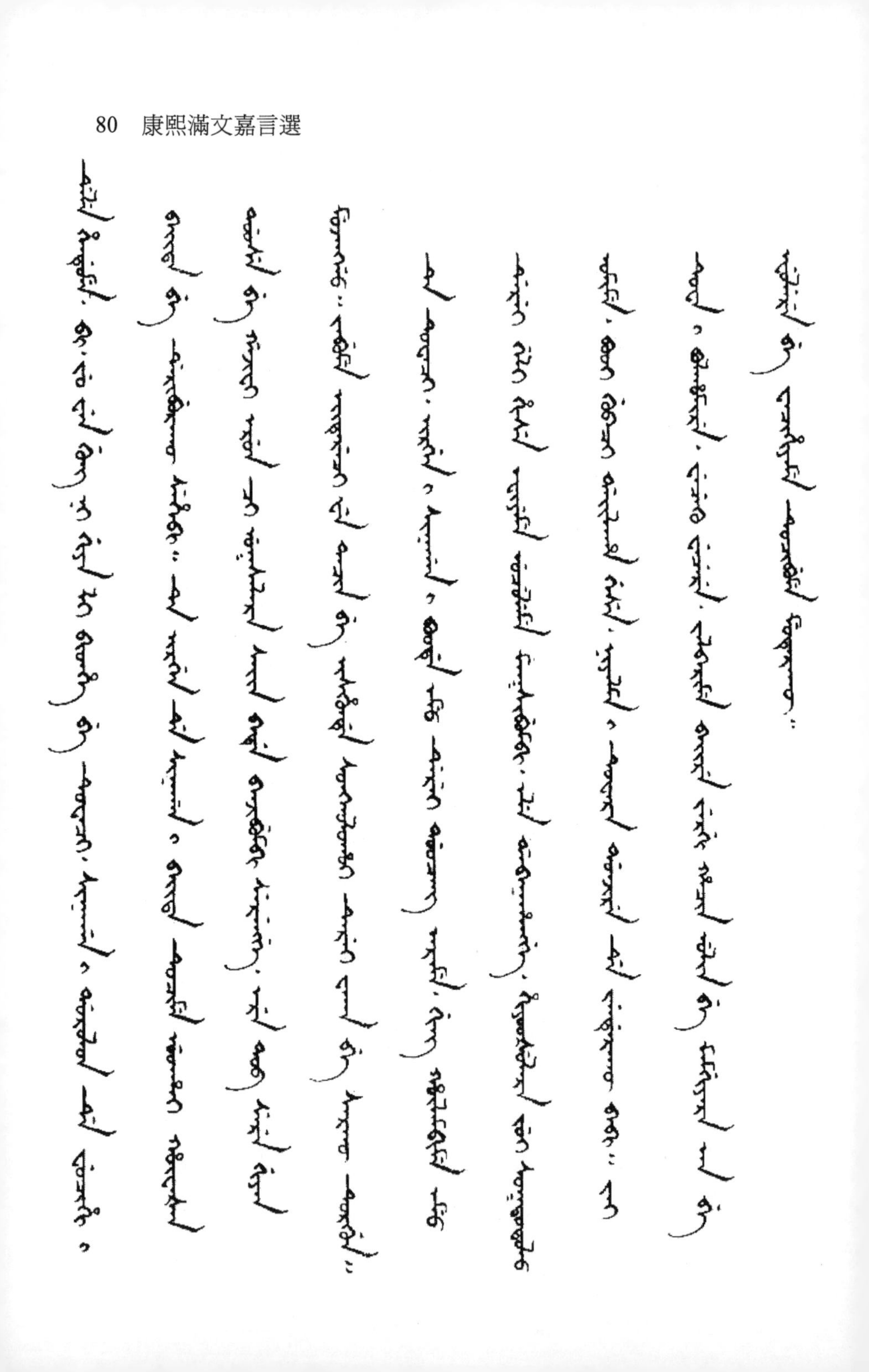

# 三十、跳神禳賽

dele hendume, bi, ju wen gung ni giya li bithe be tuwaci, sinagan i dorolon de fucihi i baita be deriburakū sehebi. te irgen de sinagan i baita tucime uthai hūwašan doose be gajifi erun ci uksalara sain bade banjibumbi serengge, ere tob sere giyan mujanggo. jabume eitereci fe tacin be ishunde songkolohoi terei waka be sarkū turgun. te tuwaci, irgen i sinagan i boode emu derei doocang arame, ging hūlambime emu derei geli hise efiyeme uculeme maksibumbi, ele dabanahangge, hiyoošulara jui soktotolo omime, booi gubci dailaha gese, niyalma i tuwara donjire de jenderakū babi. jai tuwa i bolhomire, weceku wecere, jalbarime baire jergi hacin ulin be mamgiyara an be efulere be wacihiyame tucibume muterakū.

---

上曰：朕觀朱文公家禮，喪禮不作佛事。今民間一有喪事，便延集僧道超度煉化，豈是正理。對曰：總因習俗相沿，莫知其非。近見民間喪家，一面修齋誦經，一面演劇歌舞，甚至孝子痛飲，舉家若狂，令人不忍見聞，諸如火葬焚化跳神禳賽之類，傷財敗俗，不可殫述。

---

上曰：朕观朱文公家礼，丧礼不作佛事。今民间一有丧事，便延集僧道超度炼化，岂是正理。对曰：总因习俗相沿，莫知其非。近见民间丧家，一面修斋诵经，一面演剧歌舞，甚至孝子痛饮，举家若狂，令人不忍见闻，诸如火葬焚化跳神禳赛之类，伤财败俗，不可殚述。

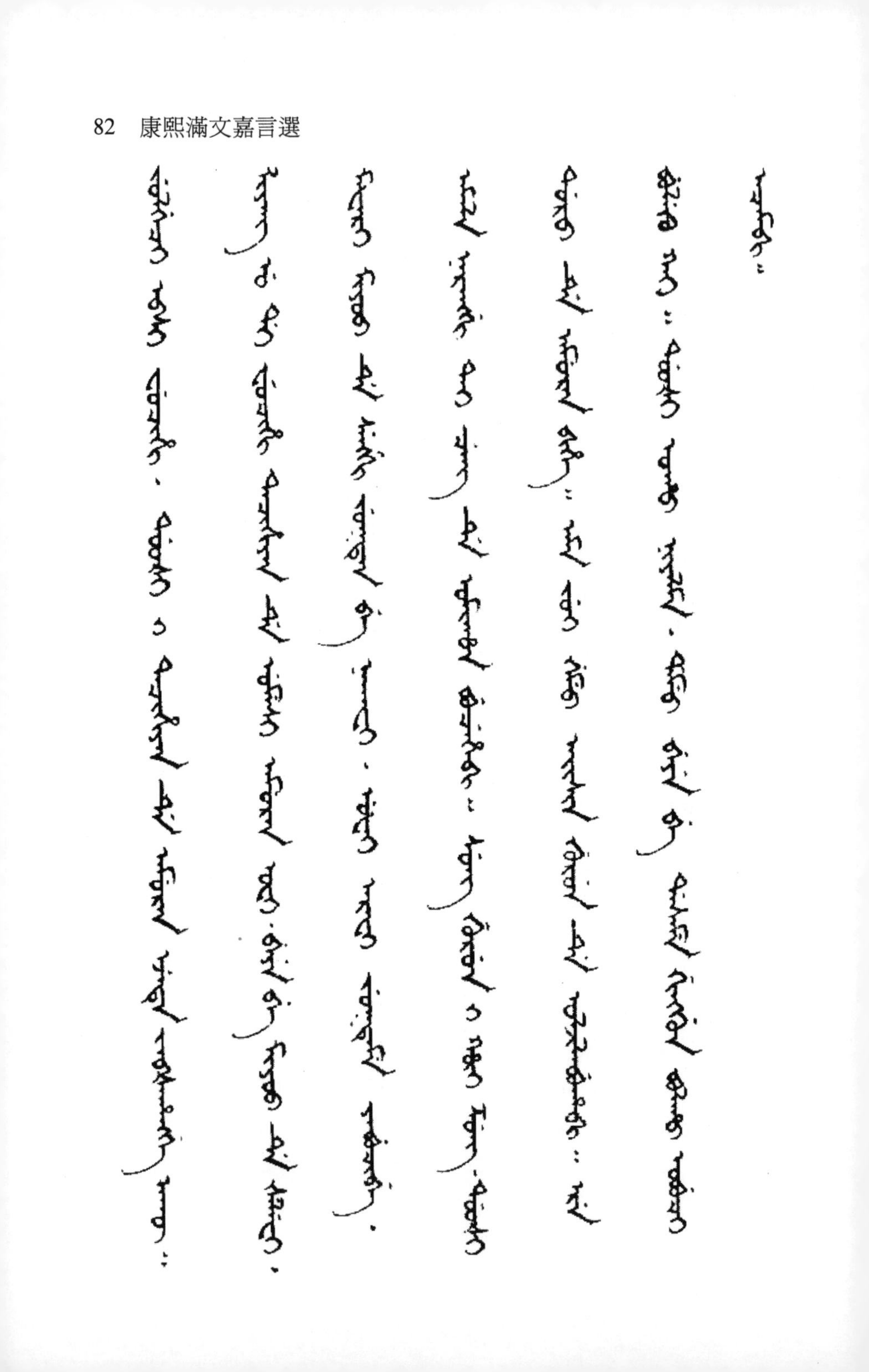

# 三十一、清靜修身

julgeci ebsi fucihi, doosi i tacihiyan de amuran ejete jabšahangge akū. liyang u di fucihi tacihiyan de umesi amuran ofi, beye be miyoo de šelefi, mafari miyoo de senggi jukten be nakafi, ufai arafi jukteme yabucibe, amala naranggi tai ceng de omihon bucehebi. sung gurun i hūi dzung dooši doro de amuran bihe. ama jui gemu aisin gurun de oljilabuhabi. ere buleku kai. dooši oho niyalma, damu beye be dasame ginggun bolho obuci acambi.

---

自古人主好釋老之教者，無益有損。梁武帝酷好佛教，捨身於寺，廢宗廟之血食，以麵爲牲，後竟餓死臺城。宋徽宗好道，父子皆爲金虜，此可鑒也。道士止宜清靜修身。

---

自古人主好释老之教者，无益有损。梁武帝酷好佛教，舍身于寺，废宗庙之血食，以面为牲，后竟饿死台城。宋徽宗好道，父子皆为金虏，此可鉴也。道士止宜清静修身。

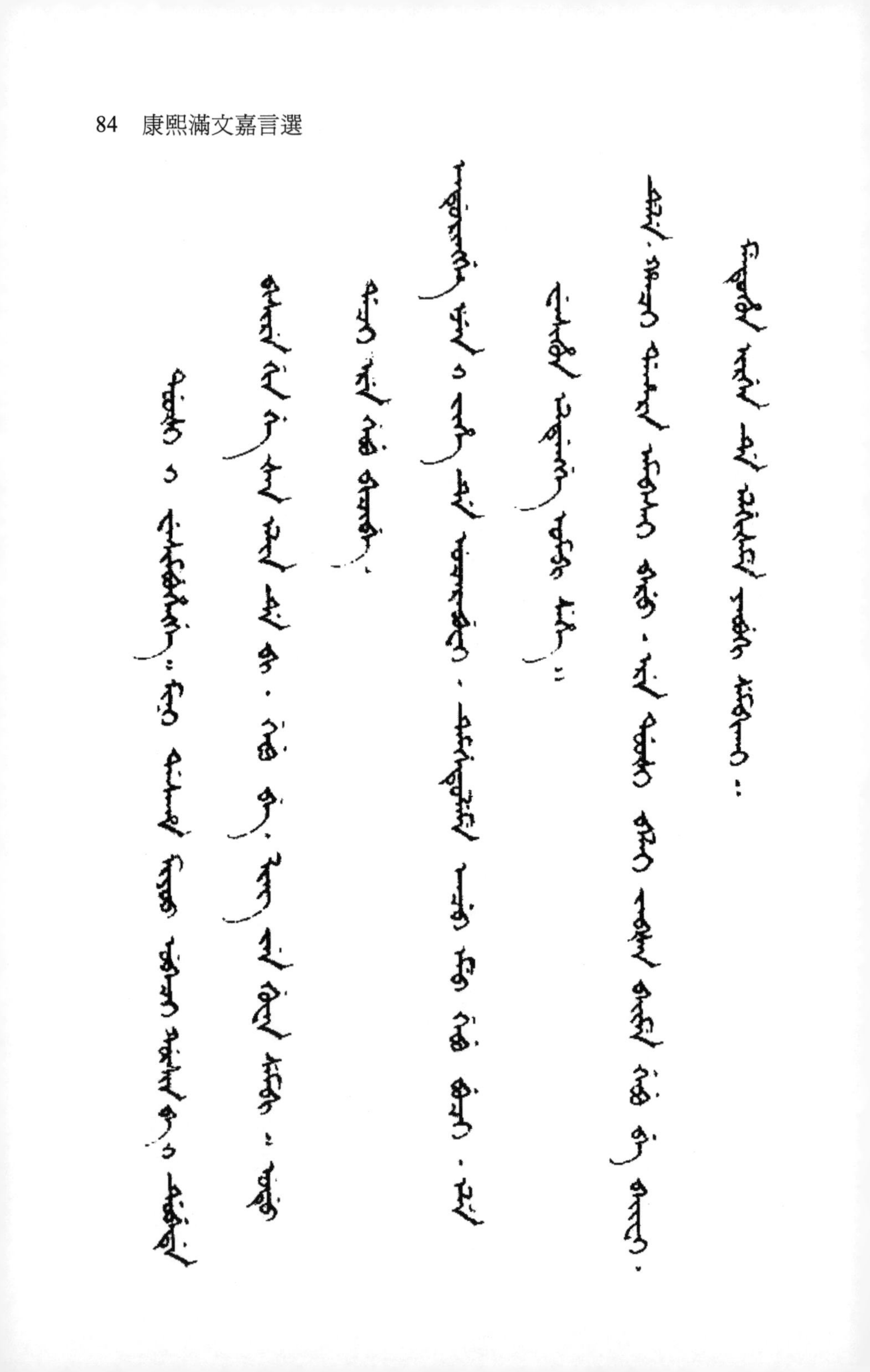

[illegible]

# 三十二、金閣靈真

dooši i wesimbuhengge, mini dasaha miyoo ubaci gūsin ba i dubede bisire gin ge šan alin de bi, gebu be, ling jen guwan sembi. udu daci ere gebu bicibe, enduringge ejen i jihe de ucarabufi, temgetuleme encu emu gebu buci, ele wesihun eldengge ombi sehe. dele, hanci dahara ambasai baru, ere dooši balai jabšan baime gebu be baifi, mentuhun irgen de algišame yabuki sembikai.

---

道士奏云：臣廟在金閣山，離此三十里，名靈真觀，雖向有此名，然遭逢聖主，若得旌表，另賜名號，則光寵益甚。上顧謂近臣曰：此道士妄干徼倖，求賜名號，意欲蠱惑愚民。

---

道士奏云：臣庙在金阁山，离此三十里，名灵真观，虽向有此名，然遭逢圣主，若得旌表，另赐名号，则光宠益甚。上顾谓近臣曰：此道士妄干徼幸，求赐名号，意欲蛊惑愚民。

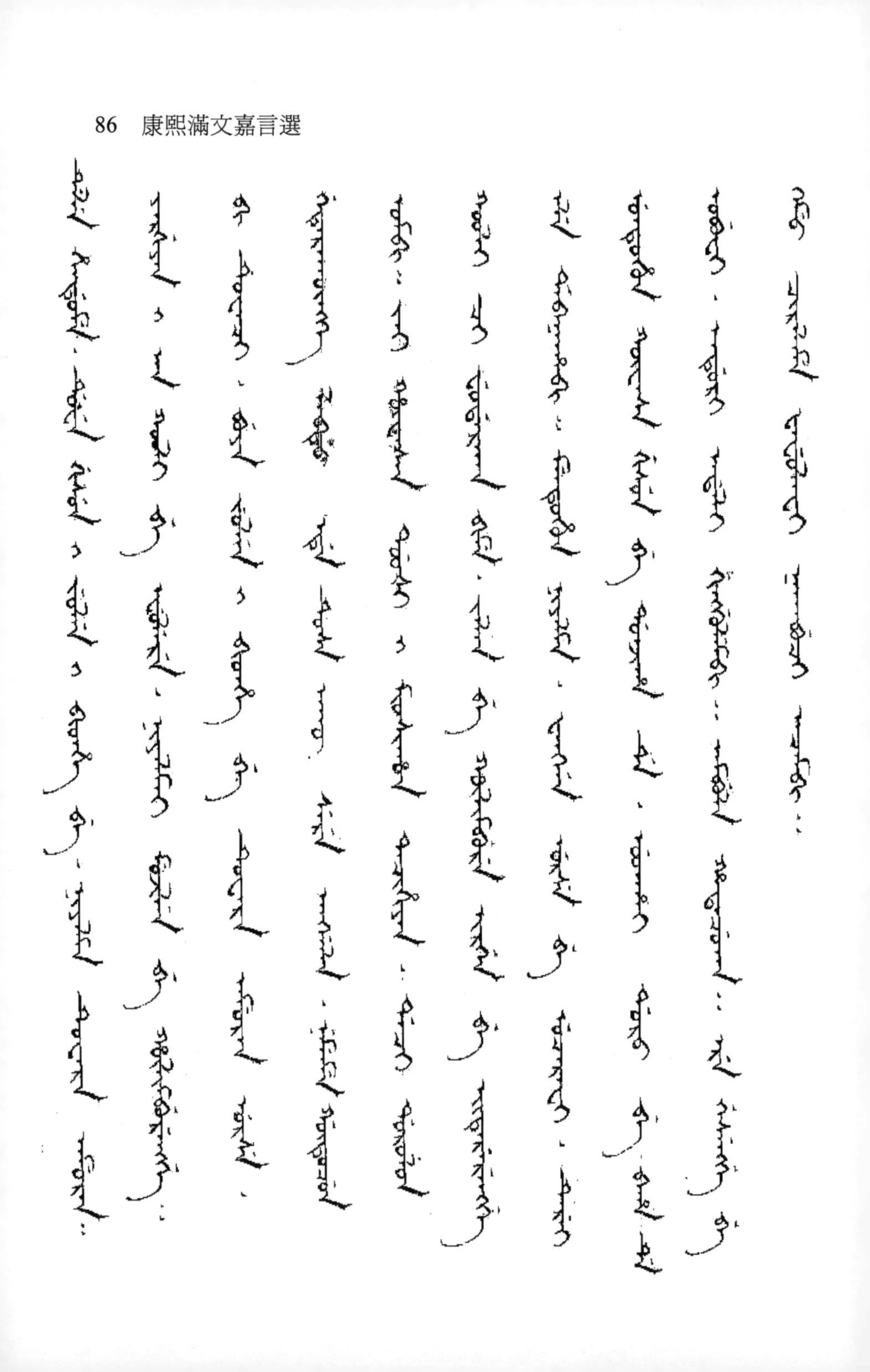

# 三十三、淫詞小說

dele hendume, dufe gisun i julen i bithe be, niyalma tuwara amuran. yargiyan i an kooli be efulere, niyalmai mujilen be hūlimburengge. bi tuwaci, buya julen i bithe be tuwara amuran urse, geterakūngge labdu. ede tusa akū sere anggala, nememe gūtucun ombi. jai hūwašan dooši i miosihon tacihiyan, daci dorolon kooli ci fudaraka bime, jalan be hūlimbure irgen be eitererengge ele dabanahabi. mentuhun niyalma, fangga urse be ucarafi, terei untuhun kūwasa gisun be donjiha de, uthai doro be baha de obufi, enduri adali ginggulembi. ambula hatacuka. ere gesengge be gemu ciralame fafulafi nakabuci acambi.

---

上曰：淫詞小說，人所樂觀，實能敗壞風俗，蠱惑人心。朕見人樂觀小說者，多不成材，是不惟無益，而且有害。至於僧道邪教，素悖禮法，其惑世誣民尤甚，愚人遇方術之士，聞其虛誕之言，輒以爲有道，敬之如神，殊堪嗤笑，俱宜嚴行禁止。

---

上曰：淫词小说，人所乐观，实能败坏风俗，蛊惑人心。朕见人乐观小说者，多不成材，是不惟无益，而且有害。至于僧道邪教，素悖礼法，其惑世诬民尤甚，愚人遇方术之士，闻其虚诞之言，辄以为有道，敬之如神，殊堪嗤笑，俱宜严行禁止。

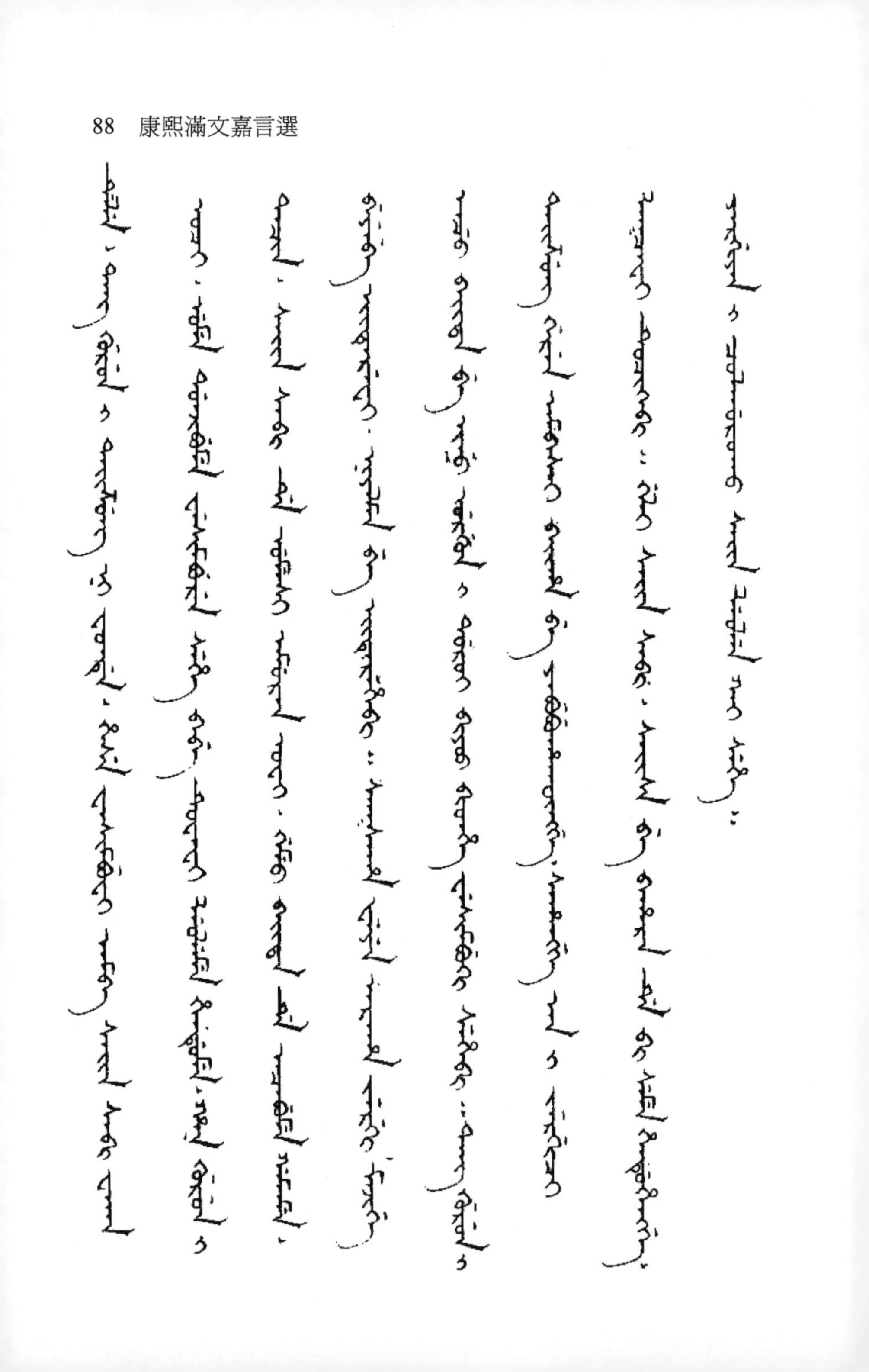

[illegible]

# 三十四、瑞在得賢

dele, tang gurun i taidzung ni fonde, hese wasimbufi amba sain sabi waka oci, ume donjibume wesimbure sehe babe tuwafi leoleme hendume, han gurun i tacin, sain sabi de umesi amuran ofi, gemu baita de acabume gamame, beyebe eiterefi, niyalma be eiterehebi. saksaha feye araha jergi majige encu baita be inu urgun i doroi biyoo bithe wesimbuki sehebi. tang gurun i taidzung geren ambasai baiha be yabubuhakūngge, sahangge an i jergici lakcafi tucikebi. geli sain sabi, saisa be bahara de bi seme henduhengge, yargiyan i colgoroko sain leolen kai sehe.

---

上閱唐太宗時詔非大瑞，不得表聞。論曰：漢俗甚好祥瑞，率多傅會其事，自欺以欺人，如區區鵲巢之異，亦欲表賀，唐太宗拒廷臣之請，識見迥出尋常，至謂瑞在得賢，則卓然名論矣。

---

上阅唐太宗时诏非大瑞，不得表闻。论曰：汉俗甚好祥瑞，率多傅会其事，自欺以欺人，如区区鹊巢之异，亦欲表贺，唐太宗拒廷臣之请，识见迥出寻常，至谓瑞在得贤，则卓然名论矣。

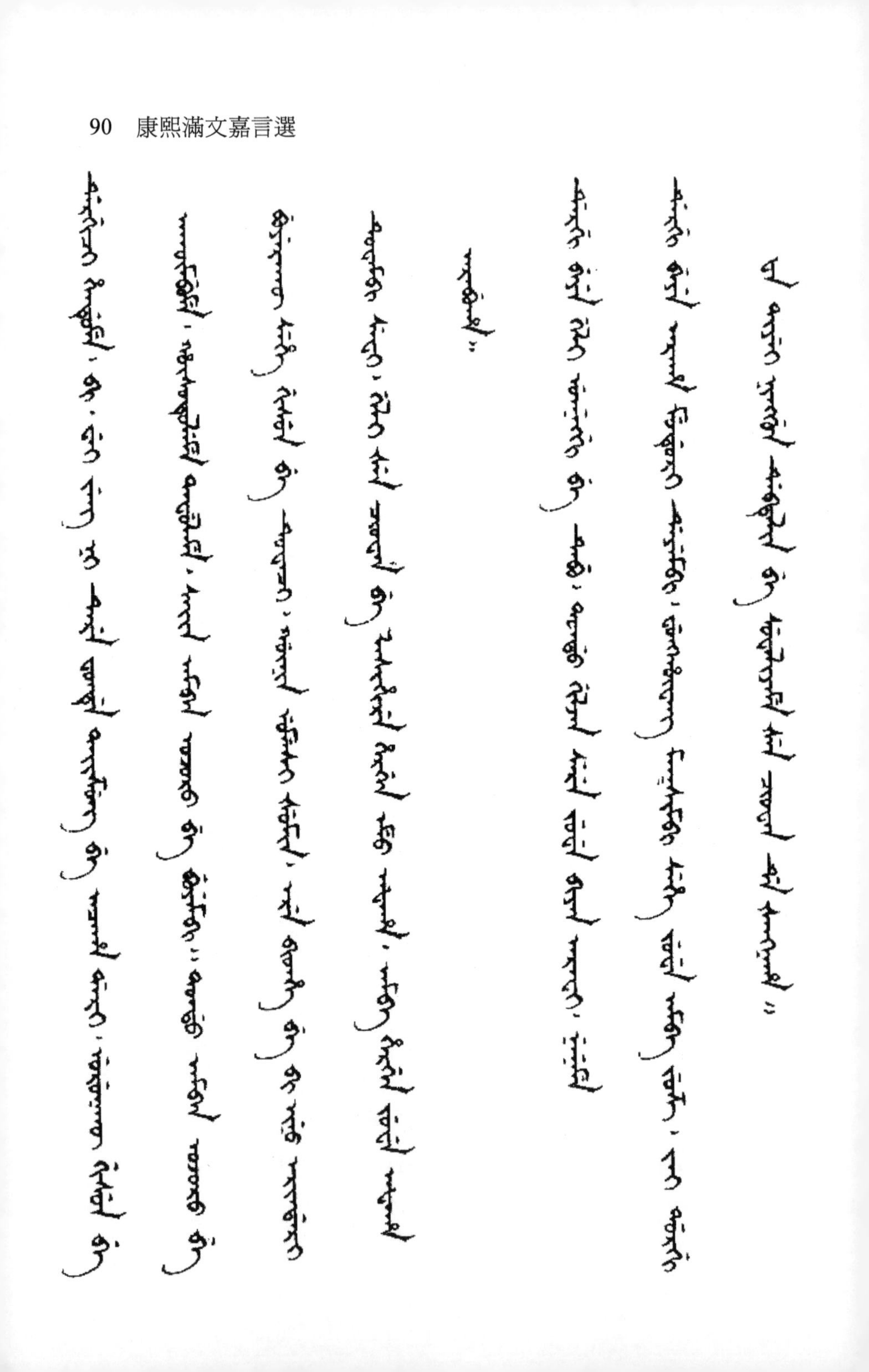

# 三十五、願為良臣

dergici hendume, bi, wei jeng ni tere fonde taidzung be acaha dari, urunakū gisun be akūmbume, hūsutuleme tafulame, sain amban ojoro be buyembi. tondo amban ojoro be buyerakū sehe gisun be tuwaci, gūnin umesi šumin, ere bithe be bi inu erindari tuwambi sefi, geli šen ciowan be lasihire hergen emu afaha, amba hergen juwe afaha arabuha. dergi beye geli unenggi be tebu, tondo giljan sere juwe biyan arafi. neneme dergi beye araha muduri deyembi, funghūwang maksimbi sehe juwe amba judz, jai dorgi fa tiyei ninggun debtelin be suwaliyame šen ciowan de šangnaha.

---

上曰：朕觀魏徵當日每見太宗，必盡言極諫，如願爲良臣，不願爲忠臣之語，甚有意味。此書朕亦時時覽之。復命沈荃寫行書一幅，大字二幅。上又親書存誠、忠恕二扁，同以前御筆龍飛鳳舞二大軸及內府法帖六本賜沈荃。

---

上曰：朕观魏征当日每见太宗，必尽言极谏，如愿为良臣，不愿为忠臣之语，甚有意味。此书朕亦时时览之。复命沈荃写行书一幅，大字二幅。上又亲书存诚、忠恕二扁，同以前御笔龙飞凤舞二大轴及内府法帖六本赐沈荃。

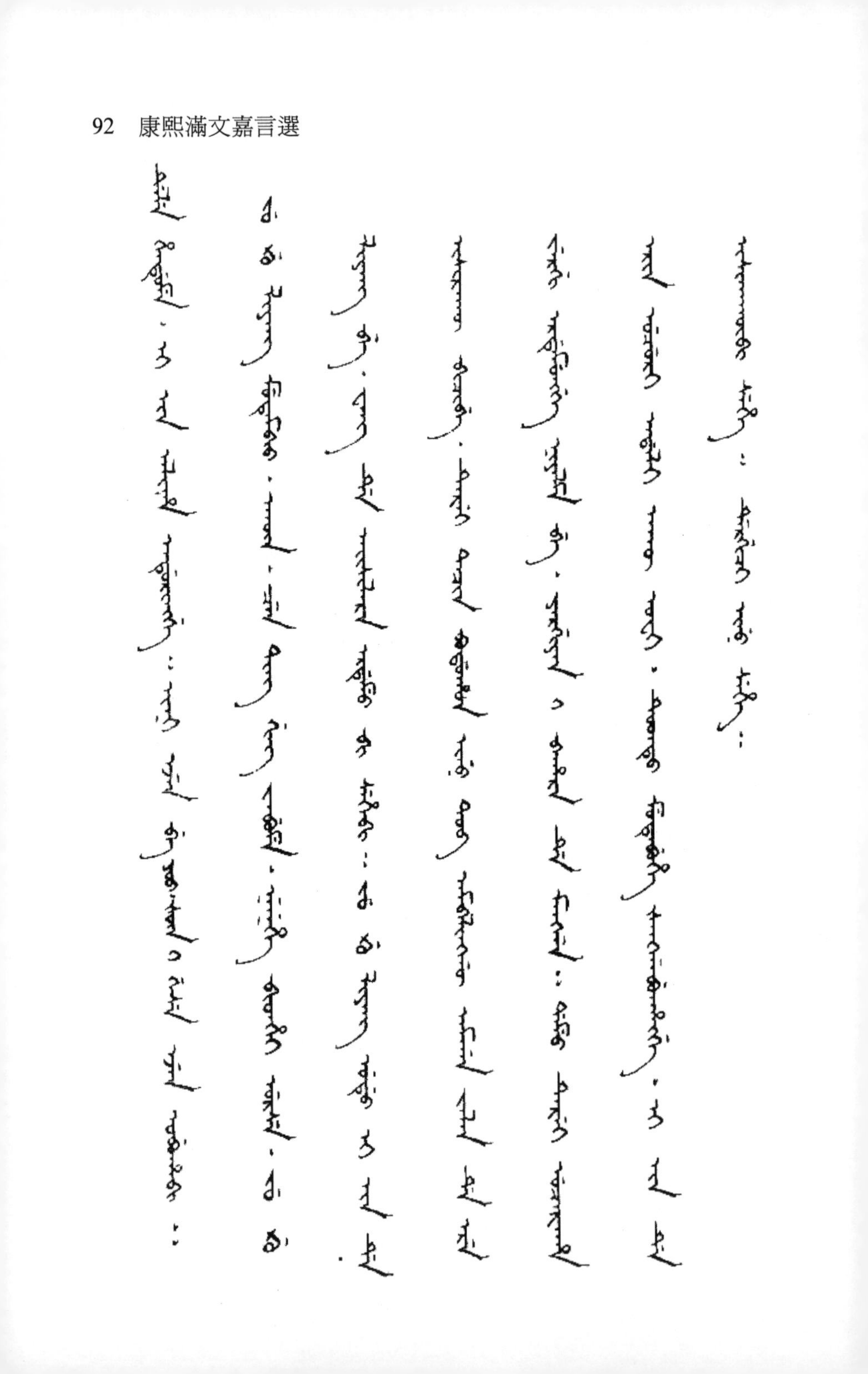

# 三十六、王佐之才

dele hendume, i in aliha enduringge. ini ejen be yoo、šūn i gese ejen obuhabi. ju g'o liyang mutembio, akūn, cen ting ging jabume, nenehe bithei urse, ju g'o liyang be, wang de aisilara erdemu bi sehebi. ju g'o liyang udu i in de isirakū bicibe, terei tacin bodohon inu tob ambalinggū amgan jalan de ere jergi erdemungge niyalma be, yargiyan i bahara de mangga. damu terei ucaraha erin ucuri adali akū ofi, tuttu mutebuhe šanggabuhangge, i in de isikakūbi sehe. dergici inu sehe.

---

上曰：伊尹聖之任者也，以其君爲堯舜之君，諸葛亮能之否？陳廷敬對曰：先儒謂諸葛亮有王佐之才，諸葛亮雖不及伊尹，然其學術亦自正大後世如此等人才，誠不易得。但其所遇之時勢不同，所以成就不及伊尹。上曰：然。

---

上曰：伊尹圣之任者也，以其君为尧舜之君，诸葛亮能之否？陈廷敬对曰：先儒谓诸葛亮有王佐之才，诸葛亮虽不及伊尹，然其学术亦自正大后世如此等人才，诚不易得。但其所遇之时势不同，所以成就不及伊尹。上曰：然。

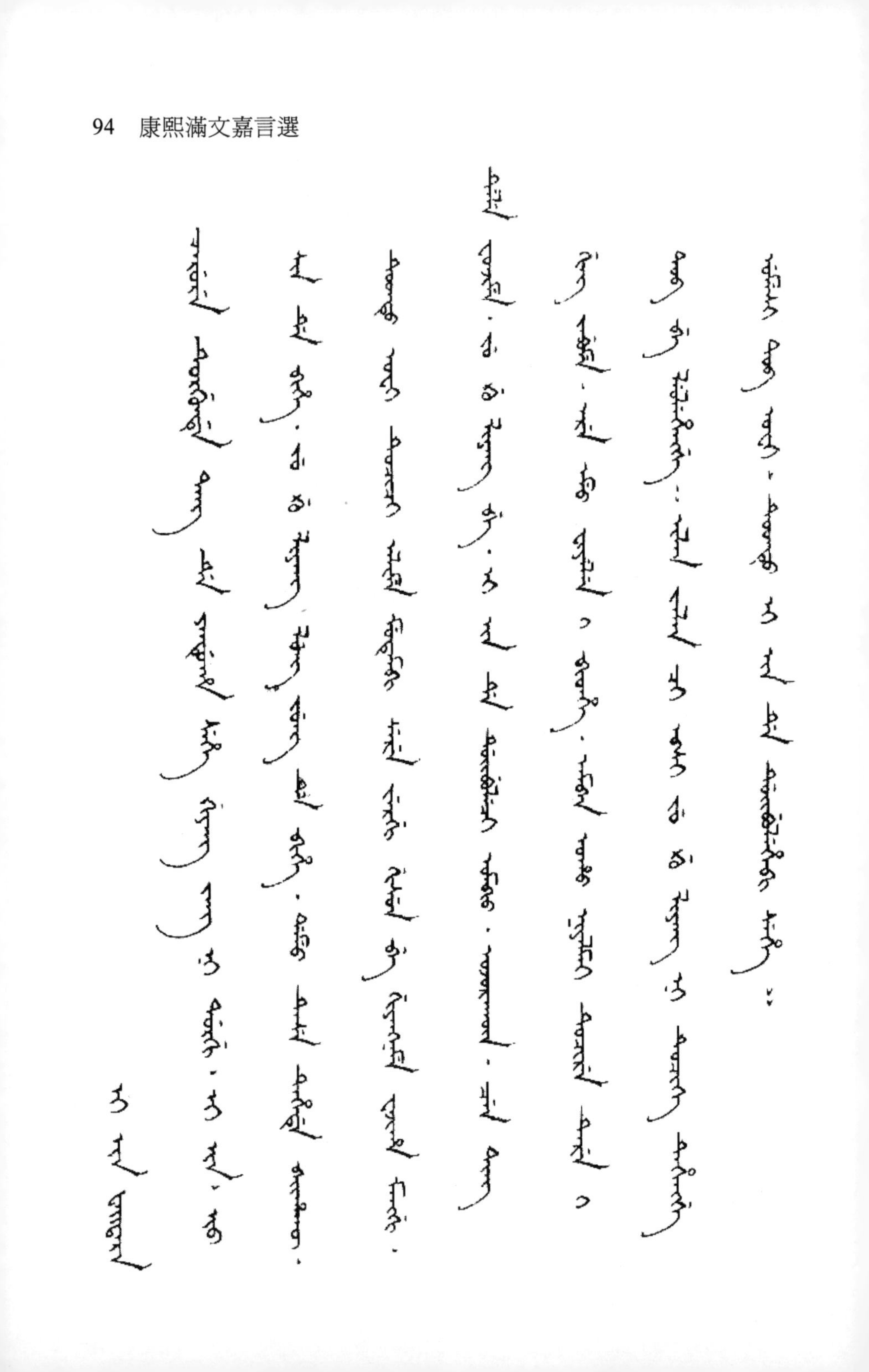

# 三十七、可比伊尹

i in faitara carure turgunde tang de yanduha sehe giyang jang ni dorgi, i in, io sin de bihe, ju g'o liyang, lung jung de bihe, damu tese tehede baihakū, tuttu ofi tucici alime mutembi sere jergi gisun be giyangname wajiha manggi, dele fonjime, ju g'o liyang be, i in de duibuleci ombio, ojorakūn. cen ting ging jabume, ere emu fiyelen i bithe, amban oho niyalmai tucire tere i tob be leolehengge. ilan jalan ci ebsi ju g'o liyang ni tucike tehengge umesi tob ofi, tuttu i in de duibulehebi sehe.

---

伊尹以割烹要湯講章內有伊尹之在有莘，諸葛亮之在隆中，惟其處而無求，所以出而能任等語講畢。上問曰：諸葛亮可比伊尹否？陳廷敬對曰：此一章書是論人臣出處之正，三代以下，諸葛亮之出處最正，所以比之伊尹。

---

伊尹以割烹要汤讲章内有伊尹之在有莘，诸葛亮之在隆中，惟其处而无求，所以出而能任等语讲毕。上问曰：诸葛亮可比伊尹否？陈廷敬对曰：此一章书是论人臣出处之正，三代以下，诸葛亮之出处最正，所以比之伊尹。

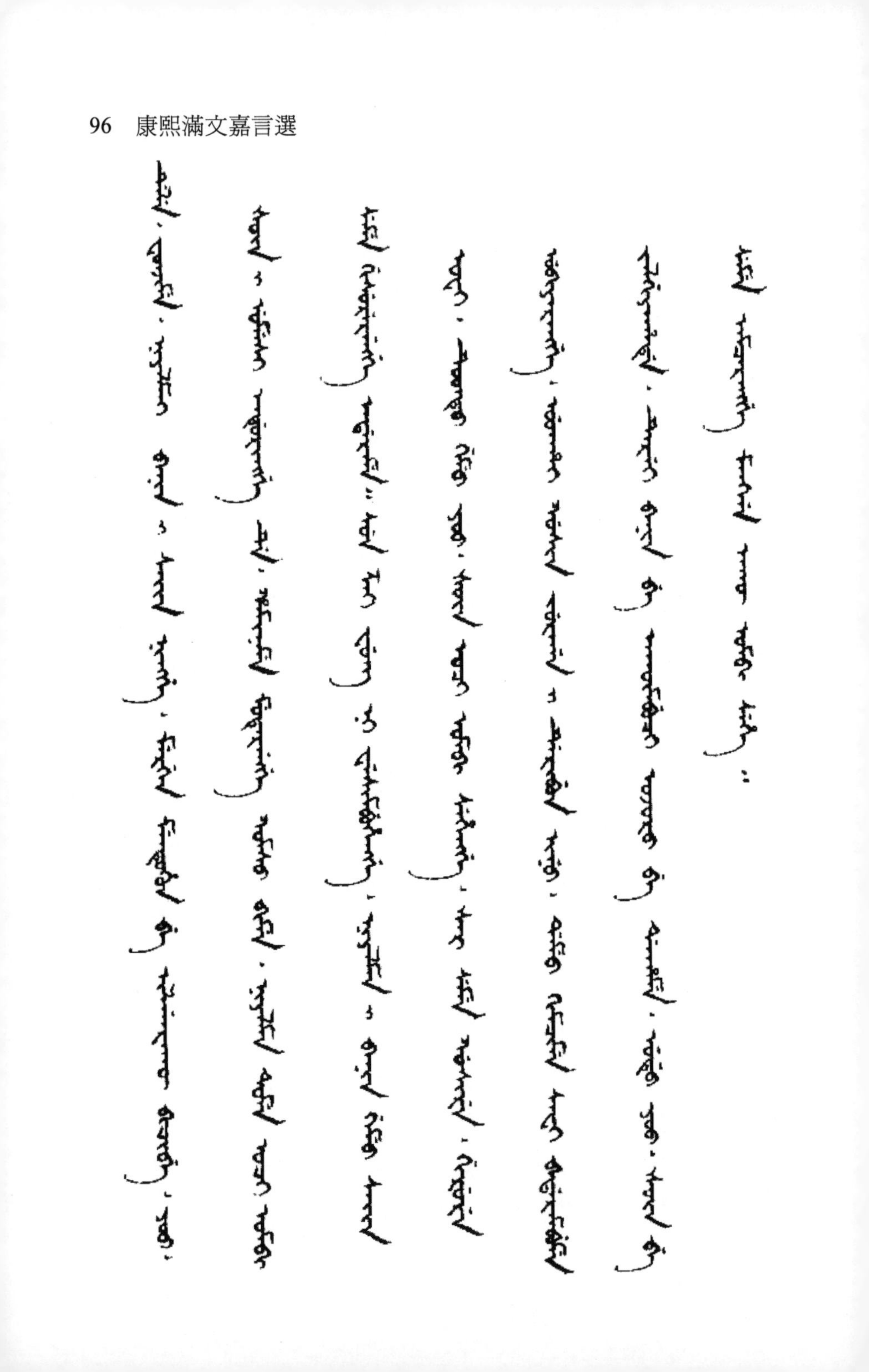

[illegible]

# 三十八、無分賢愚

dele fonjime, niyalmai banin i sain ningge, mergen. mentuhun be ilgarakū bicibe, yoo, šūn i umesi enduringge de. haminame muterengge komso bime, niyalma tome oci ombi seme gisurerengge adarame, sun dzai fung ni wesimbuhengge, niyalma i banin gemu sain ofi, tuttu gemu yoo, šūn oci ombi sehengge. šar seme gosire, girure ubiyarangge, uthai gosin jurgan i deribun inu, damu kimcime safi badarambume jalgiyahade, terei banin be akūmbuci ojoro be dahame, udu yoo, šūn be seme amcarangge mangga akū ombi sehe.

---

上問曰：人性之善，固無分賢愚，以堯舜至聖，鮮有能幾及者，何以言人人可爲。孫在豐對曰：惟人性皆善，所以皆可以爲堯舜，如惻隱羞惡是仁義之端，只在察識擴充，能盡其性，雖堯舜不難至也。

---

上问曰：人性之善，固无分贤愚，以尧舜至圣，鲜有能几及者，何以言人人可为。孙在丰对曰：惟人性皆善，所以皆可以为尧舜，如恻隐羞恶是仁义之端，只在察识扩充，能尽其性，虽尧舜不难至也。

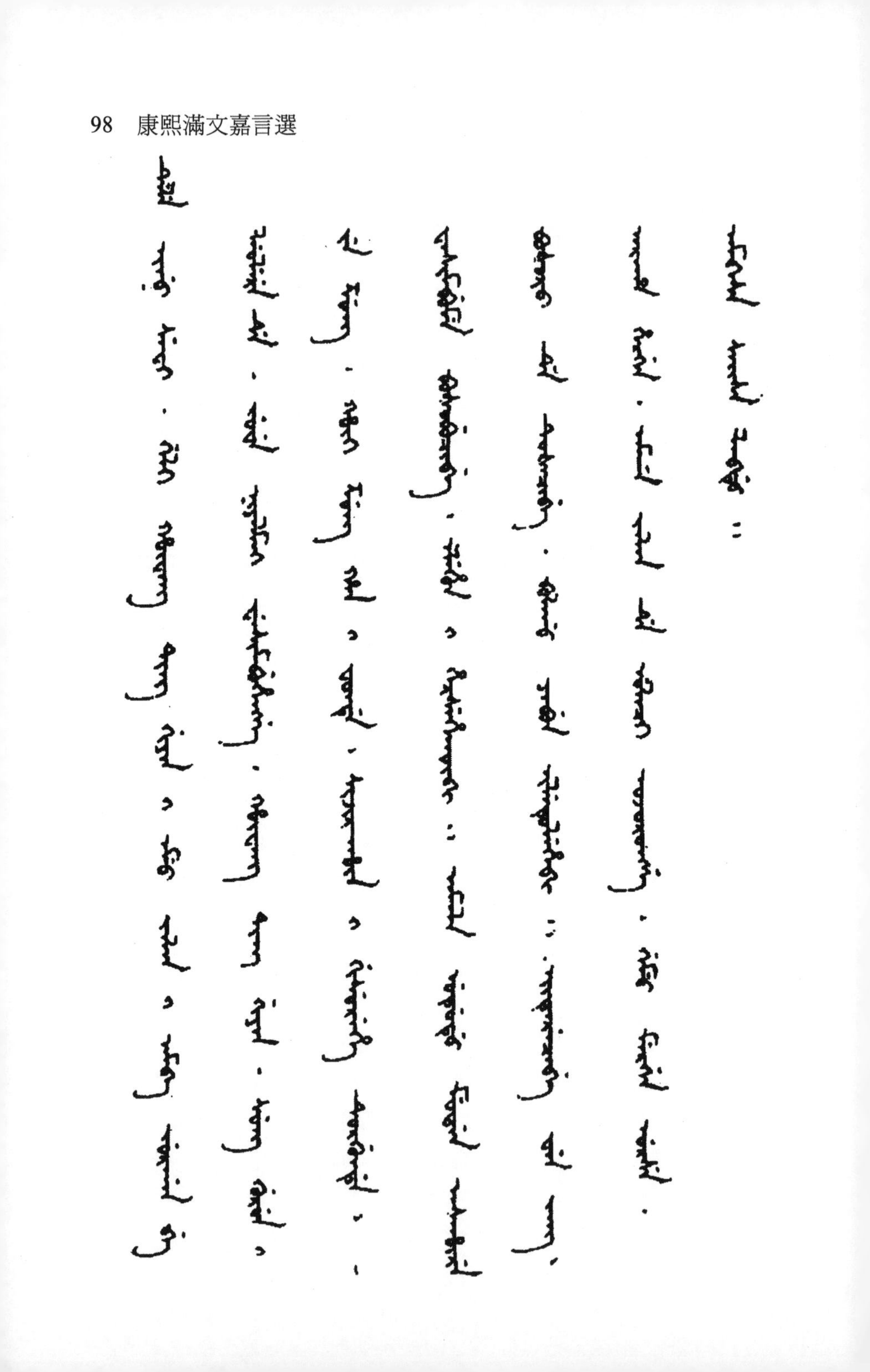

# 三十九、賢人君子

dele inu sefi, geli hūwang ting giyan i emu jalan i amba jurgan be leolere de, juwe niyalmai wesimbuhengge, hūwang ting giyan, sung gurun i je dzung, hūi dzung han i fonde, sijirhūn i gisurehe. turgunde, wasimbume bosobucibe, elehun i hersehekūbi. amala ududu mudan ashūre bošoro de tušacibe, bolgo yabun iletulehebi. eiterecibe wen jang, araha hergen, amaga jalan de ulaci ojorongge, gemu mergen urse, ambasa saisa labdu.

---

上曰：然。又論黃庭堅生平大節。二臣奏：黃庭堅當宋哲宗、徽宗時，以直辭貶謫，恬然不以爲意。後屢遭斥逐，著有清節，大抵文章翰墨，可傳於後世者，類皆賢人君子爲多。

---

上曰：然。又论黄庭坚生平大节。二臣奏：黄庭坚当宋哲宗、徽宗时，以直辞贬谪，恬然不以为意。后屡遭斥逐，着有清节，大抵文章翰墨，可传于后世者，类皆贤人君子为多。

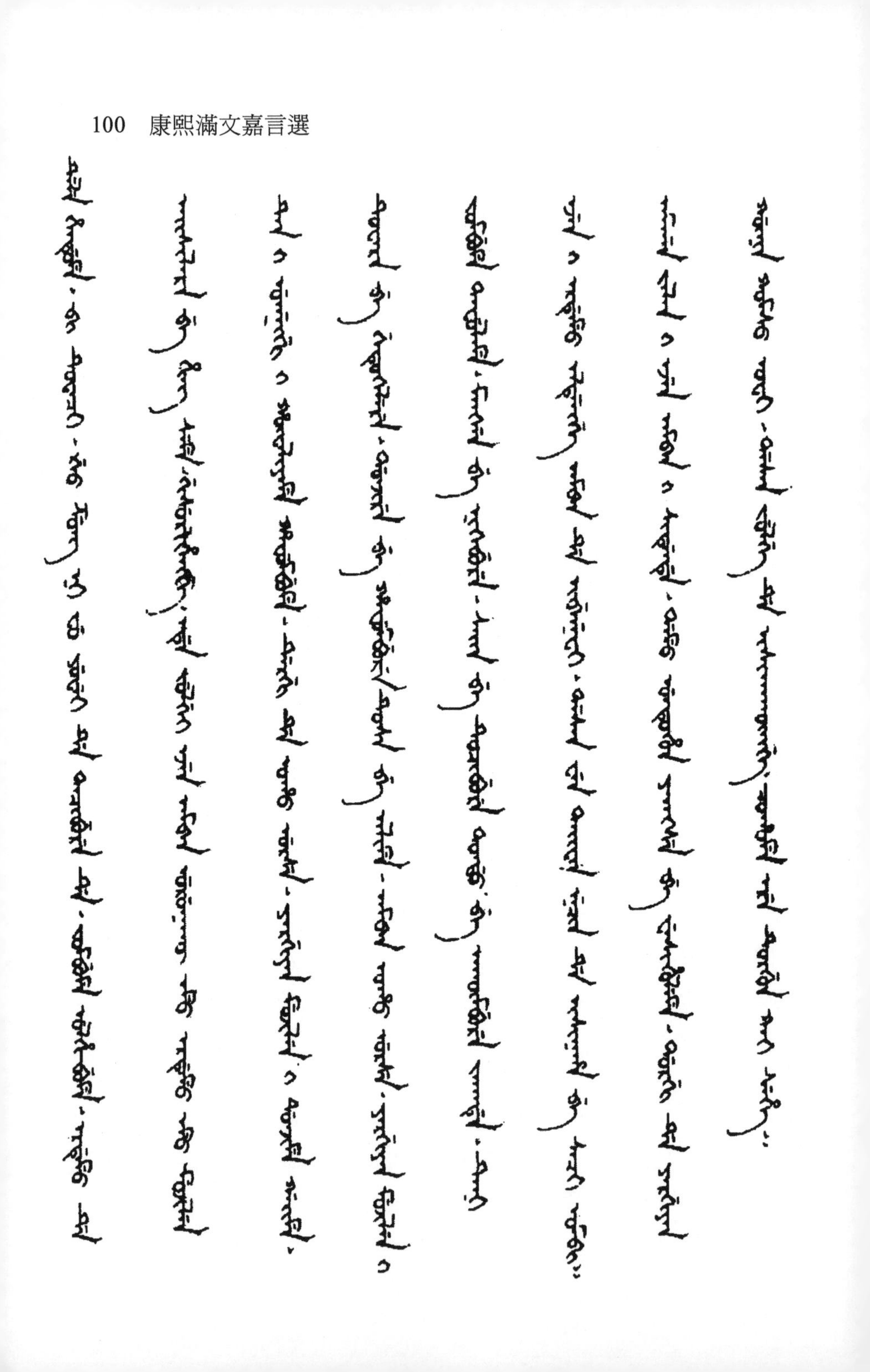

# 四十、納誨輔德

dele hendume, bi tuwaci, g'ao dzung ni fu yuwei de tacibure de, jombume ulhibume, erdemu de aisilara be hing seme gisurehengge, ede julgei ejen amban urunakū emu erdemu emu mujilen, ten i unenggi i hūwaliyame hafumbume, dergi de oho urse, yargiyan mujilen i donjime gaime, tuwara be getukelere, donjire be hafumbure tusa be alime, amban oho urse, yargiyan mujilen i jombume tafulame, mangga be nikebure, sain be tucibure tondo be akūmbure jakade, teni ejen i erdemu eldengge amban de ibenefi, dasan wen taifin necin de isinaha be saci ombi. amaga jalan i ejen amban i sidende, damu untuhun yangse be wesihuleme, dorgi de yargiyan gūnin komso ofi, dasan julge de isikakūngge cohome ere turgun kai sehe.

---

上曰：朕觀高宗命傅說諄諄以納誨輔德爲言，可見自古君臣必一德一心，至誠孚感爲上者，實心聽納，以收明目達聰之益，爲臣者實心獻替，以盡責難陳善之忠，然後主德進於光大化理躋於隆平，後世君臣之間，徒尚虛文，中鮮實意，治不逮古，職此故耳。

---

上曰：朕观高宗命傅说谆谆以纳诲辅德为言，可见自古君臣必一德一心，至诚孚感为上者，实心听纳，以收明目达聪之益，为臣者实心献替，以尽责难陈善之忠，然后主德进于光大化理跻于隆平，后世君臣之间，徒尚虚文，中鲜实意，治不逮古，职此故耳。

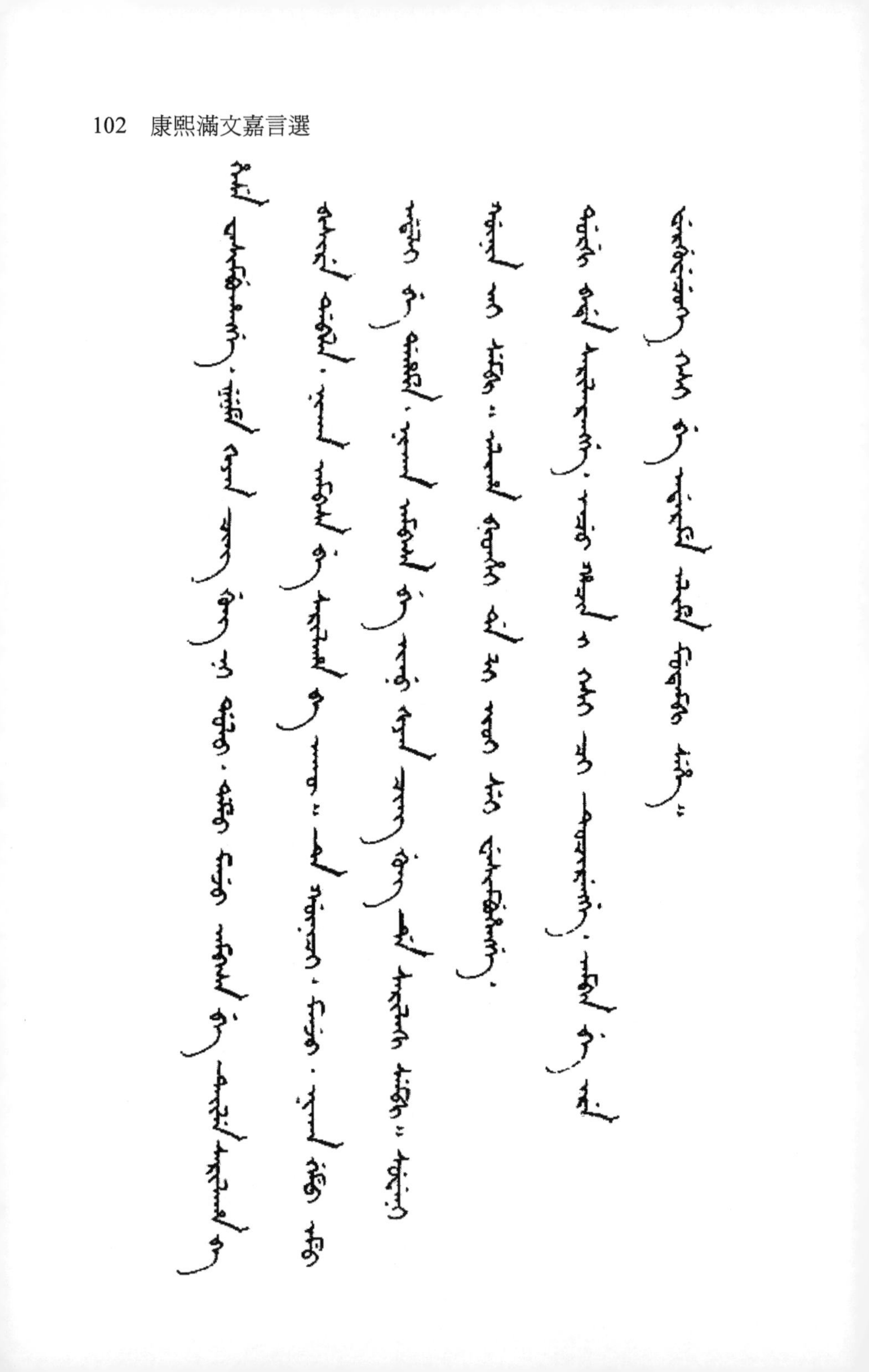

# 四十一、滿漢一體

hese wasimbuhangge, neneme kiyan cing gung ni dolo, damu manju ambasa be teile sarilaha ba bisire dabala, nikan ambasa be sarilaha ba akū. te gūnici, manju, nikan gemu emu adali be dahame, nikan ambasa be inu kiyan cing gung de sarilaki sembi. suweni gūnin ai sembi. aliha bithei da li ioi sei wesimbuhengge, dorgi bade sarilarangge, encu hacin i kesi ci tucirengge, amban be ere ferguwecuke kesi be adarame alime mutembi sehe.

---

諭曰：向來乾清宮內止宴滿洲諸臣，並未宴及漢官。今思滿漢皆屬一體，欲將漢官亦於乾清宮內特行筵宴，爾等以為何如？大學士李霨等奏曰：內廷筵宴，出自異數曠典，臣等祇承隆恩，何以克當。

---

谕曰：向来乾清宫内止宴满洲诸臣，并未宴及汉官。今思满汉皆属一体，欲将汉官亦于乾清宫内特行筵宴，尔等以为何如？大学士李霨等奏曰：内廷筵宴，出自异数旷典，臣等祇承隆恩，何以克当。

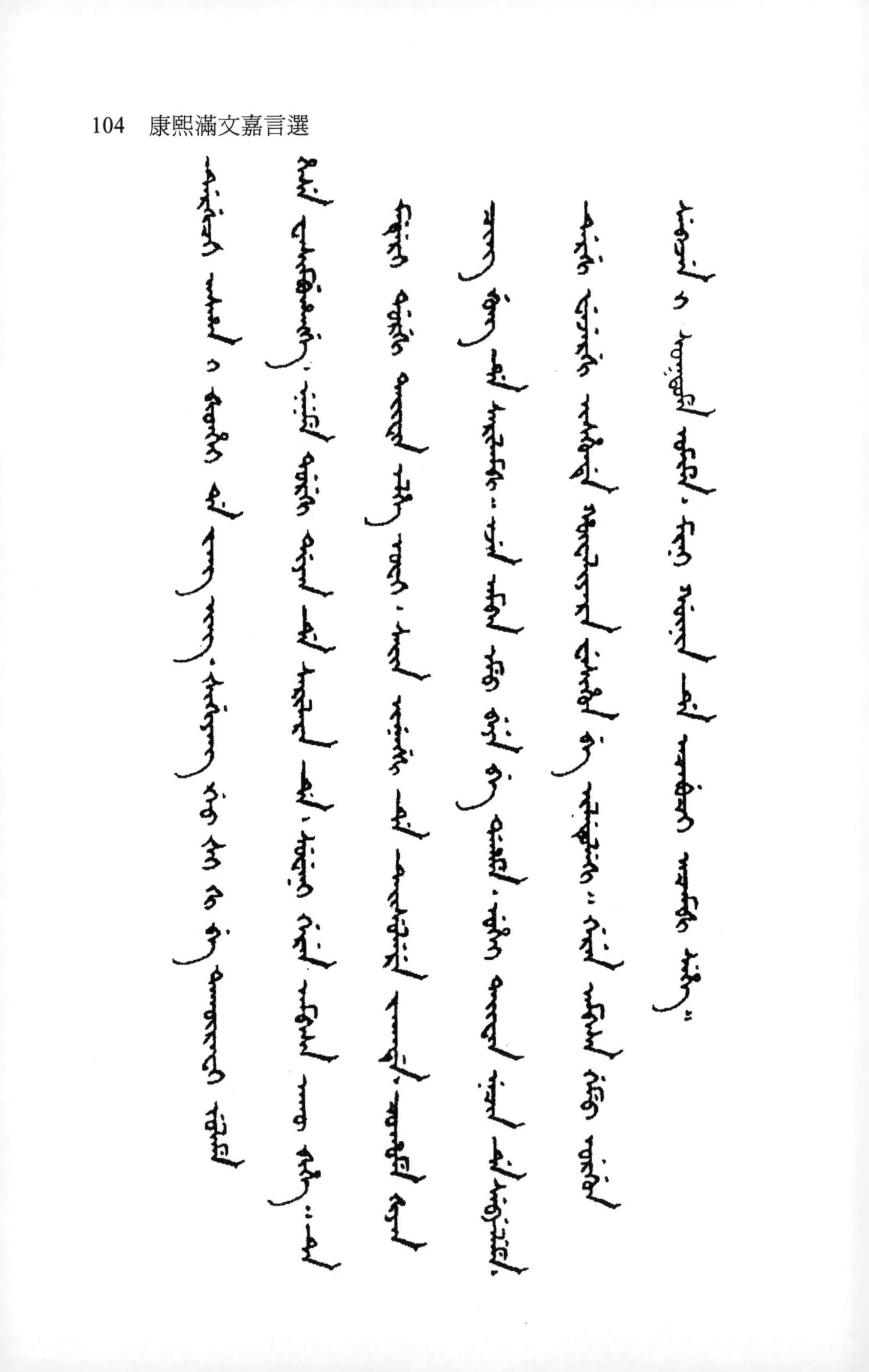

[illegible]

# 四十二、君臣一體

dergici ashan i bithei da jang ing, šigiyang g'ao ši ki be takūrafi ulame hese wasimbuhangge, neneme dorgi diyan de sarilara de, suweni geren ambasa akū bihe. te mederi dorgi taifin elhe ofi, sain inenggi de teisulere jakade. cohome kiyan cing gung de sarilambi. ejen amban emu beye be dahame. uhei taifin necin de sebjeleme, dergi fejergi ishunde hūwaliyara wesihun be iletuleki. geren ambasa gemu urgun sebjen i soktome omime, mini gūnin de acabuci acambi sehe.

---

上命學士張英、侍講高士奇傳諭曰：向來內殿筵宴，諸臣未與，今因海內乂安，時當令序，特於乾清宮賜宴，君臣一體，共樂昇平，用昭上下泰交之盛，諸臣當歡忭暢飲，以副朕懷。

---

上命学士张英、侍讲高士奇传谕曰：向来内殿筵宴，诸臣未与，今因海内乂安，时当令序，特于乾清宫赐宴，君臣一体，共乐升平，用昭上下泰交之盛，诸臣当欢忭畅饮，以副朕怀。

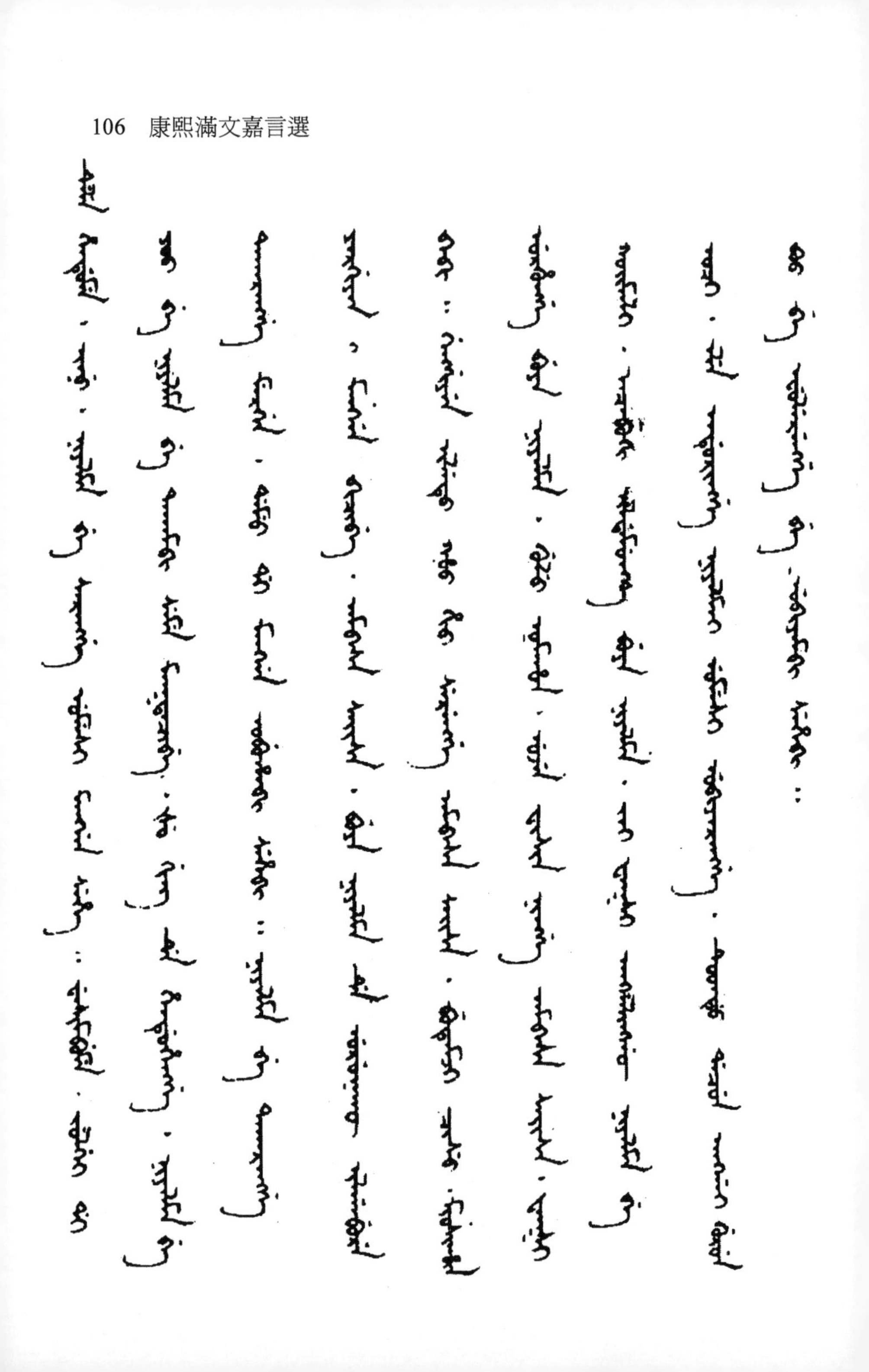

# 四十三、知人則哲

dele hendume, inu, niyalma be sarangge umesi mangga sehe. wesimbume, julgei di yoo be niyalma be takambi seme maktacibe, šu ging de henduhengge, niyalma be takarangge mergen. damu di mangga obuhabi sehebi. niyalma be takarangge yargiyan i mangga bicibe, ambasa saisa, buya niyalma de urunakū ilgabure babi. genggiyen iletu hoo hio serengge ambasa saisa, butemji cisu miosihūn urhungge buya niyalma, gulu nomhon, ujen fisin ningge ambasa saisa, faksi koimali, acabuki ildamungge buya niyalma, jai faksi anggalinggū niyalma be oci, ele enduringge niyalmai umesi ubiyarangge, tuttu dacun anggai gurun boo be efulerengge be ubiyambi sehebi.

---

上曰：然，知人最難，奏言：古之帝堯最號知人，然書言知人則哲。惟帝其難之人固難知，而君子小人則必有辨，如光明磊落者爲君子，陰私邪曲者爲小人，樸拙敦厚者爲君子，猥巧便捷者爲小人。至於巧佞之人尤聖人之所深惡，故曰惡利口之覆邦家者。

---

上曰：然，知人最难，奏言：古之帝尧最号知人，然书言知人则哲。惟帝其难之人固难知，而君子小人则必有辨，如光明磊落者为君子，阴私邪曲者为小人，朴拙敦厚者为君子，猥巧便捷者为小人。至于巧佞之人尤圣人之所深恶，故曰恶利口之覆邦家者。

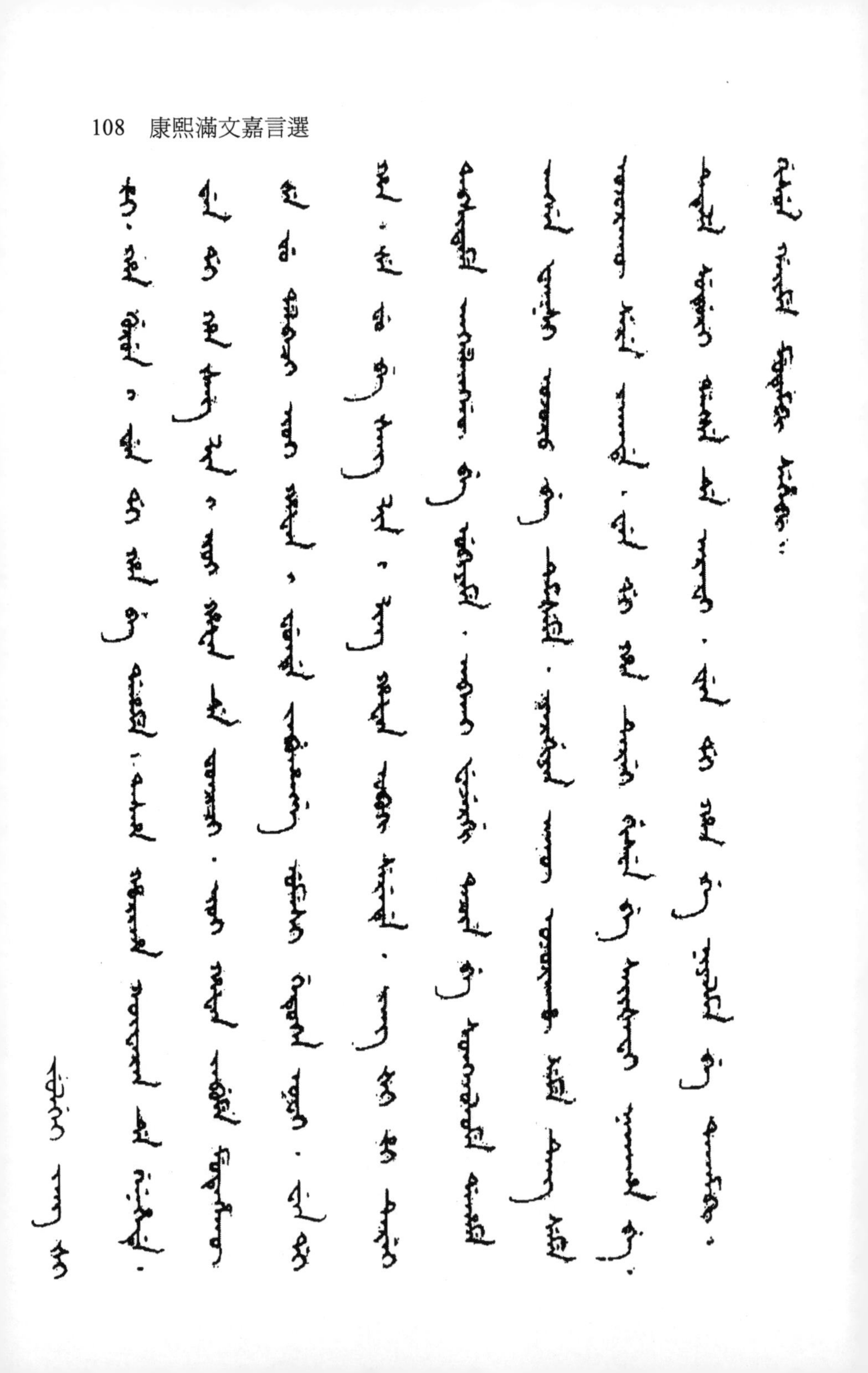

# 四十四、知人聽言

julgei jang ši jy, han gurun i wen di han be dahame, tasha horiha kūwaran de genehede, wen di han šang lin i ioi hafan de fonjici, ioi hafan jabume mutehekū. še fu dalbaci ioi hafan i funde jabuhangge umesi getuken ofi, wen di han, še fu be šang lin i ling hafan obuki serede, jang ši jy terei tabsitame anggalinggū be ubiyame. abkai fejergi tacin be songkolome dahame, angga faksi ojoro be temšeme, yargiyan akū ojorahū seme teng seme ojorakū sere jakade, wen di han terei gisun be saišafi nakaha be, tetele suduri dangse de arafi, wen di han be niyalma be takambi, gisun gaime mutembi sehebi.

---

昔張釋之從漢文帝登虎圈，文帝問上林尉，尉不能對。嗇夫從旁代尉對甚悉。文帝欲拜嗇夫爲上林令，張釋之惡其喋喋利口，恐天下隨風而靡，爭爲口辨而無其實，固以爲不可，文帝善其言止之，至今載之册史，以文帝爲能知之，爲能聽言。

---

昔张释之从汉文帝登虎圈，文帝问上林尉，尉不能对。啬夫从旁代尉对甚悉。文帝欲拜啬夫为上林令，张释之恶其喋喋利口，恐天下随风而靡，争为口辨而无其实，固以为不可，文帝善其言止之，至今载之册史，以文帝为能知之，为能听言。

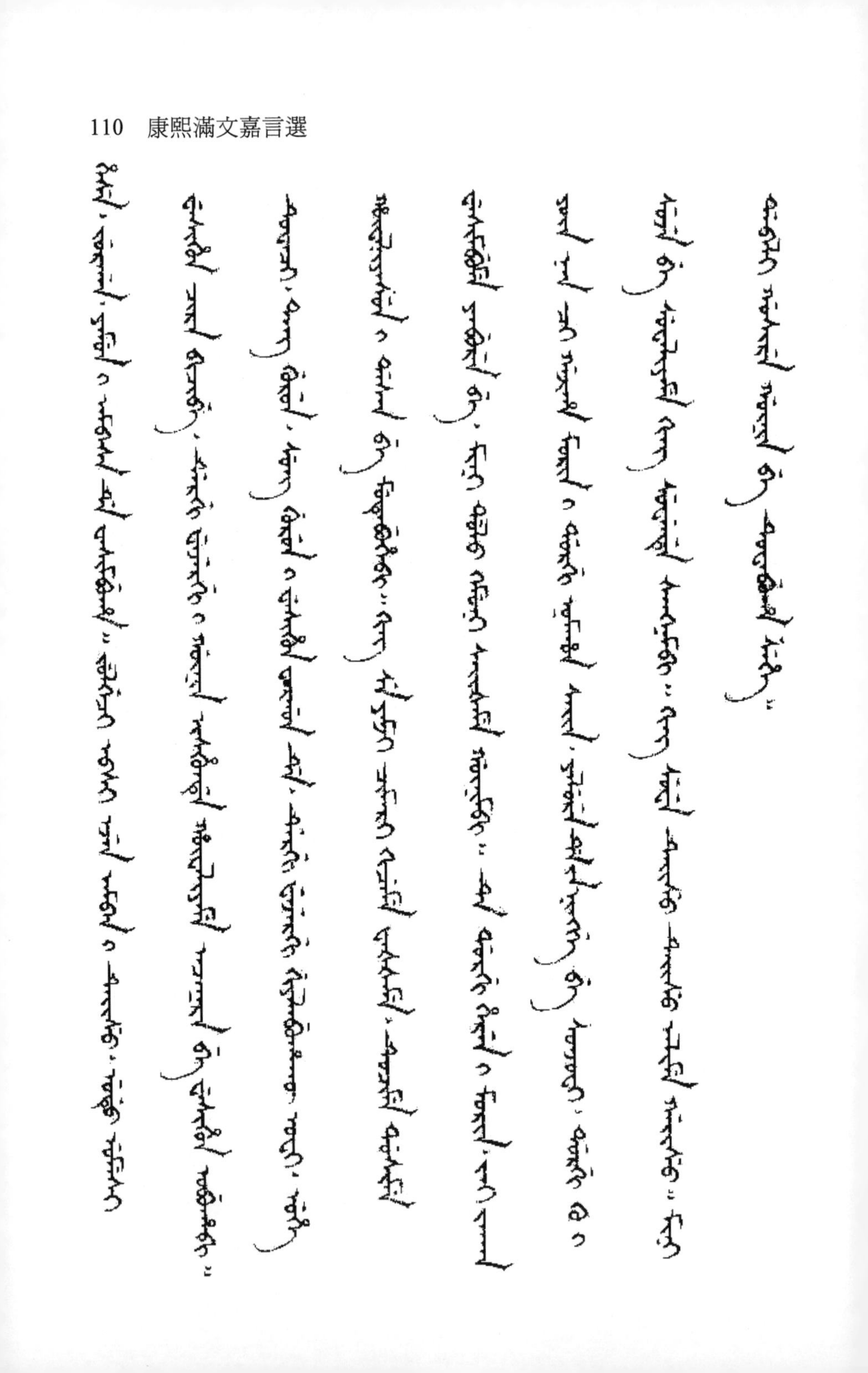

[illegible]

[illegible]

[illegible]

[illegible]

[illegible]

[illegible]

[illegible]

[illegible]

[illegible]

# 四十五、堂廉不隔

hese, jurgan yamun i ambasa de wasimbuha. julgeci ebsi ejen amban i teisu, udu umesi wesihun cira bicibe, dergi fejergi i gūnin ishunde hūwaliyame acanara be wesihun obuhabi. tuwaci, tang gurun, sung gurun i wesihun forgon de, dergi fejergi giyalabuhakū ofi, uhe hūwaliyasun i dasan be mutebuhebi. king se yamji cimari kiceme faššame, tucime dosime wesimbume yabure be, mini dolo kemuni saišame gūnimbi. te dorgi heren i morin. jai jakan yūn nan ci gajiha morin i dorgi nomhon sain, yalure de ja ningge be sonjofi, dorgi ku i suje be suwaliyame king suwende šangnambi. king suwe teisu teisu alime gaisu. mini dabali gosire gūnin be tuwabuha sehe.

---

諭部院大臣，從來君臣之分，雖甚尊嚴，上下之情，貴相浹洽。嘗觀唐宋盛時，堂廉不隔，以成交泰之治，卿等朝夕勤勞，出入奏對，朕心時切嘉念，今將內廐馬匹及滇中新到馬匹，擇其馴良易於控御者，頒賜卿等，兼以內紵，卿等其各承受，示朕優眷之懷。

---

谕部院大臣，从来君臣之分，虽甚尊严，上下之情，贵相浃洽。尝观唐宋盛时，堂廉不隔，以成交泰之治，卿等朝夕勤劳，出入奏对，朕心时切嘉念，今将内廐马匹及滇中新到马匹，择其驯良易于控御者，颁赐卿等，兼以内纻，卿等其各承受，示朕优眷之怀。

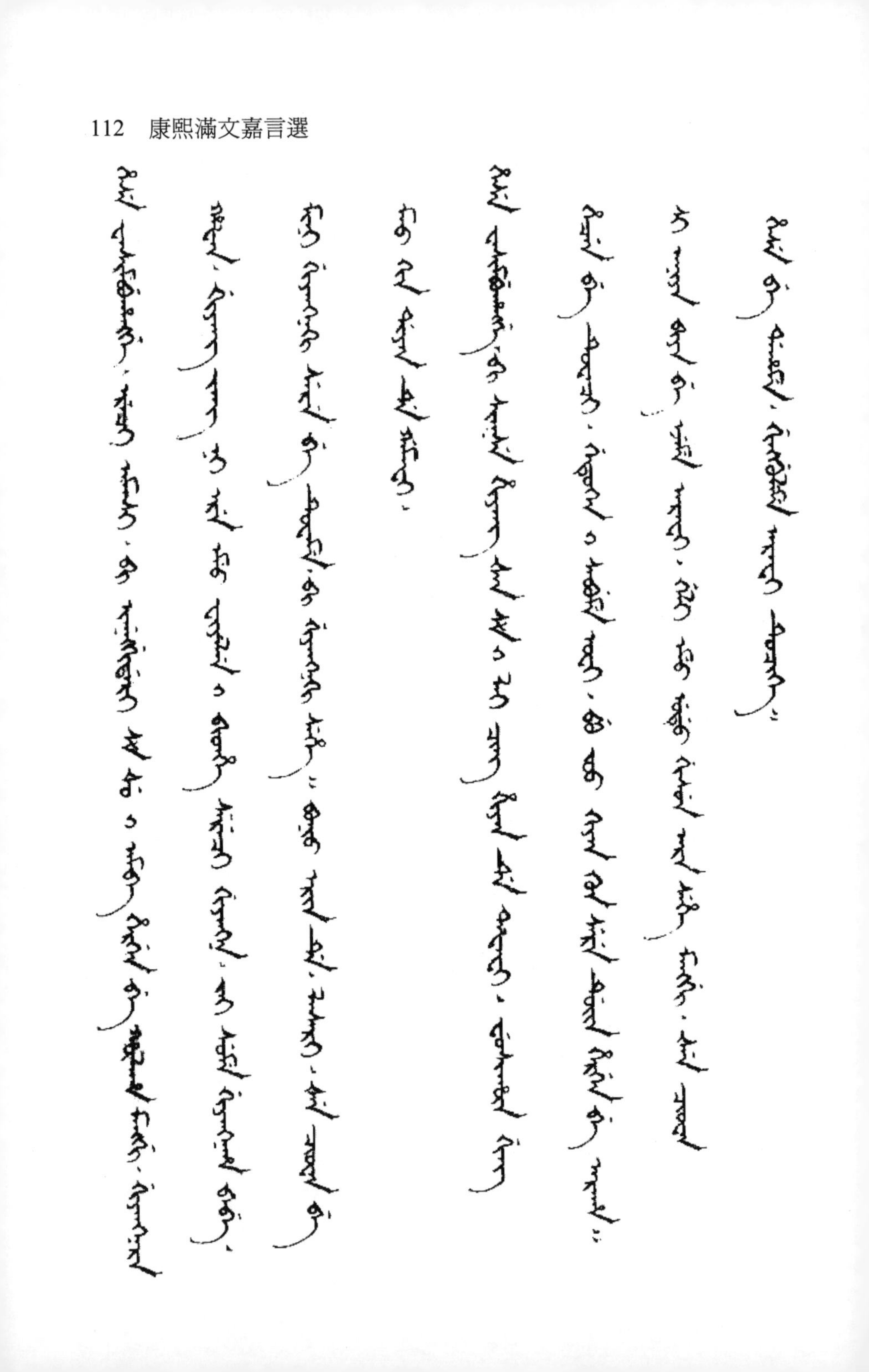

# 四十六、登來青軒

hese wasimbuhangge, ereci amasi, bi inenggidari sy šu i amba hergen be hūlaha manggi, giyangnara hafan, giyang jang ni ere emu fiyelen i bithe sereci giyangna, jai sume giyangnaha babe, mini giyangnaki sere be tuwame, bi giyangnaki sehe. bonio erin de, lasari. šen ciowan be moo kin diyan de gamafi, hese wasimbuhangge, bi sikse hiyang šan sy i lai cing hiyan de tafafi, fusihūn ging hecen be tuwaci, getuken i sabume ofi, pu joo kiyan kun sere duin hergen be araha. si aniya biya be ejeme arafi, geli emu udu gisun ara sehe manggi. šen ciowan hese be dahame, gingguleme arafi tucike.

---

諭曰：朕自今後每日誦四書大字畢，講官將講章自此一章書下講起至講解之處，隨朕意欲講時，朕爲親講。申時，召喇沙里、沈荃至懋勤殿。諭曰：朕昨幸香山寺，登來青軒，俯視京城，歷歷在目，因題「普照乾坤」四字，汝可識年月，並記數語。沈荃奉旨恭跋而出。

---

谕曰：朕自今后每日诵四书大字毕，讲官将讲章自此一章书下讲起至讲解之处，随朕意欲讲时，朕为亲讲。申时，召喇沙里、沈荃至懋勤殿。谕曰：朕昨幸香山寺，登来青轩，俯视京城，历历在目，因题「普照乾坤」四字，汝可识年月，并记数语。沈荃奉旨恭跋而出。

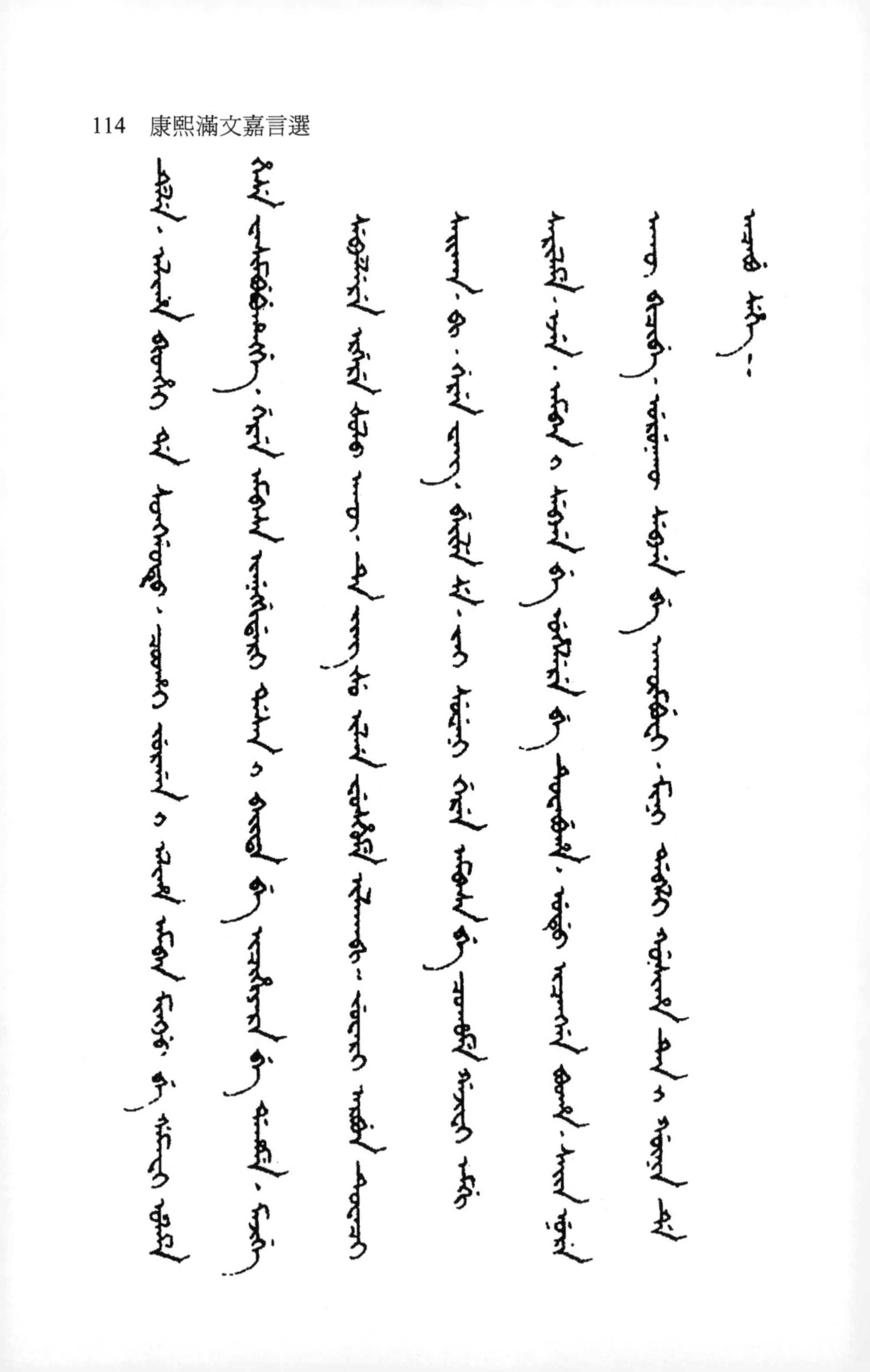

[illegible]

# 四十七、君臣賞花

dele, aliha bithei da songgotu, coohai jurgan i aliha amban mingju be gamafi ulame hese wasimbubuhangge, geren ambasa inenggidari dasan i baita be icihiyara be dahame, majige sebjelere ergere šolo akū, te jing šu ilga fushume ilakabi. juwari arbun tuwaci saikan, bi geren wang, beile se, jai suweni geren ambasa be cohome gajifi emgi sarilame, ejen, amban i sebjen be uhelere be tuwabuha, udu icangga booha, sain nure akū bicibe, urunakū sebjen be akūmbufi, mini dabali gosiha ten i gūnin de acabu sehe.

---

上命大學士索額圖、兵部尙書明珠傳諭曰：諸臣日理政務，略無休暇，今值荷花盛開，夏景堪賞。朕因特召諸王、貝勒等及爾諸臣同宴，以示君臣偕樂，雖非佳肴旨酒，務令盡歡，以副朕優渥至意。

---

上命大学士索额图、兵部尚书明珠传谕曰：诸臣日理政务，略无休暇，今值荷花盛开，夏景堪赏。朕因特召诸王、贝勒等及尔诸臣同宴，以示君臣偕乐，虽非佳肴旨酒，务令尽欢，以副朕优渥至意。

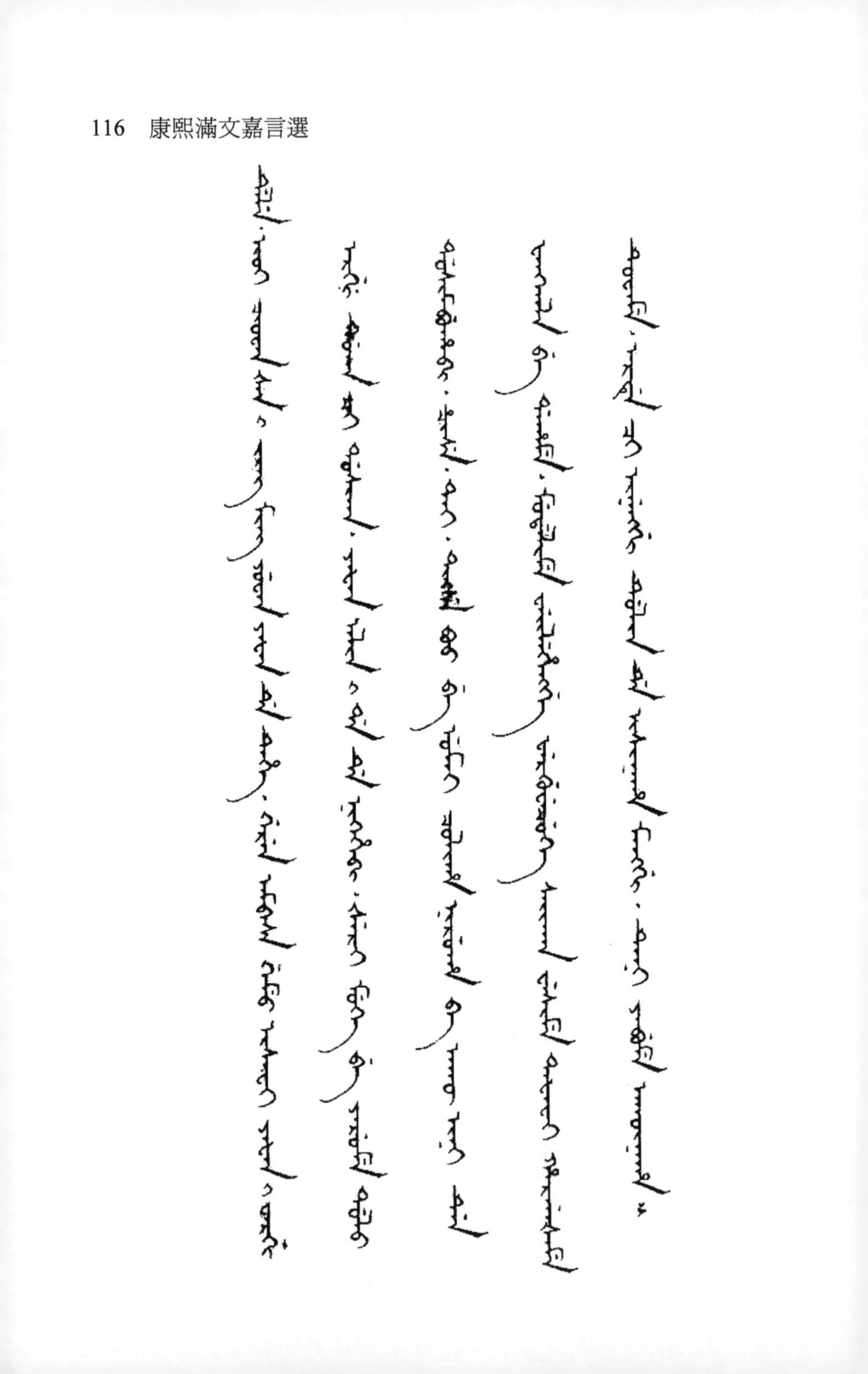

# 四十八、遊玉泉山

dele ioi ciowan šan i jing ming yuwan yafan de tehe, geren ambasa gemu isafi yafan i wargi ergi duka ci dosika, yafan alin i da de nikehebi, šeri muke be yarume dolo dosimbuhabi, cyse, tai, tingse boo be umai coliha niruha ba akū ini den fangkala be dahame, mudalime weilehengge ferguwecuke saikan wesime tafafi hargašame tuwame, erde ci inenggi dulin de isinaha manggi, teni yabume akūnaha.

---

上御玉泉山靜明園，請臣俱集，從園西門入，園依山麓，引泉水灌注其中。池、臺、亭館，初無人工雕飾，而因高就下，曲折精雅，攀躋眺望，自晨迄午，遊歷方徧。

---

上御玉泉山静明园，请臣俱集，从园西门入，园依山麓，引泉水灌注其中。池、台、亭馆，初无人工雕饰，而因高就下，曲折精雅，攀跻眺望，自晨迄午，游历方徧。

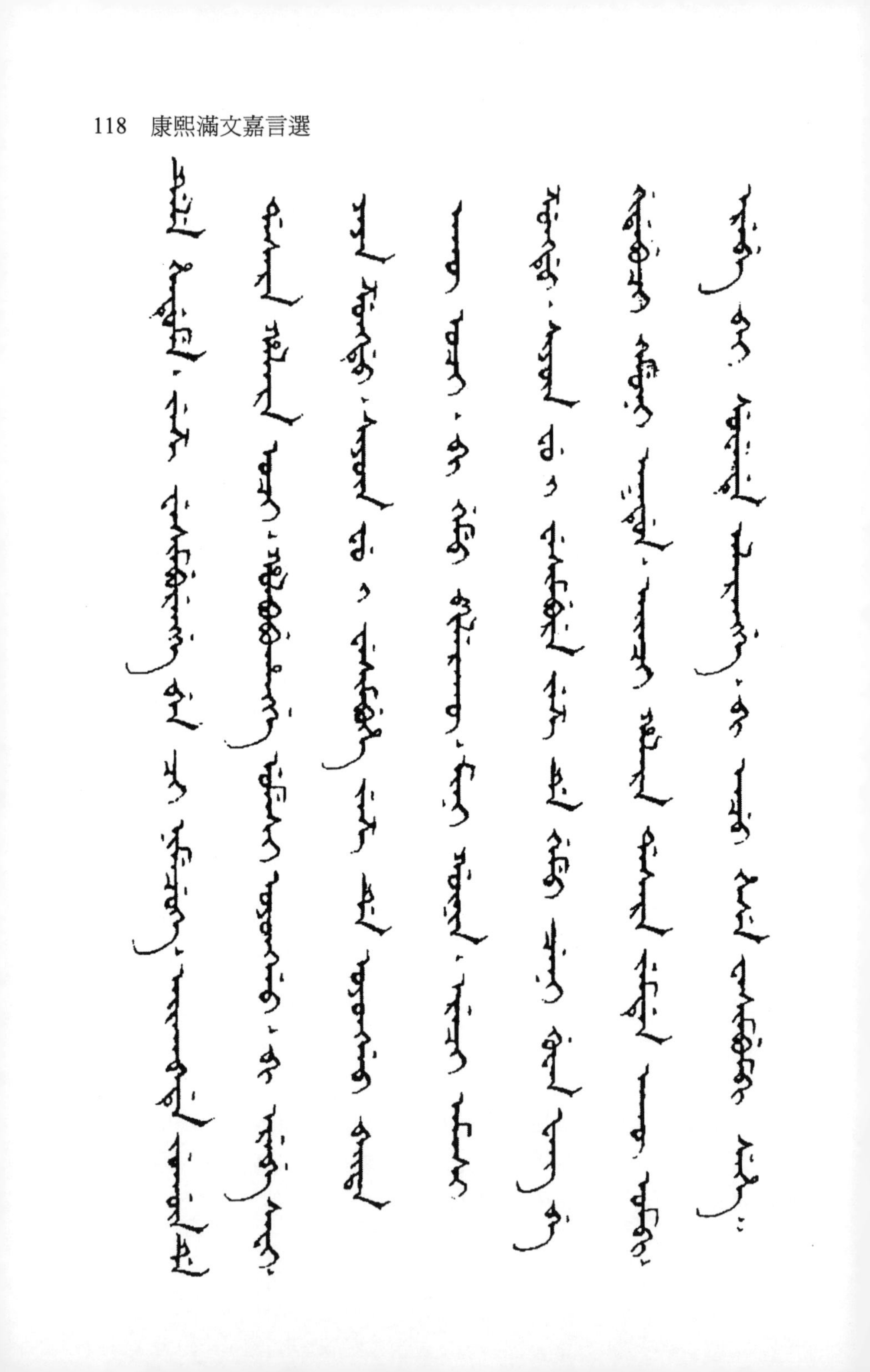

# 四十九、督撫奏摺

dele hendume, jedz wesimburengge ben ci nimecuke, aikabade jugūn de dasara halara oci, holbobuhangge umesi oyonggo, bi erebe safi, yaya dzungdu, siyūn fu i wesimbuhe jedz de oyonggo baita akū oci, bi gemu pilerakū, mini gūnin, ereci amasi dzungdu, siyūn fu i wesimbure jedz de gemu ceni guwan fang be gidabuci kemuni akdun. ainci halara dasara jemden akū ombi, erebe bai suwende alarangge, bi encu hese wasimbumbi sehe.

---

上曰：奏摺比之於本較爲利害，若在途間被人更改，關係甚要。朕見及此，凡督撫奏摺無有要事，朕俱不批。朕意嗣後督撫奏摺俱令鈐伊等關防，庶可無慮，得除更改之弊，偶諭及爾等，朕另有諭旨。

---

上曰：奏折比之于本较为利害，若在途间被人更改，关系甚要。朕见及此，凡督抚奏折无有要事，朕俱不批。朕意嗣后督抚奏折俱令钤伊等关防，庶可无虑，得除更改之弊，偶谕及尔等，朕另有谕旨。

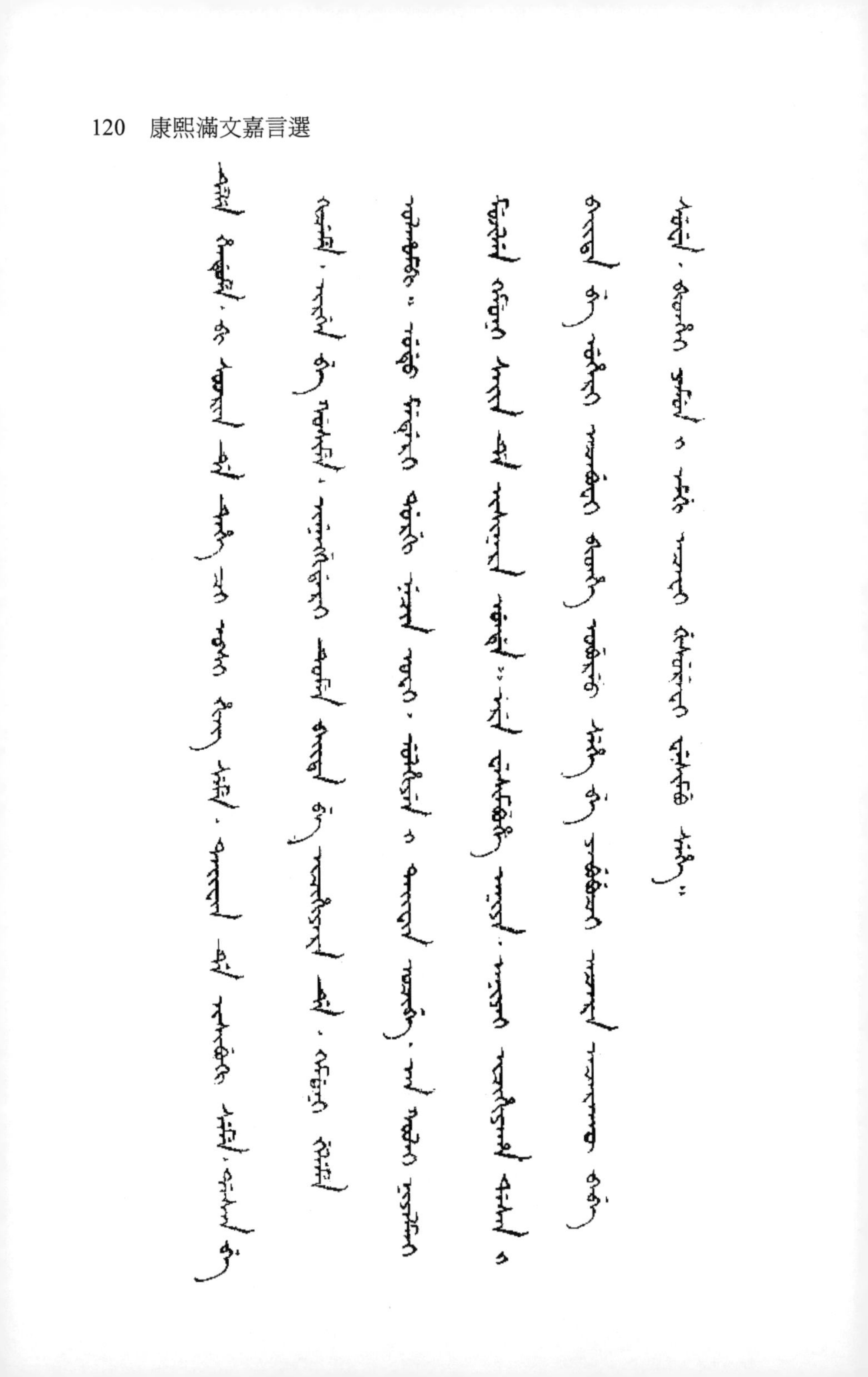

# 五十、政事彙編

dele hendume, bi soorin de tehe ci ebsi hing seme, taifin de isibuki seme, dasan be kiceme, irgen be gosime, inenggidari tumen baita be icihiyara de, kemuni geleme olhombi. udu mederi dorgi necin ofi, ulhiyen i taifin ocibe, an kooli niyalmai mujilen kemuni sain de isinara unde. ere wesimbuhe aniya, aniyai icihiyaha dasan i baita be uheri acabufi bithe obureo sehe be yabubuci acara acarakū babe suwe, bithei yamun i emgi acafi gisurefi wesimbu sehe.

---

上曰：朕御極以來，孜孜圖治，勤政愛民，日理萬幾，常懷兢業，雖海宇底定，漸致昇平，但風俗人心，未臻上理，這所請歷年政事，彙集成書，是否可行，爾衙門同翰林院會議具奏。

---

上曰：朕御极以来，孜孜图治，勤政爱民，日理万几，常怀兢业，虽海宇底定，渐致升平，但风俗人心，未臻上理，这所请历年政事，汇集成书，是否可行，尔衙门同翰林院会议具奏。

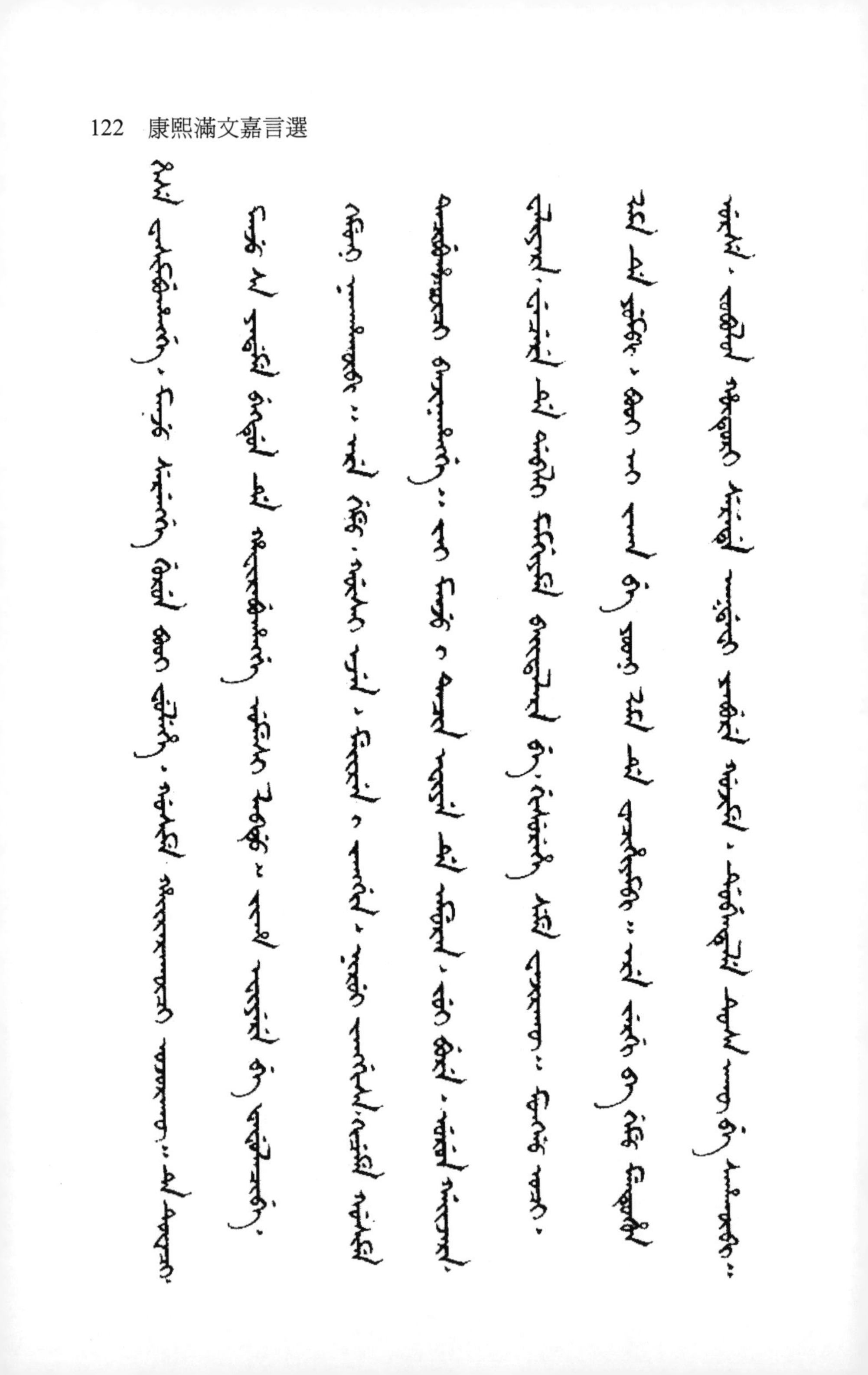

[illegible]

[illegible]

[illegible]

[illegible]

[illegible]

[illegible]

[illegible]

# 五十一、愛惜滿洲

hese wasimbuhangge, manju serengge gurun booi fulehe, gosime hairarakūci ojorakū. te tuwaci, manju sa yadame bekdun de hafirabuhangge umesi labdu. jiha efiyere be fafulacibe, kamuni nakahakūbi. ere gemu gūsai ejen, meiren i janggin, nirui janggisa, kiceme gosime tacibuhakūci banjinahangge. jai manju i tacin efiyen de amuran, jui bure, urun gaijara, waliyara, wecere de dabali mamgiyame baitalara be gisurehe seme wajirakū. monggo oci, lama de yumpi, booi ai jaka be yooni lama de wacihiyambi. ere jergi ba gemu mentuhun urse, jobolon hūturi serede akdafi yabure gojime, dubentele tusa akū be sahakūbi.

---

諭曰：滿洲乃國家根本，宜加愛惜。今見滿洲貧而負債者甚多，賭博雖禁，猶然未息，此皆由各都統、副都統、佐領不勤加教育之所致也。比來滿洲習於嬉戲，凡喪祭婚嫁，過於糜費，不可勝言。若蒙古等惑於喇嘛，室中所有爲之罄盡，此皆係愚人，但崇信禍福之說而不知其終無益也。

---

谕曰：满洲乃国家根本，宜加爱惜。今见满洲贫而负债者甚多，赌博虽禁，犹然未息，此皆由各都统、副都统、佐领不勤加教育之所致也。比来满洲习于嬉戏，凡丧祭婚嫁，过于糜费，不可胜言。若蒙古等惑于喇嘛，室中所有为之罄尽，此皆系愚人，但崇信祸福之说而不知其终无益也。

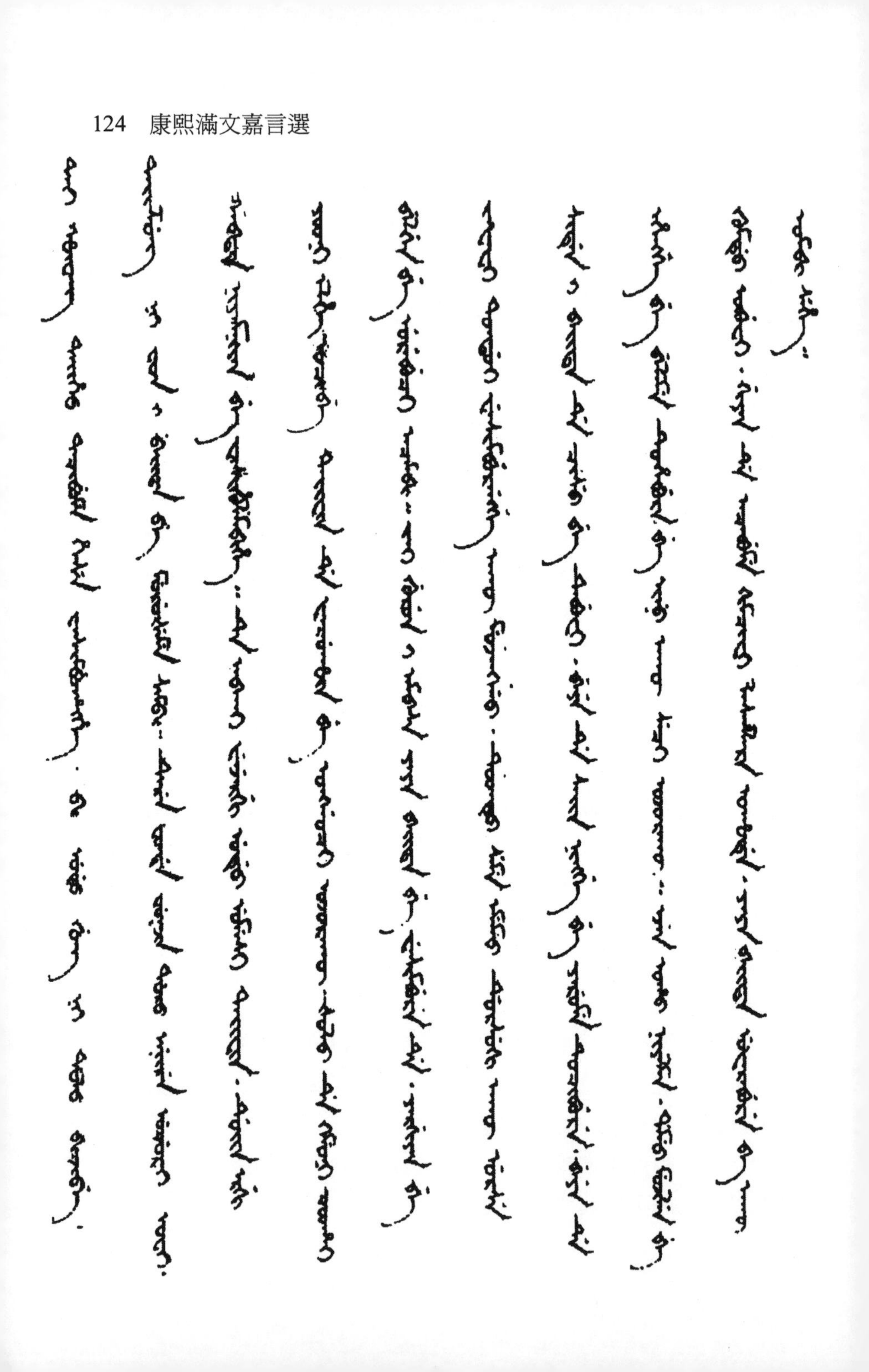

# 五十二、安不忘危

tai hūwang taiheo tacibume hese wasimbuhangge, bi udu gung ni dolo bicibe, taidzung ni fon i baita be murušeme sambi. tere fonde fukjin doro neire ucuri ofi, gabtan niyamniyan be wesihulembihe. te abkai fejergi udu umesi taifin, duin ergi yooni elhe ocibe taifin de facuhūn be onggoci ojorakū, šolo de kemuni coohai belgen be urebuci acambi. jai gurun i ambasa yaya baita be wesimbure de, yargiyan be jafafi tondoi wesimburengge akū mujanggo, tuttu seme ememu dursuki akū urse siden i baita de cisu be tebufi, beye de sain ningge be yarume tucibure, beye de ehengge be beleme tuhebure be inu akū seci ojorakū. ejen oho niyalma, damu mujilen be kumdu obufi, giyan de acabume kimcifi lashalara ohode, yaya baita ufarabure ba akū ombi sehe.

---

太皇太后諭云：予雖在宮壼，太宗行政，亦略知之。彼時開創，甚重騎射。方今天下太平，四方寧謐，然安不可忘危，閒暇時仍宜訓練武備，至如在朝諸臣奏事，豈無忠誠入告者，然不肖之類，假公行私，附己者即為引進，忤己者即加罔害，亦或有之。為人君者，務虛公裁斷，一準於理，則事無差失矣。

---

太皇太后谕云：予虽在宫壶，太宗行政，亦略知之。彼时开创，甚重骑射。方今天下太平，四方宁谧，然安不可忘危，闲暇时仍宜训练武备，至如在朝诸臣奏事，岂无忠诚入告者，然不肖之类，假公行私，附己者即为引进，忤己者即加罔害，亦或有之。为人君者，务虚公裁断，一准于理，则事无差失矣。

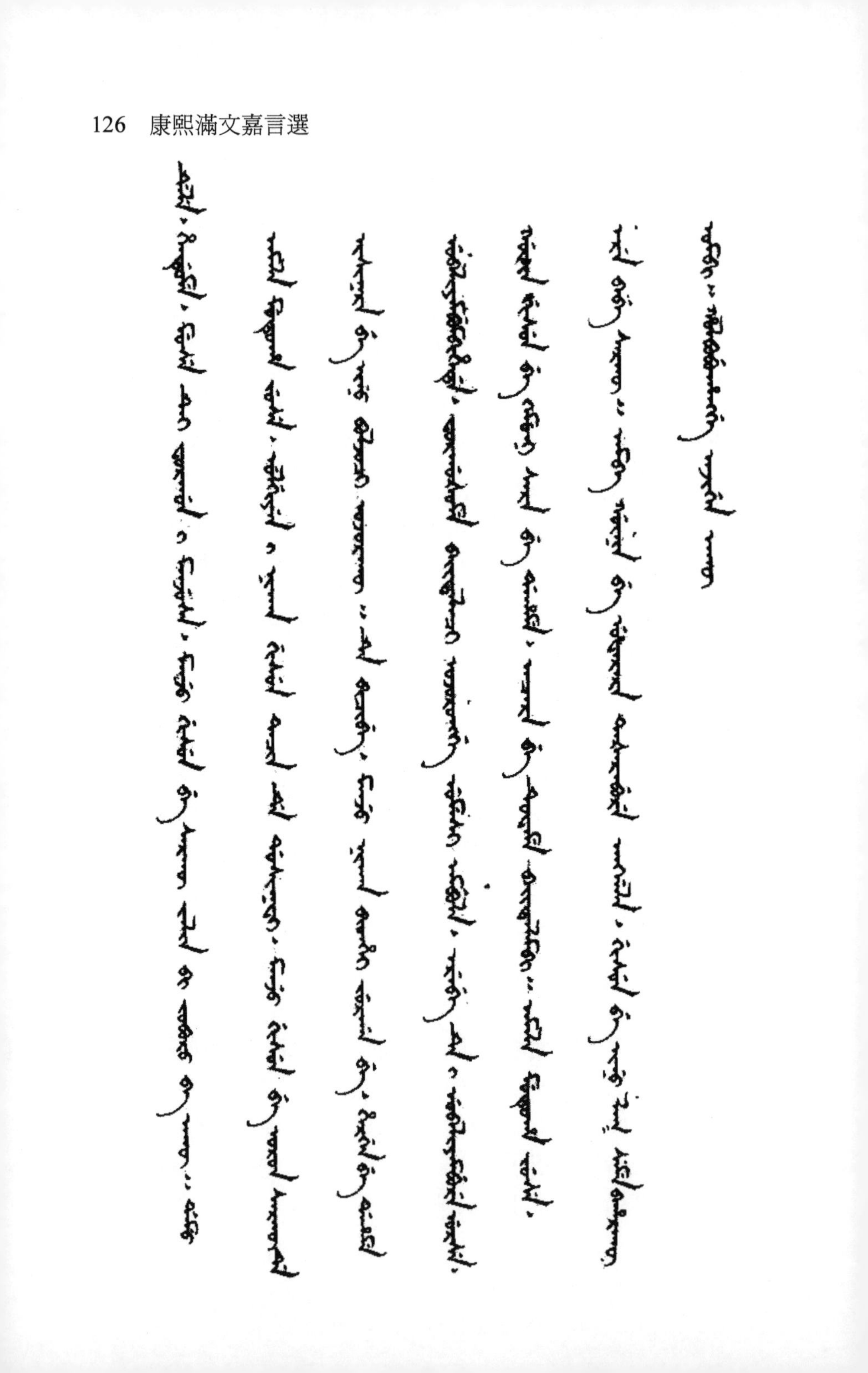

# 五十三、毋忘滿語

dele, hendume, muse tei forgon i manjusa, manju gisun be sarkū jalin bi joboro ba akū. damu amala mutuha juse, ulgiyen i nikan gisun tacin de dosinafi, manju gisun be oron sarkū de isinara be inu boljoci ojorakū. te bicibe, manju nikan bithei jurgan be, hergen be dahame ubaliyambumbihede, forgošome baitalaci ojorongge umesi ambula. erebe te i ubaliyambure urse, gūnin gisun be kemuni sara be dahame, acara be tuwame baitalambi. amala mutuha juse, ere babe sarkū. amba gūnin be ufarara tašarabure anggala, gisun be inu lak seme baharakū ombi. holbobuhangge ajigen akū.

---

上曰：此時滿洲，朕不慮其不知滿語。但恐後生子弟，漸習漢語，竟忘滿語，亦未可知，且滿漢文義，照字繙譯，可通用者甚多。今之繙譯者，尚知辭意，酌而用之，後生子弟，未必知此，不特差失大意，且言語欠當，關係不小。

---

上曰：此时满洲，朕不虑其不知满语。但恐后生子弟，渐习汉语，竟忘满语，亦未可知，且满汉文义，照字翻译，可通用者甚多。今之翻译者，尚知辞意，酌而用之，后生子弟，未必知此，不特差失大意，且言语欠当，关系不小。

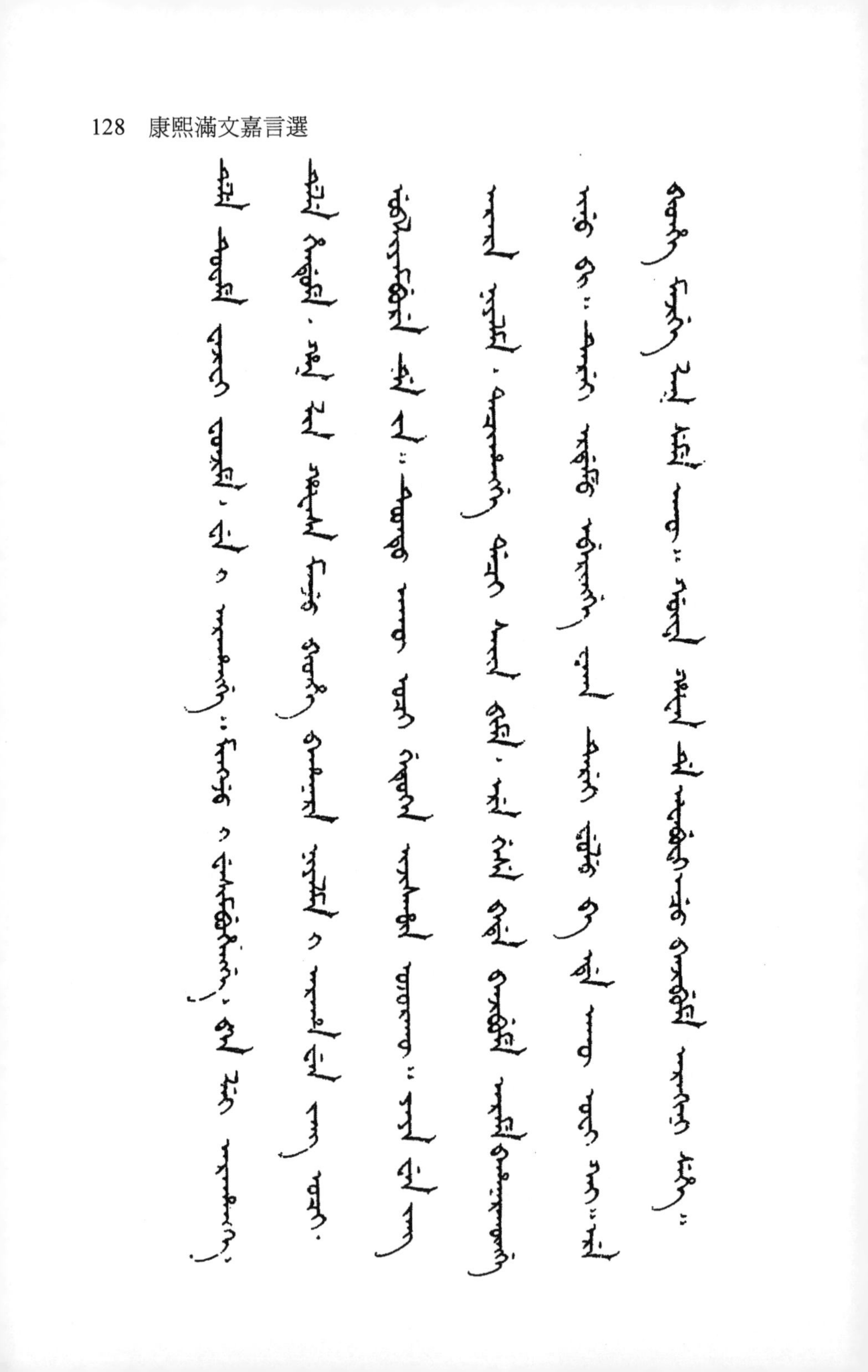

# 五十四、通曉滿書

dele tuwame wajifi fonjime, we i arahangge. mingju i wesimbuhengge, pan lei arahangge. dele hendume, han lin hafasa manju bithe bahanara niyalma i araha wen jang oci, ubaliyambure de ja, tuttu akū oci getuken ijishūn ojorakū. yaya wen jang arara niyalma, tacihangge daci sain bime. ere gese bade banjibume arame bahanarakūngge inu bi. terei erdemu eberingge waka, terei fulu ba ede akū ofi kai. ere bithe majige lak seme akū. gūwa hafan de afabufi encu banjibume arakini sehe.

---

上閱畢，問誰撰擬？明珠奏曰：潘耒。上曰：翰林官通曉滿書者，爲文易於翻譯，否則未必能明順。凡文章之士，有學問本優，而不善爲此種文字者，非其才之詘，亦所長不在此耳。此稿稍有未順，可另派別員撰擬。

---

上阅毕，问谁撰拟？明珠奏曰：潘耒。上曰：翰林官通晓满书者，为文易于翻译，否则未必能明顺。凡文章之士，有学问本优，而不善为此种文字者，非其才之诎，亦所长不在此耳。此稿稍有未顺，可另派别员撰拟。

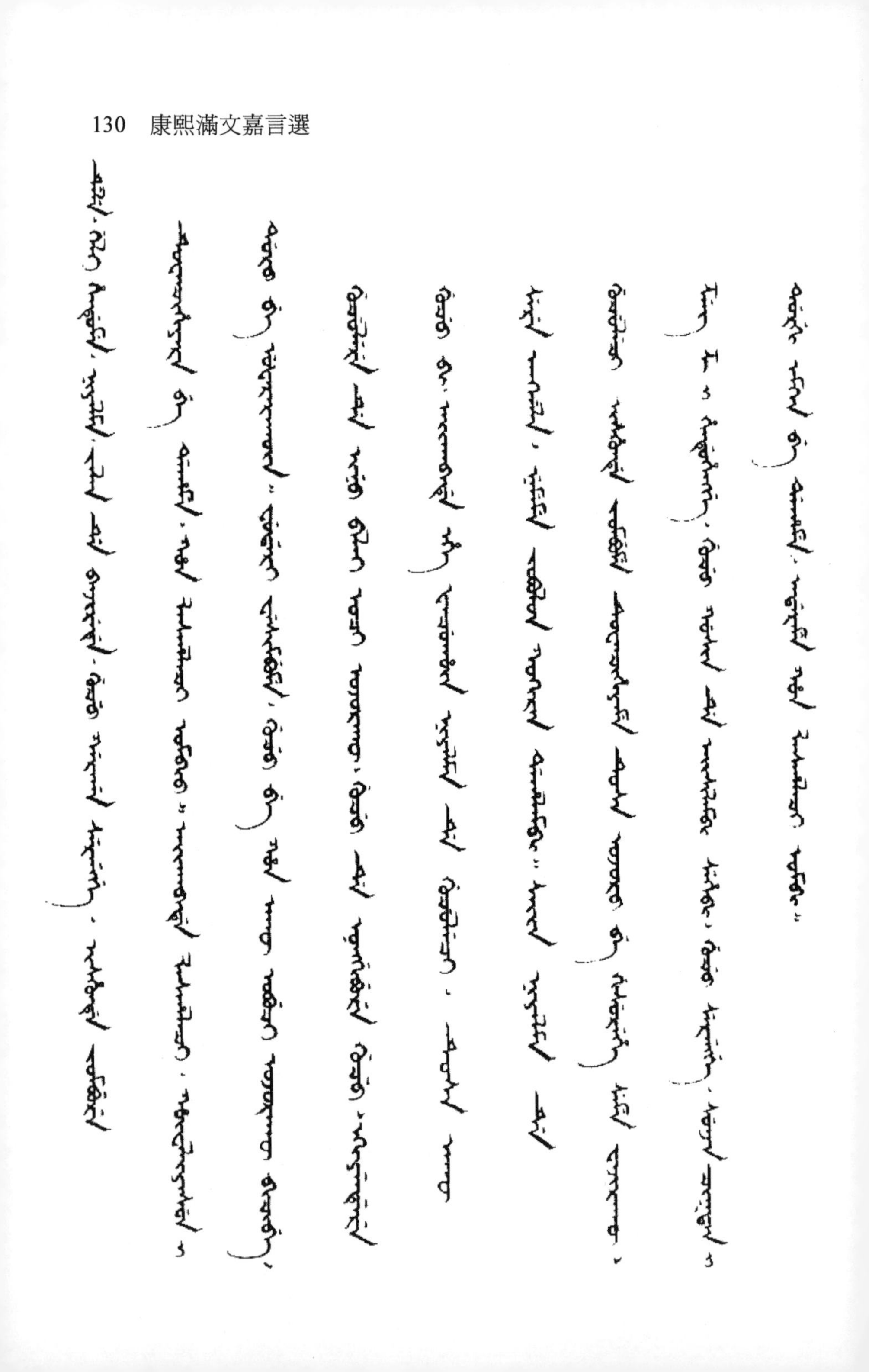

[illegible]

[illegible]

[illegible]

[illegible]

[illegible]

[illegible]

[illegible]

[illegible]

[illegible]

# 五十五、以友輔仁

dele, geli hendume, niyalma jalan de banjirede, gucu gargan serengge, ishunde jombure tuwancihiyara be dahame, hon lashalaci ombio. aikabade lashalaci, hūwaliyasun i doro be ufararakūn. fudari wesimbume, gucu be hon akū obuci ojorakū bicibe, guculere de inu balai oci ojorakū, gucu de nonggibure gucu, ekiyendere gucu bi, aikabade ehe facuhūn niyalma de guculeci, tusa akū sere anggala, nememe jobolon kokiran dahalambi. sain niyalma de guculeci, ishunde jombume tuwancihiyame tusa ojoro be gisurehe seme wajirakū, dzeng dz i henduhengge, gucu gosin de aisilambi sehebi, gucu serengge, sunja ciktan i dorgi emken be dahame, adarame hon lashalaci ombi.

---

上又曰：人處世間，朋友所以切磋，豈可過絕。若過絕，則失和衷之道矣。傅達禮奏云：朋友固不可無，亦不可濫，有益友，有損友，若友邪人，不但無益，抑且禍害隨之。友善人，則共相勸導，其爲益也，不可勝言。曾子曰：以友輔仁，朋友乃五倫之一，不可概絕。

---

上又曰：人处世间，朋友所以切磋，岂可过绝。若过绝，则失和衷之道矣。傅达礼奏云：朋友固不可无，亦不可滥，有益友，有损友，若友邪人，不但无益，抑且祸害随之。友善人，则共相劝导，其为益也，不可胜言。曾子曰：以友辅仁，朋友乃五伦之一，不可概绝。

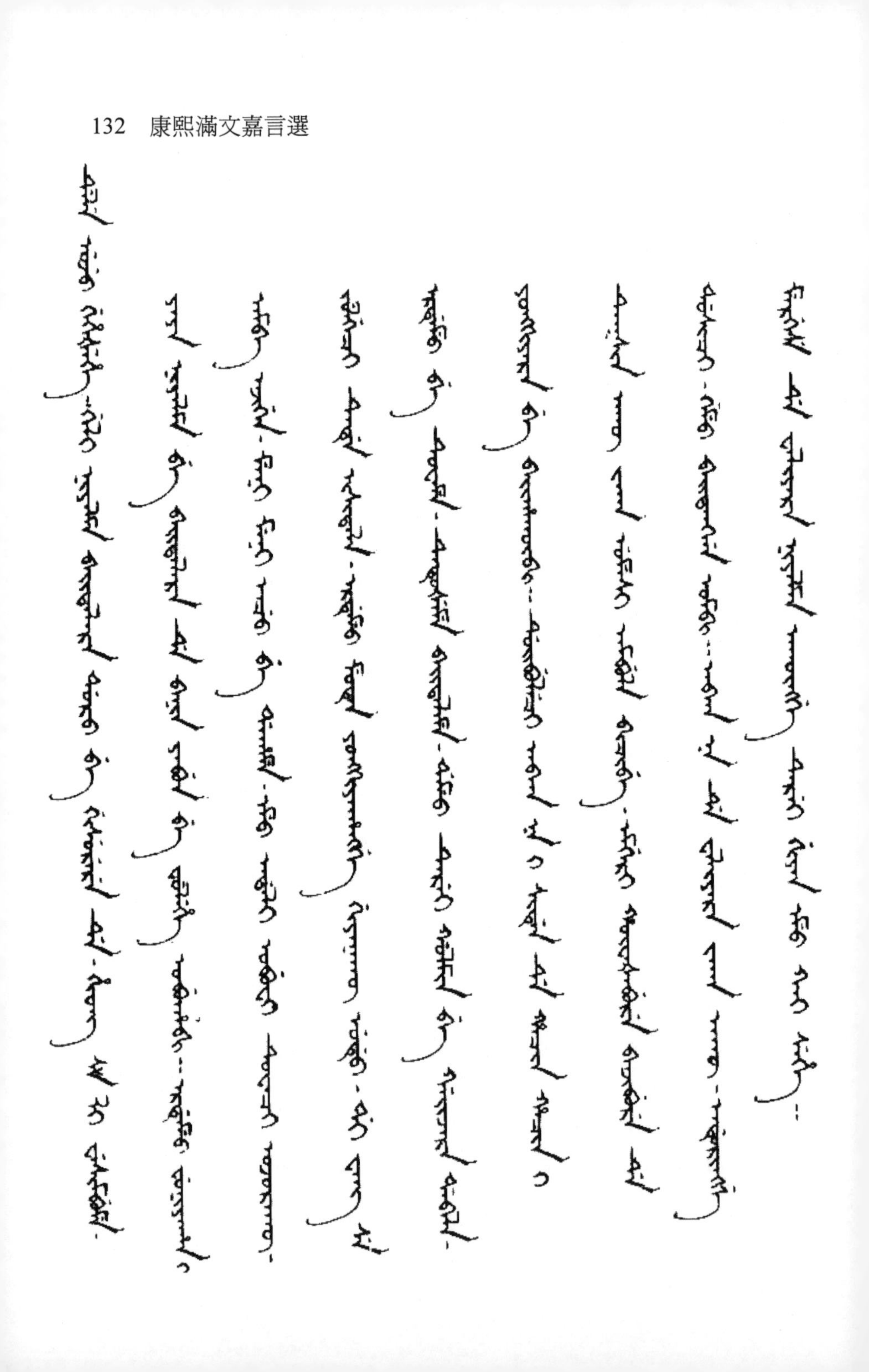

# 五十六、隨才器使

dele uju gehešehe, geli niyalma baitalara doro be gisurere de, hiong sy li wesimbume, yaya niyalma be baitalara de banin yabun be fulehe obuhabi. erdemu funiyahan i amba ajigen, meni meni encu be dahame, emu adali obufi tuwaci ojorakū, julgeci tede isitala, erdemu muten yongkiyahangge giyanakū udu, di wang se erdemu be tuwame, tetušeme baitalame, damu terei golmin be gaijara dabala, yongkiyara be baihakūbi. duibuleci abka na i sinden de hacin hacin i teksin akū jaka umesi ambula bicibe, emgeri hūwašabure banjibure de dosici, gemu baitangga ombi. abka na de waliyara jaka akū, enduringge mergese de waliyara niyalma akūngge terei giyan emu kai sehe.

---

上頷之，因論及用人之道，熊賜履奏曰：凡取人以品行爲本，至於才器大小，各有不同，難以概律。自古迄今，才全德備者有幾？帝王隨才器使，但用其長，不求其備，譬之宇宙間種種色象，萬有不齊，一入洪鈞大造，都成有用，天地無棄物，聖賢無棄人，其理一也。

---

上颔之，因论及用人之道，熊赐履奏曰：凡取人以品行为本，至于才器大小，各有不同，难以概律。自古迄今，才全德备者有几？帝王随才器使，但用其长，不求其备，譬之宇宙间种种色象，万有不齐，一入洪钧大造，都成有用，天地无弃物，圣贤无弃人，其理一也。

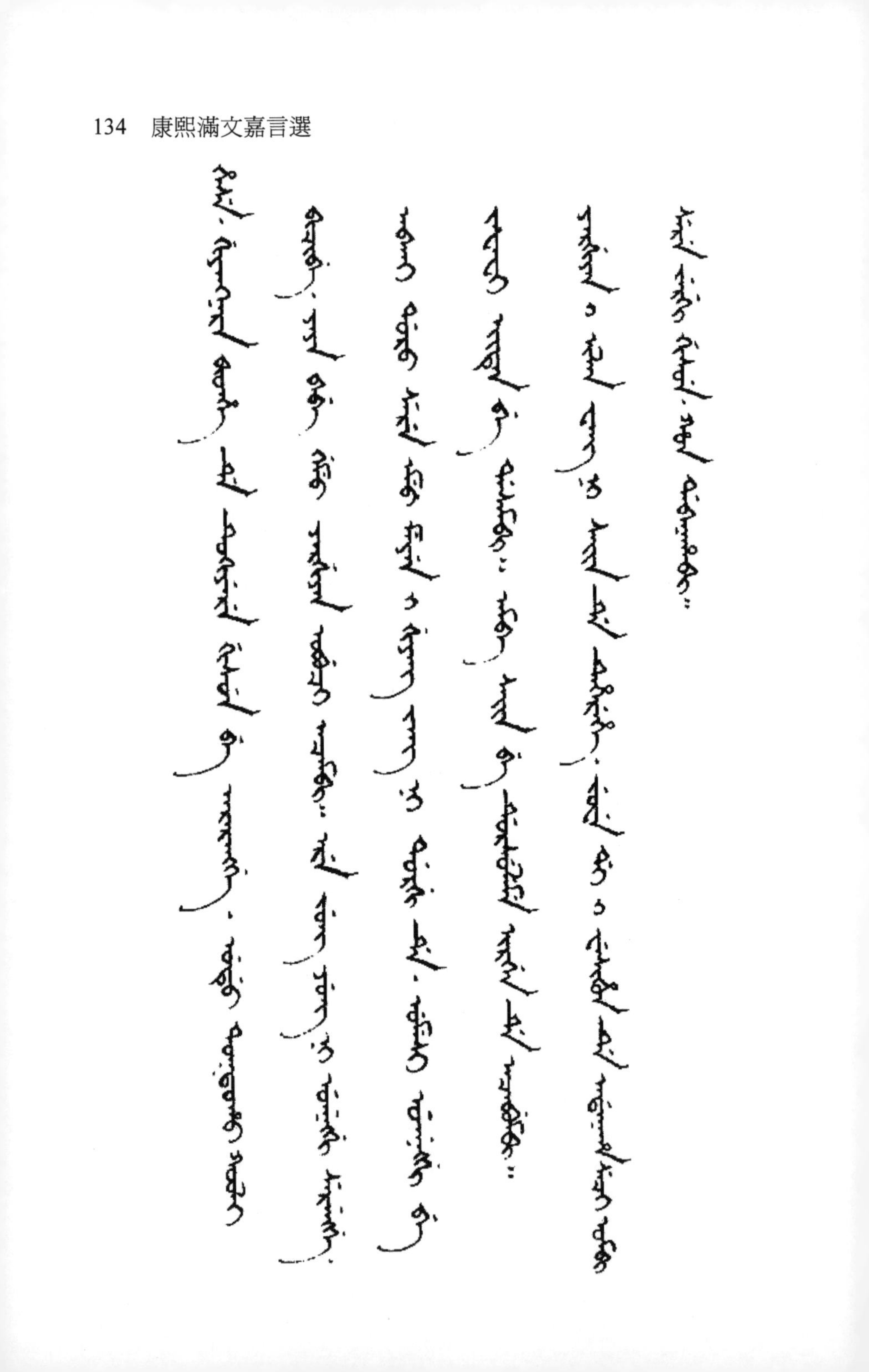

# 五十七、稱頌以實

hese, giyangnara bithe de tukiyere gisun be ararangge, udu toktoho kooli bicibe, yaya babe gemu yargiyan obuci acambi. ere jung yung ni unenggi serengge, abkai doro sere emu meyen i giyang jang ni dorgi de, umesi unenggi be jafafi eiten be dasambi. amba sain be dursuleme irgen de acabumbi. yargiyan i ilan wang ni sain de teherehe, juwe di i wesihun de adanaha seci ombi sere jergi gisun, hon dabanahabi.

---

上諭，講章內書寫稱頌之言，雖係定例，凡事俱宜以實。這中庸誠者天之道也一節講章內有秉至誠而御物，體元善以宜民，固已媲美三王，躋隆二帝等語，似屬太過。

---

上谕，讲章内书写称颂之言，虽系定例，凡事俱宜以实。这中庸诚者天之道也一节讲章内有秉至诚而御物，体元善以宜民，固已媲美三王，跻隆二帝等语，似属太过。

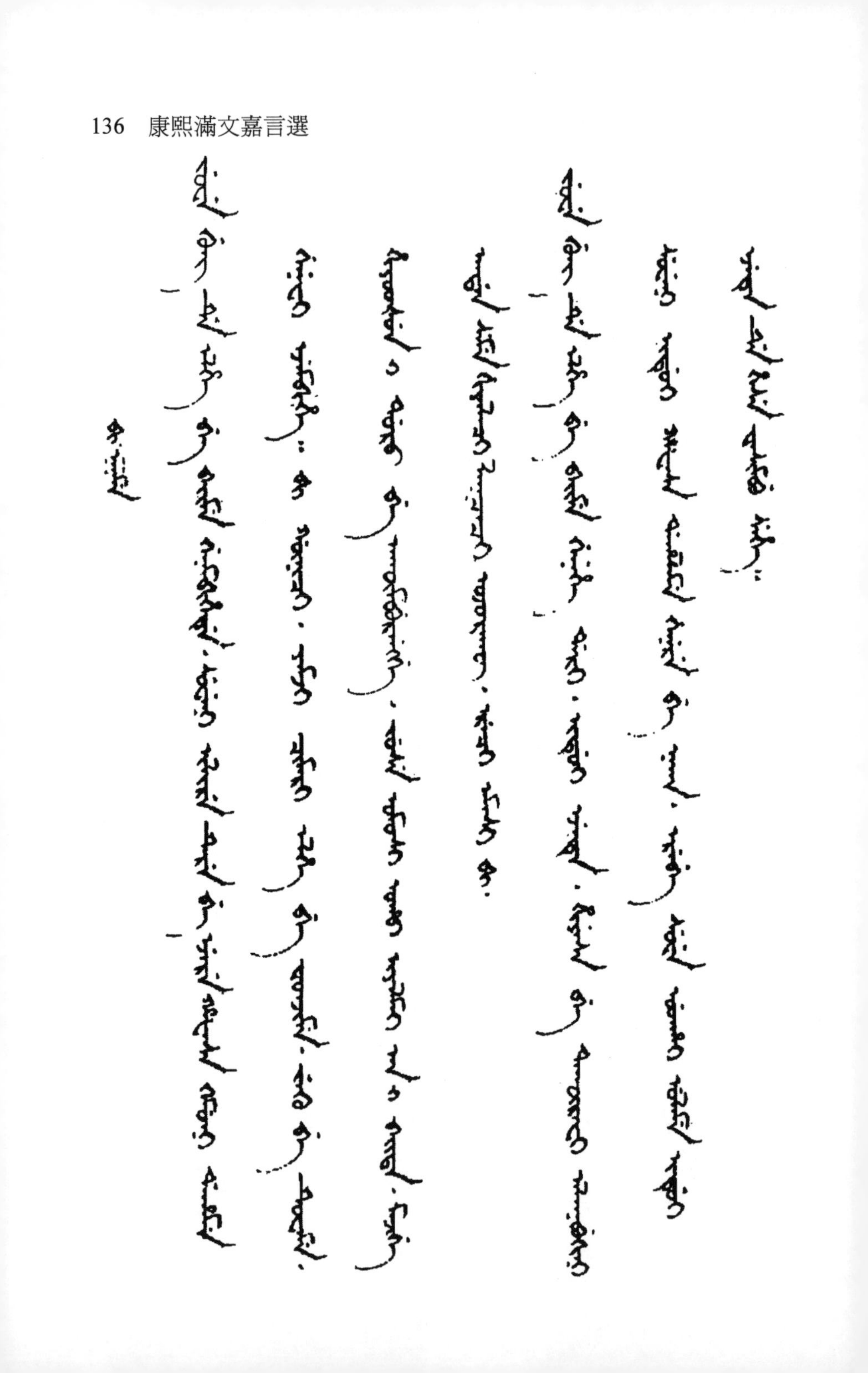

# 五十八、問安視膳

bi neneme juwe gung de elhe be baime genembihede, suweni ilire tere be ejere hafasa kemuni dahame genefi ejembihe. bi gūnici, yamji cimari elhe be fonjime, jeku be tuwame, hiyoošun i doro be akūmburengge, juse omosi oho niyalmai an i baita, majige andan seme giyalaci lakcaci ojorakū, ereci amasi bi juwe gung de elhe be baime genehe dari, idui ejete, hiyasa be takūrafi alanabukini. suweni idui hafasa dahalame genere be naka, erebe suwe uthai ulame idui ejete de hese wasimbu sehe.

---

朕向詣兩宮問安，爾等起居注官常隨行記注。朕思朝夕問安視膳，以盡孝道，乃爲子孫者之恒禮，豈有一刻間斷，此後朕每詣兩宮問安時，著衣都額真遣侍衛傳知侍直官，不必隨行，爾等即傳旨諭知衣都額真。

---

朕向诣两宫问安，尔等起居注官常随行记注。朕思朝夕问安视膳，以尽孝道，乃为子孙者之恒礼，岂有一刻间断，此后朕每诣两宫问安时，着衣都额真遣侍卫传知侍直官，不必随行，尔等即传旨谕知衣都额真。

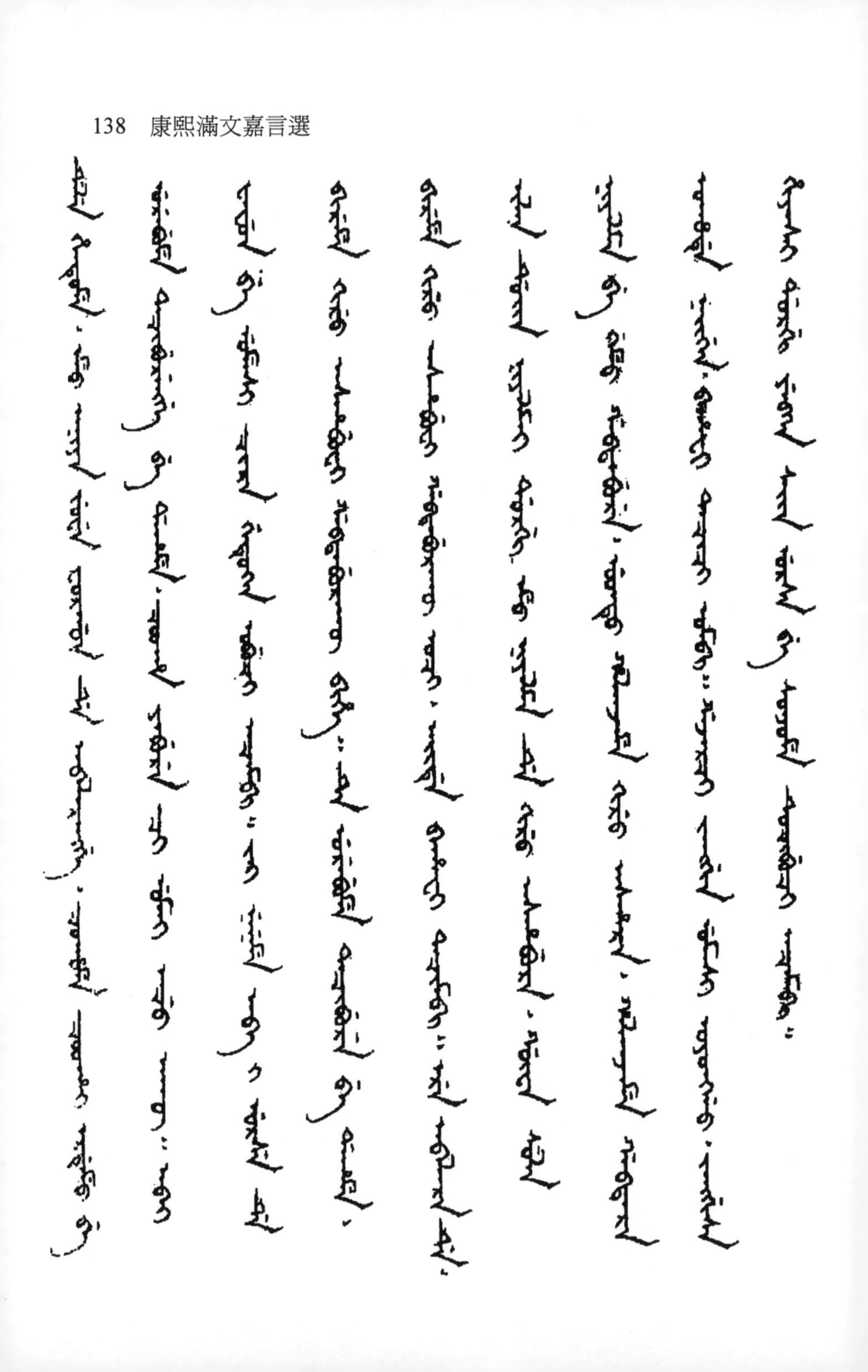

# 五十九、行獵講武

dele hendume, emu aniya juwe forgon de abalarangge, cohome coohai erdemu be urebume taciburengge be dahame, cooha yabure ci umai encu akū. abai fafun be umesi cira getuken obuci acambi. jai neneme aba i urse de bireme kiru ashabufi gabtaburakū bihe. te urebume tacibure be dahame, bireme kiru ashabufi gabtaburakū oci, aide bahafi tacimbi. ere abalara de, ilan duin niyalmai dorgi emu niyalma de kiru ashabure, gūwa sula niyalma be gemu gabtabure, uttu halanjame kiru ashara, halanjame gabtara ohode, neigen bahafi tacici ombi. gajarci janggin umesi oyonggo, janggisa hiyasai dorgi yebken sain urse be sonjome tucibuci acambi.

---

上曰：一年兩次行獵，專爲講武，與行兵無異，校獵紀律，自當嚴明。從前行獵之人，概令帶旗，不許擅射，今既講武，若概令帶旗，不許馳射，何以習武，今此行獵，於三、四人內令一人帶旗，其餘俱令馳射，如此遞換帶旗，遞換馳射，則均可練習武事，其導獵章京最爲緊要，應於章京侍衛內揀選才優者委之。

---

上曰：一年两次行猎，专为讲武，与行兵无异，校猎纪律，自当严明。从前行猎之人，概令带旗，不许擅射，今既讲武，若概令带旗，不许驰射，何以习武，今此行猎，于三、四人内令一人带旗，其余俱令驰射，如此递换带旗，递换驰射，则均可练习武事，其导猎章京最为紧要，应于章京侍卫内拣选才优者委之。

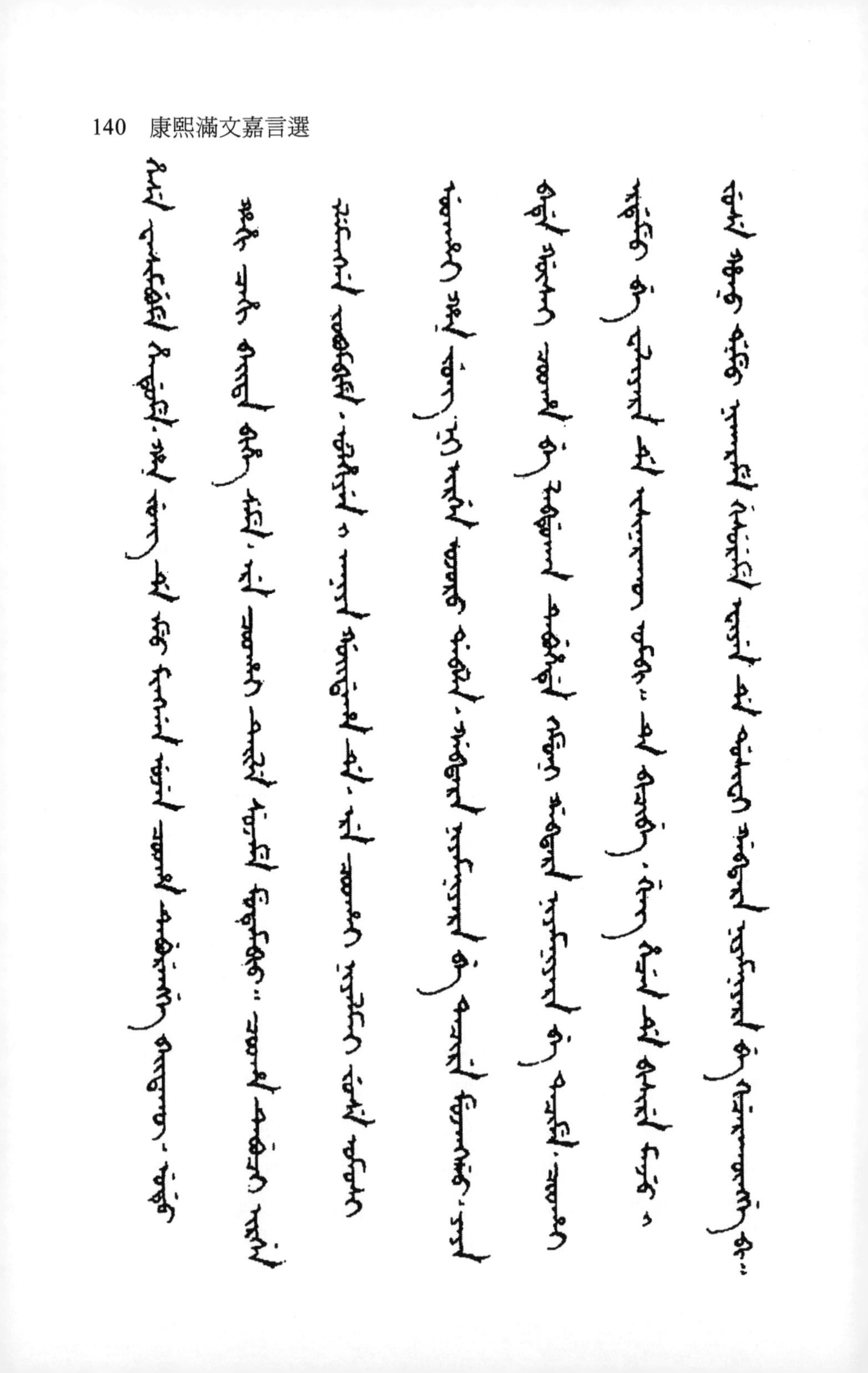

# 六十、漢軍駐防

hese wasimbume hendume, han jung de emu minggan ujen cooha teburengge baitakū, udu hahi cahi baita bihe seme, ere coohai teile sujame mutembio. cooha tebuci irgen elemangga jobombime, ulhiyen i aniya goidaha de, ere coohai niyalmai juse omosi uthai han jung ni irgen ojoro dabala, gabtara niyamniyara be tacire mujanggo, yaya bade gūsai cooha be labdukan tebuhede kemuni gabtara niyamniyara be tacime, coohai erdemu be waliyara de isinarakū ombi. te bicibe, ging hecen de bisire manju i juse hono damu nikarame gisureme efiyen de dosifi gabtara niyamniyara be kicerakūngge bi.

---

諭曰：漢中用漢軍千人駐防無益，縱有倉卒之事，此兵豈能獨拒乎？若設兵駐防，民反受其累，且漸至年久，則此兵丁之子若孫，皆成漢中人矣，能復習騎射耶？各處駐防多設旗兵，庶幾猶習騎射武備，不致廢弛。即如京師滿洲子弟尚有習漢語，躭於逸樂，不以騎射爲事者。

---

谕曰：汉中用汉军千人驻防无益，纵有仓卒之事，此兵岂能独拒乎？若设兵驻防，民反受其累，且渐至年久，则此兵丁之子若孙，皆成汉中人矣，能复习骑射耶？各处驻防多设旗兵，庶几犹习骑射武备，不致废弛。即如京师满洲子弟尚有习汉语，躭于逸乐，不以骑射为事者。

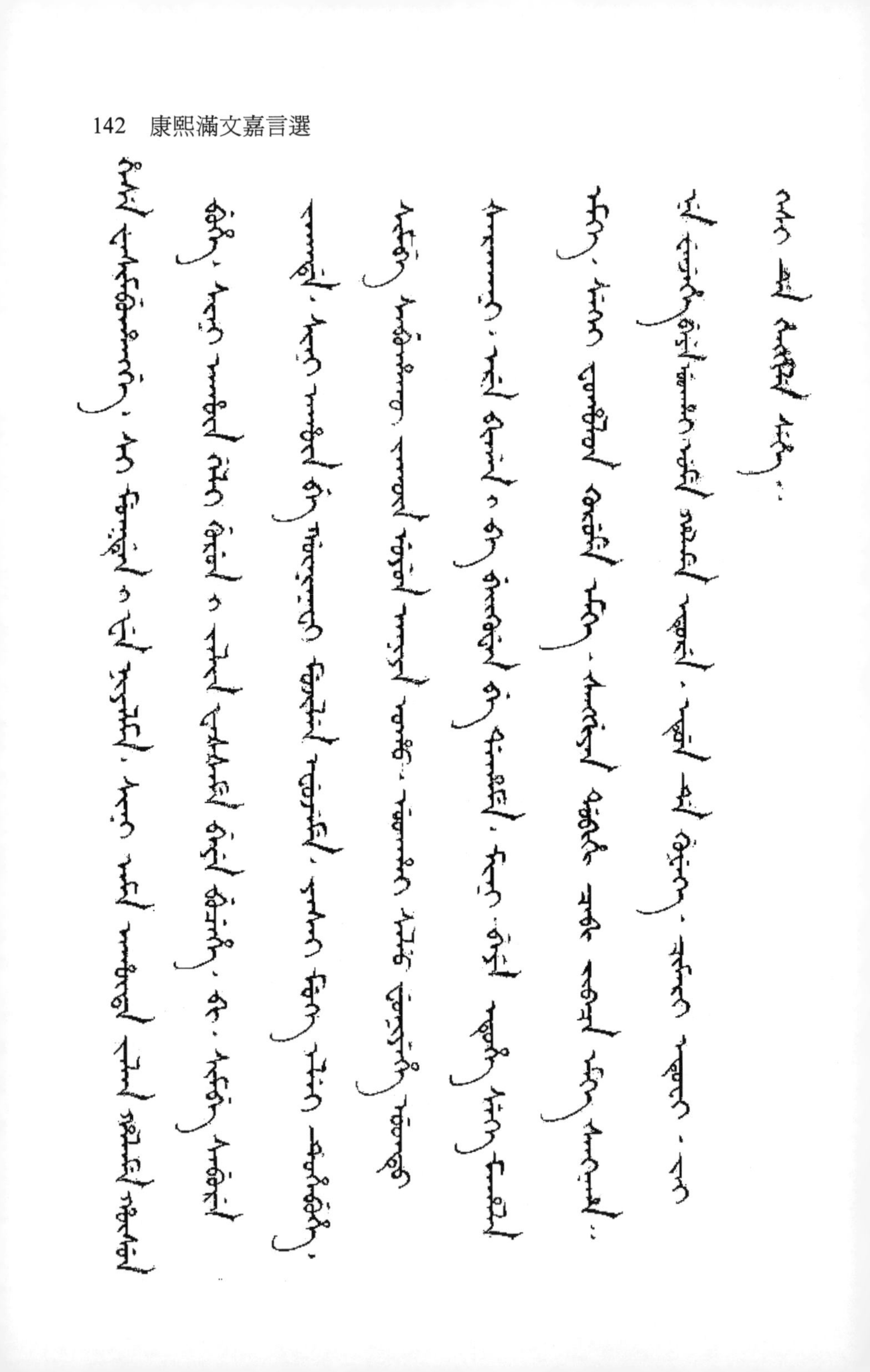

# 六十一、盛京舊人

hese wasimbuhangge, si mukden i fe niyalma, sini ama ahūta jalan halame hūsun buhe, sini ahūn geli gurun i jalin faššame beye bucehe, bi, simbe sabure jakade, sini ahūn be gūninafi mujilen efujeme, yasai muke elei tuhebuhe, simbe sabuhakū jakūn uyun aniya oho, uthai salu funiyehe uttu šarakani, ere bigan i ba beikuwen be dahame, mini beye etuhe seke mahala emke, sekei foholon kurume emke, šanggiyan dobihi cabi jibca emke šangnaha. ne wenjehe beye uthai ume halame eture, edun de guweke, cimari etufi, jai kesi de hengkile sehe.

---

諭曰：爾係盛京舊人，爾父兄累朝効力，爾兄又爲國盡節。朕因見爾思及爾兄，心爲慘切，幾於墮淚，不見爾八、九年矣。爾鬚遂皓白如此。今因郊外寒冷，將朕貂帽一頂，貂皮短褂一領，白狐腋袍一領賜爾，此時更換，恐受風寒，可明日服之來謝恩。

---

谕曰：尔系盛京旧人，尔父兄累朝効力，尔兄又为国尽节。朕因见尔思及尔兄，心为惨切，几于堕泪，不见尔八、九年矣。尔须遂皓白如此。今因郊外寒冷，将朕貂帽一顶，貂皮短褂一领，白狐腋袍一领赐尔，此时更换，恐受风寒，可明日服之来谢恩。

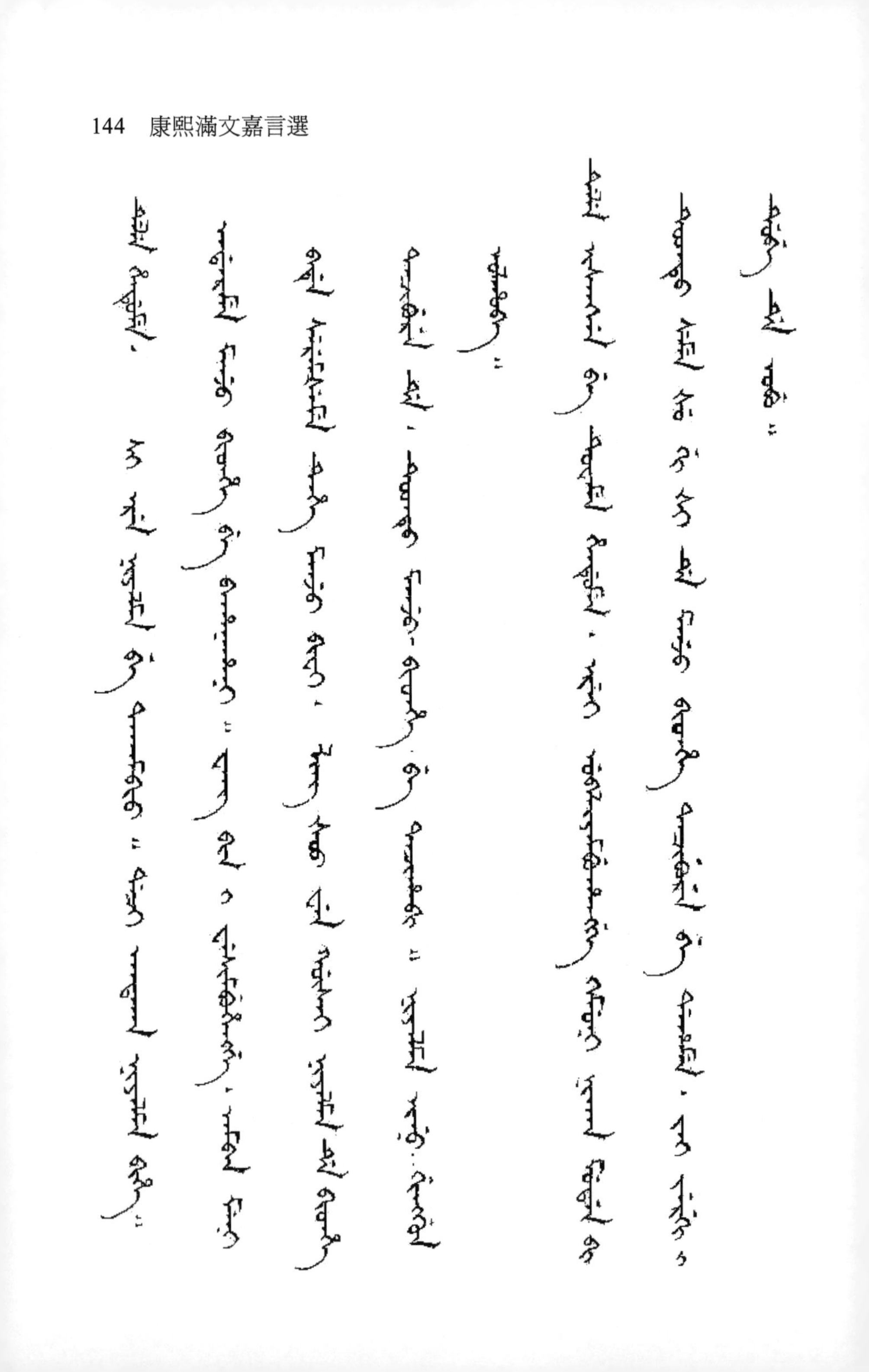

[illegible]

# 六十二、駐防清書

dele hendume, si ere niyalma be takambio. daci antaka niyalma bihe. adarame manju bithe be bahanahani. wang bin i wesimbuhengge, amban meni bade seremšeme tehe manju bifi, ling šoo wen gūsai niyalma de bithe tacibure de, tuttu manju bithe be tacihabi. niyalma inu ginggun olhoba. dele isangga be tuwame hendume, ere ubaliyambuhangge kemuni nikan mudan bi, tuttu seme šu gi ši de manju bithe tacibure be dahame, jai jergi i dube de obu.

---

上曰：爾知其人否？平素何如？何以能清書？汪霦奏曰：臣鄉有駐防滿洲，凌紹雯曾教讀旗下，故習清書，人亦謹飭。上顧伊桑阿曰：伊所翻清書，尚有漢人語氣，然庶吉士須教習清書，可寘之二甲末。

---

上曰：尔知其人否？平素何如？何以能清书？汪霦奏曰：臣乡有驻防满洲，凌绍雯曾教读旗下，故习清书，人亦谨饬。上顾伊桑阿曰：伊所翻清书，尚有汉人语气，然庶吉士须教习清书，可寘之二甲末。

ᡤᡡᠨᡳᠨ ᠪᡝ ᡨᡝᠪᠴᡳᠪᡠᠮᡝ᠈ ᡩᡠᠰᡳᡥᡳᠶᡝᠮᡝ ᡨᠠᠴᡳᠮᡝ ᠪᡝᠶᡝ ᠪᡝ ᡨᡠᠸᠠᠨᠴᡳᡥᡳᠶᠠᠮᡝ ᡤᡡᠨᡳᠨ ᠪᡝ ᠪᡠᡵᡠᠯᡝ ᠠᡴᡡ

ᡩᡠᠰᡳᡥᡳᠶᡝᠮᡝ ᡨᠠᠴᡳᠮᡝ ᠪᡝᠶᡝ ᠪᡝ ᠶᠠᠪᡠᡵᡝ ᡤᡳᠶᠠᠨ ᡨᡠᠸᠠᠮᡝ ᠪᡝ ᠠᡵᡤᠠᡴᡡ᠈ ᠪᡝᠶᡝ ᠪᡝ

ᠰᠠᡳᠨ ᠨᡳᠶᠠᠯᠮᠠ ᡩᡠᠰᡳᡥᡳᠶᡝᠮᡝ᠈ ᡤᡝᠪᡠᠩᡤᡝ ᠪᡝᠶᡝ᠈ ᠠᡵᠠᠨ ᡤᡝᡵᡝᡴᡝᠨ ᡨᡠᠸᠠᠨᠴᡳᡥᡳᠶᠠᠮᠪᡳ ᠪᡝᡩᡝᡵᡝᠮᡝ᠈ ᡤᡝᠪᡠᠩᡤᡝ ᠪᡝᠶᡝ

ᠪᡝᠶᡝ ᠪᠣᠯᡤᠣᠮᡝ ᠠᡴᡡᠨ᠈ ᠪᠣᡵᠣ ᠪᡝ ᠪᡳᠰᡳ ᠪᡝᡩᡝᡵᡝ ᠪᡝᠶᡝᡵᡝ ᠪᡝ ᠰᡝᠮᠪᡳ ᡨᡠᠸᠠᠮᠪᡳ᠈ ᠠᠮᡠᡵᡝ

ᡨᠠᠴᡳᠮᡝ ᡨᠠᠴᡳᠮᡝ ᠪᡝᠶᡝ ᠪᡝ ᡨᡝᡵᡝᡤᡝᡳ ᡤᡝᠪᡠᠩᡤᡝ ᠪᡝᠶᡝ ᠠᠮᠠᡵᡤᡳ ᠪᡳᠶᡝ ᠪᠣᡳ ᠪᠠᡳᠰᡳᡵᡝ ᠪᡝ ᡨᠠᠴᡳᠮᡝ

ᡤᡝᡵᡝᠨ ᡨᡠᠸᠠᠨᠴᡳᡥᡳᠶᠠᠮᠪᡳ᠈ ᠠᡳᠨ ᡤᡝᠪᡠᠩᡤᡝ ᠪᡝᠶᡝ ᠪᡝ᠈ ᡤᡝᡵᡝᡴᡝ ᠪᡠᡵᡠᠩᡤᡝ ᠪᡝ ᡨᡠᠸᠠᠮᠪᡳ᠉

# 六十三、滿蒙敕書

hese wasimbuhangge, ere hesei bithe be, ging hecen de unggifi, manju monggo bithe be kamcime hesei bithe arakini, jai bang hoošan de monggo bithe teile arafi, dorgi de sain faksi bisire be dahame folobufi, ilan tanggū afaha šuwaselafi, hesei bithe, sasa giyamulame hahilame benjikini, hesei bithe, šuwaselaha monggo bithe be yooni genere niyalma de afabufi gamafi, bithe be g'aldan de afabukini, šuwaselaha monggo bithe be ucarahale niyalma de bukini sehe.

---

諭曰：此敕書著送京師，兼滿洲、蒙古文繕寫。又將榜紙止寫蒙古文，著在內善刻匠役鐫出印刷三百道並敕書馳驛速送前來，將敕書並蒙古文盡付與前往之人，令將敕書付噶爾丹，其印刷蒙古文凡所遇者，即令給之。

---

谕曰：此敕书着送京师，兼满洲、蒙古文缮写。又将榜纸止写蒙古文，着在内善刻匠役镌出印刷三百道并敕书驰驿速送前来，将敕书并蒙古文尽付与前往之人，令将敕书付噶尔丹，其印刷蒙古文凡所遇者，即令给之。

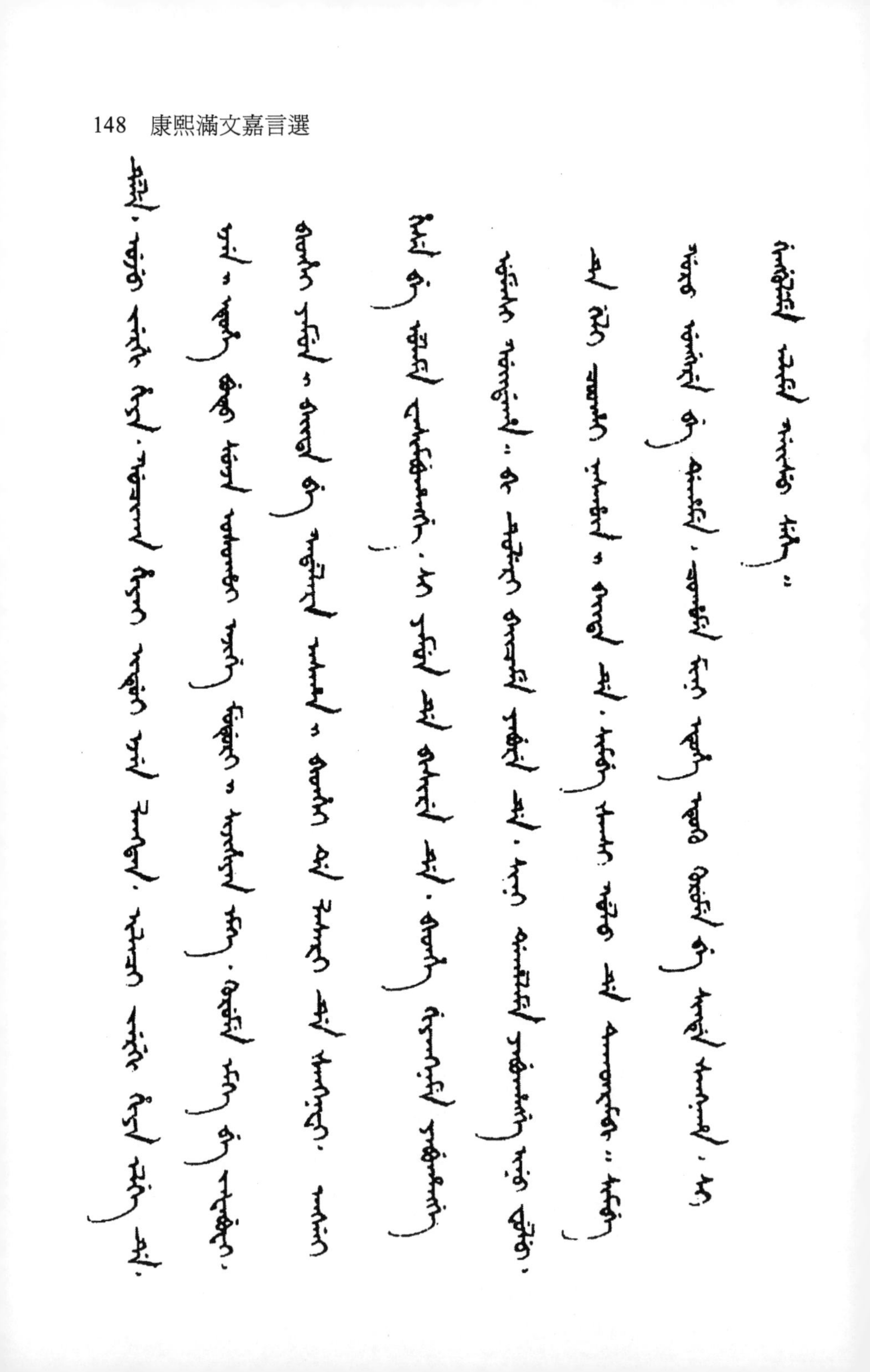

# 六十四、五爪暗龍

dele, uju jergi hiya, gocika hiyai idui ejen langtan, ilaci jergi hiya elge de, ejen i etuhe butu sunja osohoi ajige muduri i sijihiyan emke, kurume emke be jafabufi, bithei yamun i baita be kadalara ashan i bithei da lasari de šangnafi, anggai hese be ulame wasimbuhangge, si yamun de bisire de. bithe giyangname yabuhangge umesi goidaha. bi tuleri baicame yabure de, sini dahalame yabuhangge inu fulu, te geli coohai nashūn i baita de, simbe šansi golo de takūrambi. simbe goro unggire be dahame, cohome mini etuhe etuku kurume be sinde šnangnaha, si gingguleme alime gaisu sehe.

---

上遣頭等內班侍衛衣都額真郎坦，三等侍衛爾格，以御用五爪小暗龍緞服一領，緞褂一領，賜翰林院掌院學士喇沙里，並口傳上諭曰：爾在衙門入侍講筵，時日甚久。朕出外巡幸，爾扈從隨行時亦多，玆因軍機事務，命爾前赴陝西，念爾遠行，特以朕所御衣褂二領賜爾，爾其祗受之。

---

上遣头等内班侍卫衣都额真郎坦，三等侍卫尔格，以御用五爪小暗龙緞服一领，緞褂一领，赐翰林院掌院学士喇沙里，并口传上谕曰：尔在衙门入侍讲筵，时日甚久。朕出外巡幸，尔扈从随行时亦多，玆因军机事务，命尔前赴陕西，念尔远行，特以朕所御衣褂二领赐尔，尔其祗受之。

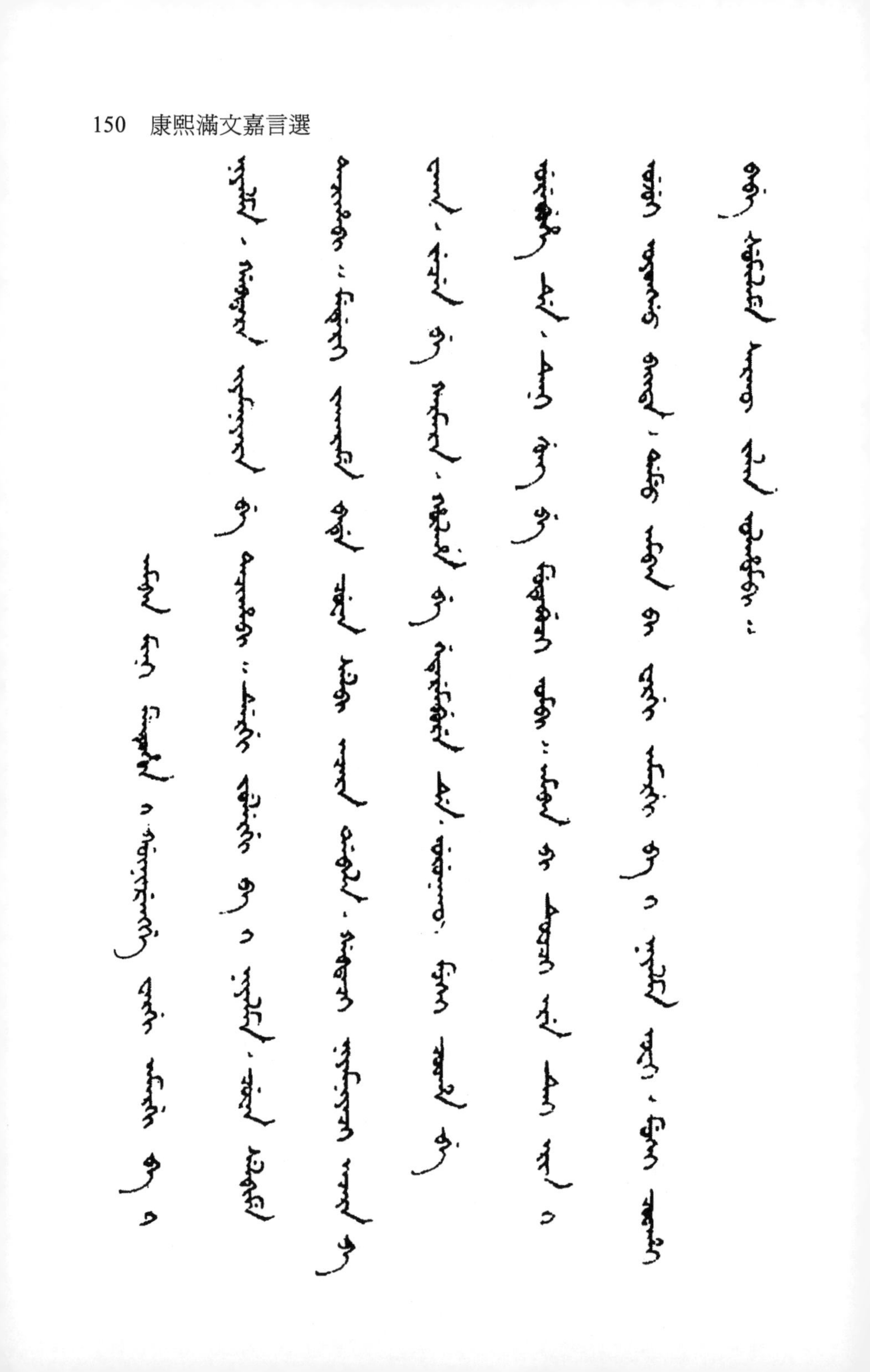

# 六十五、精練水師

amban mini mentuhun i gūnirengge, wargi amargi ba i niyalma, gabtara niyamniyara be tacihabi. dergi julergi ba i niyalma, cuwan selbime tacihabi. mederi jakarame bade cuwan selbi acara dabala, gabtaci niyamniyaci acara ba waka, jecen be karmara, hūlha be geterembure de, urunakū. mukei cooha be urebuhe de, teni gung be mutebuci ombi. amban bi tuwaci ere tei erin i ujui oyonggo baita, damu amban bi wargi amargi ba i niyalma ofi, mukei coohai babe šumilame sarkū jalin olhombi.

---

以臣愚見，西北之人，習騎射，東南之人，習舟楫，沿海之地，乃利舟楫，非利騎射之處，保疆靖寇，必精練水師，方可成功。臣竊謂此目前第一急務，但恐臣西北之人，不能深諳水師之妙。

---

以臣愚见，西北之人，习骑射，东南之人，习舟楫，沿海之地，乃利舟楫，非利骑射之处，保疆靖寇，必精练水师，方可成功。臣窃谓此目前第一急务，但恐臣西北之人，不能深谙水师之妙。

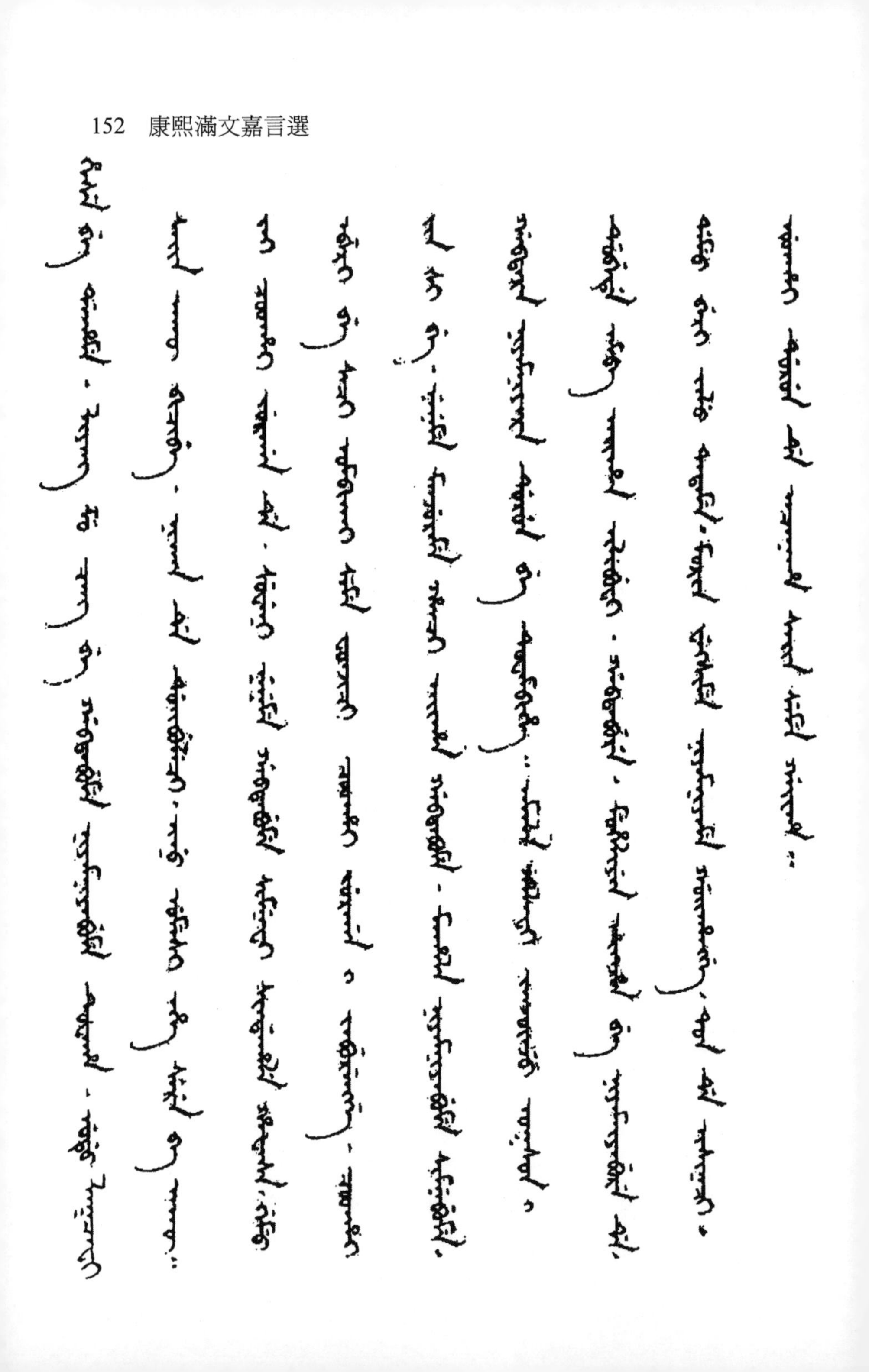

# 六十六、弓滿馬疾

hese be dahame, liyang dzu cang be gabtabume niyamniyabume tuwaha, udu lakcafi sain akū bicibe, nikan de duibuleci inu umesi ehe sere ba akū. jai coohai jurgan de. suweni neneme gabtabume simnefi sindahale hafasa, gemu eberi be saci ombikai seme fonjici, coohai jurgan i jaburengge, coohai jin ši be, neneme manjurame hanci aihan gabtabume, mahala niyamniyabume simnebume, gabtara niyamniyara durun be tuwambihe. amala halafi jakūnju okson i dubede amba aihan ilibufi gabtabure, muheliyen aihan be niyamniyabure de, damu beri jalu tatame, morin feksime niyamniyame goihangge, ton de isinaci, uthai durun de acanaha sain seme gaiha.

---

遵旨驗看梁祚昌騎步射雖不甚精，較之漢人，亦不爲甚劣，及問兵部從前考箭補授官員，俱屬不堪，即此可知，兵部言，向來考試武進士，照滿洲例射近鵠，試步射用氈毬，試騎射，並觀其馬步箭式樣，後改於八十步外試大鵠，試步射設圓靶，試騎射但以弓滿馬疾所中如數，便爲合式取列優等。

---

遵旨验看梁祚昌骑步射虽不甚精，较之汉人，亦不为甚劣，及问兵部从前考箭补授官员，俱属不堪，即此可知，兵部言，向来考试武进士，照满洲例射近鹄，试步射用毡球，试骑射，并观其马步箭式样，后改于八十步外试大鹄，试步射设圆靶，试骑射但以弓满马疾所中如数，便为合式取列优等。

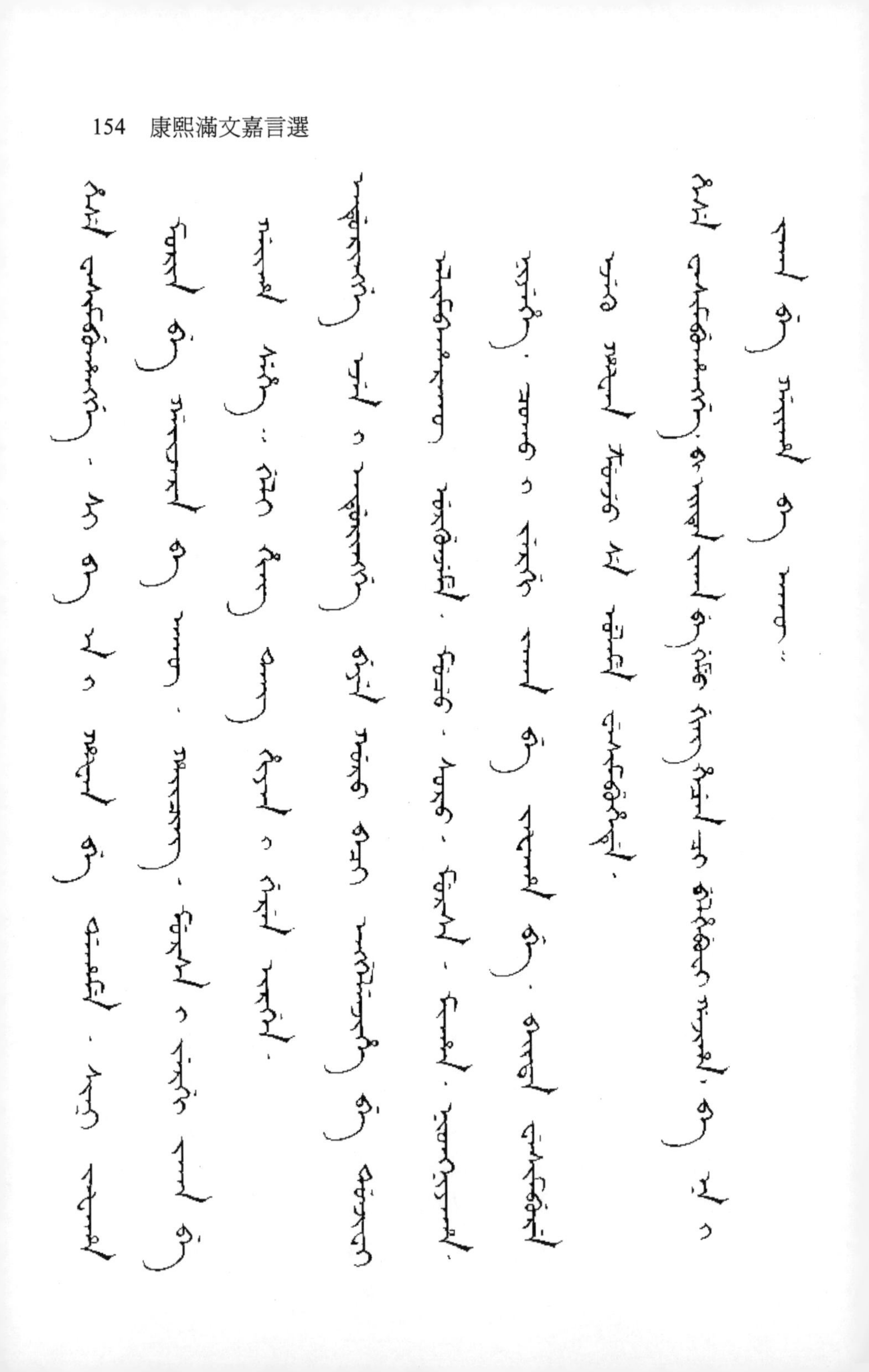

# 六十七、曝背獻芹

hese wasimbuhangge, si ba na i hafan be dahame, sini jafaha morin be gaijara ba akū, haicing, mursa i jergi jaka be gaiha sehe. geli hing tang hiyan i geren irgen, enduringge ejen i enduringge beye goro baci enggelenjihe be donjifi, alimbaharakū urgunjeme, mucu, soro, mursa, mihan, niongniyaha, niyehe, coko i jergi jaka be jafaha be. baita wesimbure ejeku hafan ts'unju se ulame wesimbuhede, hese wasimbuhangge, bi eiten jaka be gemu ging hecen ci belhebufi gajiha, ba na i jaka be gaiha ba akū.

---

諭曰：爾係地方官，爾獻之馬不收，所進海青、蘿蔔等物著收了。又行唐縣百姓聞知聖駕遠臨，不勝懽忭跪獻葡萄、棗、蘿蔔、小豬、鵝、鴨、鷄等物。奏事主事存住等轉奏，奉旨，朕需用諸物，備自京師，於地方一無所取。

---

谕曰：尔系地方官，尔献之马不收，所进海青、萝卜等物着收了。又行唐县百姓闻知圣驾远临，不胜欢忭跪献葡萄、枣、萝卜、小猪、鹅、鸭、鸡等物。奏事主事存住等转奏，奉旨，朕需用诸物，备自京师，于地方一无所取。

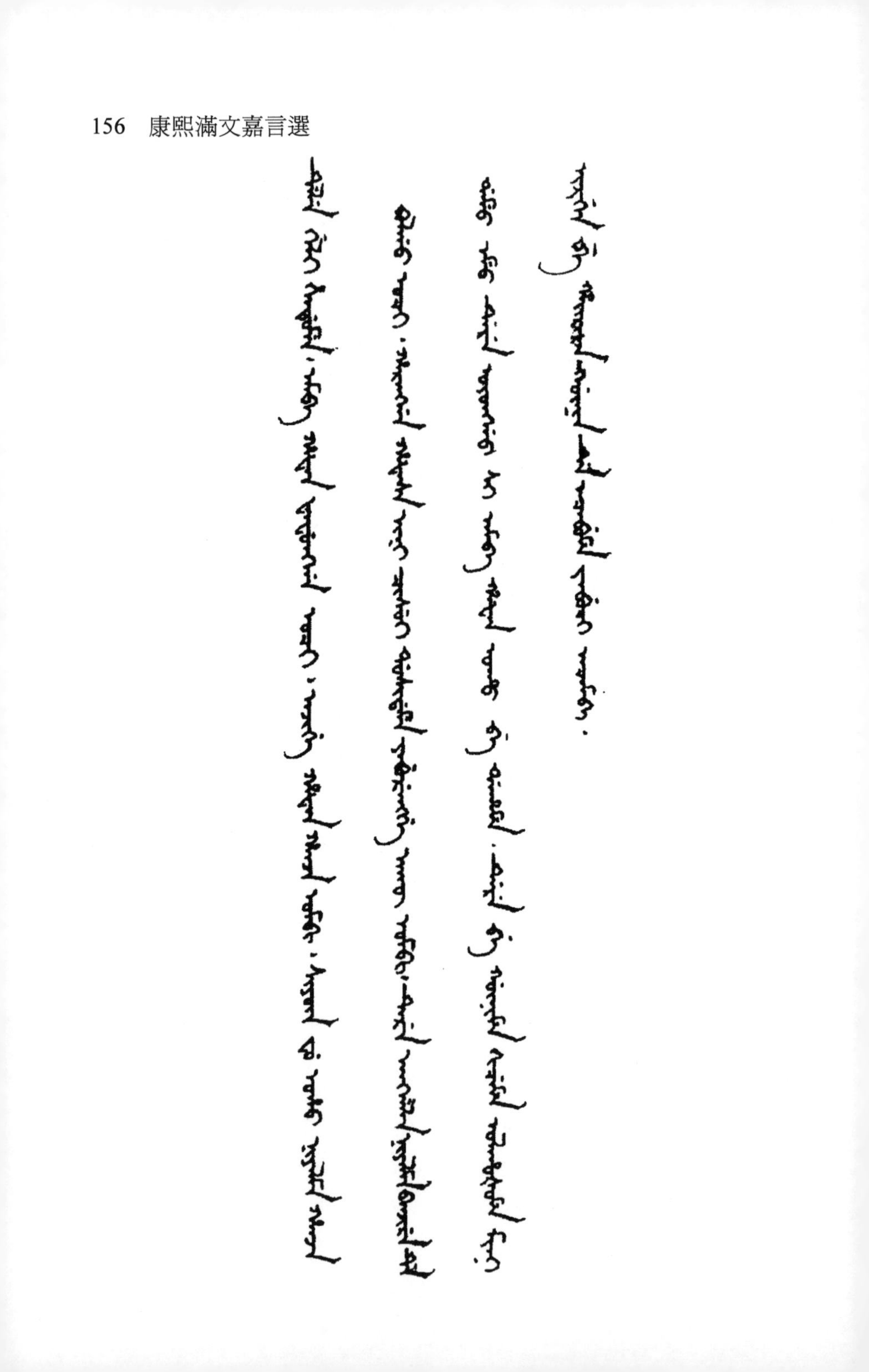

# 六十八、大法小廉

dele geli hendume, amba hafan fafungga oci, ajige hafan hanja ombi, siyūn fu oho niyalma hanja bolgo oci, harangga hafasa ini cisui dosidame yaburengge akū ombi, tere anggala niyalma banjire de damu emu dere oyonggo si amba hafan oho be dahame, dere be gūnime kiceme olhošome, mini irgen be hairara gūnin de acabume yabuci acambi.

---

上又曰：大法小廉，巡撫清廉，屬員自不敢貪污，且爲人以顏面爲重，爾身係大吏，須顧顏面，務勤慎小心，以副朕愛民之至意。

---

上又曰：大法小廉，巡抚清廉，属员自不敢贪污，且为人以颜面为重，尔身系大吏，须顾颜面，务勤慎小心，以副朕爱民之至意。

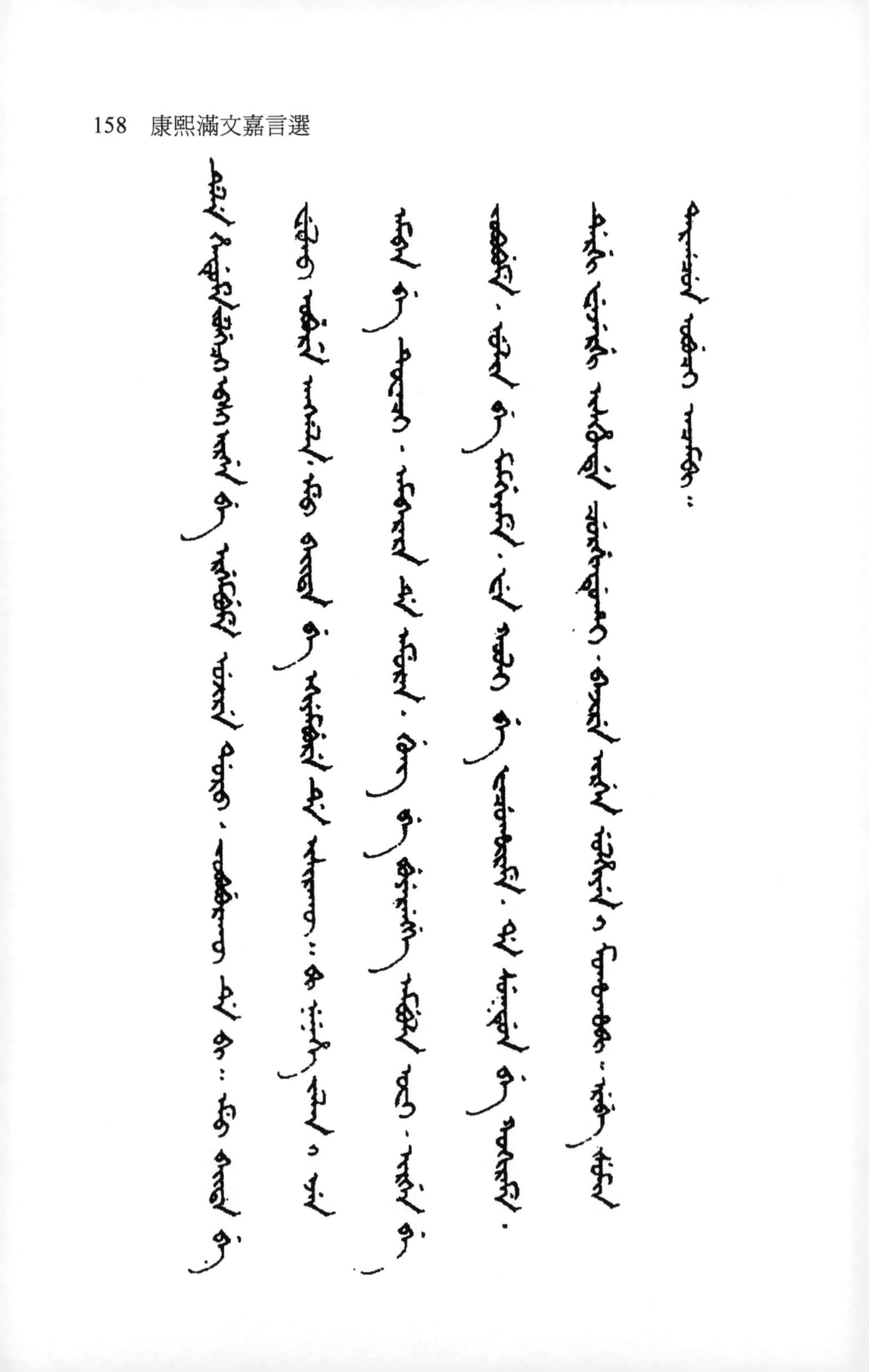

[illegible]

[illegible]

[illegible]

[illegible]

[illegible]

[illegible]

# 六十九、與民休息

dele hendume, julgeci ebsi irgen be ergembume ujire doro, joboburakū de bi. emu baita be fulu obure anggala, emu baita be ekiyembure de isirakū. bi nenehe jalan i ejen amban be tuwaci, ambarara de amuran, gung be buyerengge ambula ofi, irgen be jobobume, ulin be mamgiyame, fe kooli be facuhūrame, da sukdun be kokirame, dergi fejergi ishunde curginduhai, banjire irgen ulhiyen i mohohobi. erebe šumin targacun obuci acambi.

---

上曰：從來與民休息，道在不擾，與其多一事，不如省一事。朕觀前代君臣，每多好大喜功，勞民傷財，紊亂舊章，虛耗元氣，上下訌囂，民生日蹙，深可爲鑒。

---

上曰：从来与民休息，道在不扰，与其多一事，不如省一事。朕观前代君臣，每多好大喜功，劳民伤财，紊乱旧章，虚耗元气，上下讧嚣，民生日蹙，深可为鉴。

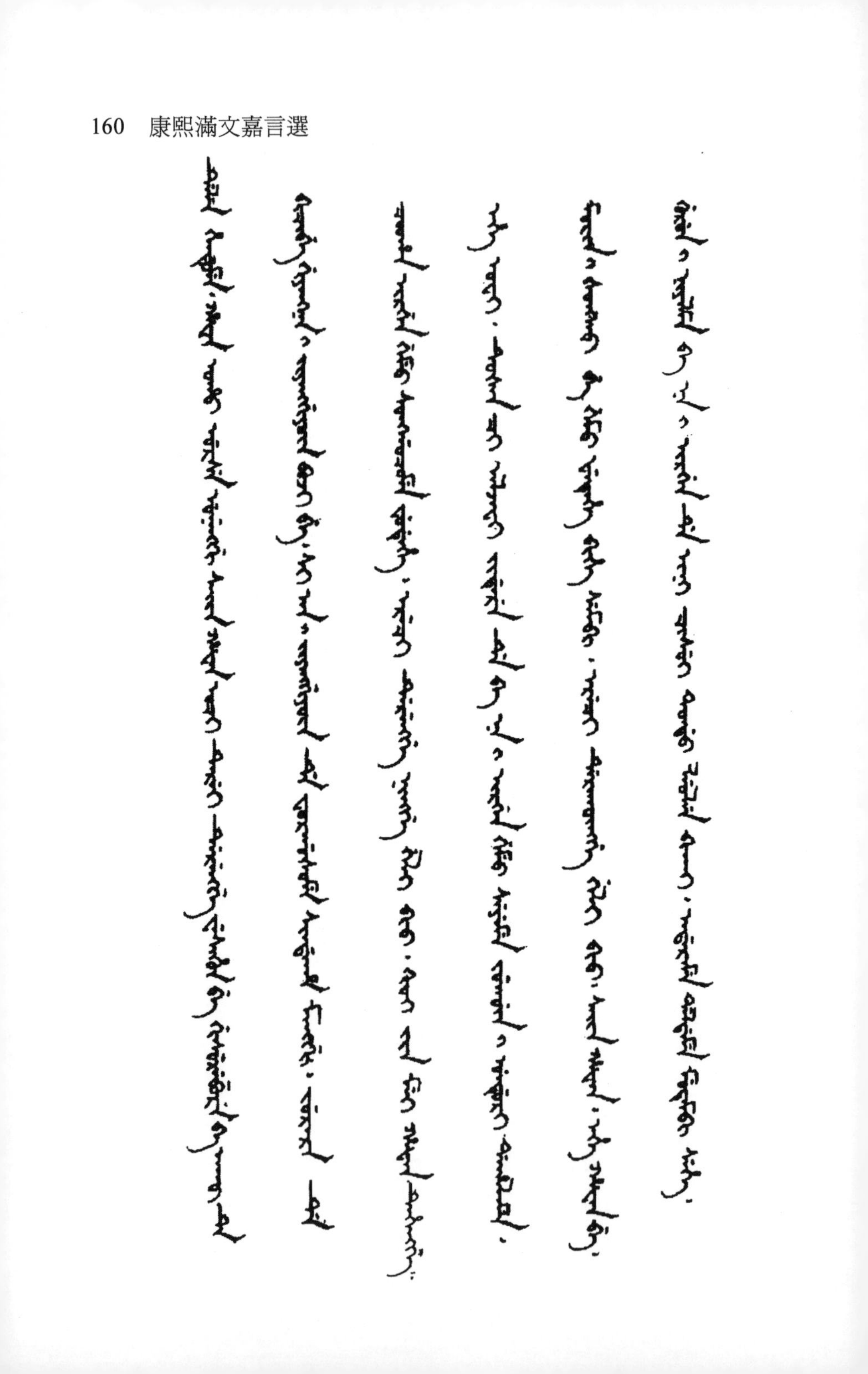

# 七十、百姓切齒

dele hendume, hafan oho urse unenggi sain hafan oci terei derengge wesihun be gisurebure ba akū, te bicibe giyangnan i jiyanggiyūn boji be, si an i jiyanggiyūn de forgošome sindaha manggi, jurara de cooha irgen gemu songgocome fudehe, ereci derengge ningge geli bio, kioi jin mei hafan tehengge ehe ofi, tušan ci aljafi jidere de ba na i irgen gemu seyeme jugūn i unduri dahalame, morin i songko be gemu fetehe bihe sembi, ereci derakūngge geli bio, sain hafan, ehe hafan be, gurun i niyalma, ba na i irgen de ini cisui tondo leolen bikai, adarame daldame mutembi sehe.

---

上曰：居官者，果爲好官，其光榮不待言矣！即如江寧將軍博濟，調補西安將軍，起程之日，兵民泣送，豈有如此光榮者乎？屈靖美居官不善，故離任之時，地方百姓，皆爲切齒，沿途追隨，掘去馬跡，豈有如此恥辱者乎？居官善否？舉朝之人，地方百姓，自有公論，焉能掩飾哉？！

---

上曰：居官者，果为好官，其光荣不待言矣！即如江宁将军博济，调补西安将军，起程之日，兵民泣送，岂有如此光荣者乎？屈靖美居官不善，故离任之时，地方百姓，皆为切齿，沿途追随，掘去马迹，岂有如此耻辱者乎？居官善否？举朝之人，地方百姓，自有公论，焉能掩饰哉？！

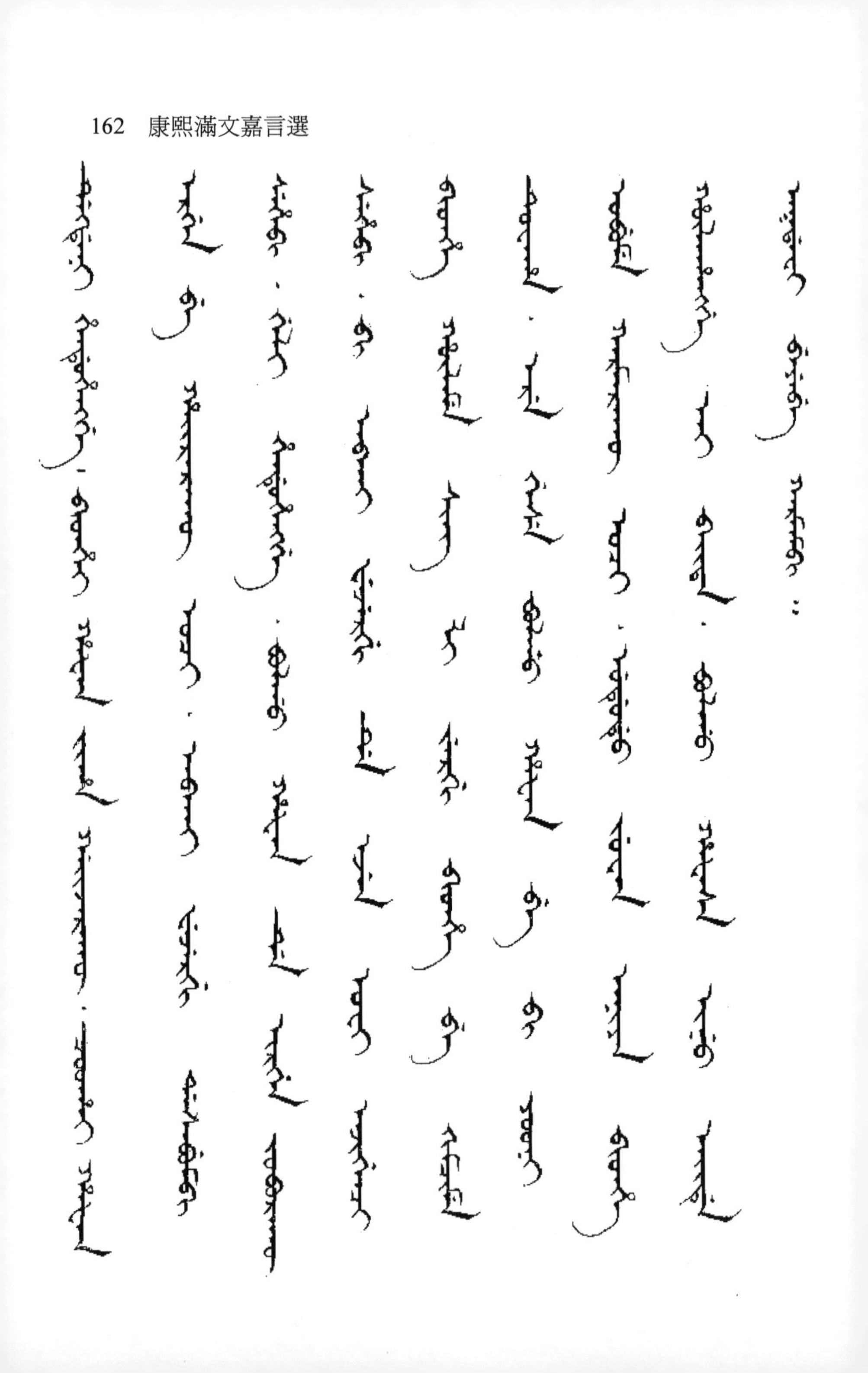

[illegible]

# 七十一、保全清官

dekdeni henduhengge, bithei hafan jiha gaijarakū, coohai hafan ergen be hairarakū oci, abkai fejergi dasabumbi sehebi, geli henduhengge, bolgo hafan de irgen joborakū sehebi, bi abkai fejergi de ejen ofi ajigenci bithe hūlame sing li jergi bithe be kimcime tuwaha, ere gese bolgo hafan be bi yooni obume karmarakū oci, ududu juwan aniya bithe hūlahangge ai baita, bolgo hafasa inu aide akdafi beyebe karmambi.

---

語云：「文官不要錢，武官不惜命，然後天下乂安。」又云：「清官不累民。朕爲天下主，自幼讀書，研究性理，如此等清官朕不爲保全，則讀書數十年何益？而凡爲清官者，亦何所倚恃以自安乎？」

---

语云：「文官不要钱，武官不惜命，然后天下乂安。」又云：「清官不累民。朕为天下主，自幼读书，研究性理，如此等清官朕不为保全，则读书数十年何益？而凡为清官者，亦何所倚恃以自安乎？」

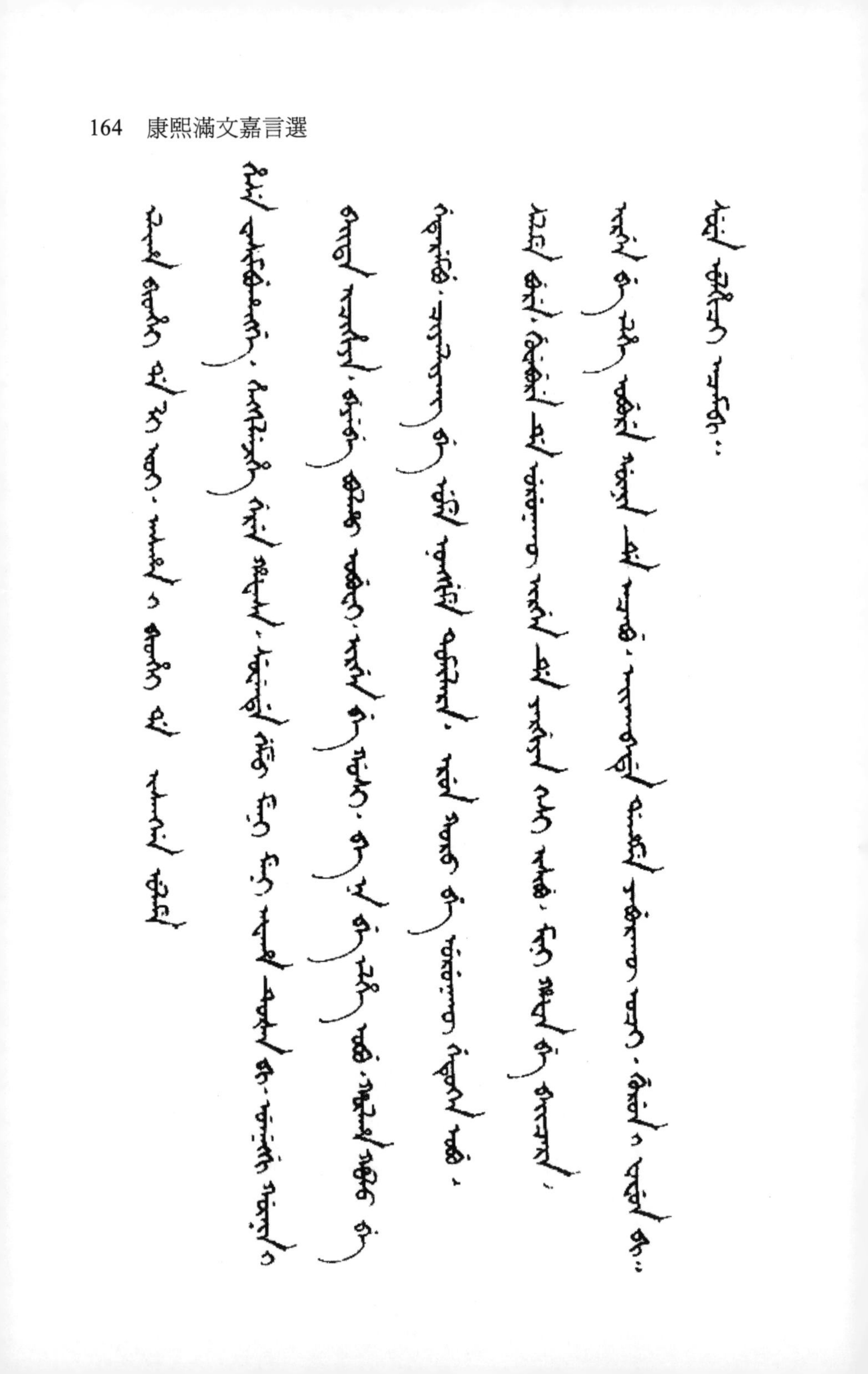

# 七十二、潔己愛民

aliha bithei da li ioi, ashan i bithei da isangga ulame hese wasimbuhangge, hengkilenjihe geren hafasa, suwende gemu meni meni afaha tušan bi, unenggi gūnin i baita icihiya, beyebe bolho obufi, irgen be gosi, ba na be elhe obu, hūlha holo be geterembu, ciyanliyang be ume nonggime tomilara, erun koro be urunakū getuken obu, salame bure, guwebure de urunakū irgen de yargiyan kesi isibu, mini hafan be baicara, irgen be elhe, obure gūnin de acabu, aikabade dahame yaburakū oci, gurun i fafun bi, suwe ulhici acambi.

---

大學士李霨、學士伊桑阿傳上諭：朝覲官員，各有職掌，俱宜實心任事，潔己愛民，安輯地方，消弭盜賊，錢糧不得加派，刑名務期明允，賑濟蠲免，必使民沾實惠，以副朕察吏安民之意，如不遵行，國法具在，爾等悉知欽哉。

---

大学士李霨、学士伊桑阿传上谕：朝觐官员，各有职掌，俱宜实心任事，洁己爱民，安辑地方，消弭盗贼，钱粮不得加派，刑名务期明允，赈济蠲免，必使民沾实惠，以副朕察吏安民之意，如不遵行，国法具在，尔等悉知钦哉。

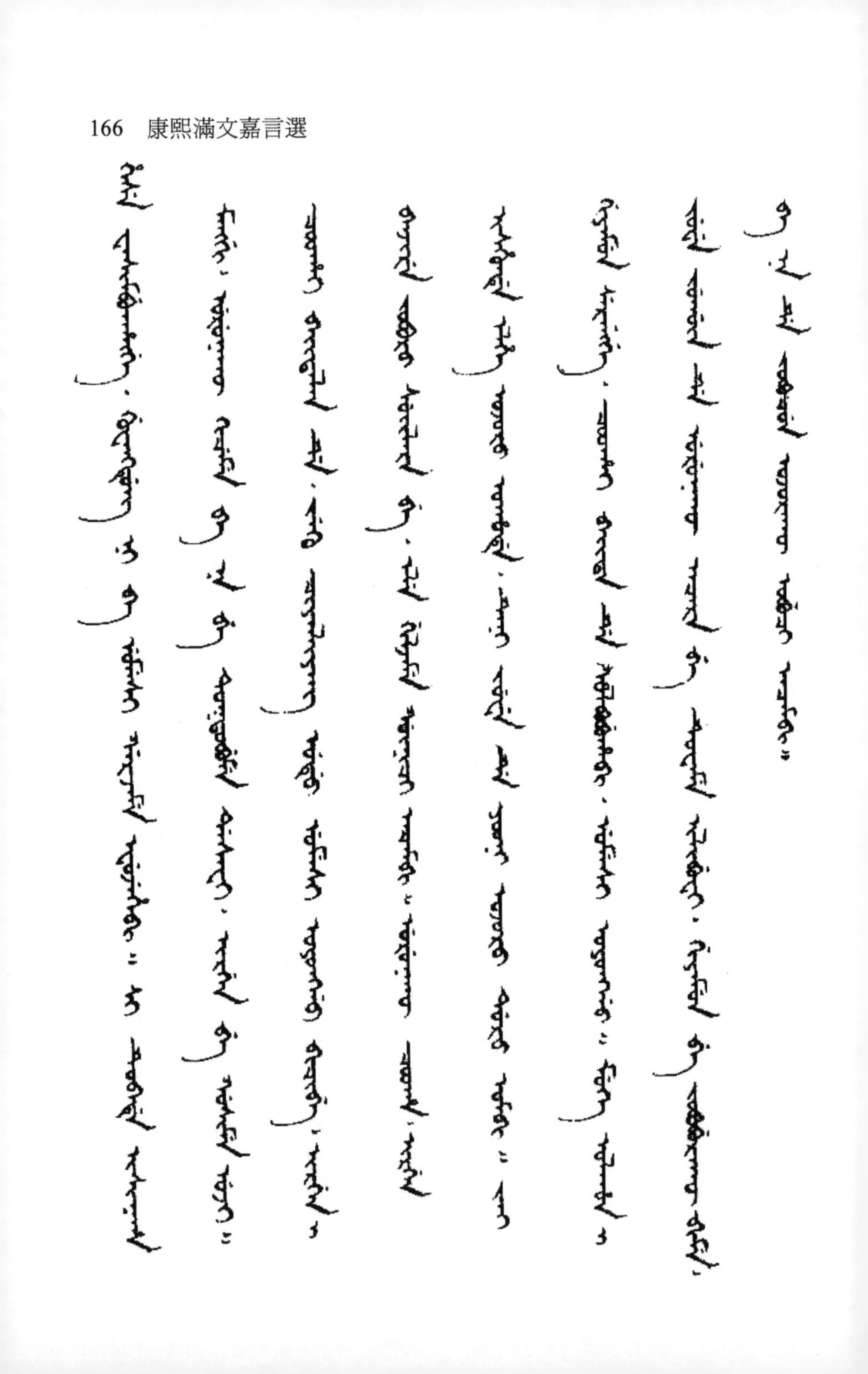

# 七十三、惠養百姓

hese wasimbuhangge, guwangdung ni ba umesi garjame efujehebi. si tubade isinaha manggi, urunakū kiceme ba na be toktobume dasafi, irgen be gosime uji. coohai baitalan de, jeku ciyanliyang udu umesi oyonggo bicibe, irgen i banjire joboro suilara be, ele giljame gūnici acambi. urunakū cooha、irgen ishunde elhe ojoro ohode, teni juwe de yooni ojoro doro ombi. jai giyamun serengge, coohai baita de holbobuhabi, umesi oyonggo. muke olhon i juwe jugūn de urunakū acara be tuwame ilibufi, giyamun be joboburakū bime, ba na de jobocun ojorakū obuci acambi.

———

諭曰：廣東地方殘破已極，爾至彼處，務加意撫綏，保靖巖疆，惠養百姓，軍中糧餉，固屬急需，而民生疾苦尤宜體恤，必令兵民相安，方爲兩全之道。至驛遞關係軍機，最屬緊要，水陸兩路，務須安置得宜，毋致騷擾驛站，貽累地方。

———

谕曰：广东地方残破已极，尔至彼处，务加意抚绥，保靖岩疆，惠养百姓，军中粮饷，固属急需，而民生疾苦尤宜体恤，必令兵民相安，方为两全之道。至驿递关系军机，最属紧要，水陆两路，务须安置得宜，毋致骚扰驿站，贻累地方。

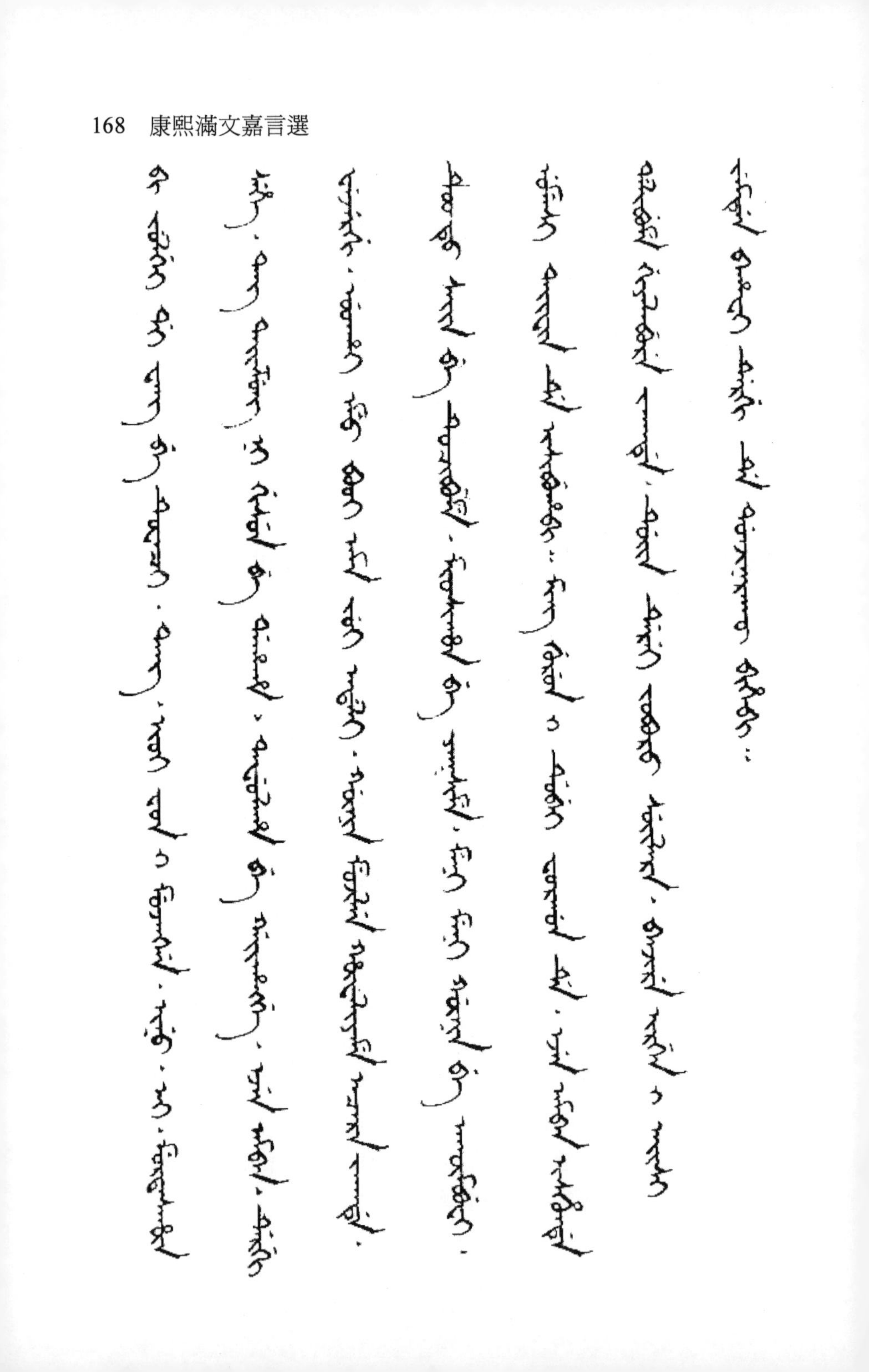

# 七十四、都俞吁咈

bi julgei di wang be tuwaci, tang ioi fon i mujangga, inu, ai, murtashūn sehe, tang taidzung ni gisun be dahaha, tafulaha be gaihangge, ejen amban dergi fejergi, uthai emu booi ama jui adali, gūnin mujilen hūwaliyame acara jakade, tuttu sain be tucibume, miosihon be yaksime, meni meni gūnin be akūmbufi, umesi taifin de isibuhabi. ming gurun i dubei forgon de, ejen amban ishunde dalibume giyalabure jakade, duin derei joboro suilara, banjire irgen i aisi jemden bahafi dergi de donjinarakū bihebi.

---

朕觀古來帝王如唐虞之都俞吁咈，唐太宗之聽言納諫。君臣上下如家人父子，情誼浹洽，故能陳善閉邪，各盡所懷，登於至治。明朝末世，君臣隔越，以致四方疾苦，生民利弊，無由上聞。

---

朕观古来帝王如唐虞之都喻吁咈，唐太宗之听言纳谏。君臣上下如家人父子，情谊浃洽，故能陈善闭邪，各尽所怀，登于至治。明朝末世，君臣隔越，以致四方疾苦，生民利弊，无由上闻。

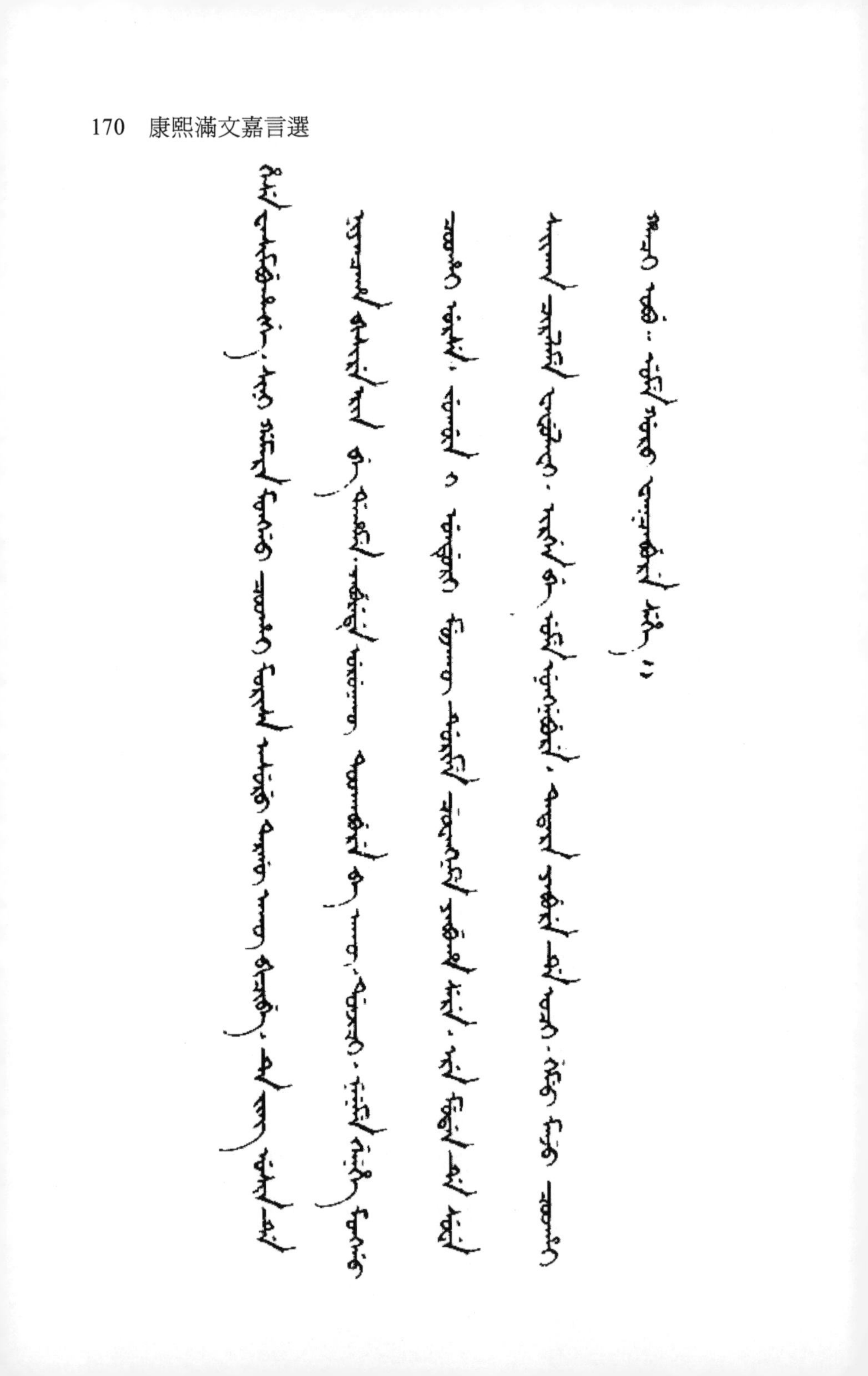

[illegible]

# 七十五、蒙古兵丁

hese wasimbuhangge, sini gamara monggo coohai morisa asuru targū akū bicibe, te jing usin de niyancaha bisire erin be dahame, yaburede urunakū tookabure ba akū, donjici, neneme genehe monggo coohai urse, jugūn i unduri mujakū durime cuwangname yabuha sere, ere mudan de suwe saikan ciralame fafulafi, irgen be ume nungnebure, tatara yabure de oci, gemu manju coohai hanci obu. ume goro fakcabure sehe.

---

諭曰：爾所率蒙古兵丁馬匹，雖不甚肥健，今野多青草，師行必不致悞。聞前往蒙古兵率沿途頗行擾掠，此行爾其加意嚴禁，毋得侵奪民物。凡行軍駐營，俱令與滿洲兵馬相近，勿得遠離。

---

谕曰：尔所率蒙古兵丁马匹，虽不甚肥健，今野多青草，师行必不致悞。闻前往蒙古兵率沿途颇行扰掠，此行尔其加意严禁，毋得侵夺民物。凡行军驻营，俱令与满洲兵马相近，勿得远离。

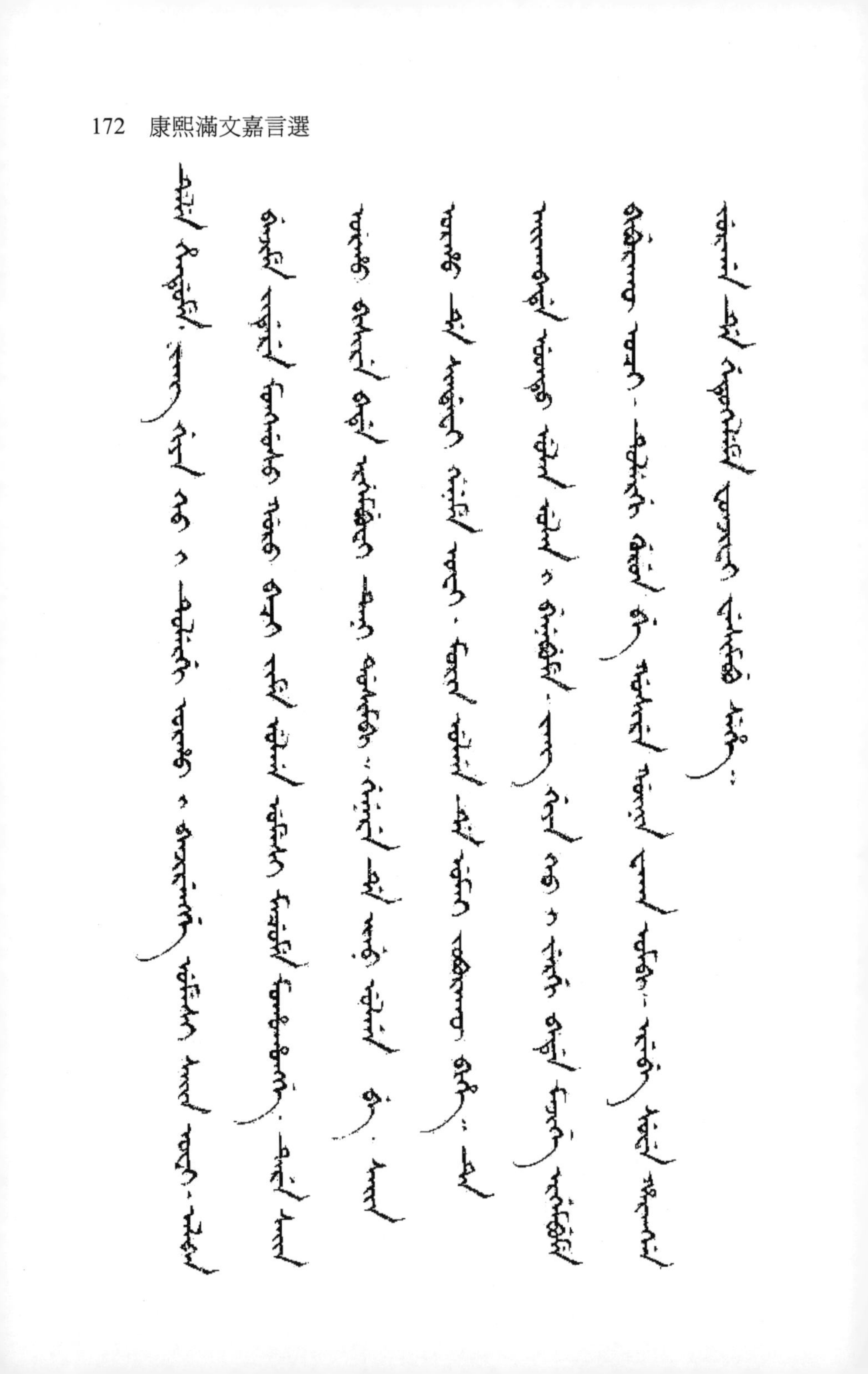

[illegible]

[illegible]

[illegible]

[illegible]

[illegible]

[illegible]

[illegible]

# 七十六、口外青草

dele hendume, jang giya keo i tulergi orho i banjirengge umesi sain ofi, alban benjime jidere monggoso goro baci jime ulga umesi macume mohongge, tere sain orho bisire bade ergembufi teni dosimbi. genere de inu ulga be sain orho de sindafi geneme ofi, morin ulga de umai joborakū bihe. te aikabade uttu ulan ulan i benebume, jang giya keo i jergi bade majige ergembume biburakū oci, tulergi gurun be gosire gūnin waka ombi. erebe suwe harangga jurgan de getukeleme fonjifi wesimbu sehe.

---

上曰：張家口外生草甚蕃，故進貢蒙古遠涉而來，牲畜疲乏，于此等好草處歇息方進去時，亦將牲畜放青方去，所以牲畜無虞，今若如此遞送，不令于張家口等地方少息，非懷柔外藩之意，爾等詳問該部啓奏。

---

上曰：张家口外生草甚蕃，故进贡蒙古远涉而来，牲畜疲乏，于此等好草处歇息方进去时，亦将牲畜放青方去，所以牲畜无虞，今若如此递送，不令于张家口等地方少息，非怀柔外藩之意，尔等详问该部启奏。

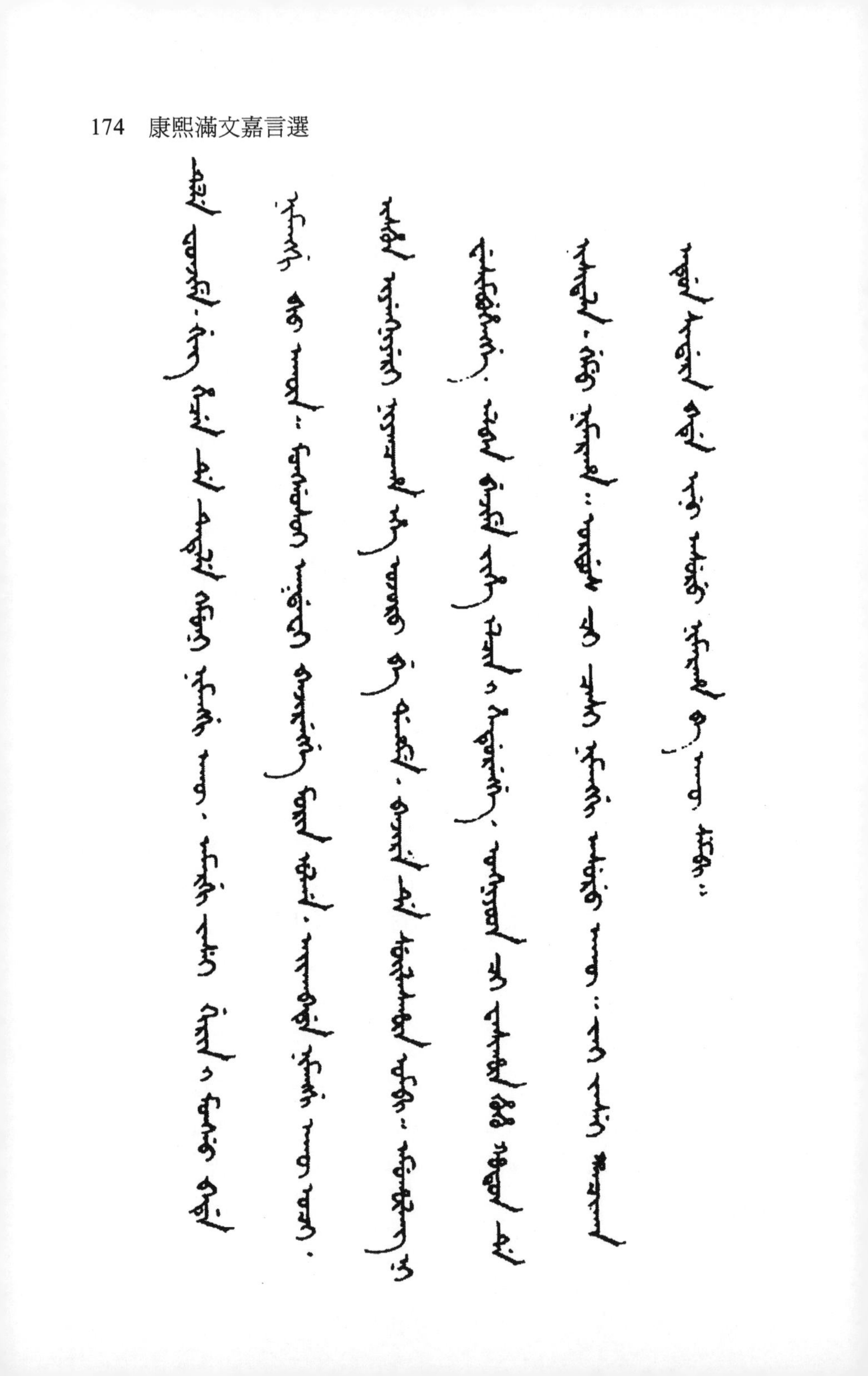

# 七十七、蒙古生計

dele fonjime, ging hecen de tetele kemuni nimaggi akū, amargi jasei girin i monggo bade nimanggi bio akūn. monggosoi akdafi banjirengge morin ulga, aikabade nimanggi akū oci, ishun niyengniyeri niyancaha ehe ojoro be dahame, benjire de suilashūn ombi. amuhūlang ni wesimbuhengge, alban benjime jihe elcin i hendurengge, ongniyot ci wasihūn huhu hoton de isitala, gemu nimaraha. ordos ci casi nimanggi asuru akū. jai jasei hancikan adun sindara bade inu asuru nimaraha ba akū sembi.

---

上問曰：京城至今無雪，北邊一帶蒙古地方曾有雪否？蒙古所恃以生者馬畜，若無雪則來春青草不茂，便覺生計困乏。阿木瑚朗奏曰：據進貢來使云：翁牛忒部落以西至歸化城，皆已得雪，鄂爾多斯部落迤北雪尚少。我近邊牧馬之地，雪亦不多。

---

上问曰：京城至今无雪，北边一带蒙古地方曾有雪否？蒙古所恃以生者马畜，若无雪则来春青草不茂，便觉生计困乏。阿木瑚朗奏曰：据进贡来使云：翁牛忒部落以西至归化城，皆已得雪，鄂尔多斯部落迤北雪尚少。我近边牧马之地，雪亦不多。

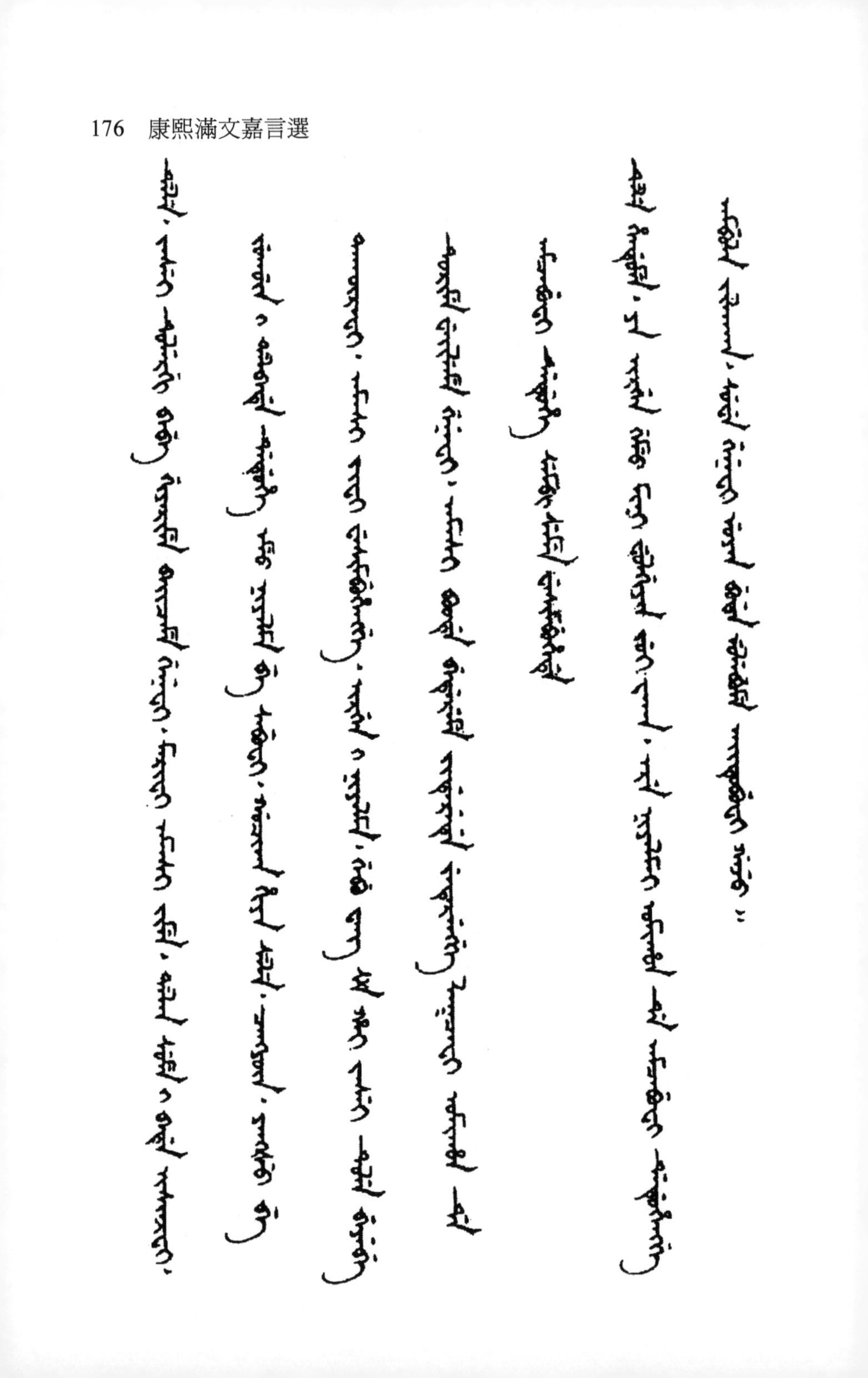

# 七十八、饑餒僵臥

dele. jasei tulergi babe giyarime baicame genefi, marifi amasi jime, dalan sume i bade isinjifi, jugūn i dalbade deduhe emu niyalma be sabufi, gocika hiya sele. cangyūn, yangšu be takūrafi, amasi jifi wesimbuhengge, irgen i niyalma, gebu wang sy hai jasei tule beyebe turime weileme genefi, amasi boode bedereme jiderede jeterengge lakcafi omihon de amcabufi deduhe sembi seme wesimbuhede dele hendume, ya irgen gemu mini fulgiyan jui waka, ere niyalmai omihon de amcabufi deduhengge ambula jilakan, suwe genefi uyan buda ulebubume aitubufi gaju.

---

上自邊外巡狩還，行至達蘭蘇墨地方，見一人臥道旁，隨遣侍衛塞勒、常雲、楊書往視之。回奏言，民人王四海從邊外傭工還家，因食盡饑餒臥不能起。上曰：誰非朕赤子者，此人饑餒僵臥，深爲可憫，爾等往噉以粥救之甦，可攜以來。

---

上自边外巡狩还，行至达兰苏墨地方，见一人卧道旁，随遣侍卫塞勒、常云、杨书往视之。回奏言，民人王四海从边外佣工还家，因食尽饥馁卧不能起。上曰：谁非朕赤子者，此人饥馁僵卧，深为可悯，尔等往噉以粥救之苏，可携以来。

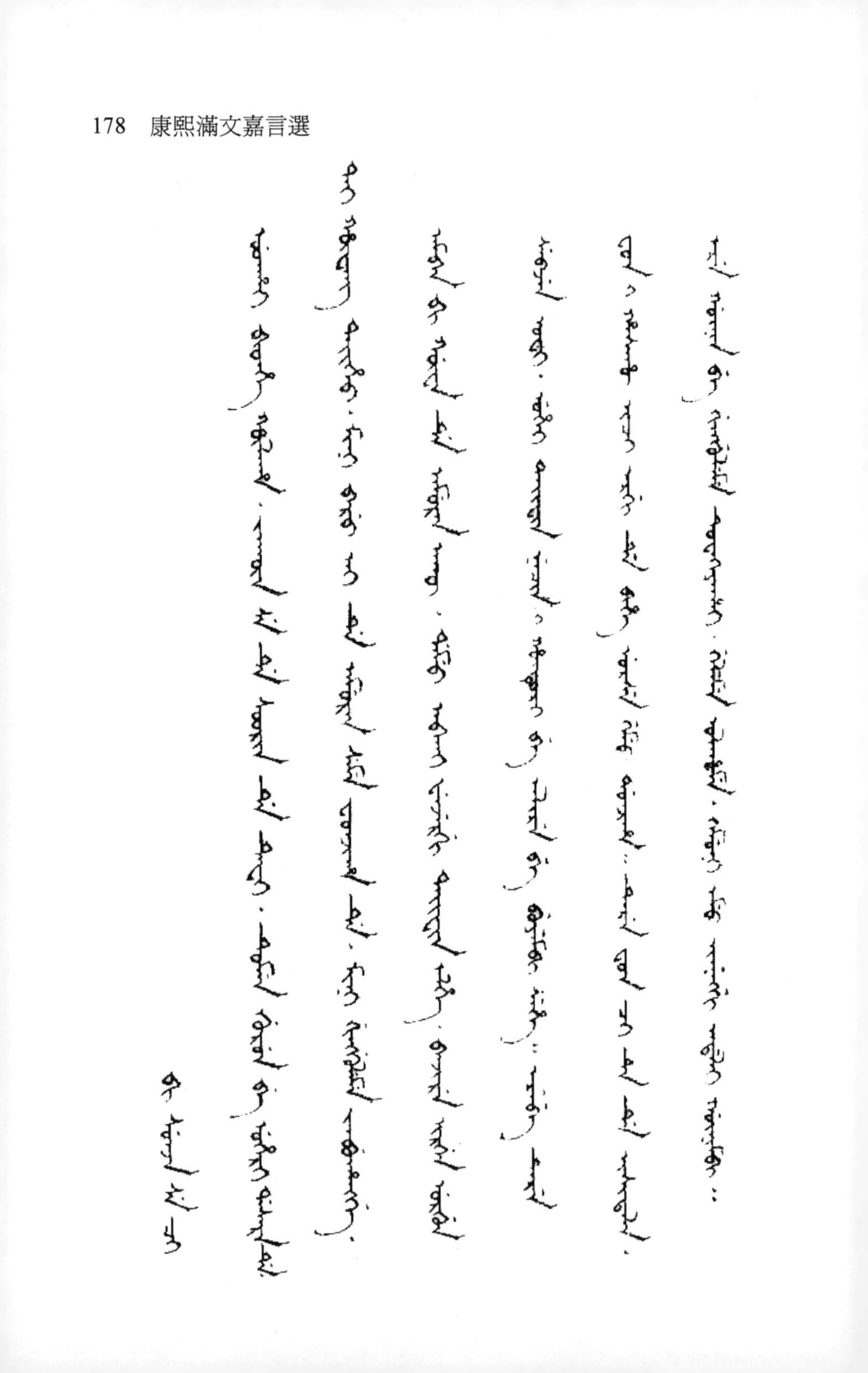

# 七十九、生民樂業

bi sunja se ci uthai bithe hūlaha, jakūn se de soorin de tefi, tumen gurun be uheri dasara de, tai hūwang taiheo, mini baru ai de amuran seme fonjiha de, mini gingguleme jabuhangge, amban bi gūwa de amuran akū, damu abkai fejergi taifin elhe, banjire irgen urgun sebjen ofi, uhei taifin necin i hūturi be alire be buyembi sehe. erebe tere fon i hashū ici ergi de bihe urse gemu donjiha. tere fon ci te de isitala, ere gūnin be gingguleme tuwakiyahai geleme olhome, kemuni emu inenggi. adali gūnimbi.

---

朕自五齡即知讀書，八齡踐阼，統莅萬方。太皇太后嘗問朕何欲？朕敬對曰：臣無他欲，惟願天下乂安，生民樂業，共享太平之福而已。當時左右實共聞之，自茲迄今，謹持此心，兢兢業業，恆如一日。

---

朕自五龄即知读书，八龄践阼，统莅万方。太皇太后尝问朕何欲？朕敬对曰：臣无他欲，惟愿天下乂安，生民乐业，共享太平之福而已。当时左右实共闻之，自兹迄今，谨持此心，兢兢业业，恒如一日。

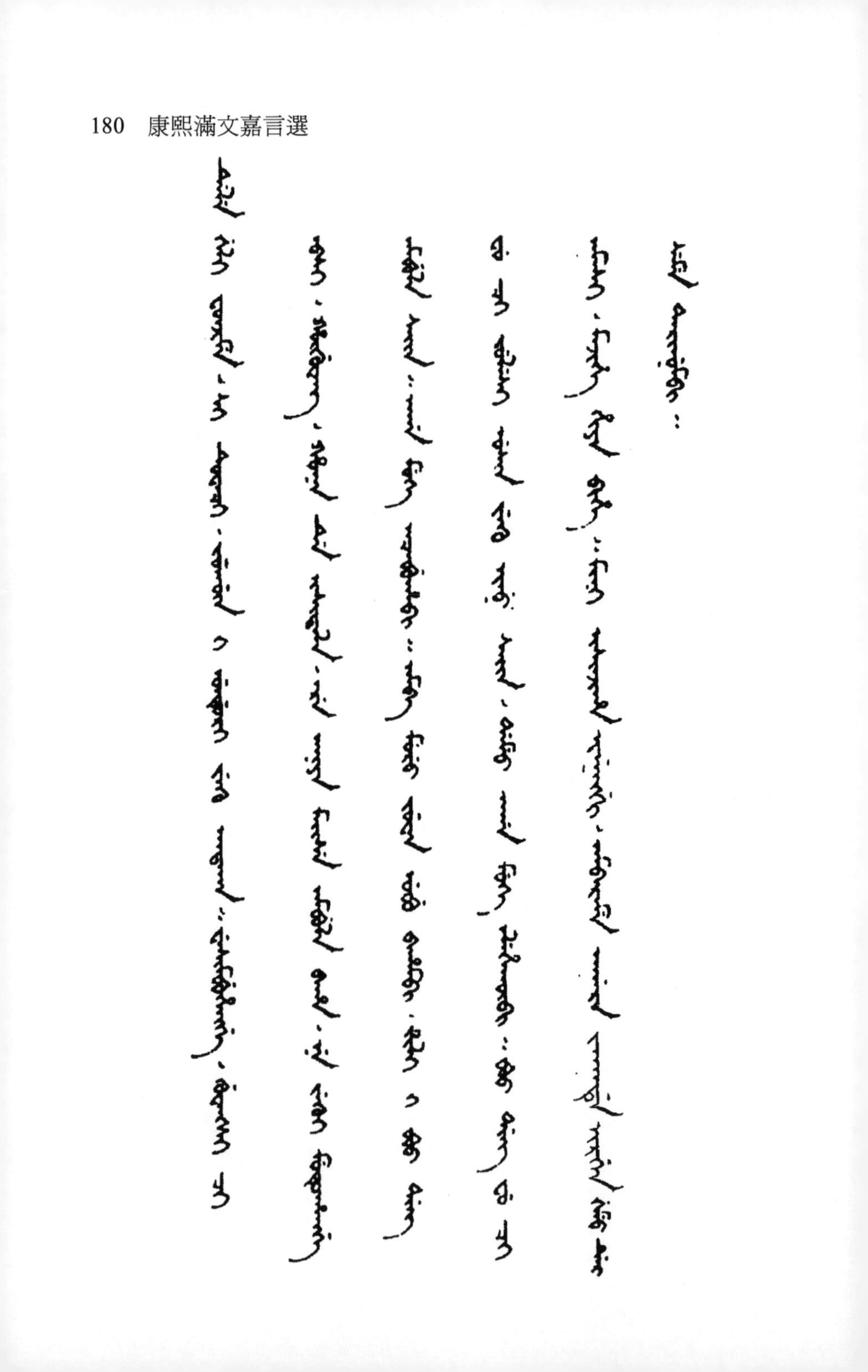

[illegible]
[illegible]
[illegible]
[illegible]
[illegible]
[illegible]

# 八十、雨澤及時

dele geli fonjime, si tuwaci, jugūn i unduri jeku antaka. wesimbuhengge, guwangsi ci ebsi, hūguwang. honan de isitala, ere aniya maise ambula baha, ne jekui mutuhangge ambula sain. aga muke acabuhabi. amba muru juwan ubu bahambi, jyli i boo ding fu ci julesi usin jeku inu sain, damu aga muke elehekūbi. boo ding fu ci amasi, majige hiya bihe. mini isinjiha inenggi, ambarame agara jakade irgen gemu der seme tarinumbi.

---

上又問爾觀沿途田禾何如？奏曰：自廣西至湖廣、河南今歲麥收甚多，目下田禾極盛，雨澤及時，大抵可十分收穫，直隸保定府以南田禾亦佳，但雨水未足，保定府以北，微有旱災，臣到時已得大雨，農民俱并力耕種。

---

上又问尔观沿途田禾何如？奏曰：自广西至湖广、河南今岁麦收甚多，目下田禾极盛，雨泽及时，大抵可十分收获，直隶保定府以南田禾亦佳，但雨水未足，保定府以北，微有旱灾，臣到时已得大雨，農民俱并力耕種。

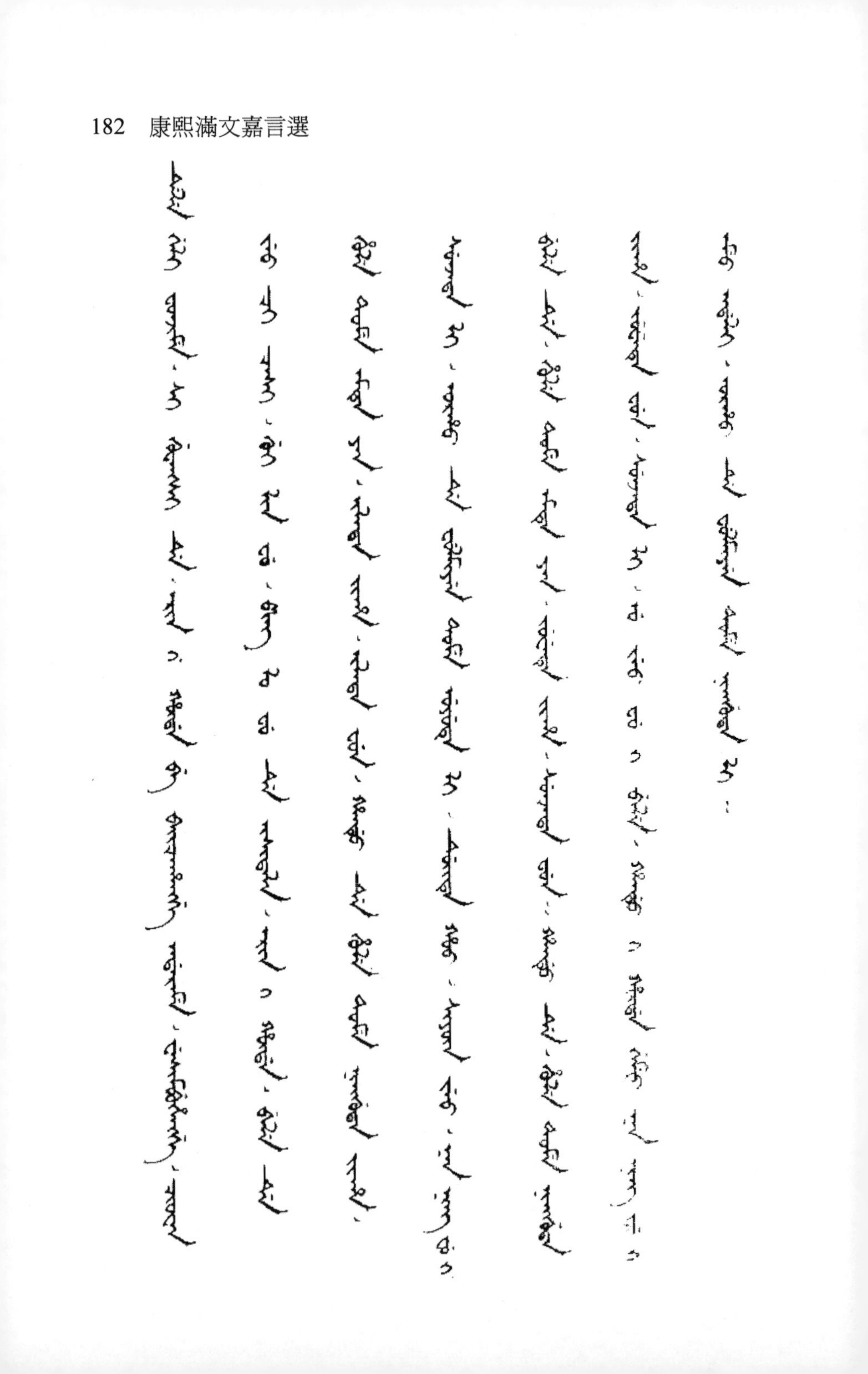

[illegible]

# 八十一、廣西時價

dele geli fonjime, si guwangsi de, erin i hūda be baicahangge adarame, wesimbuhengge, ciowan jeo ci casi, gui lin fu, ping lo fu de isitala, erin i hūda, bele de hule tome emte yan, ilata jiha, ilata fun, handu de hule tome ningguta jiha, sunjata li, orho de fulmiyen tome uyute li, duite hoo, siyūn jeo, nan ning fu i bele de, hule tome emte yan, juwete jiha, sunjata fun. handu de, hule tome ningguta jiha, juwete fun, sunjata li, u jeo fu i bele, handu i hūda gemu nan ning fu i emu adali, orho de fulmiyen tome ningguta li.

---

上又問爾所查廣西時價如何？奏曰：自全州至桂林、平樂時價，米每石一兩三錢三分，稻每石六錢至五厘，草每束九厘四毫，潯州、南寧府米每石一兩二錢五分，稻每石六錢二分五厘，梧州府米稻價值，與南寧府同，草每束六厘。

---

上又问尔所查广西时价如何？奏曰：自全州至桂林、平乐时价，米每石一两三钱三分，稻每石六钱至五厘，草每束九厘四毫，浔州、南宁府米每石一两二钱五分，稻每石六钱二分五厘，梧州府米稻价值，与南宁府同，草每束六厘。

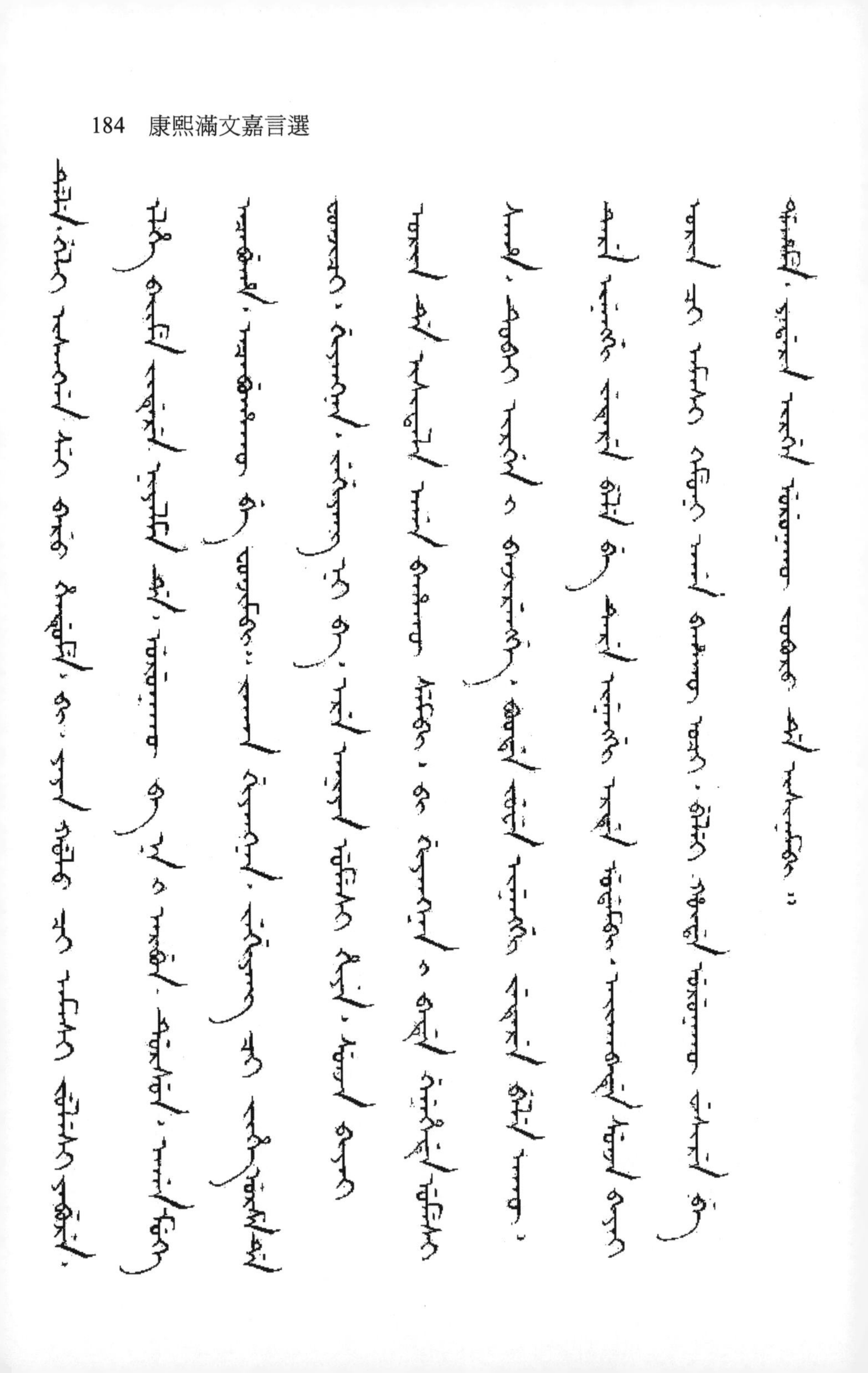

# 八十二、江浙民生

dele, geli isangga sei baru hendume, bi, yaya golo ci amasi julesi yabure, elhe baime jidere niyalma de, urunakū ba na i arbun dursun, aga muke acabuha, acabuhakū be fonjimbi. jakan giyangnan, jegiyang ci jihe urse de fonjici, giyangnan、jegiyang ni ba, ere aniya umesi hiya, sunja biyai orin de isitala aga bahakū sembi, bi giyangnan i bade genehede umesi saha, tubai irgen i banjirengge, boode juwe inenggi jetere bele akū, tere inenggi jetere bele be tere inenggi erde udambi, aikabade sunja biyai orin ci amasi kemuni aga bahakū oci, belei hūda urunakū wesire be dahame, yadara irgen urunakū joboro de isinambi.

---

上又謂伊桑阿等曰：朕每見各省往來及請安之人，必問地方情形，雨水沾足與否？前問自江南浙江來人云，江浙地方，今歲甚旱，至五月二十日，尚未得雨。朕幸江南，深知彼處民生，家無二日之儲，所食之粟，每日糴買。若五月以後仍不得雨，則米價騰貴，窮民必至困苦。

---

上又谓伊桑阿等曰：朕每见各省往来及请安之人，必问地方情形，雨水沾足与否？前问自江南浙江来人云，江浙地方，今岁甚旱，至五月二十日，尚未得雨。朕幸江南，深知彼处民生，家无二日之储，所食之粟，每日籴买。若五月以后仍不得雨，则米价腾贵，穷民必至困苦。

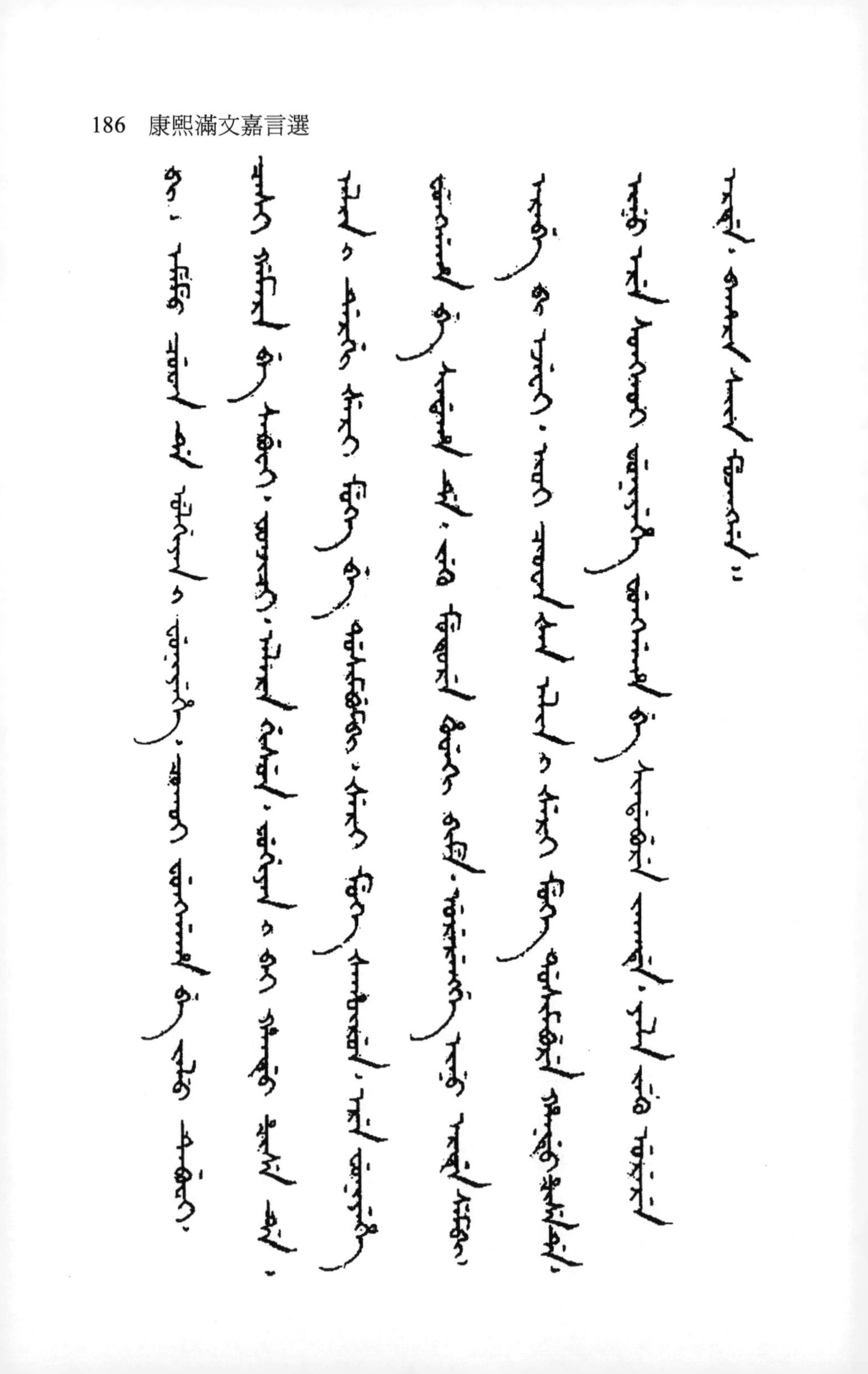

# 八十三、豬毛雞毛

bi, ememu cuwan de ulgiyan i funiyehe, cokoi funggaha be jalu tebufi, casi gamara be sabufi, fonjici, alara gisun, fugiyan i bai handu cyse de, alin i dergi šeri muke be dosimbumbi, šeri muke šahūrun, ere funiyehe funggaha be sindaha, jeku muture huweki bime, urerengge inu erde sembi, erebe bi ejefi, ioi ciowan šan alin i šeri muke dosimbure handu cyse de, inu ere songkoi funiyehe funggaha be sindabure jakade, yala jeku urere erde, bahara sain mujangga.

---

朕又見舟中滿載豬毛雞毛，問其故，則曰：福建地方，稻田以山泉灌之，泉水寒涼，用此則禾苗茂盛，而亦早熟。朕記此言，將玉泉山泉水所灌之稻田，亦照此法，果禾苗早熟，而豐收。

---

朕又见舟中满载猪毛鸡毛，问其故，则曰：福建地方，稻田以山泉灌之，泉水寒凉，用此则禾苗茂盛，而亦早熟。朕记此言，将玉泉山泉水所灌之稻田，亦照此法，果禾苗早熟，而丰收。

ᡨᡠᠸᠠᠴᡳ ᠪᠠᡳᡨᠠ ᠰᠠᡳᠨ ᠪᡳᠴᡳ᠈ ᡝᡵᡝ ᡳᠯᠠᠨ ᡤᡡᠨᡳᠨ ᠪᡝ ᠪᠠᡥᠠᠴᡳ ᠰᠠᡳᠨ᠈ ᡝᠮᡠ ᠮᡠᠵᡳᠯᡝᠨ ᡳ ᡤᡡᠨᡳᠨ
ᠰᠠᡳᠰᡳᡥᠠᠯᠠᠨ ᠪᡝ ᠪᠠᡥᠠᡵᠠᡴᡡ ᠪᡳᠴᡳ᠈ ᠵᡠᡵᡤᠠᠨ ᡤᡝᠮᡠ ᡨᡠᠸᠠᡵᠠ ᠰᡝᡵᡝᠩᡤᡝ᠈ ᡨᡠᠰᡳᡵᡝ ᠪᡝ ᠪᠠᡥᠠᡵᠠᡴᡡ᠈ ᡝᡵᡝ ᠠᡴᡡ᠈ ᠠᠮᠪᠠ ᠠᡴᡡ ᠪᡳᠴᡳ
ᠵᡠᡵᡤᠠᠨ ᡳᠯᡳᠪᡠᡵᡝ ᡩᡝ᠈ ᠰᡝᠮᡝ ᡤᡝᠮᡠ ᡳ ᡠᡥᡝᡵᡳ ᠪᠠᡳᡨᠠ ᡩᡝ ᠪᡳ᠈ ᠮᡠᠵᡳᠯᡝᠨ ᡤᠠᠮᠠᡴᡡ
ᠵᡠᡵᡤᠠᠨ ᡳ ᡤᡡᠨᡳᠨ ᡩᡝ᠈ ᡥᠠᠯᡳ ᠪᡳᠴᡳ ᡤᡡᠨᡳᡥᠠᡴᡡ ᡤᡝᠮᡠ ᡝᡵᡝ ᠪᡳ᠈ ᡳᠯᡳᠪᡠᡵᡝ ᡩᡝ ᠪᡳ
ᡩᡝ᠈ ᠰᠠᠮᠠᡴᡡ᠈ ᡤᡡᠨᡳᠨ ᡳᠯᡳᠪᡠᡵᡝ ᠪᡝ ᠪᠠᡥᠠᠴᡳ᠈ ᡝᡵᡝ ᠪᡳᠴᡳ᠈ ᠠᠮᠪᠠ ᠪᡳ
ᡝᡵᡝ ᡠᡥᡝᡵᡳ ᡩᡝ ᠰᡝᠮᡝ᠈ ᠪᡳᠴᡳ ᡳᠯᡳᠪᡠᡵᡝ᠈ ᡤᡡᠨᡳᠨ ᡥᠠᠯᡳ ᠪᡳ
ᡝᡵᡝ ᡳᠯᡳᠪᡠᡵᡝ ᡩᡝ᠈ ᠪᡳᠴᡳ ᡝᡵᡝ ᡤᡡᠨᡳᡥᠠᡴᡡ ᡳᠯᡳᠪᡠᡵᡝ᠈ ᠠᡴᡡ ᠪᡳ ᡳ ᡤᡡᠨᡳᠨ ᡳᠯᡳ᠈ ᠪᠠᡥᠠᡵᠠ ᠪᡳ
ᠵᡠᡵᡤᠠᠨ ᡳ ᡤᡡᠨᡳᠨ ᡩᡝ ᠪᡳ᠈ ᡝᡵᡝ ᡠᡥᡝᡵᡳ ᡝᠮᡠ ᠪᡳ ᠰᡝᠮᡝ ᡤᡝᠮᡠ
ᠣᠮᠪᡳ ᠰᡝᠮᠪᡳ ::

# 八十四、深耕田隴

dele hendume, usin weilere baita umesi oyonggo, suweni geren ambasa gemu saikan kadalame weilebu, jase tulergi beikuwen be dahame. erin be amcame maise be fulukan tari, usin i irun be šumin obu, kiceme yangsa dabgiya, yangsara de orho i fulehe be ume boihon de gidabure, dahūme arsuci, jeku tookabumbi, fisin tariha de, jeku be tuwara de saikan gojime,baharangge yargiyan i eberi, seriken tariha de suihe tuherengge sain ofi baharangge umesi labdu ombi.

---

上曰：耕種之事，最爲緊要，爾等諸臣善爲經營管理，邊外寒冷，當及時廣播麥種，將田隴深耕，勤謹耘耨，耘時將草根無令土壓，若草種發芽，則有妨田禾，耕種若太稠密，田禾雖覺可觀，所得實少，若稀踈耕種，所垂之穗既好而所得甚多。

---

上曰：耕种之事，最为紧要，尔等诸臣善为经营管理，边外寒冷，当及时广播麦种，将田陇深耕，勤谨耘耨，耘时将草根无令土压，若草种发芽，则有妨田禾，耕种若太稠密，田禾虽觉可观，所得实少，若稀踈耕种，所垂之穗既好而所得甚多。

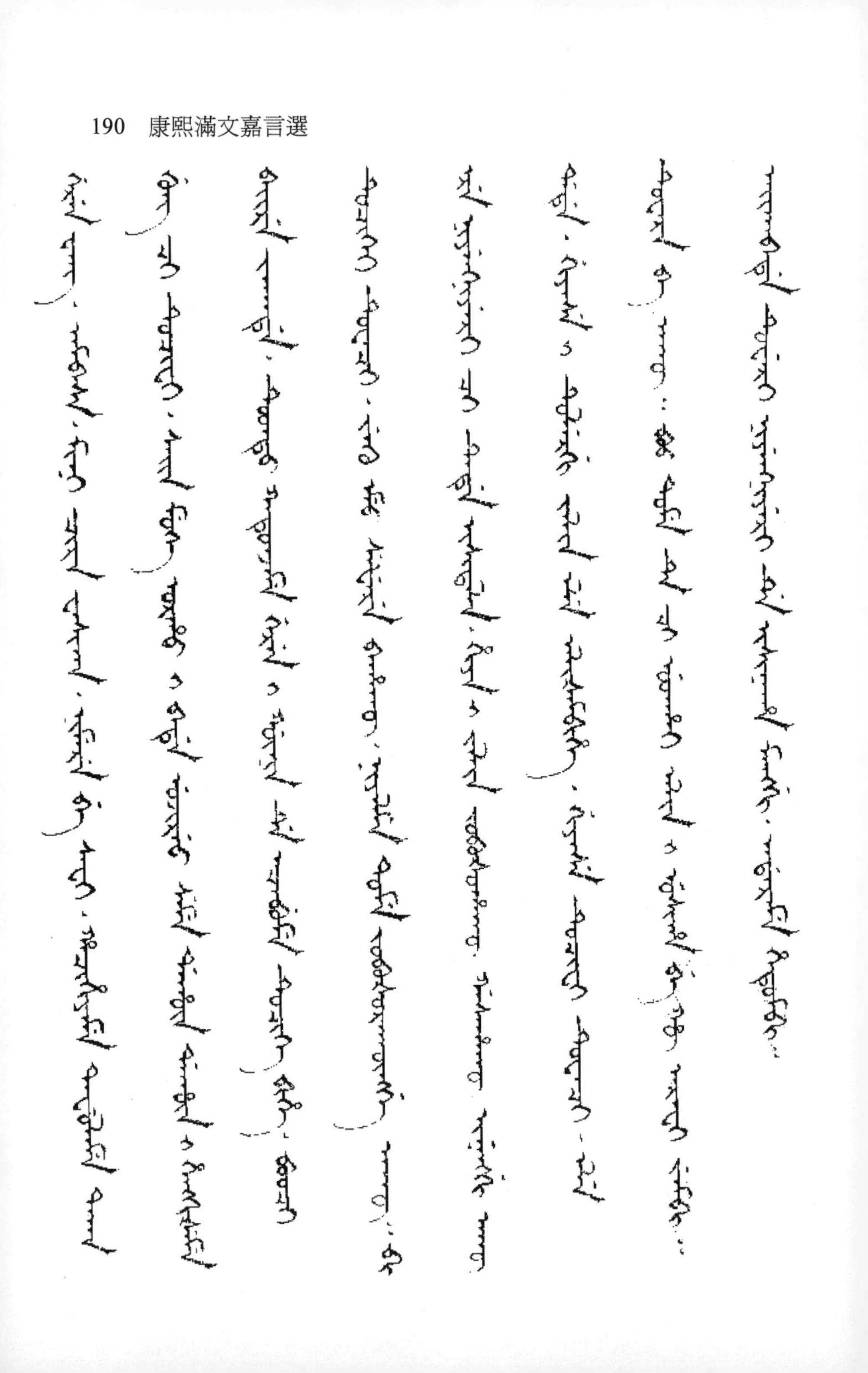

[illegible]

# 八十五、山核桃粥

geren wang, ambasa, mini cira wasika, nimere be safi, hacihiyame tafulame taka gung ci tucifi, sain muke orho i bade ujireo seme dahūn dahūn i hengkišeme baire jakade,tuttu katunjame geren i gūnin de acabume tucike bihe, booci tucikei tuwaci, jeku emu sefere bahakū, niyalma tome jobošorakūngge akū. bi ere niyengniyeri ci tede isitala, hiya i jalin jobošohakū gasahakū inenggi akū dade, giyase i tulergi jalin ele ališambihe, giyase tucifi tuwaci, ele tuwara ba akū. boo tome te ci uthai alin i usiha be hū arafi jembi. aikabade tuweri niyengniyeri de isinaha manggi, adarame hetumbi.

---

諸王大臣見朕清減有病，力勸出宮，於水草佳處，暫憩調養，再三叩請，因勉從眾意以行，自出宮來觀覽，禾稼一束不登，人民無不愁困者。朕自春至今，緣茲旱災，無日不殷憂軫念，而口外尤爲可慮，出口閱視，更不堪寓目，方今比戶即以山核桃作粥而食，若時屆冬春，何以存活？

---

诸王大臣见朕清减有病，力劝出宫，于水草佳处，暂憩调养，再三叩请，因勉从众意以行，自出宫来观览，禾稼一束不登，人民无不愁困者。朕自春至今，缘兹旱灾，无日不殷忧轸念，而口外尤为可虑，出口阅视，更不堪寓目，方今比户即以山核桃作粥而食，若时届冬春，何以存活？

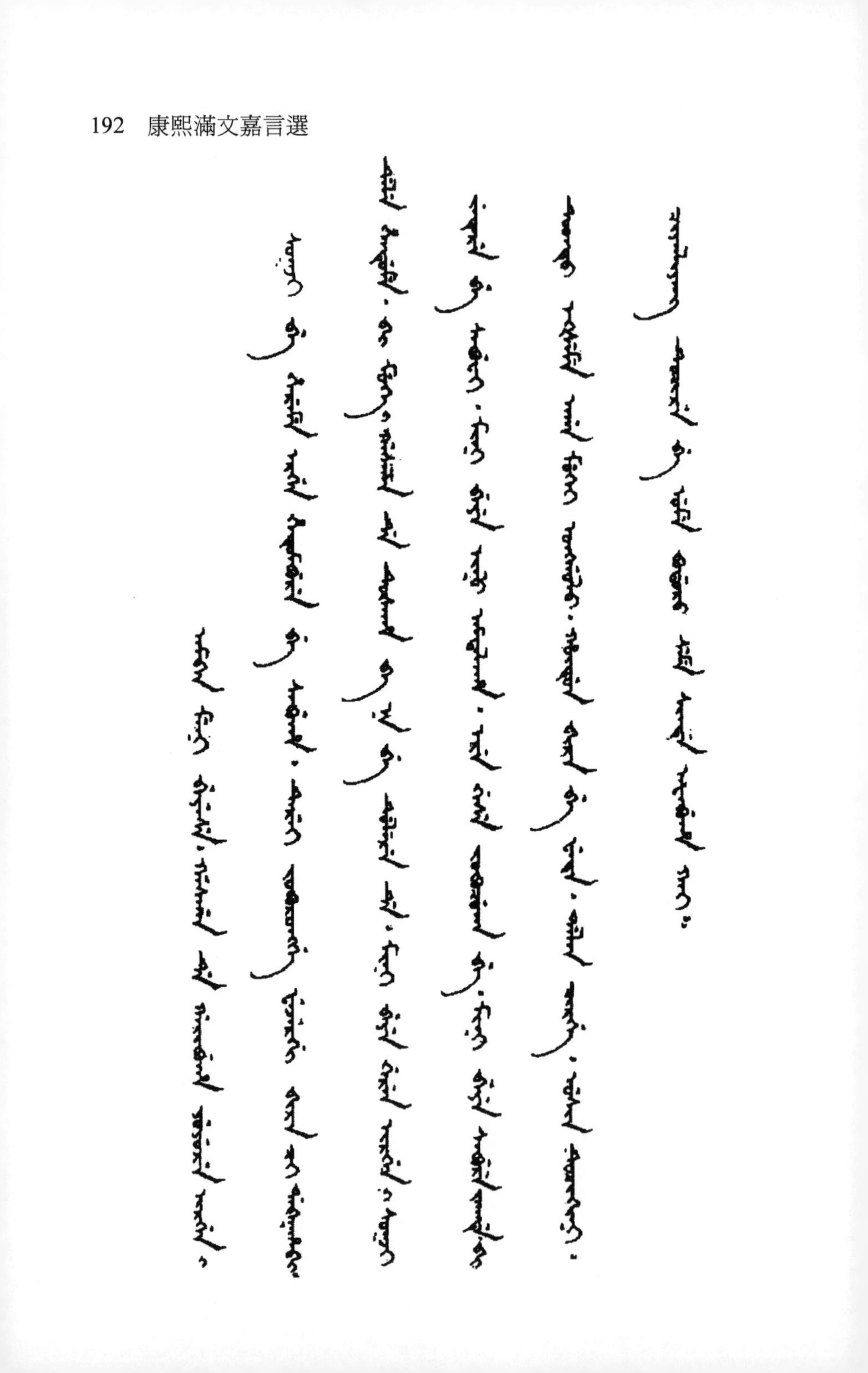

# 八十六、撈食水藻

amban meni beyese, gasaga de gaibuha yuyure irgen i sokji be hereme ergen hetumbure be sabuha, terei joborongge fejergi bira ci dabanahabi, dele hendume, bi muke i gasaga de tušaha ba na be dulere de. mini beye geren irgen i sokji jetere be sabufi, mini beye inu amtalaha, ere gese jobocuka be, mini beye sabure jakade, bi tuttu ekšeme aga mukei onggolo. hūdun bira be fete, dalan cirge, usin tucikini, ciyanliyang tucire be ume bodoro seme sinde afabuha kai.

---

臣等親見被災貧民撈取水藻度命，其苦更甚於下河。上曰：朕經行水災地方，見百姓以水藻爲食，朕亦曾嘗之，如此艱苦，朕所目擊，是以命爾於雨水之前，急行濬河築堤，田畝得耕，不必計惜錢糧也。

---

臣等亲见被灾贫民捞取水藻度命，其苦更甚于下河。上曰：朕经行水灾地方，见百姓以水藻为食，朕亦曾尝之，如此艰苦，朕所目击，是以命尔于雨水之前，急行浚河筑堤，田亩得耕，不必计惜钱粮也。

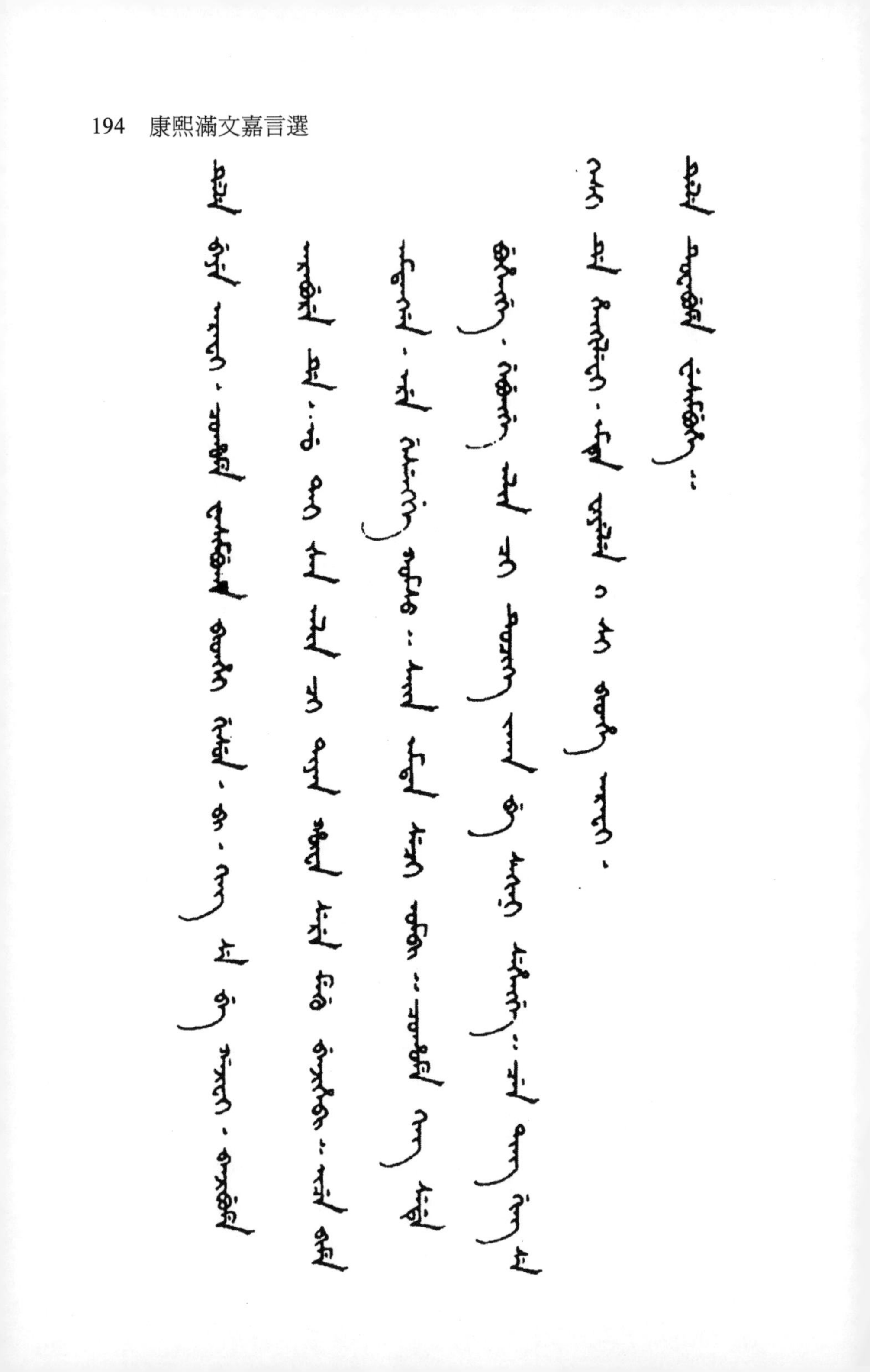

# 八十七、天花蘑菇

dele beye arafi, cohome wasimbuha bithei gisun, bi, king se be gajifi, banjibume arabure de, u tai šan alin ci tiyan hūwa sere megu benjihebi. ice bime amtangga, ere gesengge komso. sain amtan seci ombi. cohome king sede buhengge, gebungge alin ci tucike jaka be sakini sehengge. cen ting ging se kesi de hengkilefi, emte fiyelen i ši bithe arafi, dele tuwabume wesimbuhe.

---

御扎云：朕召卿等編輯，適五臺山貢至天花蘑菇，鮮馨罕有，可稱佳味，特賜卿等使知名山風土也。陳廷敬等謝恩畢，各賦詩一章，進呈御覽。

---

御扎云：朕召卿等编辑，适五台山贡至天花蘑菇，鲜馨罕有，可称佳味，特赐卿等使知名山风土也。陈廷敬等谢恩毕，各赋诗一章，进呈御览。

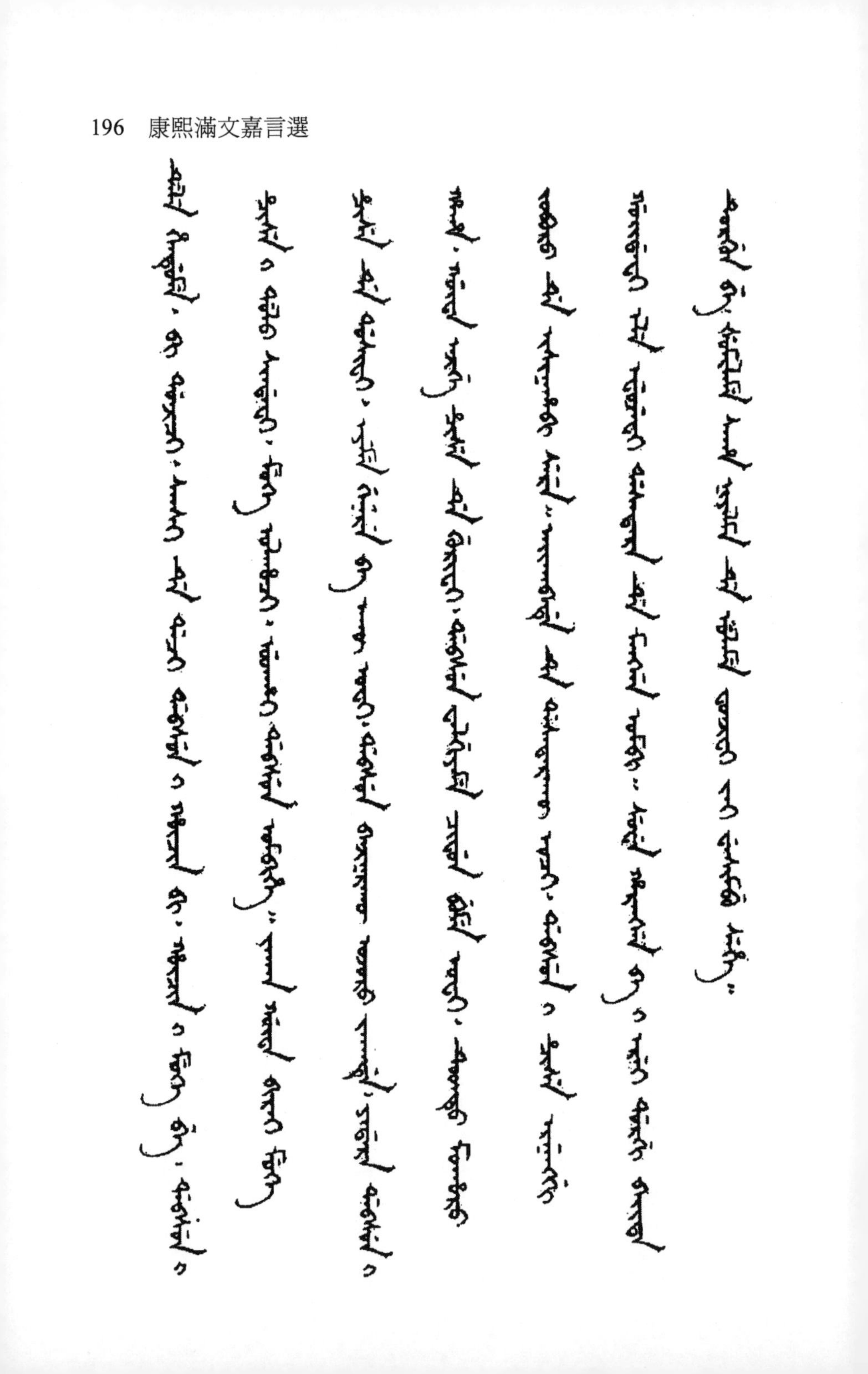

# 八十八、山西鹽井

dele hendume, bi donjici, sansi de daci dabsun i hūcin bi, hūcin i muke be, dabsun i cyse i dolo sindafi, muke olhoci, uthai dabsun ombihe. jakan gūwa birai muke cyse de dosifi, eyeme genere ba akū ofi, dabsun banjinarakū ojoro jakade, yadara dabsun i haha, gūwa ajige cyse de gurifi, dabsun walgiyame cifun bume ofi, tuttu mohoro joboro de isinahabi sere. aikabade te dasatarakū oci, dabsun i cyse inenggi goidafi ele efujefi dasatara de mangga ombi. suwe harangga ba i erei dorgi baita turgun be šumilame saha niyalma de ulame fonjifi jai wesimbu sehe.

---

朕聞山西舊有鹽井，取井水置鹽池中，水乾則成鹽。近有外河水浸入池中，無處宣洩，不能成鹽，於是貧丁移一小池，曬鹽辦課，遂至困苦，若不及今修理鹽池，恐日久愈潰壞難治，爾等可傳問本地方人深知此中情事者再奏。

---

朕闻山西旧有盐井，取井水置盐池中，水干则成盐。近有外河水浸入池中，无处宣泄，不能成盐，于是贫丁移一小池，晒盐办课，遂至困苦，若不及今修理盐池，恐日久愈溃坏难治，尔等可传问本地方人深知此中情事者再奏。

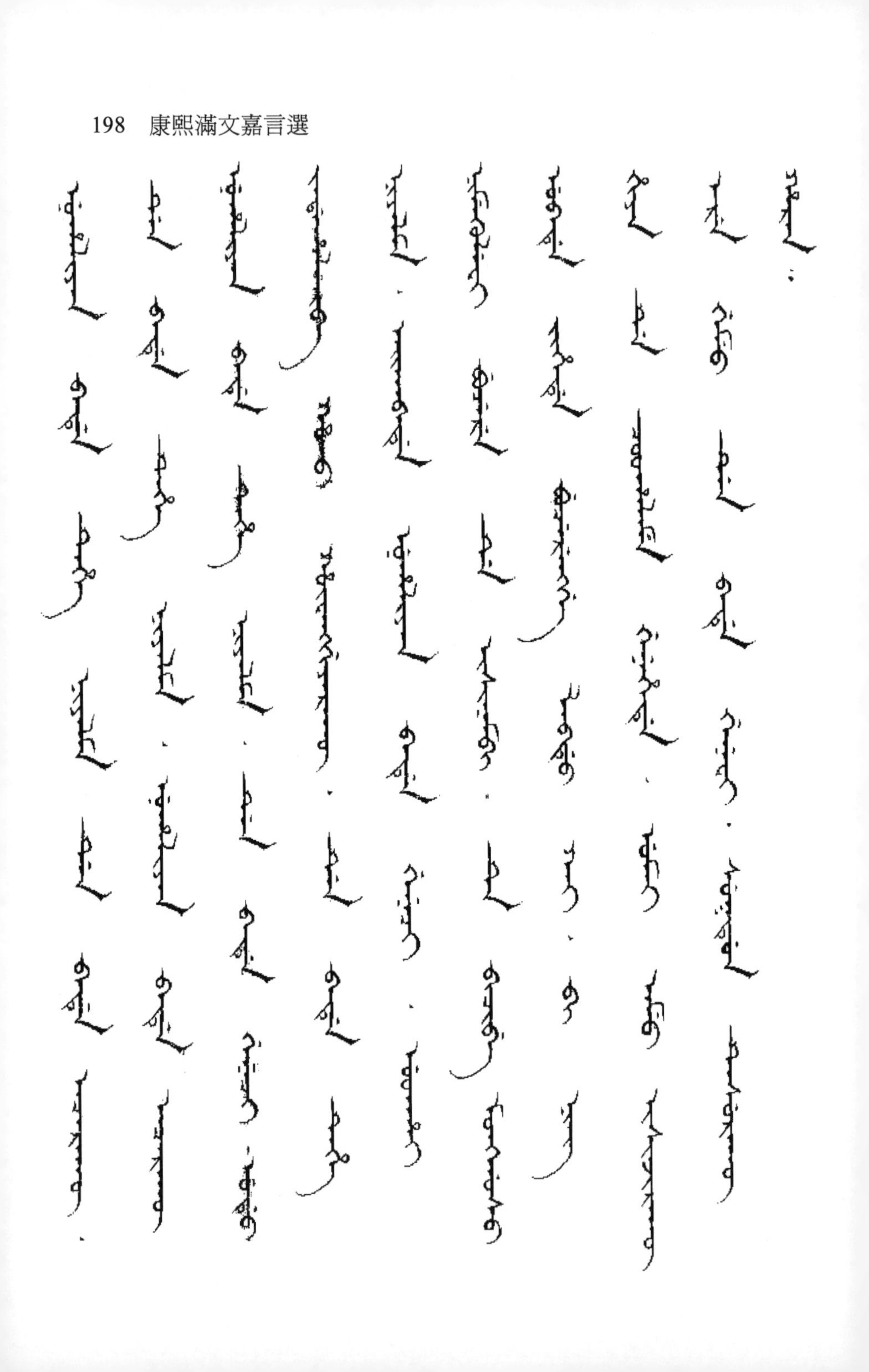

# 八十九、居高就窪

nuhaliyan bade tehe niyalma, den bade acarakū, den bade tehe niyalma, nuhaliyan bade acarakū, nuhaliyan bade tehe niyalma, den bade geneci, udu jadahalacibe hono hūwanggiyarakū, den bade tehe niyalma, aikabade nuhaliyan bade geneci, uthai nimekulefi bucere de isinambi, te bicibe monggoso ubade jihede bucerengge labdu kai, bi ning hiya de coohalame genehede, umai amu isinjirakū, ere gemu den bade genefi, sukdun tesurakū haran.

---

窪處者，不宜於高；高處者，不宜於窪。若居窪之人就高，雖受病猶無害；若居高之人就窪，則其病必至於死，且今蒙古等來此地而死者眾矣。朕出師寧夏時，竟不成寐，皆因地高，故氣不足。

---

洼处者，不宜于高；高处者，不宜于洼。若居洼之人就高，虽受病犹无害；若居高之人就洼，则其病必至于死，且今蒙古等来此地而死者众矣。朕出师宁夏时，竟不成寐，皆因地高，故气不足。

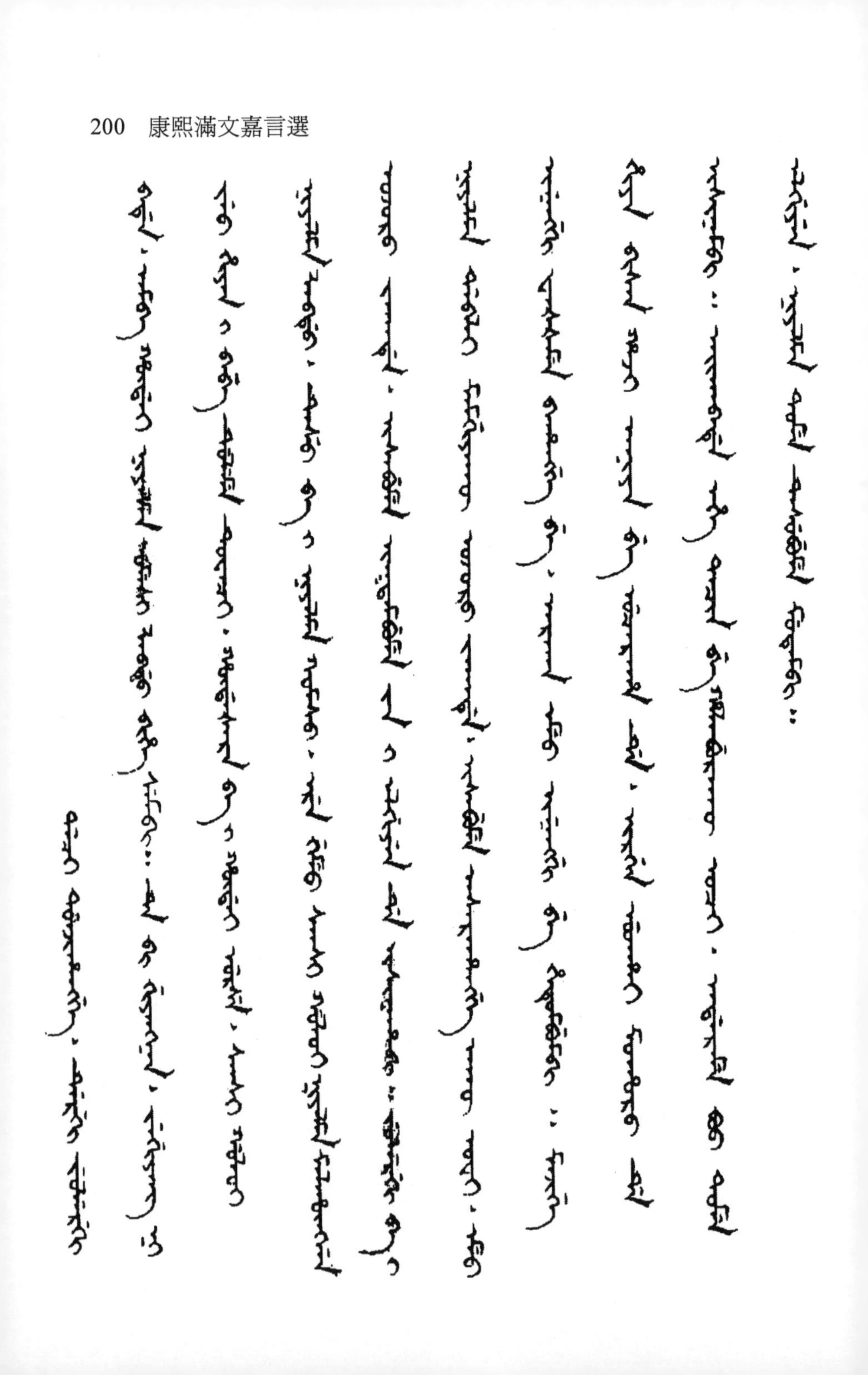

# 九十、山西商人

daci donjihangge, dergi julergi bade, amba hūdai niyalma umesi bihe sembi. te bi giyangnan, jegiyang ni jeo hiyan i babe duleme tuwaci, hūdašara ba i hūdai urse, sansi goloi niyalma labdu, tesu ba i niyalma komso, ere gemu sansi goloi niyalma malhūngga ojoro jakade, isabume iktambume ja i elgiyen de isinahabi. julergi ba i niyalma dabali mamgiyakū ojoro jakade, isabume asarahangge akū ofi, emu inenggi faššame bahangge be, arkan emu inenggi be hetumbumbi. majige hiya bisan haji aniya be ucaraha de, irgen uthai mohoro de isinambi. aikabade ehe tacin be halaburakū oci, adarame boo tome elgiyen, niyalma tome tesubume mutembi.

---

夙聞東南巨商大賈號稱輻輳，今朕行歷吳越州郡，察其市肆貿遷，多係晉省之人，而土著者蓋寡，良由晉風多儉，積累易饒，而南人習俗奢靡，家無儲蓄，日所經營，僅供朝夕，一遇水旱不登，則民生將至坐困，苟不變易陋俗，何以致家給人足之風。

---

夙闻东南巨商大贾号称辐辏，今朕行历吴越州郡，察其市肆贸迁，多系晋省之人，而土著者盖寡，良由晋风多俭，积累易饶，而南人习俗奢靡，家无储蓄，日所经营，仅供朝夕，一遇水旱不登，则民生将至坐困，苟不变易陋俗，何以致家给人足之风。

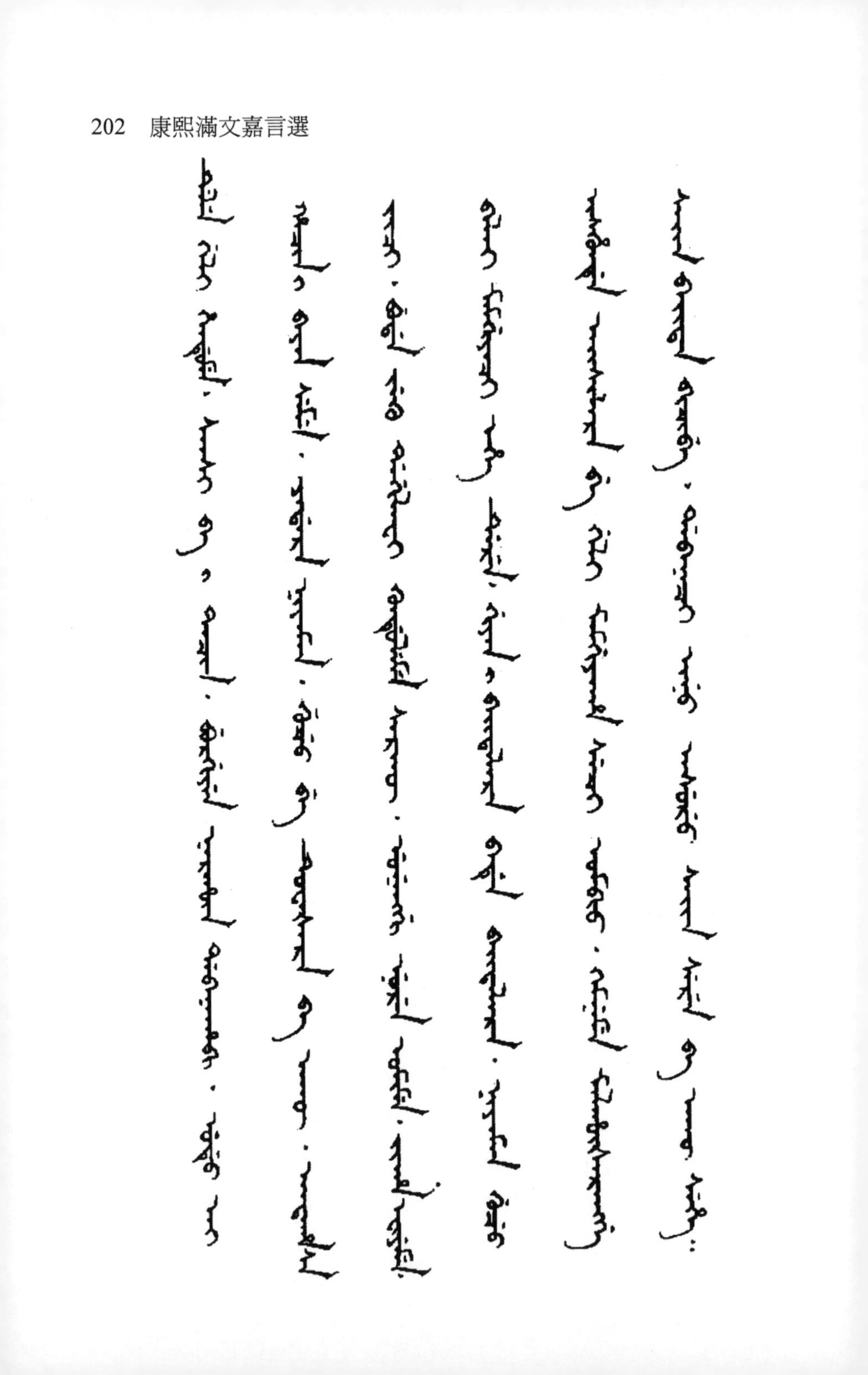

# 九十一、山西風俗

dele geli hendume, sansi ba i tacin, burgiyen narhūn dabanhabi, udu ai hacin i bayan seme, yadara niyaman, gucu be tuwašara ba akū. antaha sa jici, buda jeku dagilafi kunduleme sarkū, unenggi nure omime, jiha efiyeme, balai mamgiyaci ehe dere, giyan i baitalara bade baitalara, niyaman gucu ishunde aisilara be geli mamgiyaha seci ombio, kemneme malhūšarangge sain baita bicibe, dabanaci inu asuru sain sere ba akū sehe.

---

上又曰：山西風俗過於慳吝，雖極殷實，亦不顧貧窶之親友，即客至亦不留一飯。果其飲酒賭博罔行浪費，固爲惡習，如用之得當，親友互相資助，可爲費乎？節儉雖爲美事，太過則亦未可爲善也。

---

上又曰：山西风俗过于悭吝，虽极殷实，亦不顾贫窭之亲友，即客至亦不留一饭。果其饮酒赌博罔行浪费，固为恶习，如用之得当，亲友互相资助，可为费乎？节俭虽为美事，太过则亦未可为善也。

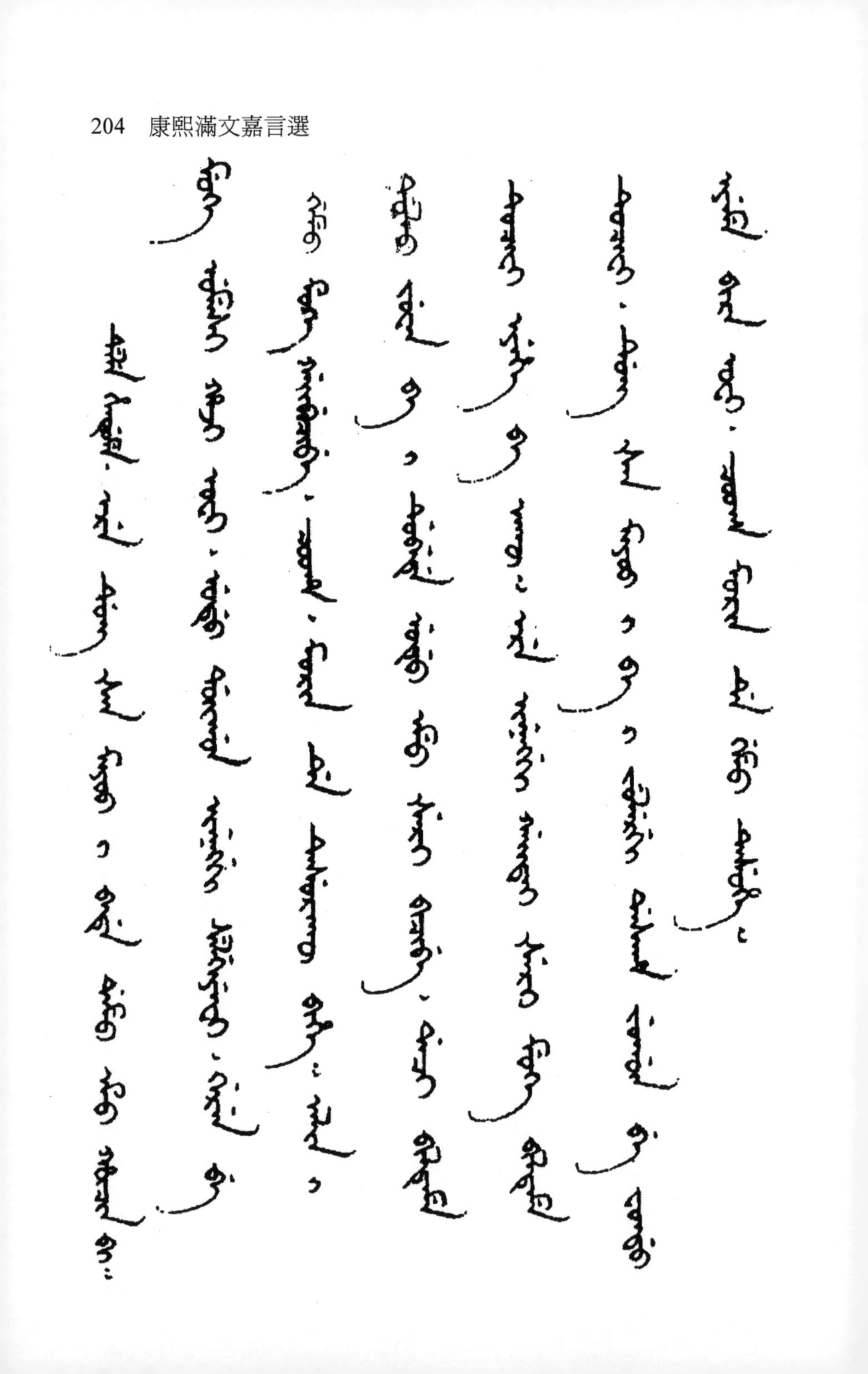

# 九十二、泉湧成河

dele hendume, ere dung šan miyoo i bade damu emu hūcin bi. muke umesi haji ofi, udu doigon inenggi selgiyefi, geren be gemu muke gaibucibe, cooha, morin de tesurakū bihe. alin i dolo juwan ba i dubede udu emu šeri bicibe, daci bilteme tucifi eyehe ba akū. ere inenggi gaitai šeri muke bilteme tucifi, dung šan miyoo i ba i julergi dasaha jugūn be fondo eyeme bira ofi, cooha morin de gemu tesuhe.

---

上曰：東山廟止有一井，水甚涸，雖先期傳諭備水，而人馬慮不足用。山內十里許，有一泉，向亦未嘗滿溢，是日，泉水忽湧，東山廟南所修之路，沖決成河，人馬皆足供飲矣。

---

上曰：东山庙止有一井，水甚涸，虽先期传谕备水，而人马虑不足用。山内十里许，有一泉，向亦未尝满溢，是日，泉水忽涌，东山庙南所修之路，冲决成河，人马皆足供饮矣。

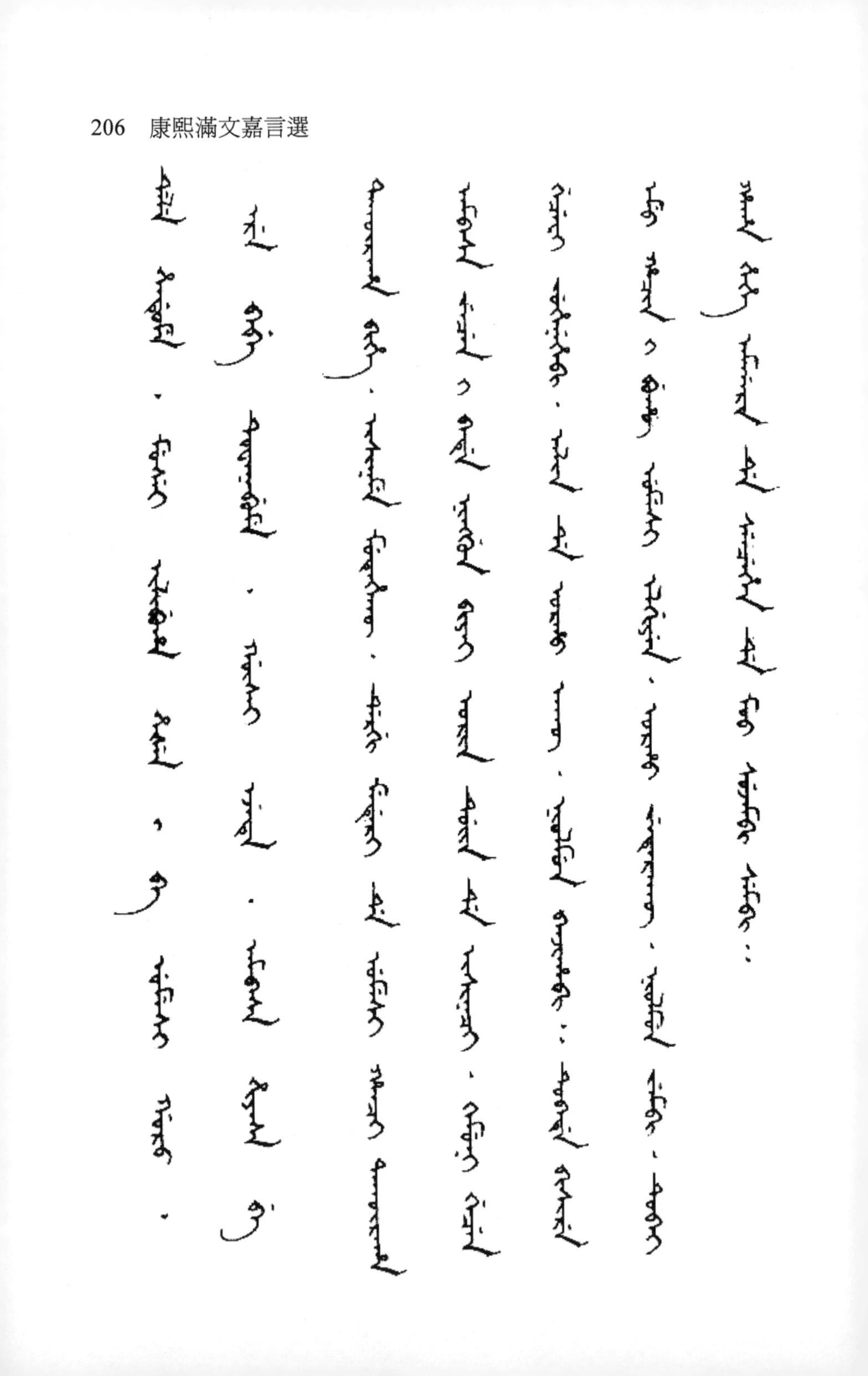

[illegible]

# 九十三、撐頷而睡

dele hendume, musei ilibuha hešen i ba umesi goro, ere babe tuwanabume, gūsai ejete. ambasa hiyasa be takūraha bihe, isiname mutehekū, dergi mederi de umesi hanci takūraha ambasa jecen i bade ninggun biyai orin duin de isinaci, kemuni gecen gecefi juhenehebi, alin de orho akū, niolmun banjihabi. tubade bisire emu hacin i buhū umesi elgiyen, orho jeterakū, niolmun jembi, tubai haha hehe amgara de sencehen de moo sujambi sembi.

---

上曰：我國邊界甚遠，向因欲往觀其地，曾差都統、大臣、侍衛等官，皆不能遍到，地與東海最近，所差大臣於六月二十四日至彼，言仍有冰霜，其山無草，止生青苔，彼處有一種鹿最多，不食草，唯食青苔。彼處男女，睡則以木撐頷等語。

---

上曰：我国边界甚远，向因欲往观其地，曾差都统、大臣、侍卫等官，皆不能遍到，地与东海最近，所差大臣于六月二十四日至彼，言仍有冰霜，其山无草，止生青苔，彼处有一种鹿最多，不食草，唯食青苔。彼处男女，睡则以木撑颔等语。

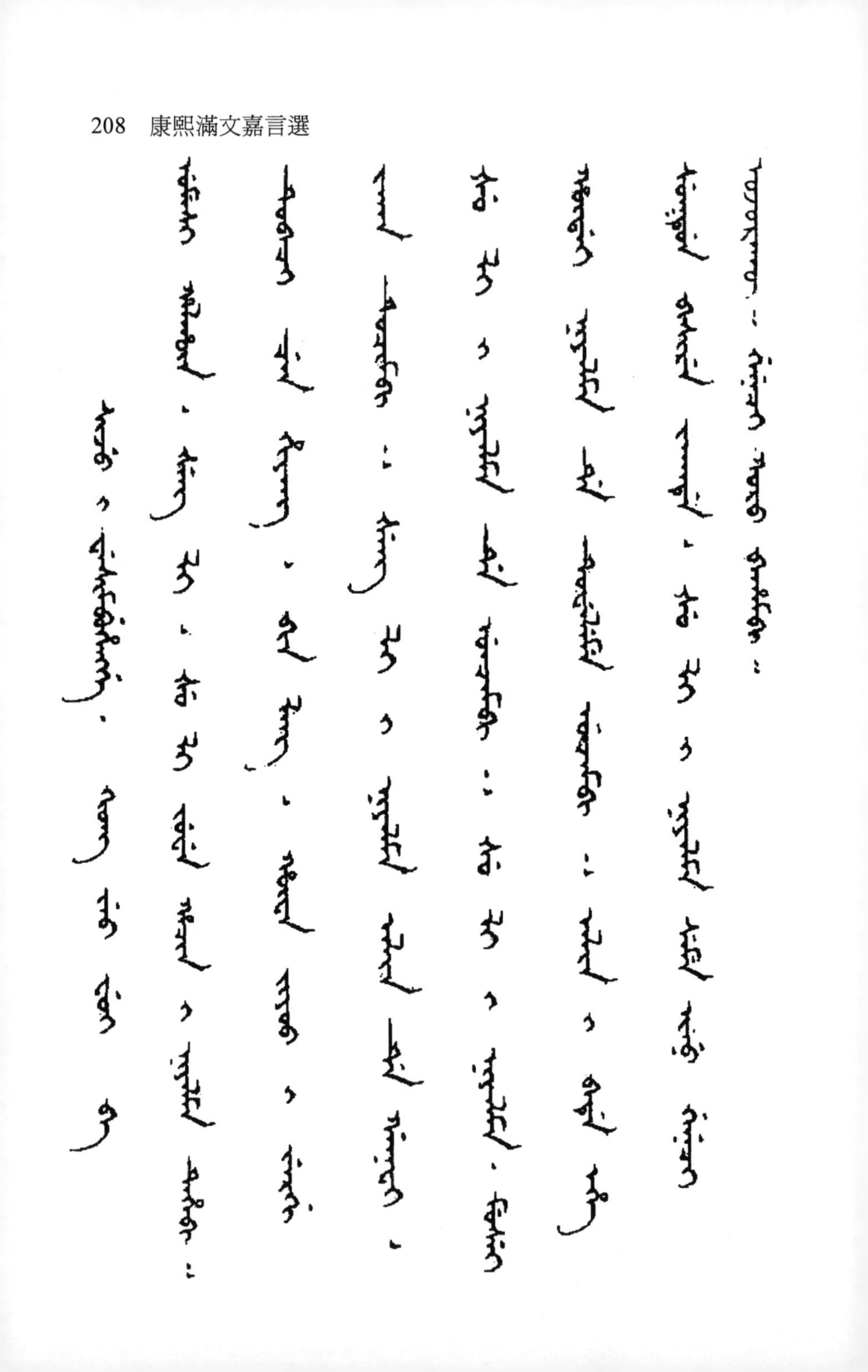

[illegible]

# 九十四、生黎熟黎

siju i wesimbuhengge, kiong jeo fui ba umesi halhūn, šeng li, šu li juwe hacin i niyalma tehebi. tubaci cen hiyang, bin lang, hūwa jiyoo i jergi jaka tucimbi. šeng li i niyalma alin de ganafi, šu li i niyalma de uncambi. šu li i niyalma, musei hūdai niyalma de tuweleme uncambi. alin i bade ehe sukdun bisire jakade, šu li i niyalma seme inu geneci ojorakū. geneci koro bahambi.

---

石柱奏曰：瓊州府地方極熱，生黎熟黎二種人居住。其地產沉香、檳榔、花椒等物。生黎人入山採取，貨與熟黎，熟黎人轉販諸商。山有瘴氣，即黎人，亦不敢入，入則必病矣。

---

石柱奏曰：琼州府地方极热，生黎熟黎二种人居住。其地产沉香、槟榔、花椒等物。生黎人入山采取，货与熟黎，熟黎人转贩诸商。山有瘴气，即黎人，亦不敢入，入则必病矣。

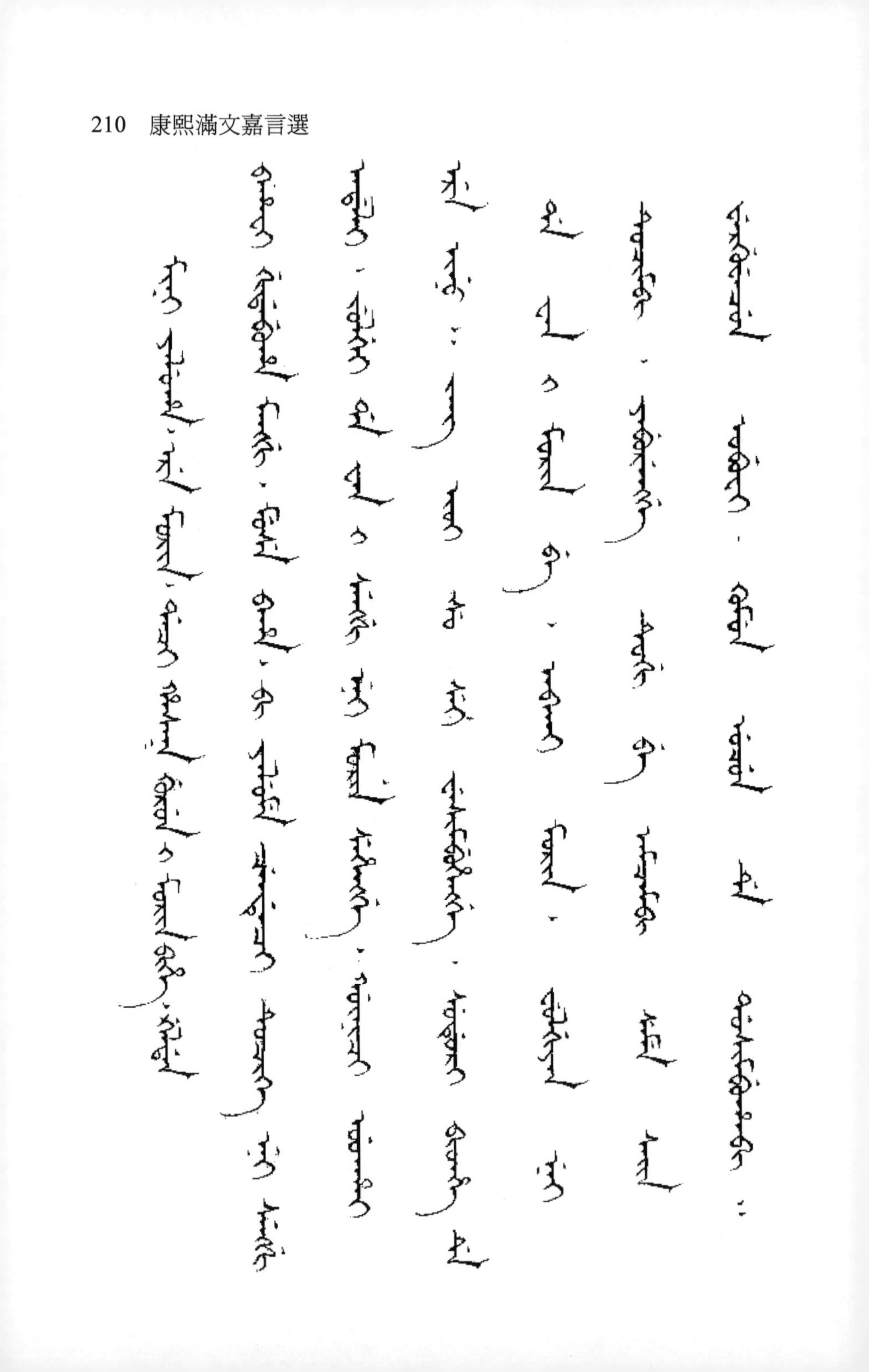

# 九十五、汗血駿馬

mini yaluha, ere morin, daci hasak gurun i morin bihe, g'aldan bahafi gidabuha manggi, muse baha, bi yalume cendeci tucike nei senggi adali, julgei da wan i senggi nei morin sehengge, gūnici uthai ere inu. jang ioi šu sei wesimbuhengge, suduri bithe de da wan i morin be, abkai morin, fulgiyan nei tucimbi, yaburengge tugi be amcambi seme sain ferguwecun obufi, kumun ucun de dosimbuhabi.

---

朕騎此馬本哈薩克國所產，爲噶爾丹得之，噶爾丹敗後歸於我，朕騎試之，汗色如血，古所稱大宛汗血馬，想此類也。張玉書等奏曰：史稱大宛馬，謂之天馬，言其霑赤汗，躡浮雲，以爲嘉瑞，登之樂歌。

---

朕骑此马本哈萨克国所产，为噶尔丹得之，噶尔丹败后归于我，朕骑试之，汗色如血，古所称大宛汗血马，想此类也。张玉书等奏曰：史称大宛马，谓之天马，言其沾赤汗，蹑浮云，以为嘉瑞，登之乐歌。

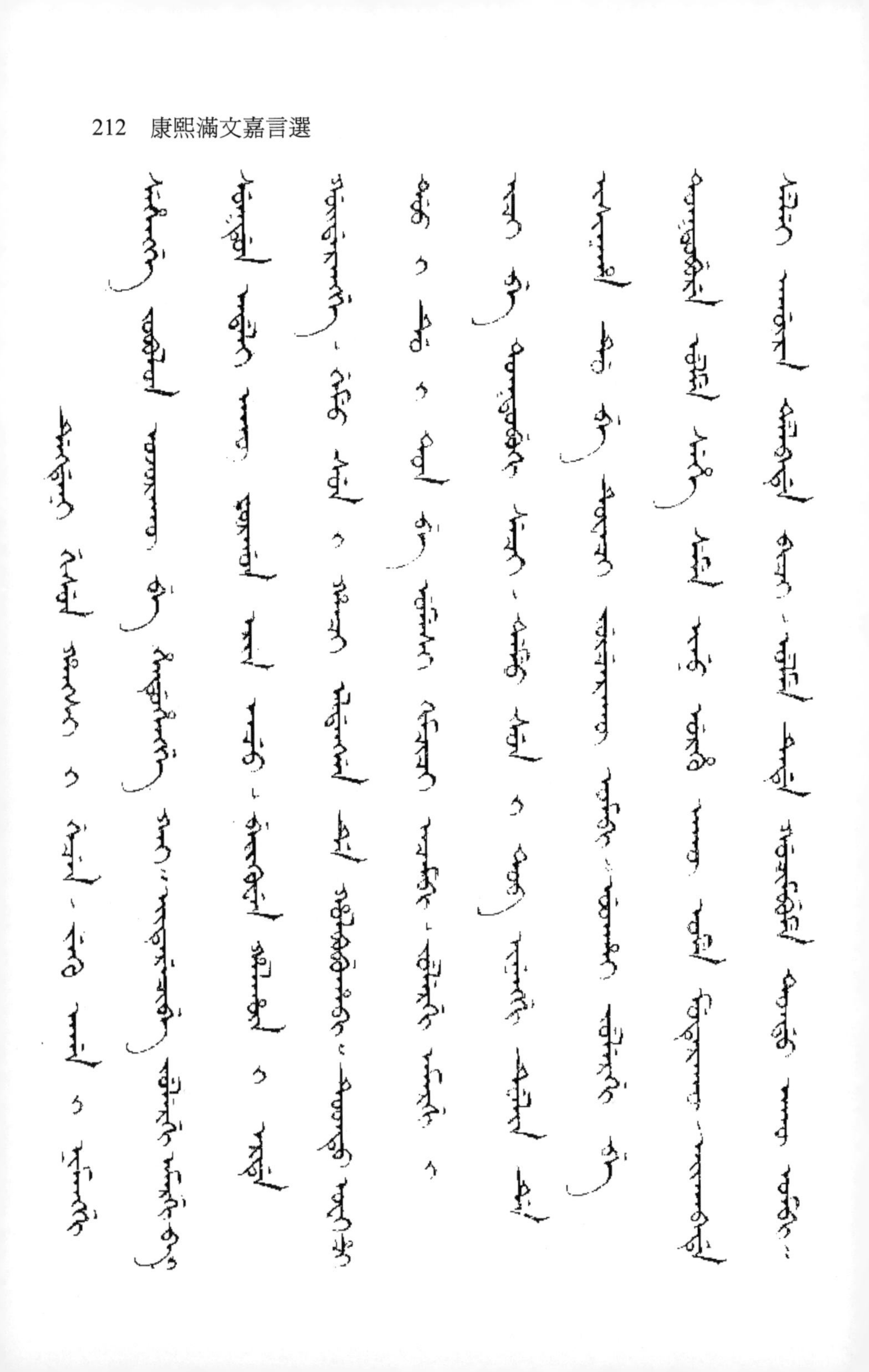

# 九十六、南北地氣

dekdeni gisun hangsi i gecen, jeku aga i nimanggi sehengge jobolon ojorakū be henduhengge kai. eiterecibe julergi amargi ba i sukdun adali akū, forgon erin encu, beikuwen halhūn i erde goidarangge, gemu šun i hanci aldangga de holbobuhabi. tuttu ofi cy doo i du i ton be umesi kimcici acambi, julergi amargi i ici be toktobuki seci, damu šun i tob inenggi dulin de isinaha du be tuwaci jurcerakū ombi. uthai julergi be toktobure ulme sehe seme inu urhu akū ome muterakū, aikabade selei agūra dalbade bici, ulme tede gocimbume tondo akū ombi.

---

諺云：清明霜，穀雨雪，言不足為害也。總之，南北地氣不同，節候各異，寒暑之遲早，全視太陽之遠近，所以赤道度數，最宜詳審，欲定南北之向，惟以太陽正午所到之處為準，即指南針亦不能無偏，設有鐵器在傍，則針為所引，亦復不準。

---

谚云：清明霜，谷雨雪，言不足为害也。总之，南北地气不同，节候各异，寒暑之迟早，全视太阳之远近，所以赤道度数，最宜详审，欲定南北之向，惟以太阳正午所到之处为准，即指南针亦不能无偏，设有铁器在傍，则针为所引，亦复不准。

ᡤᡳᠰᡠᠨ ᠪᡝᠶᡝᠪᡝ ᡨᠠᠴᡳᠪᡠᡵᡝ ᠮᡝᠩᡤᡝᠨ ᠰᡝᠴᡳ ᡝᠵᡝᡥᡝ ᠵᡠᠸᡝ ᡳ ᠪᡠᡥᡝ᠈ ᠮᡝᠨᡳ ᠪᡝ ᠪᠠᡳᡥᠠᠨ ᡝᡵᡝᠮᡝ ᠵᡠᡵᡤᠠᠨ ᡩᡝ

ᠪᡠᠯᡝ ᡨᡠᠸᠠᠮᡝ ᠨᡳᠶᠠᠯᠮᠠ ᠪᡝ ᡨᠠᠴᡳᠪᡠᡵᡝ ᡳᠰᡳᠨᠠᡥᠠ᠈ ᡝᡵᡝ ᠵᡝᡵᡤᡳ ᡩᡝ ᡤᡝᠮᡠ ᠪᡝ᠈ ᠠᠮᠠ᠈ ᠠᠮᡠᡵᡝ ᡳ ᡩᡝ

ᠮᠠᠩᡤᠠ ᠮᡝᠩᡤᡝᠨᡳ ᡝᠵᡝᠮᡝ ᠪᡠᡥᡝᡴᡠ᠈ ᠮᡝᠩᡤᡝᠨᠴᡳ ᡨᡠᠸᠠᠴᡳ ᠪᡝᠶᡝᠪᡝ ᡤᡝᡵᡝᠨ᠈ ᡤᠠᠮᠠ᠈ ᡨᠠᠴᡳᠪᡠᡥᡝ

ᡨᡠᠸᠠᠨᡳ ᠮᡝᠩᡤᡝᠨ ᡳᠯᡳᠨ ᡝᠵᡝᠮᡝ ᠪᡝᠶᡝᠪᡝ᠈ ᠪᡠᠯᡝᡴᡠ ᡳᠰᡳᠨᡳ ᠮᡝᠨᡳ ᠮᡝᠩᡤᡝᠨᡳ ᡳᠰᡳᠨᠠᡥᠠ ᡩᡝ

ᡨᡠᠸᠠᠴᡳᡥᡳᠶᠠᠨ ᡳᠰᡳᠨ ᠰᡠᠪᡠᡥᡝ ᠮᡝᠩᡤᡝᠨ ᠠᠮᠠᠰᡳ᠈ ᠵᡠᠸᡝ ᡤᡝᠮᡠᠪᡠᠮᠪᡳ᠉

# 九十七、北地風寒

dele hendume, usin tarire de damu kiceci uthai sain, amargi ba beikuwen bime edun ambula be dahame, usin i irun be den obu, an i jeku be tarici ainaha seme baharakū, urunakū erde bahara maise, arfa, muji ira be tariha de teni tusa, duleke aniya usin tarime genehe urse de, bi inu ere songkoi tari seme tacibuha bihe, mini hese be jurceme mere labdu tarire jakade, jeku ufarabuhabi.

---

上曰：種地惟勤爲善，北地風寒，宜高其田壟。若種尋常之穀，斷不能收，必種早熟之麥，與油麥、大麥、糜黍，方爲有益。去歲往彼墾種之人，朕曾以此命之，因違朕旨，多種蕎麥，以致田禾失收。

---

上曰：种地惟勤为善，北地风寒，宜高其田垄。若种寻常之谷，断不能收，必种早熟之麦，与油麦、大麦、糜黍，方为有益。去岁往彼垦种之人，朕曾以此命之，因违朕旨，多种荞麦，以致田禾失收。

ᠪᡝᠶᡝ ᡨᡠᠸᠠᡴᡳᠶᠠᠮᡝ· ᠪᡝ ᠠᠮᠪᡠᠯᠠ ᡳ ᠠᠯᡳᠮᠪᠠᡥᠠᡵᠠᡴᡡ· ᠨᡳᠶᠠᠯᠮᠠ ᠶᠠᠪᡠᡵᡝ ᡤᡡᠨᡳᠨ ᠪᡝ ᠪᡝᡳᠯᡝᠮᡝ

ᡠᠮᡝᠰᡳ ᠪᡝᡴᡳ ᠪᡝ ᠪᠣᠯᠪᠣᡥᠣᠨ ᡳᠯᡳᠪᡠᡥᠠ· ᠠᠴᠠᠨ ᡳ ᠰᠠᡳᠨ ᠵᡠᡵᠠᠨ

ᡤᡳᠩᡤᡠᠯᡝᠮᡝ ᡤᡡᠨᡳᠨ ᠪᡝ ᡠᠨᡝᠩᡤᡳ ᠪᠣᠯᡤᠣᠮᡝ ᡨᡠᠸᠠᠮᡝ· ᠪᡝ ᠶᠠᠪᡠᡵᡝ ᡨᡠᡵᡤᡠᠨ ᠪᡝ ᠰᠠᠮᠪᡠ

ᡤᡳᠰᡠᡵᡝᡵᡝ ᠪᡝ ᠶᠠᠪᡠᡵᡝ ᡠᡵᡠᡥᡝᠩᡤᡝ ᠪᠣᠯᠵᠣᡥᠣ ᠪᠣᠯᠣᠨᡳᠮᡝ· ᠣᡥᠣ ᡳ ᡨᡠᠮᡝ ᠪᡝᠶᡝᡳ ᠵᠠᠯᡳᠨ

ᠠᡳᠯᡳᠮᡝ ᠪᡝᠶᡝ ᡳᠰᡳᡥᡝ ᡠᡵᡠᠨ ᠠᠨᡤᠠᠯᡳᠪᡠᡵᡝ· ᠵᡠᠸᠠᡵᠠᡴᡡ ᠪᡝ ᡳ ᡤᡳᠰᡠᠨ ᠪᡝᡳᠯᡝ ᡥᡝᠨᡩᡠᡵᡝ ᡠᡵᡠᠨ

ᡠᡵᡠᠨ ᠠᠨᡳᠶᠠ ᡠᠮᡝᠰᡳ ᠯᠠᠪᡩᡠ· ᡠᡵᡠᠨ ᠪᠠᡳᡨᠠᠯᠠᠮᡝ· ᠶᠠᠪᡠᡵᡝ ᡳ ᠪᠠᡳᠮᡝ ᡳᠯᡝᡳ· ᡠᠮᡝᡳ

ᠵᡠᠸᡝ ᡳᠨᡳᠩᡤᡝ ᠪᡝ ᡠᠯᡳᠮᡝ ᠪᡝᠶᡝ ᡨᡠᠸᠠᡵᠠ ᠴᠣᡥᠣ ᠮᡠᡨᡝᡵᡝ ᡤᡝᠮᡠ· ᡩᠠᠰᠠᠮᡝ

ᡤᡳᠰᡠᡵᡝᠮᡝ· ᡠᡵᡠᠨ· ᠠᠯᡳᡵᡝ ᠪᡝ ᠪᠠᡳᡨᠠᠯᠠᠮᡝ ᡤᡡᠨᡳᡵᡝ ᠪᠣᠯᡳᡥᠣ ᠪᡝᡳᠯᡝ ᡩᡝᠴᡳ ᠪᠠᡳᡨᠠᠯᠠᡵᠠᡴᡡ

ᡠᠮᡝᠰᡳ ᡳᠯᡳᠮᡝ ᠠᡳᠯᡳᠩᡤᡝ ᠪᡝᠰᡳ ᠪᠣᠯᠣᡵᠣᠨ ᠵᠠᠯᡳᠨ ᡳᠰᡳᠪᡠᡥᠠ ::

# 九十八、拌雪耐旱

dele hendume, bi usin i sakdasa de fonjici, gemu nimanggi be use de ucufi tarici hiya be dosobumbi sembi, suwe jeku i use de majige nimanggi muke be ucudefi tarime tuwa, bi neneme julergi bai handu ninggiya be gajifi ubade tarime tuwaci, uba i edun beikuwen gecen erde bime geli šeri muke sindambi, julergi ba i gese cyse de ujihe muke akū ojoro jakade, umai baharakū, erebe tuwaha de, ubai jeku use be gamafi amargi bade tarici inu ere songko kai, damu maise, muji, arfa, ira be tosome erde tarifi hing seme kicere ohode teni sain, suwe saikan eje sehe.

---

上曰：朕曾問老農，皆云將雪拌種，可以耐旱，爾等將穀種少拌雪水試之。朕前帶南方稻穀菱角種於京師，奈風高霜早，又用泉水灌溉，無南方池塘蓄養之水，因此不熟。以此觀之，若將此地穀種帶往北地，亦難收成，惟將麥與大麥、油麥、糜黍及早播種，務須克勤方善，爾等謹識之。

---

上曰：朕曾问老农，皆云将雪拌种，可以耐旱，尔等将谷种少拌雪水试之。朕前带南方稻谷菱角种于京师，奈风高霜早，又用泉水灌溉，无南方池塘蓄养之水，因此不熟。以此观之，若将此地谷种带往北地，亦难收成，惟将麦与大麦、油麦、糜黍及早播种，务须克勤方善，尔等谨识之。

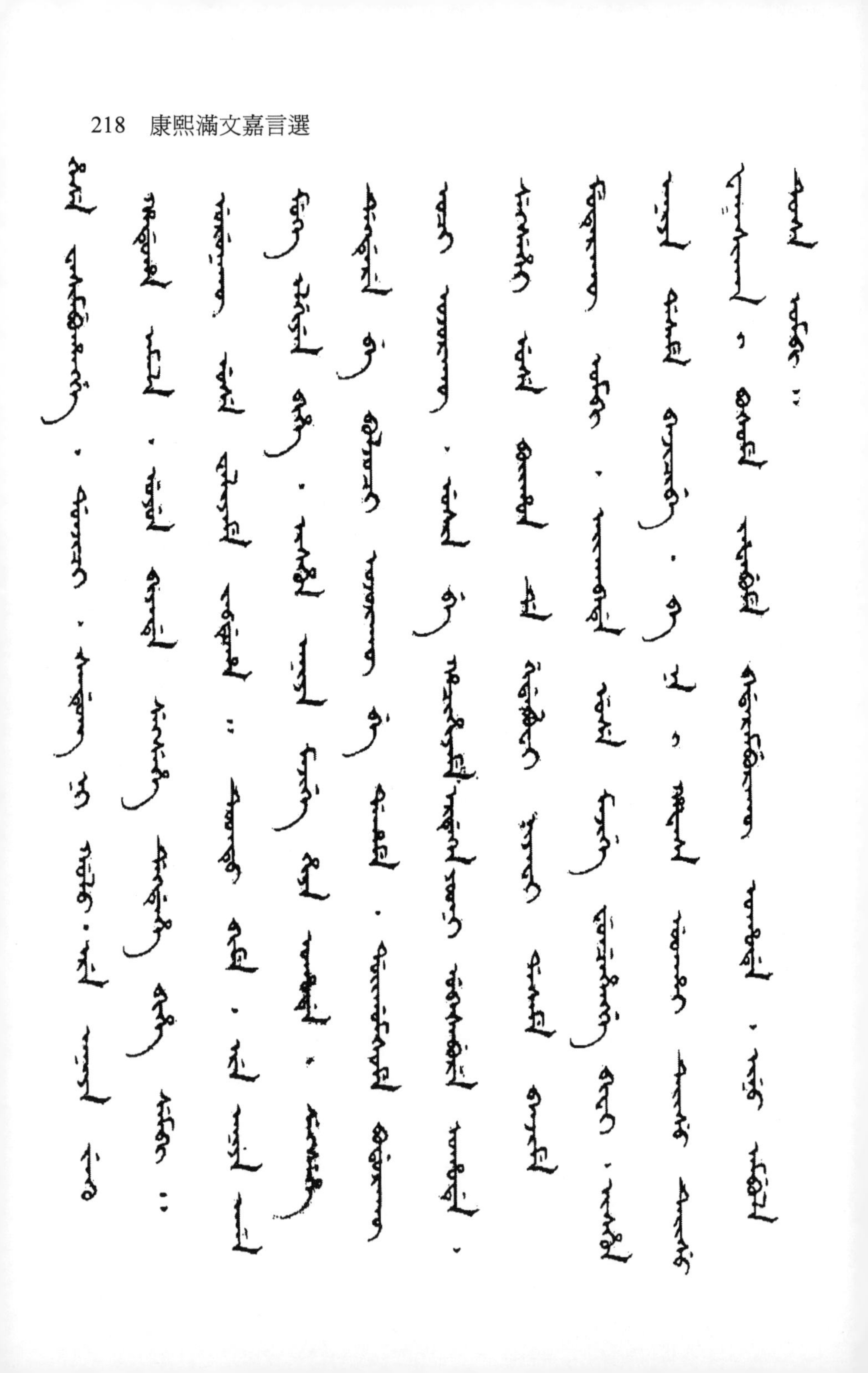

# 九十九、山東蝗蟲

hese wasimbuhangge, donjici, šandung ni golo, ere aniya jeku haduha amala, uyun biyade seksehe dekdehe bihe sembi. urunakū use waliyame jabduha. tuttu bime, ere aniya aga muke elgiyen bihe, ishun aniya majige hiya ohode, seksehe dekdere be boljoci ojorakū be dahame, doigomšome bodorakū oci ojorakū, usin be hacihiyame erdeken yooni ubašabure ohode, seksehei use boihon de gidabufi niyafi dasame banjime muterakū ombi, aikabade use majige funcehengge bifi, ishun aniya dasame banjicibe, ba na i hafasa uthai teisu teisu faksikan i bošome jafabume badaramburakū ohode, inu ambula tusa ombi.

---

諭曰：朕聞山東省今年秋成之後，九月間曾有蝗起，其遺種必有在地，今年雨水較多，若來春稍早，則蝗蟲復生，亦未可定，不可不預爲之計，宜及早將田土悉行耕耨，俾蝗蟲爲覆土所壓爛，則勢不能復孳，縱使稍有遺種，明年復生，地方官即各行設法驅捕，不致繁多，亦大有裨益。

---

谕曰：朕闻山东省今年秋成之后，九月间曾有蝗起，其遗种必有在地，今年雨水较多，若来春稍早，则蝗虫复生，亦未可定，不可不预为之计，宜及早将田土悉行耕耨，俾蝗虫为覆土所压烂，则势不能复孳，纵使稍有遗种，明年复生，地方官即各行设法驱捕，不致繁多，亦大有裨益。

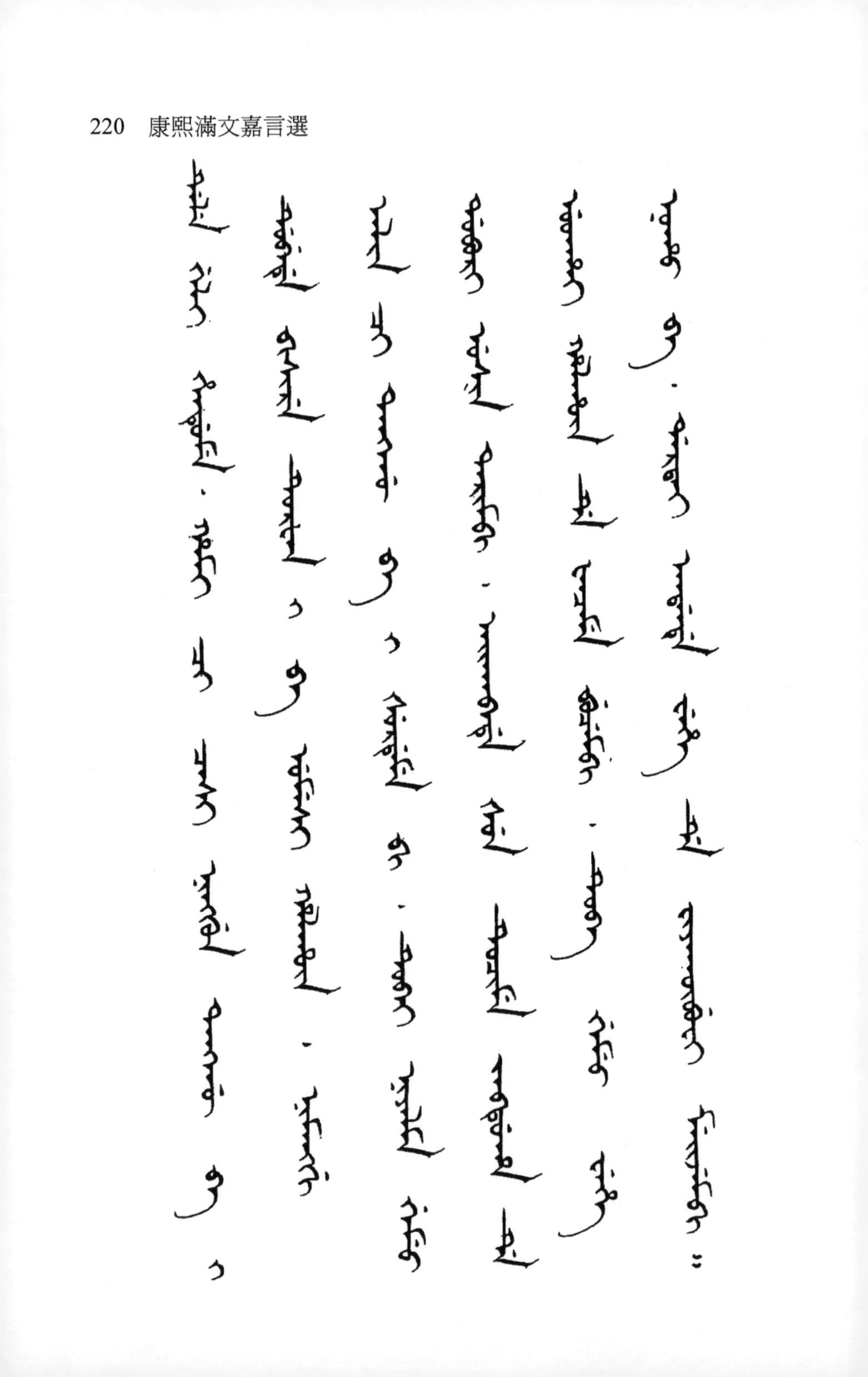

[illegible]

[illegible]

[illegible]

[illegible]

[illegible]

[illegible]

# 一〇〇、入夜耕種

dele geli hendume, hami ci casi ninggun tanggū ba i dubede bisire turfan i ba umesi halhūn, nimanggi alin ci tanggū ba i šurdeme bi, tubai niyalma gemu dobori usin tarimbi, aikabade šun tucime jabduha de uthai halhūn de fancame bucembi. tuba gemu wehe noho ba, dartai andande wehe de fiyakūbufi meijembi.

---

上又曰：過哈密六百里有土兒番地方甚熱，去雪山有百餘里。其人悉入夜始出耕種，若日出時耕種便熱死。其地皆石，少頃即糜爛於石上矣。

---

上又曰：过哈密六百里有土儿番地方甚热，去雪山有百余里。其人悉入夜始出耕种，若日出时耕种便热死。其地皆石，少顷即糜烂于石上矣。

ᠠᡴᡡᠩᡤᡝ ᠉

ᡤᡳᠰᡠᠨ ᡨᡠᠸᠠᡴᡳᠶᠠᡵᠠ᠈ ᠪᡝ ᠰᡝ᠈ ᠶᠠᠪᡠᡵᡝ᠈ ᡨᡠᠸᠠᡵᠠ ᠪᡝ ᠵᠠᡴᠠ

ᡳᠯᡝ ᠪᡝ ᠨᡳᠶᠠᠯᠮᠠ ᡥᠣᠰᡠᠩᡤᠠ᠈ ᠠᡴᡡ᠈ ᡥᠠᡵᡤᠠᠰᠠ᠈ ᠨᡳ ᠪᠠ

ᡤᠣᠰᡳᠨ ᠵᡠᡵᡤᠠᠩᡤᠠ ᡨᠣᠨᡩᠣᠩᡤᠣ ᠨᡳᠶᠠᠯᠮᠠ ᠪᡝ ᠵᠠᡴᠠᠨ ᡩᡝ ᡨᡠᠸᡝ᠈

ᡳᠯᡝ ᠮᡠᠵᡳᠯᡝᠨ᠈ ᡤᠣᠰᡳᠨ ᠪᡝ ᡨᠣᠨᡩᠣᡴᠣᠨ ᠶᠠᠪᡠᠨ ᠮᡠᠩᡤᠠᠨ᠈ ᠵᡠᡵᡤᠠᠨ

ᠵᡠᡵᡤᠠᠩᡤᠠ ᠠᡴᡩᡠᠨ ᡤᡳᠰᡠᠨ ᡨᠣᠨᡩᠣᡴᡳᠶᠠᡵᠠ ᠪᡝ ᠪᠠᡳᡥᠠ ᡥᠣᠰᠣᠩᡤᠣ᠈ ᠶᠠᠪᡠᠨᡳ

ᠵᠠᡴᠠ ᡥᠣᠰᡳᠨ᠈ ᠵᡠᡵᡤᠠᠩᡤᠠ ᠪᠠᡳᡥᠠ ᠮᡝᠩᡤᡝ ᠵᠠᡳ ᠶᠠᠪᡠᠮᠪᡳ᠈ ᡳᠯᡳᠨ

ᡥᠣᠰᡳᠩᡤᠠ ᡥᠣᡵᡤᠣᠨ ᠠᡥᠠᠨ᠈ ᡥᠣᠰᠣᠩᡤᠣ ᡨᠣᡵᡤᠣᠨ ᡤᠠᠨ ᡥᠣᠰᠣ ᠨᡳ ᠪᡝ᠉

# 一〇一、婦女被擄

hasak gurun serengge, uthai julgei yang guwan i ba, ere gurun i niyalma banitai afara de amuran, kemuni feniyen acafi wara tabcilara be baita obuhabi, gūnin inu tesin, hehe be tabcilafi gamaha manggi, tere hehe urunakū tabcilaha niyalma be wafi amasi jimbi, ere ba inu halhūn, ongko umesi sain, morin i nei gemu fulahūkan, pin g'o, mucu, šulhe tucimbi, amba bime wa amtangga.

---

哈薩克即古陽關地，其人性好鬥，常結隊以殺擄爲事，人心亦齊。若婦女被人擄去，其擄去婦女必手刃其人而回。此地亦熱，草極肥，馬皆汗血。又產蘋果、葡萄、梨，皆大而美。

---

哈萨克即古阳关地，其人性好斗，常结队以杀掳为事，人心亦齐。若妇女被人掳去，其掳去妇女必手刃其人而回。此地亦热，草极肥，马皆汗血。又产苹果、葡萄、梨，皆大而美。

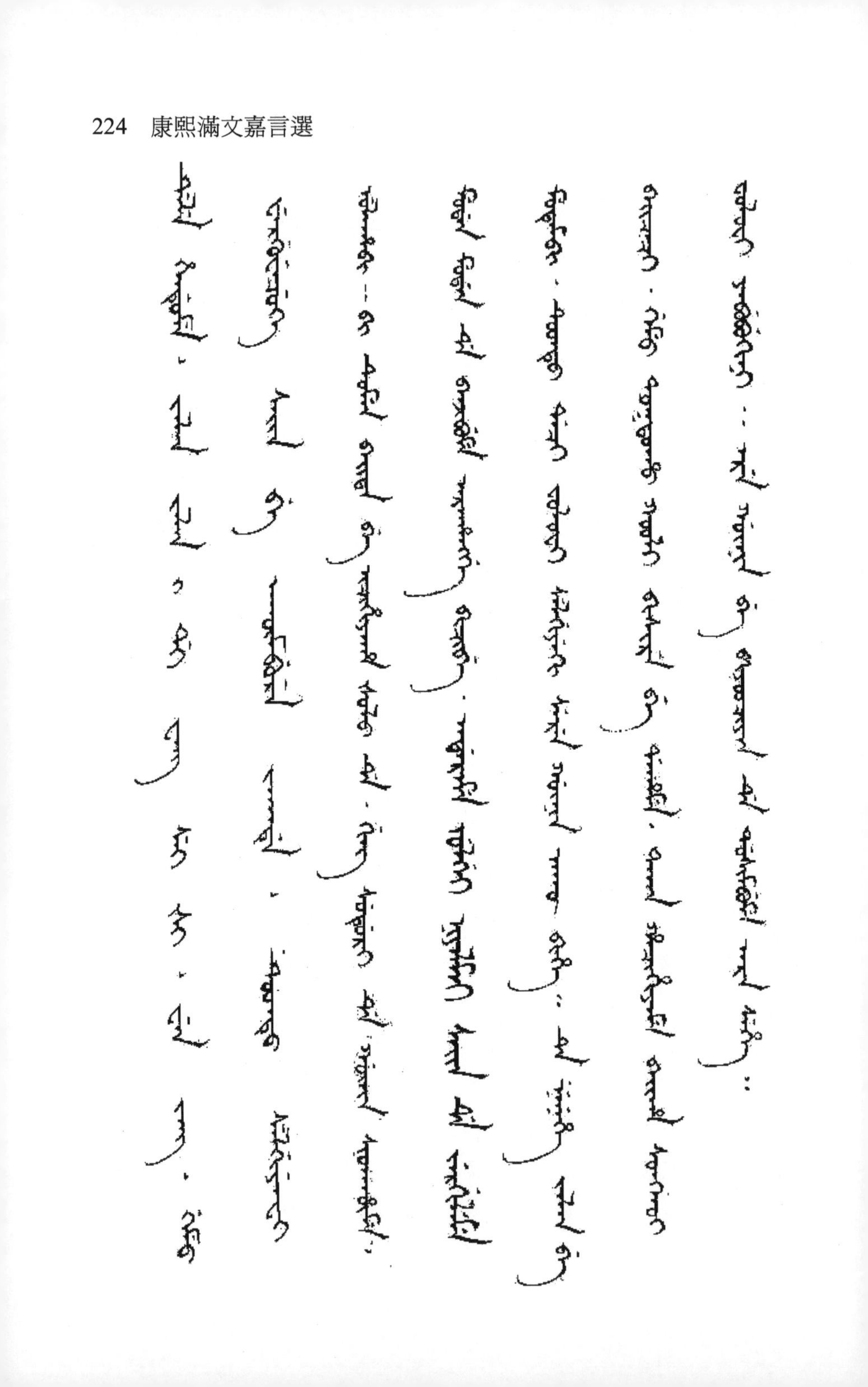

# 一〇二、留心經史

dele hendume,jalan jalan i di wang sei ši, wen jang, gemu ferguwecuke sain be akūmbure jakade, tuttu selgiyefi ulahabi. bi tumen baita be icihiyaha šolo de, ging suduri de gūnin sithūme, mudan mudan de banjibume arahangge bicibe, adarame julgei niyalmai sain de jergileme mutembi, tuttu daci folofi selgiyeki sere gūnin akū bihe. te nenehe jalan be baicaci, gemu toktoho kooli bisire be dahame, taka hacihiyame baiha songkoi folofi yabubukini. ere gūnin be piyoociyan de dosimbume ara sehe.

---

上曰：歷代帝王詩文，皆極其工美，然後刊布流傳，朕萬幾餘暇，留心經史，雖間有所撰著，豈能媲美古人，故向來從無刊刻之意，今既察前代俱有成例，姑勉從所請頒發刊行，將此意寫入票簽。

---

上曰：历代帝王诗文，皆极其工美，然后刊布流传，朕万几余暇，留心经史，虽间有所撰着，岂能媲美古人，故向来从无刊刻之意，今既察前代俱有成例，姑勉从所请颁发刊行，将此意写入票签。

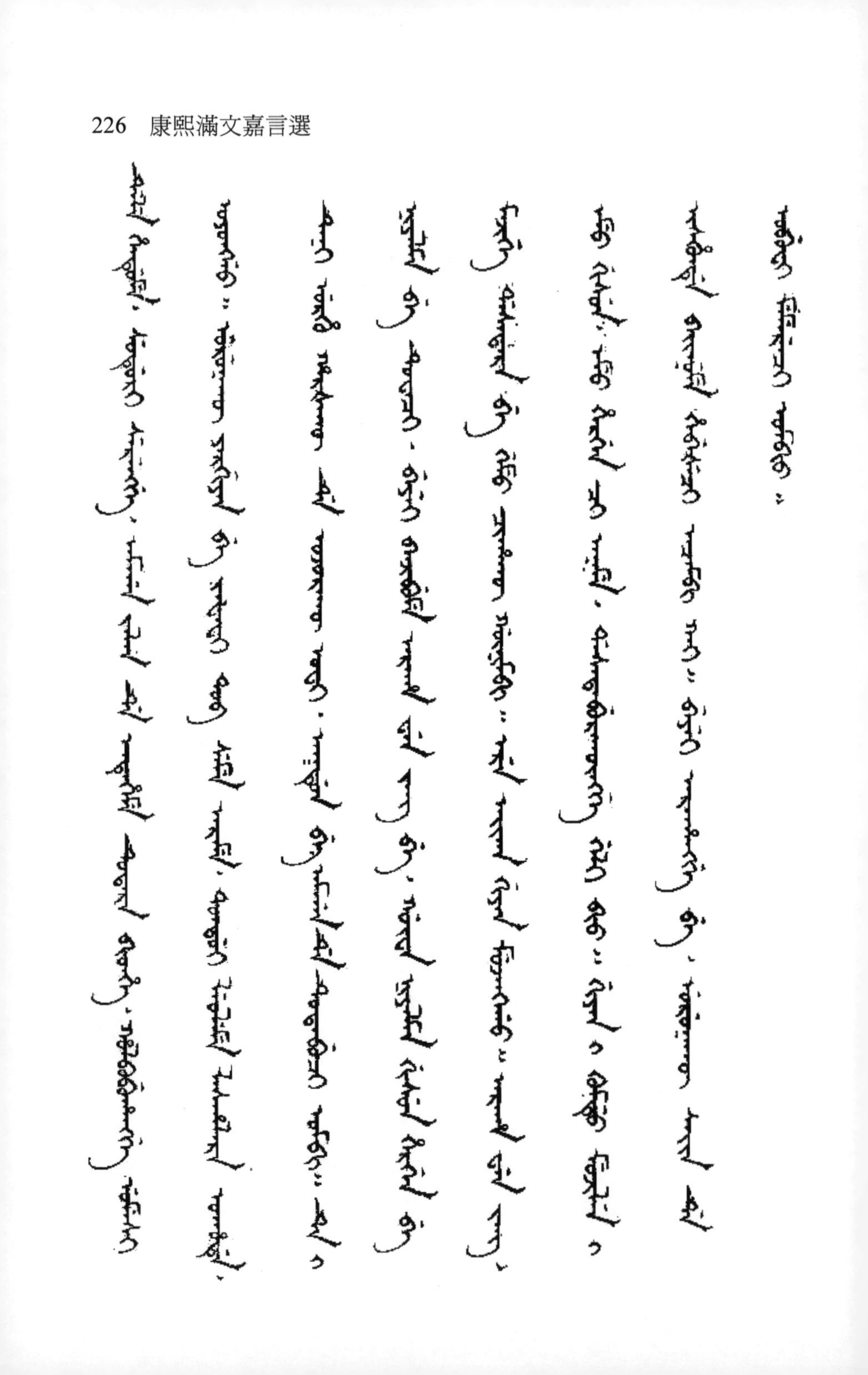

# 一〇三、永垂後世

dele hendume, suduri serengge, amaga jalan de enteheme tutara bithe, holbobuhangge umesi oyonggo. urunakū yargiyan be jafafi tob seme arame, tondoi leoleme lashalara ohode, teni urhu haršakū de ojorakū ofi, akdun be amaga de tutabuci ombi. te i niyalma be tuwaci, beyei banjibume araha wen jang be, gūwa niyalma gisun hergen be majige dasatara be gemu cihakū gūnimbi. ere aika giyan mujanggo. araha wen jang, emu gisun, emu hergen ci aname, dasataburakūngge geli bio. giyan i kumdu mujilen i ishunde bainume hebešeci acambi kai. beyei arahangge be, urunakū sain de obufi memereci ombio.

---

上曰：史爲永垂後世之書，關係最重，必據實秉公，論斷得正，始無偏詖之失，可以傳信後世。觀今人於己作之文，他人稍改字句，便不快意，有此理乎？凡所作之文，豈有一字一句不可更改者，當虛心彼此互相推究，安得遂以己作執爲盡善耶？

---

上曰：史为永垂后世之书，关系最重，必据实秉公，论断得正，始无偏诐之失，可以传信后世。观今人于己作之文，他人稍改字句，便不快意，有此理乎？凡所作之文，岂有一字一句不可更改者，当虚心彼此互相推究，安得遂以己作执为尽善耶？

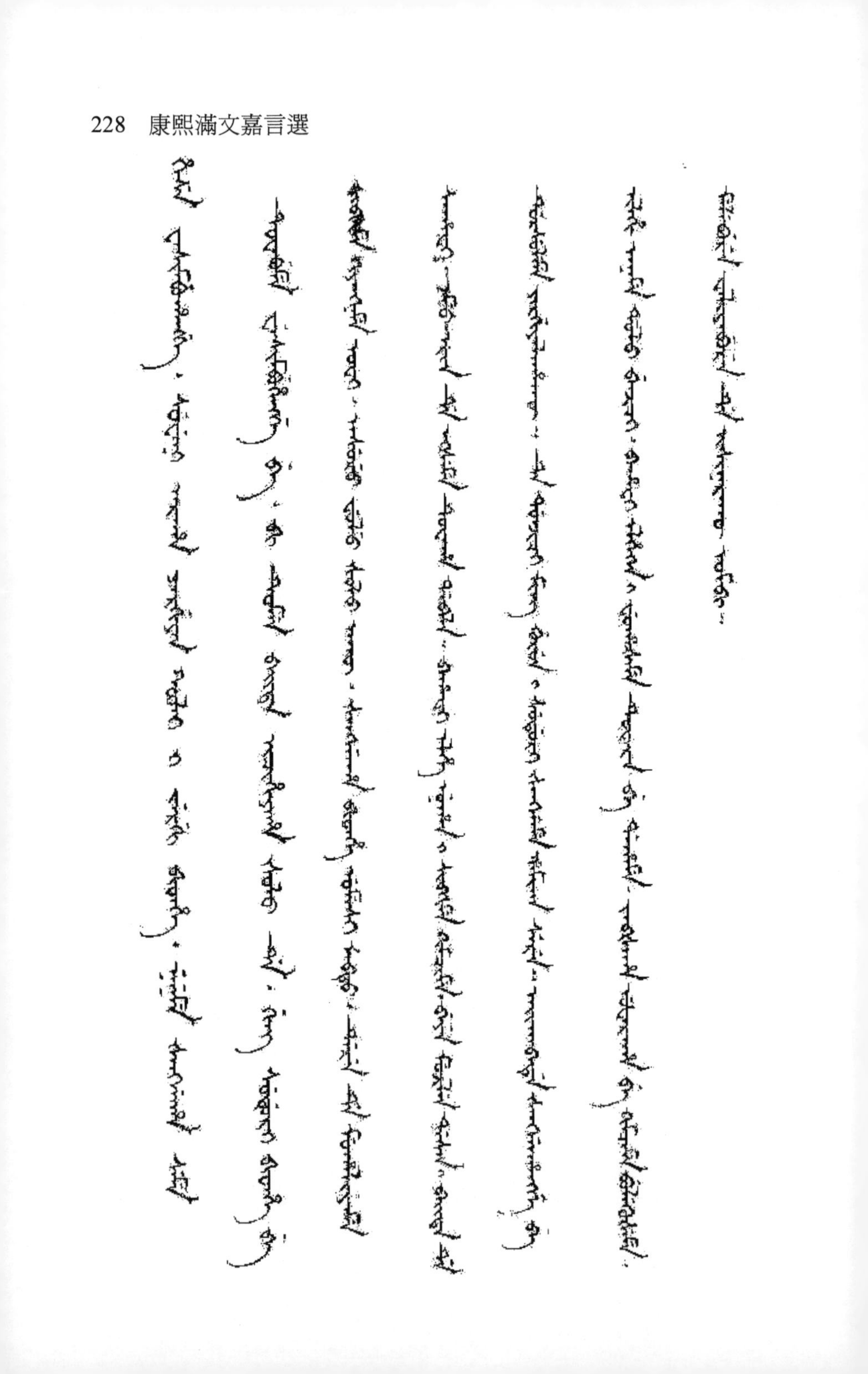

# 一〇四、考鏡得失

hese wasimbuhangge, suweni araha yargiyan kooli i jergi bithe, neneme šanggaha seme tuwabume wesimbuhengge be, bi tumen baita icihiyaha šolo de, ging suduri bithe be sibkime giyangname ofi, asuru fulu šolo akū, šanggaha bithe umesi labdu, dere de muhaliyame sahafi, emu erin de ekšeme tuwaha dabala. bahafi elhe nuhan i sibkime kimcime, beye mujilen dasan i baita de dursuleme yargiyalahakū. te donjici ming gurun i suduri šanggame hamika sere. aikabade šanggahangge be ilhi aname dolo benjici, bahafi elheken i fuhašame tuwara be dahame, jabšaha ufaraha be kimcime bulekušeme, melebure waliyabure de isinarakū ombi.

---

諭曰：爾等所修實錄等書，往日告成呈覽，朕萬幾之餘，講求經史，無多晷暇，而成書盈帙，堆積几案，一時急于披閱，未得從容研索體驗于身心政事。今聞明史將次成書，若將已成者以次送進，亦可徐徐繙閱，考鏡得失，不致遺漏。

---

谕曰：尔等所修实录等书，往日告成呈览，朕万几之余，讲求经史，无多晷暇，而成书盈帙，堆积几案，一时急于披阅，未得从容研索体验于身心政事。今闻明史将次成书，若将已成者以次送进，亦可徐徐翻阅，考镜得失，不致遗漏。

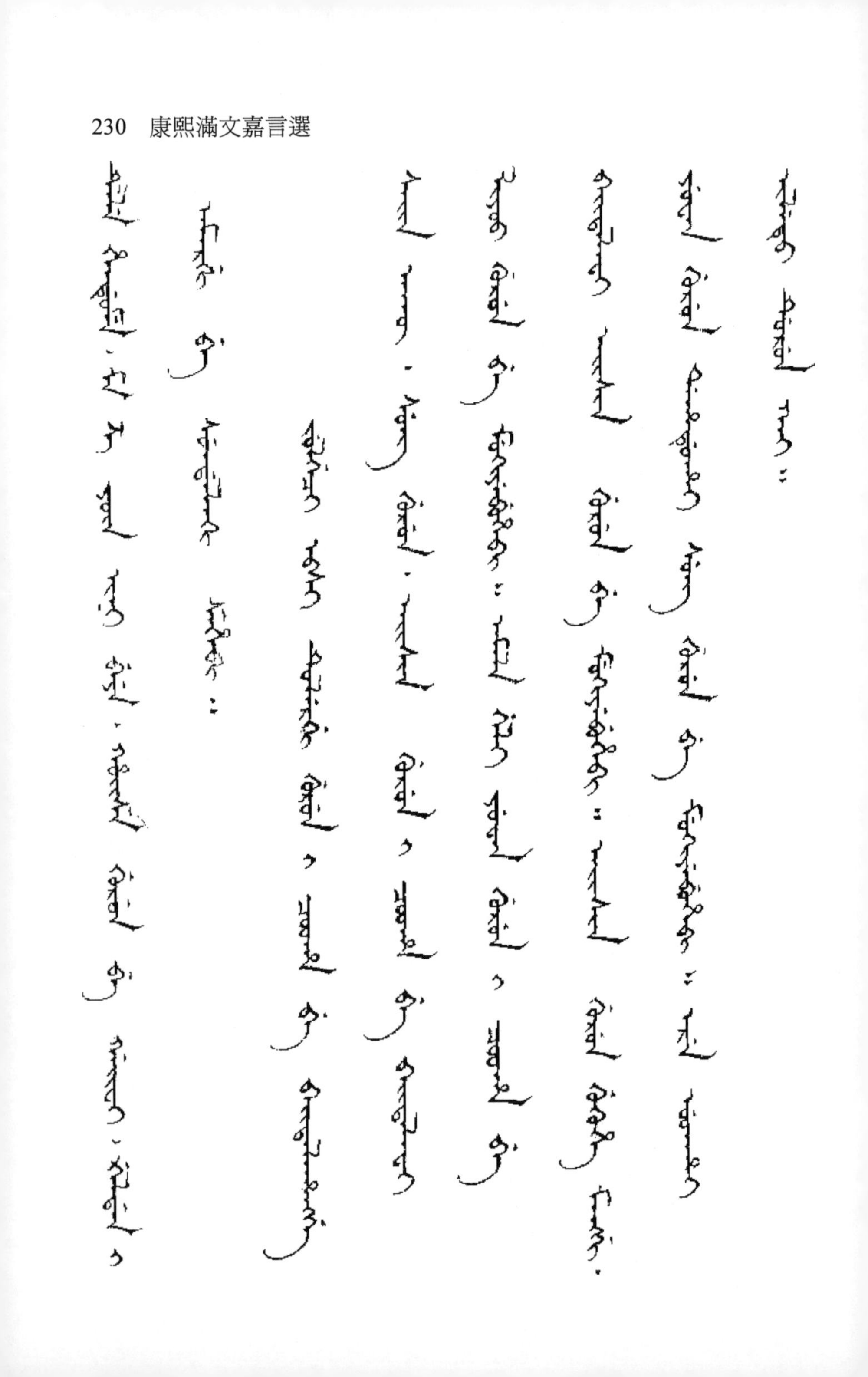

# 一〇五、遼宋金元

dele hendume, ma dz yūn ini beye, hoise gurun be gaifi, g'aldan i amargi be sundalaki sehebi. julgeci ebsi tulergi gurun i cooha be baitalahangge sain akū, sung gurun, aisin gurun i cooha be baitalafi liyoo gurun be mukiyebuhebi. amala geli yuwan gurun i cooha be baitalafi aisin gurun be mukiyebuhebi. aisin gurun gukuhe manggi, yuwan gurun dahaduhai sung gurun be mukiyebuhebi. ere uthai iletu durun kai.

---

上曰：馬子雲欲率回子國襲噶爾丹之後。自古以來，用外國之兵，鮮有善者。宋用金兵以滅遼，後復用元兵以滅金，金既滅，元遂滅宋，此其明驗也。

---

上曰：马子云欲率回子国袭噶尔丹之后。自古以来，用外国之兵，鲜有善者。宋用金兵以灭辽，后复用元兵以灭金，金既灭，元遂灭宋，此其明验也。

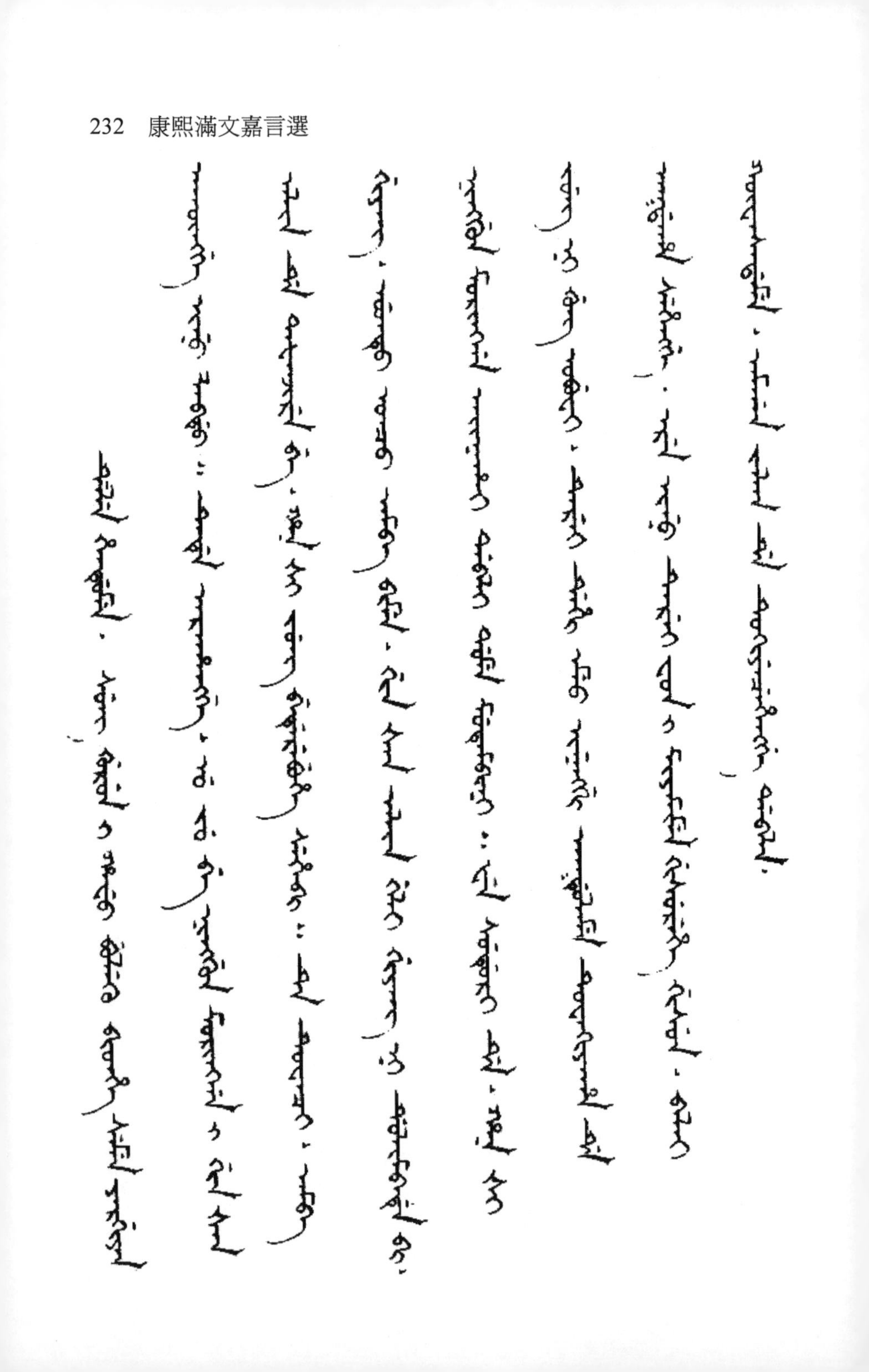

[illegible]

[illegible]

[illegible]

[illegible]

[illegible]

[illegible]

[illegible]

[illegible]

# 一〇六、飛渡長江

dele hendume, sung gurun i hafu buleku bithe seme yargiyan akūngge inu labdu. tede arahangge, u ju be ninggun moringga i gin šan alin de tafanjire be, han ši jung bederebuhe sehebi. te tuwaci, amba giyang, uttu onco amba bime, gin šan alin geli giyang ni dulimbade bi, ninggun moringga ainahai dabali dome mutembini. fe suduri de, han ši jung ni gung obufi, terei dehi emu inenggi akdulame tuwakiyaha de akdaha sehengge, ere inu terei fon i miyamime gisurehe gisun, balai kūwasadame, amaga jalan de tukiyecehengge dabala.

---

上曰：宋《通鑑》其書，亦多失實。如所載，兀朮以六馬登金山，爲韓世忠所阻。今觀大江如此遼闊，金山在江中央，六馬豈能飛渡耶？舊史歸功韓世忠，賴其堅守四十一日，此不過當時粉飾之談，妄爲誇張，以誇耀後世耳！

---

上曰：宋《通鉴》其书，亦多失实。如所载，兀朮以六马登金山，为韩世忠所阻。今观大江如此辽阔，金山在江中央，六马岂能飞渡耶？旧史归功韩世忠，赖其坚守四十一日，此不过当时粉饰之谈，妄为夸张，以夸耀后世耳！

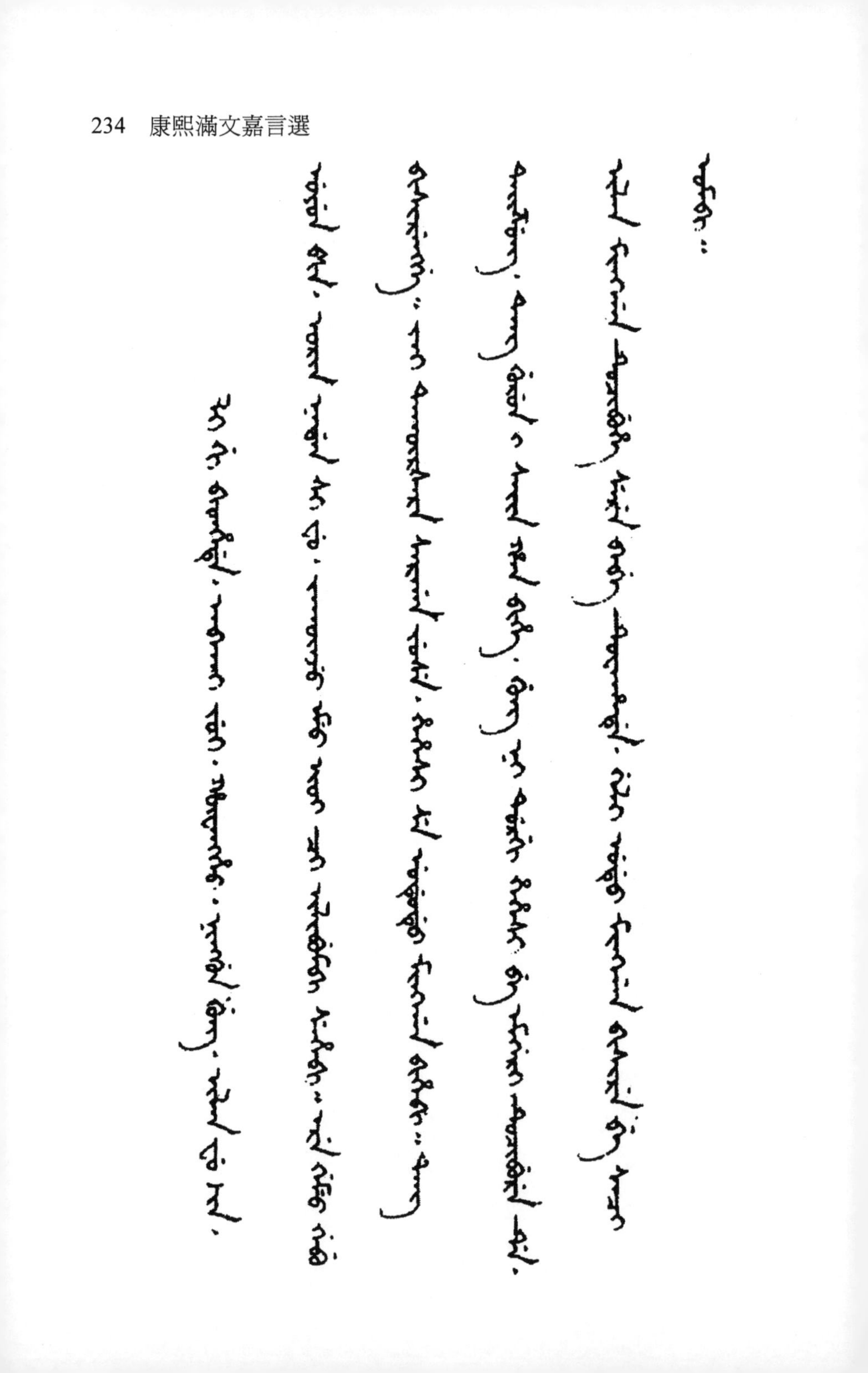

# 一〇七、六宮粉黛

li gi bithede, abkai jui, hūwangheo, ninggun gung, ilan fu žin, uyun pin, orin nadan ši fu, jakūnju emu ioi ci ilibumbi sehebi. ere gemu gebu bisirengge. jai takūršara sargan juse, hehesi se ududu minggan bihebi. tang taidzung, tang gurun i sain han bihe, gung ni dorgi hehesi be emgeri tucibure de, ilan minggan tucibuhe sere babe tuwahade, geli udu minggan bisire be saci ombi.

---

《禮記》云，天子、后立六宮、三夫人、九嬪、二十七世婦、八十一御妻，此皆有名數者。至所使宮人、婦女，以數千計。唐太宗乃有唐令主，觀其一次遣發宮人，已及三千，則其餘更有數千人可知。

---

《禮記》云，天子、后立六宮、三夫人、九嬪、二十七世婦、八十一御妻，此皆有名數者。至所使宮人、婦女，以數千計。唐太宗乃有唐令主，觀其一次遣發宮人，已及三千，則其餘更有數千人可知。

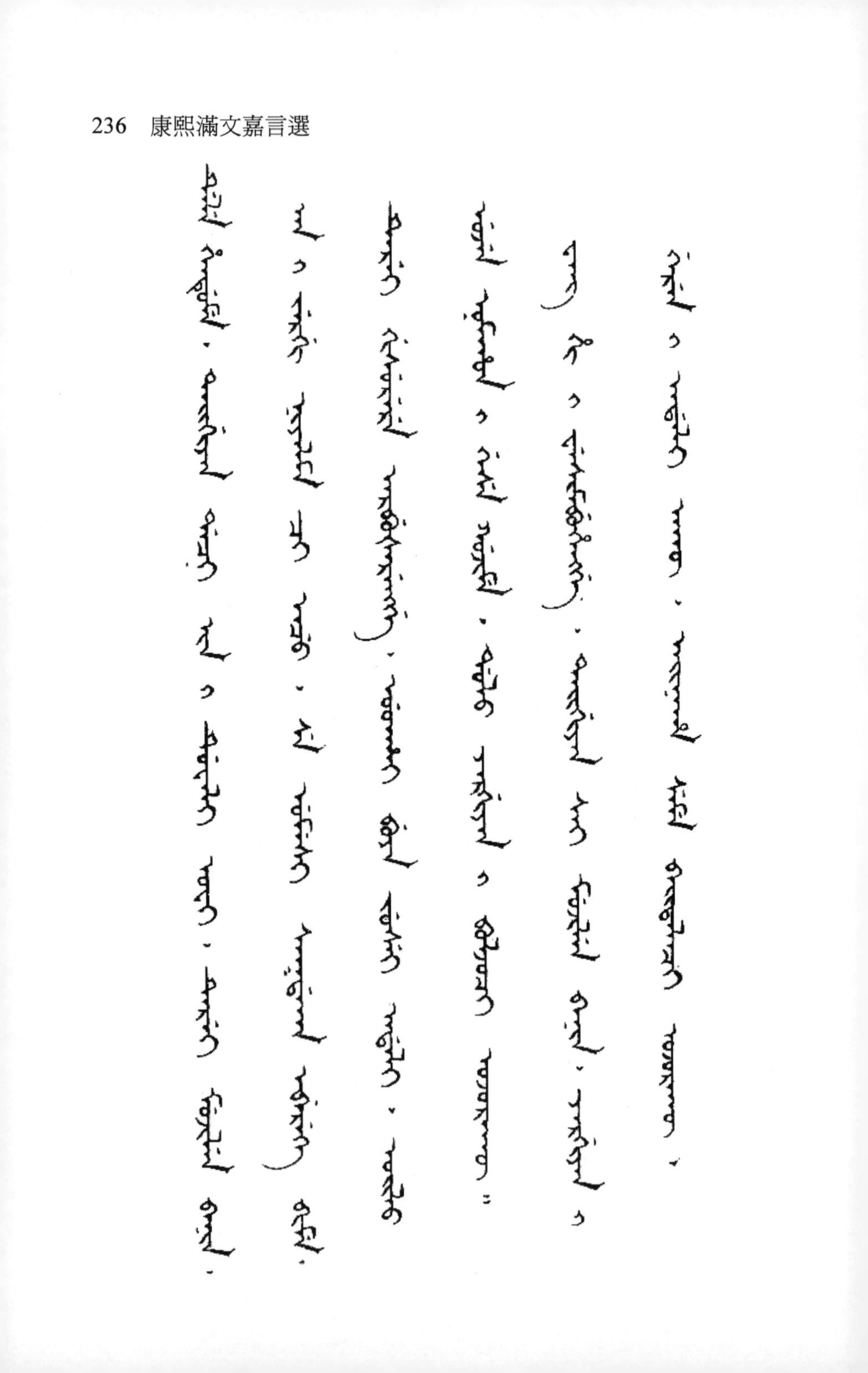

[illegible]

[illegible]

[illegible]

[illegible]

[illegible]

[illegible]

# 一〇八、太監心性

dele hendume, taigiyan daci in i duwali ofi, terei mujilen banin, an i jergi niyalma ci encu, se umesi sakdaka ebereke bime, terei gisurere arbušarengge, uthai buya jusei adali, oilo ujen nomhon i gese gojime, dolo yargiyan i boljoci ojorakū. wang hi i wesimbuhengge, taigiyan sai mujilen banin, yargiyan i geren i adali akū, ainaha seme baitalaci ojorakū.

---

上曰：太監原屬陰類，其心性與常人不同，有年已衰老，而言動尚若嬰兒，外似謹厚，中實叵測。王熙奏曰：太監心性，果與眾不同，終不可用。

---

上曰：太监原属阴类，其心性与常人不同，有年已衰老，而言动尚若婴儿，外似谨厚，中实叵测。王熙奏曰：太监心性，果与众不同，终不可用。

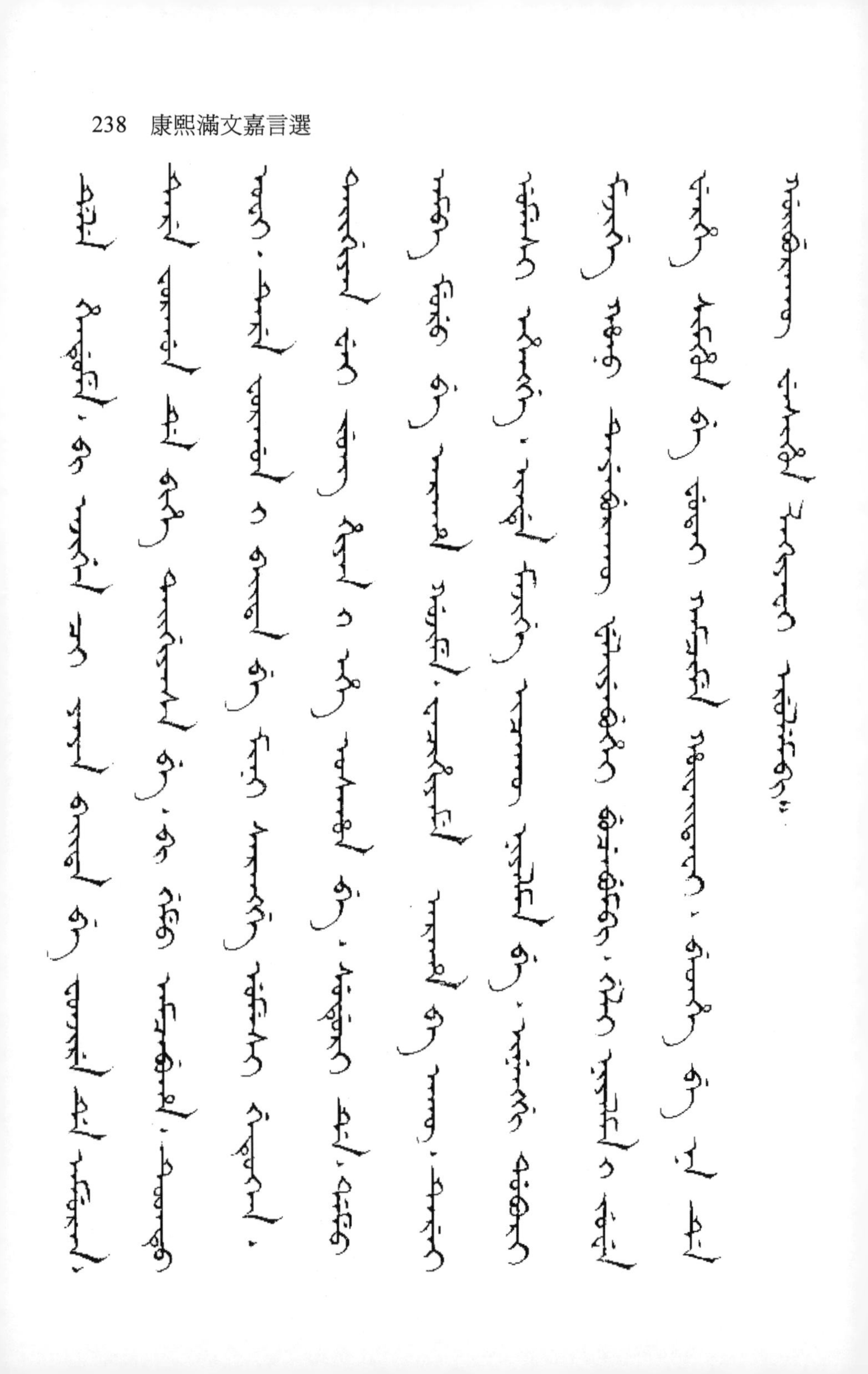

# 一〇九、太監惡跡

dele hendume, bi ajigen ci yaya baita be fonjire de amuran, tere forgon de bihe taigiyasa be, bi gemu amcabuha, tuttu ofi, tere forgon i baita be mini sarangge umesi getuken, taigiyan wei jung hiyan i ehe oshon be, suduri de, damu amba muru be araha gojime, wacihiyame araha ba akū, terei umesi ehengge, inde majige icakū niyalma be, inenggi dobori majige hono teyeburakū feliyebuhei bucebumbi, geli niyalma i juwe ferhe simhun be futai kamcime hūwaitafi, bethe be na de goiburakū wesihun lakiyafi erulembi.

---

上曰：朕自冲齡即每事好問，彼時之太監，朕皆及見之，所以彼時之事，朕知之甚悉。太監魏忠賢惡跡，史書僅書其大略，並未詳載，其最惡者，凡有拂意之人，即日夜不令休息，逼之步走而死。又併人之二大指，以繩拴而懸之於上，兩足不令著地，而施之以酷刑。

---

上曰：朕自冲龄即每事好问，彼时之太监，朕皆及见之，所以彼时之事，朕知之甚悉。太监魏忠贤恶迹，史书仅书其大略，并未详载，其最恶者，凡有拂意之人，即日夜不令休息，逼之步走而死。又并人之二大指，以绳拴而悬之于上，两足不令着地，而施之以酷刑。

ᡤᡝᠮᡠ ᠪᠣᡩᠣᠴᡳ᠈ ᠵᠠᡴᠠ ᠨᡳ᠈ ᡳᠨᡝᠩᡤᡳ ᡝᡵᡳᠨ ᠨᡳ᠈ ᠵᡠᠸᡝ ᡝᡵᡝ ᡨᡠᡴᡳᠶᡝᠪᡠᡥᡝᡩᡝ

ᠰᡝᡵᡝᠩᡤᡝ ᠰᠠᡳᠨ ᡤᡠᠩᡤᡝᠩᡤᡝ᠈ ᡝᡵᡝᠩᡤᡝ ᡳ ᡨᡠᠸᡝᡵᡳ᠈ ᠪᠣᠯᠣᠴᡳ ᡳ ᠪᠣᡩᠣᡵᠣᠩᡤᡝ᠈

ᡤᡝᡵᡝᠨ ᠪᡝ ᠰᠠᡵᡴᡡ ᡥᠣᠨ ᠰᠠᡳᠨ ᠪᡝ᠈ ᡝᠵᡝᡴᡝ᠈ ᠰᠠᡳᠨ ᡤᡝᠨᡤᡝᠨ ᡤᡠᠨᡳᠨ ᠮᠣᠵᡳᠩᡤᡝ ᠪᡝ᠈

ᡤᡠᠪᠴᡳ ᠪᡝ ᠰᡝᡵᡝᠩᡤᡝ ᠪᡝ ᡝᠴᡳᡴᡝ ᠰᡝᡵᡝᠩᡤᡝ ᡠᠮᡝᠰᡳ ᠵᡝᡨᡝᡵᡝ ᡳᠨᡝᠩᡤᡳᡩᡝ᠈

ᡠᡨᡨᡠ ᡩᡝ ᠰᡳᠨᡩᠠᡵᠠ ᡝᡵᡝ ᡨᠠᠴᡳᡥᡳᠶᠠᠨ ᠪᡝ ᠵᠣᡵᡳᡥᠠᠩᡤᡝ᠈ ᠮᡠᡩᠠᠨ ᠪᡳ ᠰᡝᡵᡝ ᠨᡳᠶᠠᠯᠮᠠ ᠪᡝ ᡝᠯᡝ ᡠᡵᡠᠨᡩᡝ ᠪᡳ ᠪᡳᡥᡝ᠈

ᠰᠠᠰᠠ ᡨᡠᠸᠠᠴᡳ ᡩᡝ ᠰᡳᠮᠪᡝ ᠰᠠᡳᠨ ᠵᡠᡵᡤᠠᠨ ᡩᡝ ᡨᡠᠸᡝᡵᡳ ᡝᠮᡠ᠈ ᠵᠠᡴᡡᠨ ᠪᡝ ᠠᠯᡳᡥᠠᠩᡤᡝ ᠠᠮᠠᡵᡤᡳ᠈

ᡝᠨᡝᡵᡤᡳ ᡩᡝ ᠰᠠᡳᠨ ᡤᡝᠨᡤᡝᠨ ᠪᡝ ᡝᠵᡝᡴᡝ᠈ ᡩᠣᡵᠣᠨ ᡳ ᠠᡴᡩᡠᠨ ᠪᡝᡳᡝ ᡳᠨᡝᠩᡤᡳ ᠵᡠᡵᡤᠠᠨ ᠪᡝ ᠵᠠᡴᠠᠩᡤᠠ

ᠰᡝᡵᡝ ᠰᡝᠮᡝ ᠪᠣᡩᠣᠮᡝ᠈ ᡝᠮᡠ ᠨᡳᠶᠠᠯᠮᠠ ᡳ ᡨᡠᡵᡤᡠᠨ ᠪᡝ ᡤᡳᠰᡠᡵᡝᠩᡤᡝ ᡤᡝᠮᡠ ᠠᡴᡡ ᠪᡳᡥᡝ ::

# 一一〇、太監亡明

ming gurun i wang jen, lio gin, wei jung hiyan se oshodome weile arame yabuhangge ele dabanahabi, cung jen i fonde, taigiyasa i hoki be wahangge yargiyan i sain dasan seci ombi. damu ming gurun i gukuhe be taigiyasa de gukuhe sere be, bi oci tuttu waka sembi, ming gurun i dubei forgon de, hoki hebe acafi der seme temšendume geren ambasa jase jecen, še ji be gūnirakū, damu meni meni hoki duwali i etere anabure baita be oyonggo obufi yabuhabi. urunakū gukure be mergen ursei sara teile akū, gurun i doroi efujehe be yooni taigiyasa de obufi, dorgi taigiyasa i baita be saliha turgun seme leoleci ombio.

---

明之王振、劉瑾、魏忠賢輩罪惡尤甚，崇禎時，誅鋤閹黨，極爲善政，但謂明之亡，亡於太監，則朕殊不以爲然。明末朋黨紛爭，在廷諸臣置封疆社稷於度外，惟以門戶勝負爲念，不待智者知其必亡，乃以國祚之巔覆，盡委罪於太監，謂由中璫用事之故，烏得爲篤論。

---

明之王振、刘瑾、魏忠贤辈罪恶尤甚，崇祯时，诛锄阉党，极为善政，但谓明之亡，亡于太监，则朕殊不以为然。明末朋党纷争，在廷诸臣置封疆社稷于度外，惟以门户胜负为念，不待智者知其必亡，乃以国祚之巅覆，尽委罪于太监，谓由中珰用事之故，乌得为笃论。

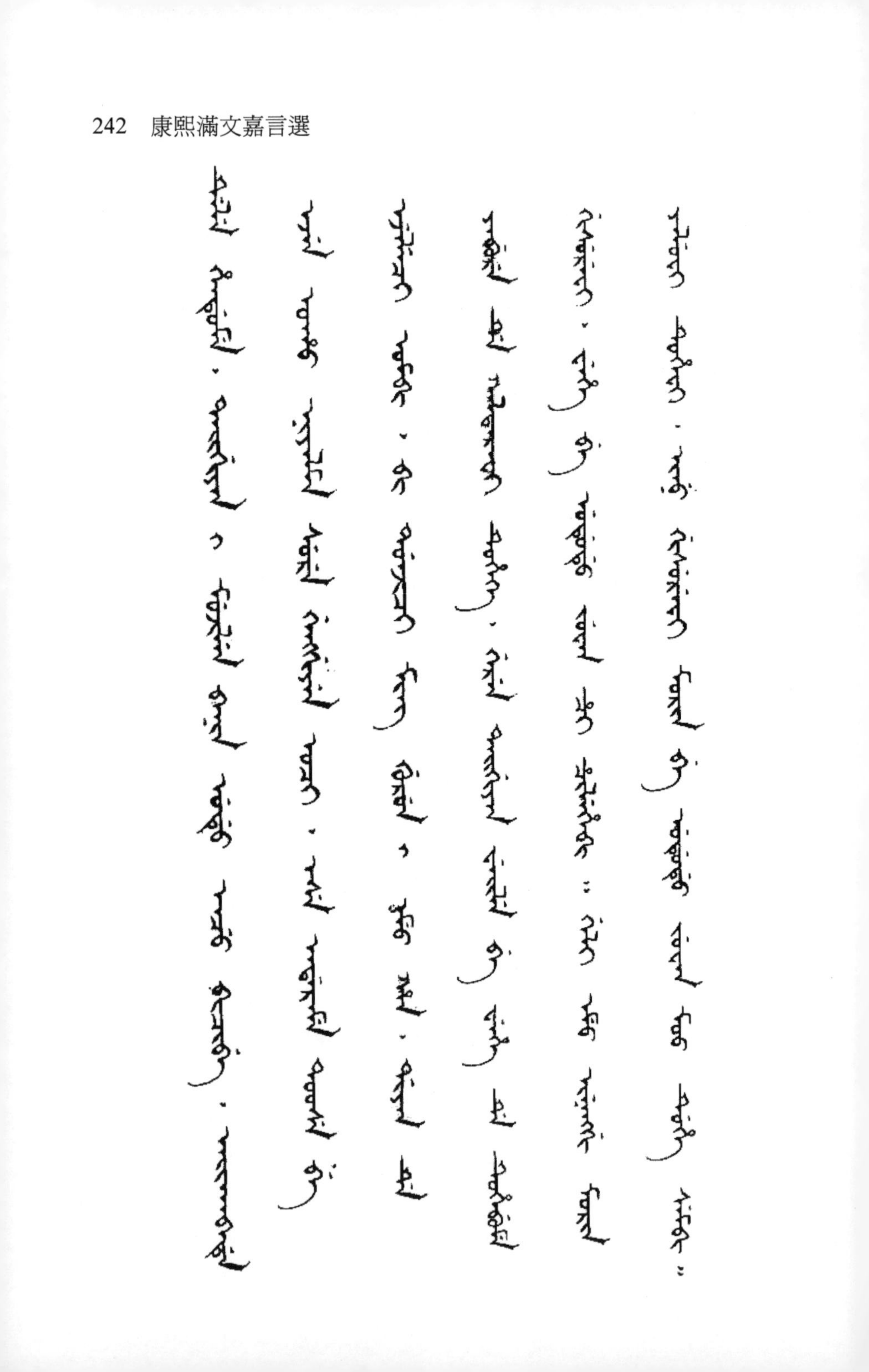

# 一一一、明主失足

dele hendume, taigiyan i mujilen banin udu encu bicibe, aikabade ejen oho niyalma sure genggiyen oci, ese adarame toose be ejeleci ombi, bi donjici ming gurun i emu han, diyan de yabure de kaltarafi tuheke, geren taigiyan weile be wehe de tuhebume gisurefi, wehe be ududu juwan cy cylehebi. geli emu inenggi morin yalufi tuhefi, inu gisurefi morin be ududu juwan moo duhe sembi.

---

上曰：太監心性雖殊，若人主英明，此輩何由弄權。朕聞有一明主，偶行殿上，失足。眾太監歸罪於石，議笞石數十。又有一日，乘馬而墮，亦議責馬數十板。

---

上曰：太监心性虽殊，若人主英明，此辈何由弄权。朕闻有一明主，偶行殿上，失足。众太监归罪于石，议笞石数十。又有一日，乘马而堕，亦议责马数十板。

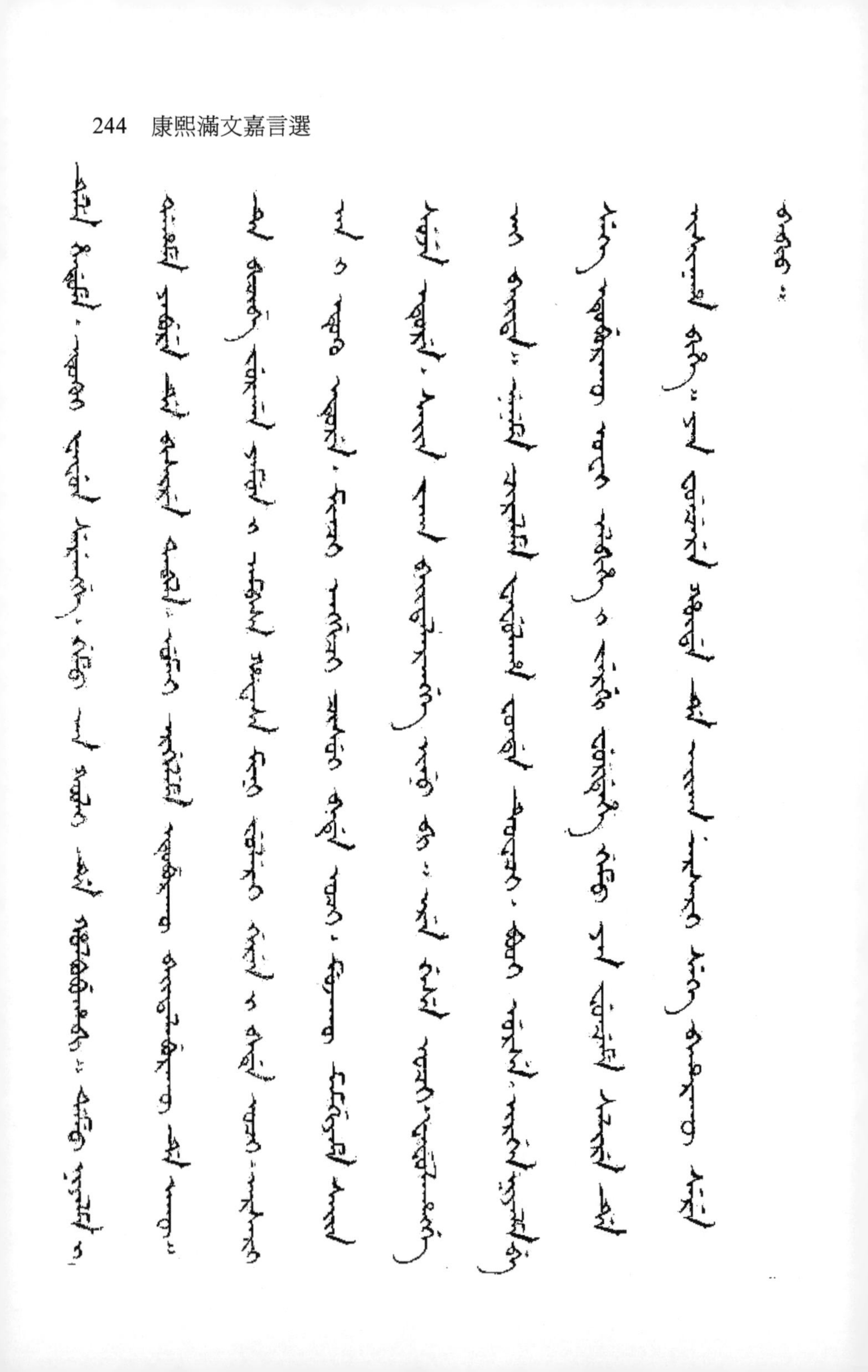

# 一一二、衣服制度

dele hendume, etukui fafun serengge, gemu an kooli de holbobuhabi. damu niyalma i dahame yabure de bisire dabala, umai ergeleme etuburakū baitalaburakū de akū. te bicibe jurgan yamun i ambasa hafasa mini juleri geren i bade oci, arsari an i etuku eture, minci enggici cisui bade oci, mujakū mamgiyame sain suje eture, sain jaka baitalarangge inu bi. ere gese oci, fafulahangge ai baita. neneme ciralame fafulaha fonde tuwaci, booi urse, irgen niyalma be seke etuburakū ofi elbihe i jergi furdehe gemu yan funceme salire de isinaha bihe. yan funcere hūda de aika arsari seke baharakū sere babio.

---

上曰：衣服制度有關風俗，惟在人能恪遵耳，不在強制之使不得服用，即今部院官員在朕前及廣眾之中，每服尋常衣服，其不在朕前及平居時，卻過於靡麗，衣美衣用美物者有之，如此雖申飭何用？從前立法嚴禁時，因家僕及平民不許用貂，以致貉皮等價每張貴至一金有餘。夫價至一金以外，豈有不得平常貂皮之理？

---

上曰：衣服制度有关风俗，惟在人能恪遵耳，不在强制之使不得服用，即今部院官员在朕前及广众之中，每服寻常衣服，其不在朕前及平居时，却过于靡丽，衣美衣用美物者有之，如此虽申饬何用？从前立法严禁时，因家仆及平民不许用貂，以致貉皮等价每张贵至一金有余。夫价至一金以外，岂有不得平常貂皮之理？

ᠪᠣᡩᠣᠴᡳ · ᠠᠰᡠᡵᡠ ᠪᠣᠯᠣᡥᠣ ᠪᡝ ᠠᠮᠠ ᠪᠣᠵᡳ ᠨᡳᠶᠠᠯᠮᠠ ᡳ ᡤᡝᠮᡠ ᠪᡝ ᠪᠠᡥᠠᠮᡝ ᠮᡠᡨᡝᠮᠪᡳ ·
ᡥᡡᠸᠠᡧᠠᠪᡠᠮᠪᡳ ᠰᡝᡵᡝ ᡤᡡᠨᡳᠨ ᠪᡝ ᡤᡝᠮᡠ ᠰᡳᠯᡳᠮᡝ ᠨᡳᠶᠠᠯᠮᠠ ᡳ ᡩᠣᡵᠣ ᠪᡝ ᡨᡠᠸᠠᡴᡳᠶᠠᠮᡝ ᠮᡠᡨᡝᡵᡝ ᡤᡝᠮᡠ ᠪᡝ ᡥᡡᠸᠠᡧᠠᠪᡠᡥᠠ ᠪᡳ ·
ᠵᠠᡴᠠ ᡳ ᡩᡝ ᡤᡝᠮᡠ ᠰᡠᠸᡝ · ᡨᡝ ᡳᠨᡠ ᠰᠠᡳᠨ ᡨᡠᠸᠠᠮᠪᡳ ᡳ ᡤᡝᠮᡠ ᠪᡝ ᠰᠠᡳᠨ ᠠᠮᠪᠠ ᠪᡝ ᠪᠠᡥᠠᡵᠠ ᠰᡝᠮᡝ ᠪᡳ ·
ᡥᡡᠸᠠᠯᡳᠶᠠᠰᡠᠨ ᠰᠠᠮᠪᡳ ᠪᠣᡩᠣᠨ · ᡨᡠᠮᡝᠨ ᡝᡵᡝ ᠨᡳᠶᠠᠯᠮᠠ ᠪᡝ ᠪᠠᡥᠠᠮᡝ ᡥᡡᠸᠠᡧᠠᠪᡠᡥᠠ ᠪᡝ · ᠰᡠᠸᠠᠨ ᠪᡝ ·
ᡳᠨᡠ ᡝᡵᡝ ᡳ ᠠᠮᠪᠠ ᡥᡡᠸᠠᡧᠠᠪᡠᠮᠪᡳ ᠪᡝ ᡨᡠᠸᠠᠮᡝ ᠪᡳ · ᡝᡵᡝ ᡳᠨᡠ ᠪᡝ · ᡨᡠᠮᡝᠨ ᡝᠮᡠ ᡤᡡᠨᡳᠨ ·
ᡥᡡᠸᠠᡧᠠᠪᡠᡥᠠ ᠪᡝ ᠪᡳ ᡨᡠᠸᠠᡴᡳᠶᠠᠮᡝ ᠨᡳᠶᠠᠯᠮᠠ · ᡩᡝ ᠨᡝᡳᡥᡝ ᠰᠠᠮᡝ ᡳᠨᡠ ᠪᡳ ·
ᡤᡝᠮᡠ ᠪᡝ ᡥᠣᠰᡳᠪᡠᠮᡝ ᠨᡳᠶᠠᠯᠮᠠ ᠪᡝ ᡥᡡᠸᠠᡧᠠᠪᡠᡥᠠ · ᡥᡡᠰᡠᠨ · ᡥᠠᡵᠠᠮᡝ ᡨᡠᠸᠠᠮᠪᡳ · ᡥᡡᠰᡠᠨ ᠪᠠᡥᠠᠮᠪᡳ ·
ᠪᡝᠶᡝ ᠪᡝ ᡥᠣᡨᠣᠨ ᡳ ᠠᠮᠪᠠ ᡳᠴᡳᡥᡳᠶᠠᠮᡝ ᡤᡝᠮᡠ ᡝᡵᡝ · ᡨᡝᡳᠰᡠ · ᠰᡠᠸᡝ · ᡨᡝᠮᡝ ᡳᠨᡠ ᠪᡳ ·
ᠪᠣᡩᠣᠴᡳ · ᡳᠨᡠ ᡳᠨᡠ ᡤᡝᠮᡠ ᡩᡝ ᡥᡡᠸᠠᡧᠠᠪᡠᡥᠠᠩᡤᡝ · ᡥᡡᠰᡠᠨ ᡨᡠᠸᠠᠮᠪᡳ ᡤᡝᠮᡠ ᡤᡝᠮᡠ ᠪᡝ ᠪᡳ ·
ᡥᡡᡨᡠᡵᡳ · ᠶᠠᡵᡤᡳᠶᠠᠨ ᠶᠠᡵᡤᡳᠶᠠᠨ ᠰᠠᡳᠨ ᠮᡠᠵᡳᠯᡝᠨ ᠪᡝ ᠪᠠᠨᠵᡳᠪᡠᠮᠪᡳ᠉

# 一一三、創業守成

dele, aliha bithei da sai baru hendume, neneme ming gurun i suduri be banjibume arara geren ambasai weilehe ben gi, liyei juwan udu debtelin be tuwabume wesimbuhe manggi, bi gemu emke emken i akūmbume kimcime tuwafi, hiong sy li de tuwa seme buhe bihe, hiong sy li ciyandz arafi wesimbuhe bade, hūng u, yung lo i ben gi de wakašame leolehe ba labdu, bi gūnici, ming gurun hūng u fukjin doro be ilibuha ejen, gung erdemu umesi amba, siowan de, šanggaha doro be tuwakiyaha mergen ejen, forgon encu, baita adali akū bicibe, gemu emu jalan de faššame yabufi, gung erdemu amaga jalan de tutafi, meni meni ejen oho niyalmai baita be akūmbuhabi.

---

上顧大學士等曰：前纂修明史，諸臣以所編本紀、列傳數卷進呈，朕俱一一披覽，備加覈實，曾示熊賜履，命之看閱，熊賜履具簽奏繳，於洪武、永樂本紀，多有駁論。朕思明洪武爲創業之君，功德甚盛，如宣德則爲守成令主，雖時殊事異，皆能於一代之中奮發有爲功德垂後，各盡爲君之道。

---

上顾大学士等曰：前纂修明史，诸臣以所编本纪、列传数卷进呈，朕俱一一披览，备加核实，曾示熊赐履，命之看阅，熊赐履具签奏缴，于洪武、永乐本纪，多有驳论。朕思明洪武为创业之君，功德甚盛，如宣德则为守成令主，虽时殊事异，皆能于一代之中奋发有为功德垂后，各尽为君之道。

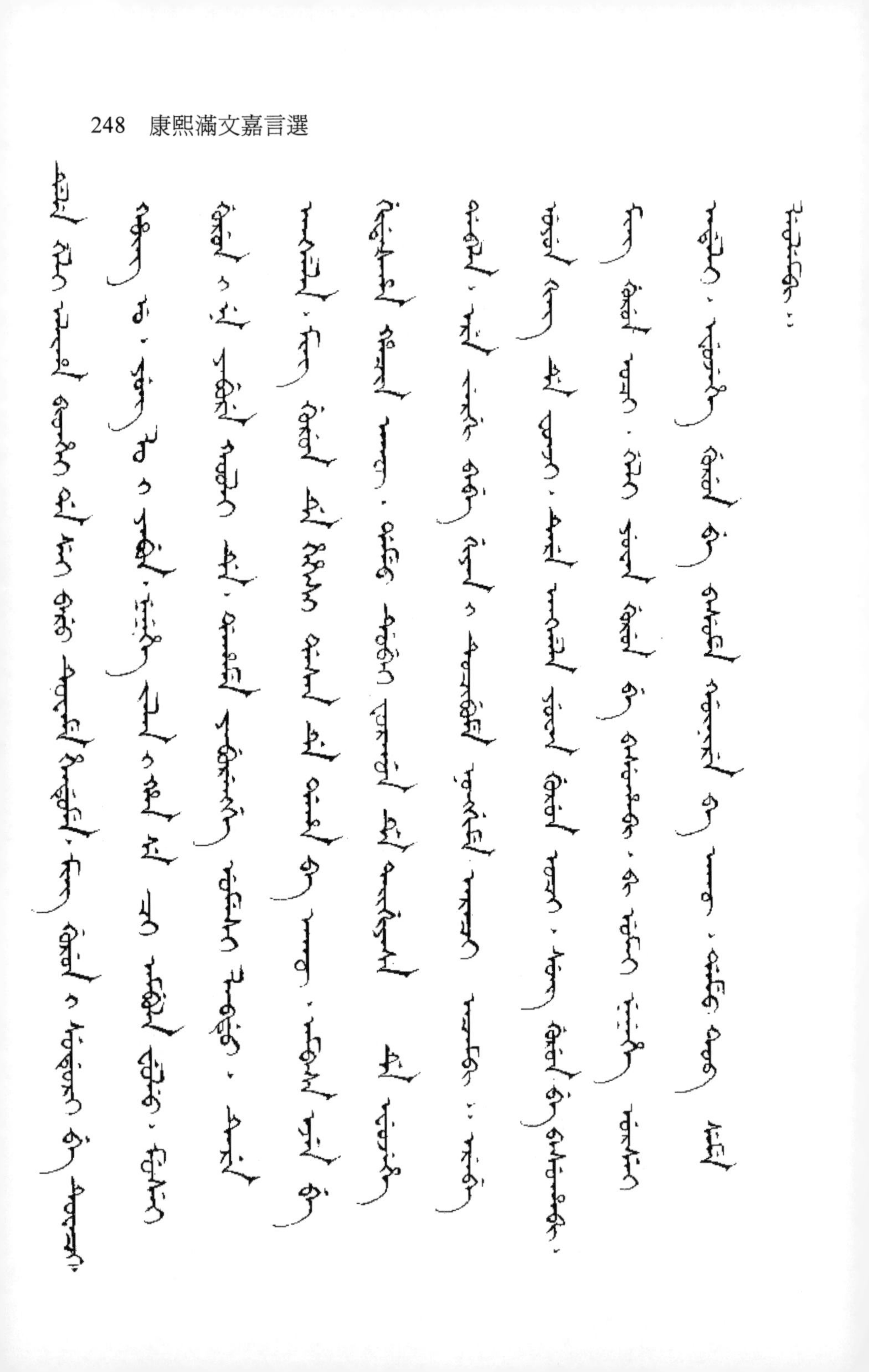

[illegible]

[illegible]

[illegible]

[illegible]

[illegible]

[illegible]

[illegible]

[illegible]

[illegible]

[illegible]

# 一一四、洪武永樂

dele geli aliha bithei da sei baru tuwame hendume, ming gurun i suduri be tuwaci, hūng u, yung lo i yabun, nenehe jalan i han se ci ambula fulu, musei gurun i ne yabure kooli de, dahame yaburengge umesi labdu, tere anggala, ming gurun de hehesi dasan de daha ba akū, ambasa ejen be gidašaha hacin akū, damu dubei forgon de taigiyasa de efujehe dabala, ere jergi babe giyan i tucibume nonggime araci acambi. erebe uyun king de fonji, tere anggala yuwan gurun oci, sung gurun be basuhabi, ming gurun oci, geli yuwan gurun be basuhabi, bi umai nenehe ursei adali, efujehe gurun be basame gūnire ba akū, damu tob seme leolembi.

---

上又顧大學士等曰：觀明史洪武、永樂所行之事，遠邁前王，我朝現行事例，因之而行者甚多，且明代無女后預政，以臣凌君等事。但其輓季壞于宦官耳！若此等處宜爲增入，著問九卿。且元人譏宋，而明復譏元。朕並不似前人，輒譏亡國也，惟從公論耳！

---

上又顾大学士等曰：观明史洪武、永乐所行之事，远迈前王，我朝现行事例，因之而行者甚多，且明代无女后预政，以臣凌君等事。但其挽季坏于宦官耳！若此等处宜为增入，着问九卿。且元人讥宋，而明复讥元。朕并不似前人，辄讥亡国也，惟从公论耳！

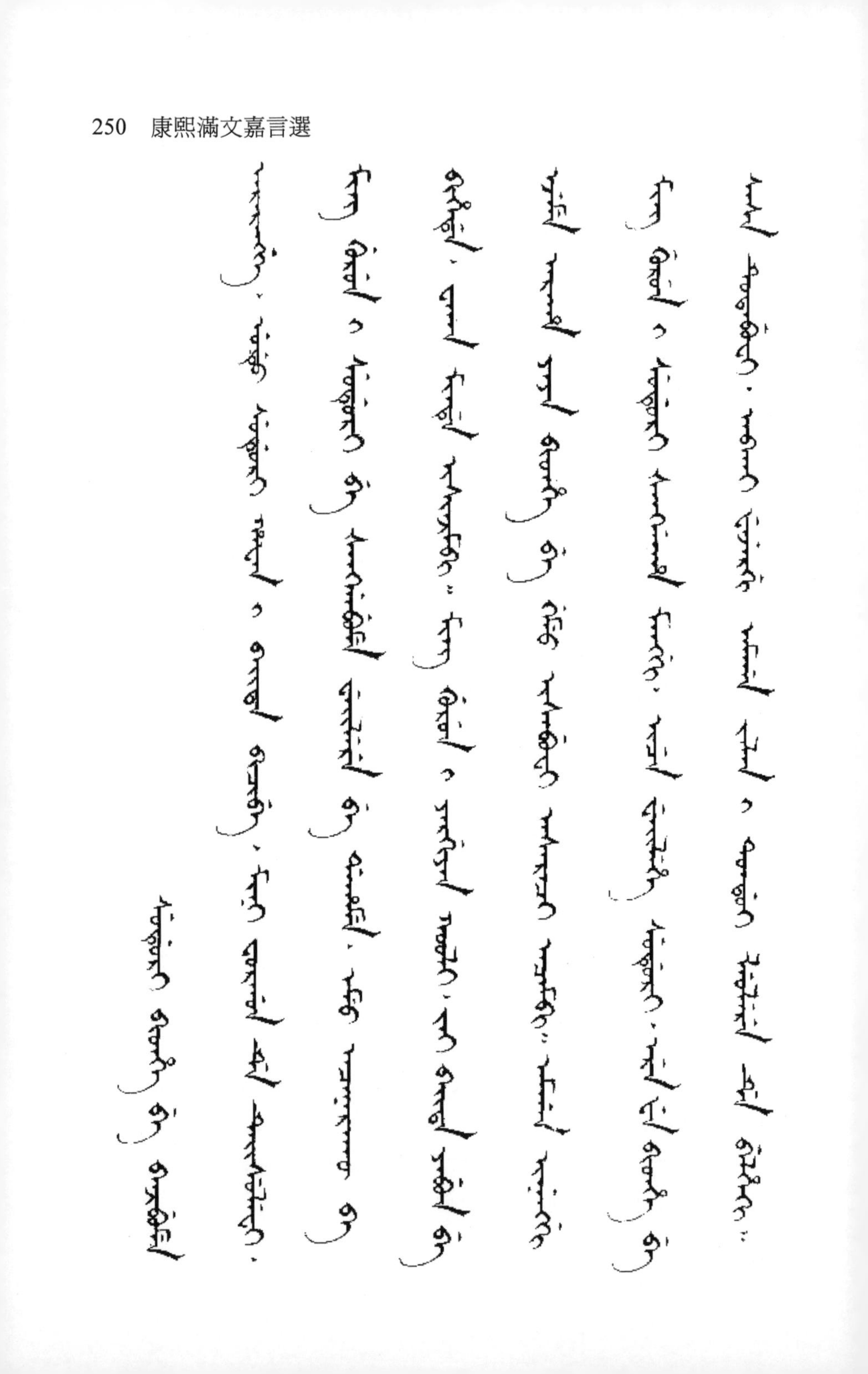

# 一一五、明史公論

suduri bithe be banjibume ararangge, udu suduri hafan i baita bicibe, mini forgon de teisulefi, ming gurun i suduri be šanggabume weilere be dahame, emu acanarakū ba bihede, waka minde isinjimbi. ming gurun i yargiyan kooli, jai baita yabun be ejeme araha yaya bithe be gemu isabufi asaraci acambi. amaga inenggi ming gurun i suduri šanggaha manggi, ice weilehe suduri, ere fe bithe be sasa tutabufi, abkai fejergi amaga jalan i tondoi leolere de belheki.

---

編纂史書，雖屬史官之事，而當朕之時，修成明史，有一失當，則咎將歸朕。明實錄及紀載事蹟，諸書悉應彙輯收貯，日後明史告成，新編之史，與舊著之書，可並存之，以俟公論於天下後世。

---

编纂史书，虽属史官之事，而当朕之时，修成明史，有一失当，则咎将归朕。明实录及纪载事迹，诸书悉应汇辑收贮，日后明史告成，新编之史，与旧着之书，可并存之，以俟公论于天下后世。

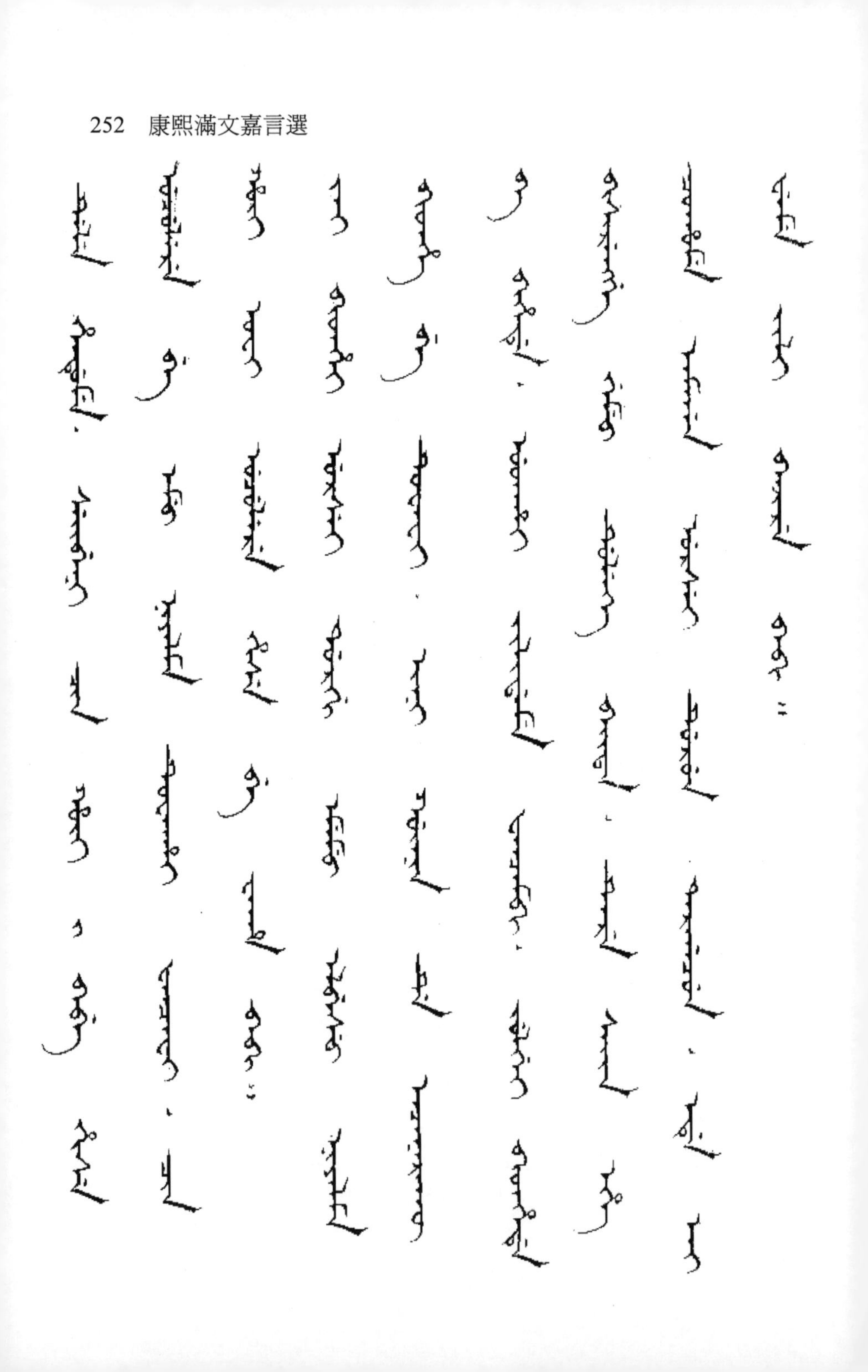

# 一一六、扮演秦檜

dele hendume, seibeni cin hūi i babe hise uculere be, emu niyalma tuwahai fancafi, cin hūi ofi uculere hise be waha babi. jai bithei ursei dorgi ememu elbesu niyalma bithe be tuwafi, ini gūnin de acanarakū ba bihede, uthai jilidame fancambi. julgei bithede bisirengge gemu duleke baita, tere sain ehe cohome amaga ursei durun targacun, ede ai feme jili banjire babi.

---

上曰：向有演秦檜劇者，一人見之憤甚，遂殺扮秦檜者。又讀書人中有一種獃子，看書時，有不合其意者，輒生忿怒。古書所載，皆屬往事，其善惡特爲後人之法戒耳，何必妄生憤怒。

---

上曰：向有演秦桧剧者，一人见之愤甚，遂杀扮秦桧者。又读书人中有一种呆子，看书时，有不合其意者，辄生忿怒。古书所载，皆属往事，其善恶特为后人之法戒耳，何必妄生愤怒。

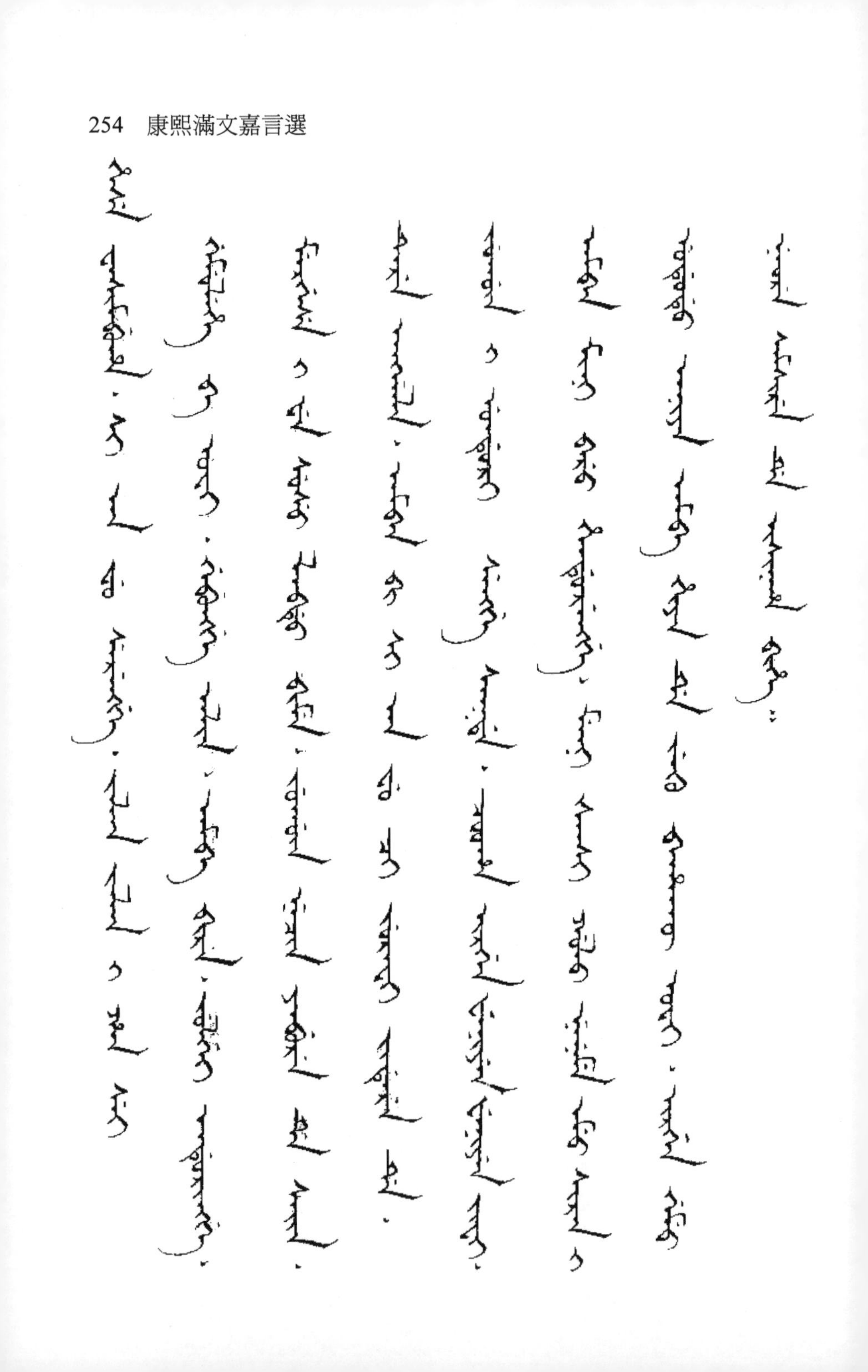

# 一一七、西安古都

hese wasimbuha, si an fu serengge, jalan i han sei gemulehe ba ofi, gebungge alin, amba bira, julgei enduringge, mergese i fe susu labdu bime, jugūn necin yabure de sain, tere anggala, amban bi si an fu ci jurafi jidere de, jugūn i unduri senggi sakda, cooha irgen feniyen feniyen jifi, amban mini baru hendurengge, meni šansi golo neneme emu siran i ududu aniya amba hiya de jeku bahakū ofi, irgen gemu neore samsire de isinaha.

---

奉諭旨，西安府係歷代帝王建都之地，名山大川，古聖先賢之舊蹟既多，而且道路平坦，便於驅馳，況臣由西安府起程時，沿途父老兵民結隊聯群來告臣曰：我陝西地方，向因連年大旱，田穀不登，致百姓盡皆流離。

---

奉谕旨，西安府系历代帝王建都之地，名山大川，古圣先贤之旧迹既多，而且道路平坦，便于驱驰，况臣由西安府起程时，沿途父老兵民结队联群来告臣曰：我陕西地方，向因连年大旱，田谷不登，致百姓尽皆流离。

ᡝᠵᡝᠨ ᡤᡝᠮᡠᡵᡝᠨ᠈ ᠶᠠᠪᡠᠨ ᠪᡝ ᡨᡠᡵᡤᡠᠨ ᡳ ᡤᡳᠰᡠᡵᡝᠨ ᠪᡝ ᠮᡠᡨᡝᠮᡝ ᠪᡝ ᠶᠠᠪᡠᠨ

ᠠᡴᡡᠩᡤᡝ ᠠᡴᡡ ᠪᡝ ᠪᠠᡥᠠᡶᡳ᠈ ᠠᡴᡡᠩᡤᡝ ᡨᡠᡵᡤᡠᠨ ᡳ ᠪᠠᡳᡨᠠ ᠠᡴᡡᠩᡤᡝ ᠠᡴᡡ᠉

ᡳᠨᡝᠩᡤᡳ ᠪᠣᠯᡤᠣ ᠪᡠᠯᡝᡴᡠ ᠪᠣᠯᡤᠣ ᡳ ᠶᠠᠪᡠᠨ ᠪᡝ ᠪᡠᡵᡤᡠᠨ ᠠᡴᡡ ᡤᡝᠮᡠ ᠪᠠᡳᠮᡝ ᡳ

ᠶᠠᠪᡠᡵᡝ ᠪᡳᡨᡥᡝ ᡥᠠᡵᡤᠠ ᠶᠠᠪᡠᠨ᠈ ᠶᠠᠪᡠᠮᠪᡳᡶᡳ ᠪᠠᡳᠮᡝ ᡨᡠᡵᡤᡠᠨ ᡝᠵᡝᠮᡝ ᡤᡝᠮᡠ᠈ ᡤᡝᠮᡠ

ᡳᠰᡳᠨᠠᡵᡝ ᠶᠠᠪᡠᡵᡝ ᠮᡠᡨᡝᠮᡝ᠈ ᠪᡠᠰᡠᡴᡠ ᡨᡠᠸᠠᠮᡝ ᠠᡴᡡ᠉ ᠪᡳᡥᡝ ᠪᠣᠯᡤᠣ ᡳ ᠶᠠᠪᡠᠨ

ᠰᡝᠮᡝᠮᡝ ᠠᡴᡡ᠈ ᠠᡴᡡᠩᡤᡝ ᠶᠠᠪᡠᠨ ᠪᡝ ᠰᡳᠮᠨᡝᡵᡝ ᠠᡥᠠᠰᡳ ᠠᡵᡤᠠ ᠪᡝ ᠠᠮᠪᠠᡴᠠᠨ᠈ ᠠᠮᠪᠠ

ᠨᡳᠩᡤᡠᠨ ᡳ ᠮᡠᠵᡳᠯᡝᠨ ᠪᡝ ᠪᡝᠶᡝ ᡩᡝ᠈ ᠪᡝᡳᡨᡝ ᠪᡠᠰᡠᡴᡠ ᠠᠮᠪᠠᠯᡳᠩᡤᡡ᠉ ᡤᡝᠮᡠ ᡝᡵᡝᠴᡳ

ᠰᡝᠮᡝᠮᡝ ᠪᡝ ᡨᡠᠸᠠᠮᡝ ᡩᡝ᠈ ᠠ᠈ ᠪᡝᠶᡝ ᠰᡝᠮᡝ ᡩᡝ ᠪᡳᡥᡝ᠉

# 一一八、珍存實錄

dele hendume, suduri be weilere de, yargiyan baita be tondoi araci acara be dahame, ainahai untuhun gisun i miyamici ombini. ming gurun, yuwan gurun i suduri be banjibume arara de, bilagan i inenggi, hon hahi ofi, oyonggo baita yooni melebuhe bime, gisun leolen urhu haršakū, umesi tondo akū. ming gurun i suduri weileme šanggaha manggi, yargiyan kooli be gingguleme asarafi, amagan jalan i jalan i kimcime tuwara de temgetu obuci acambi. tere anggala niyalma be leolere de ja, beye yabure de mangga.

---

上曰：修史直書實事，豈宜以空言文飾乎？如明朝纂修元史，限期過迫，以致要緊事務，盡行遺漏，且議論偏僻，甚爲不公。明史修完之日，應將實錄珍存，令後世有所考據。從來論人甚易，自處則難。

---

上曰：修史直书实事，岂宜以空言文饰乎？如明朝纂修元史，限期过迫，以致要紧事务，尽行遗漏，且议论偏僻，甚为不公。明史修完之日，应将实录珍存，令后世有所考据。从来论人甚易，自处则难。

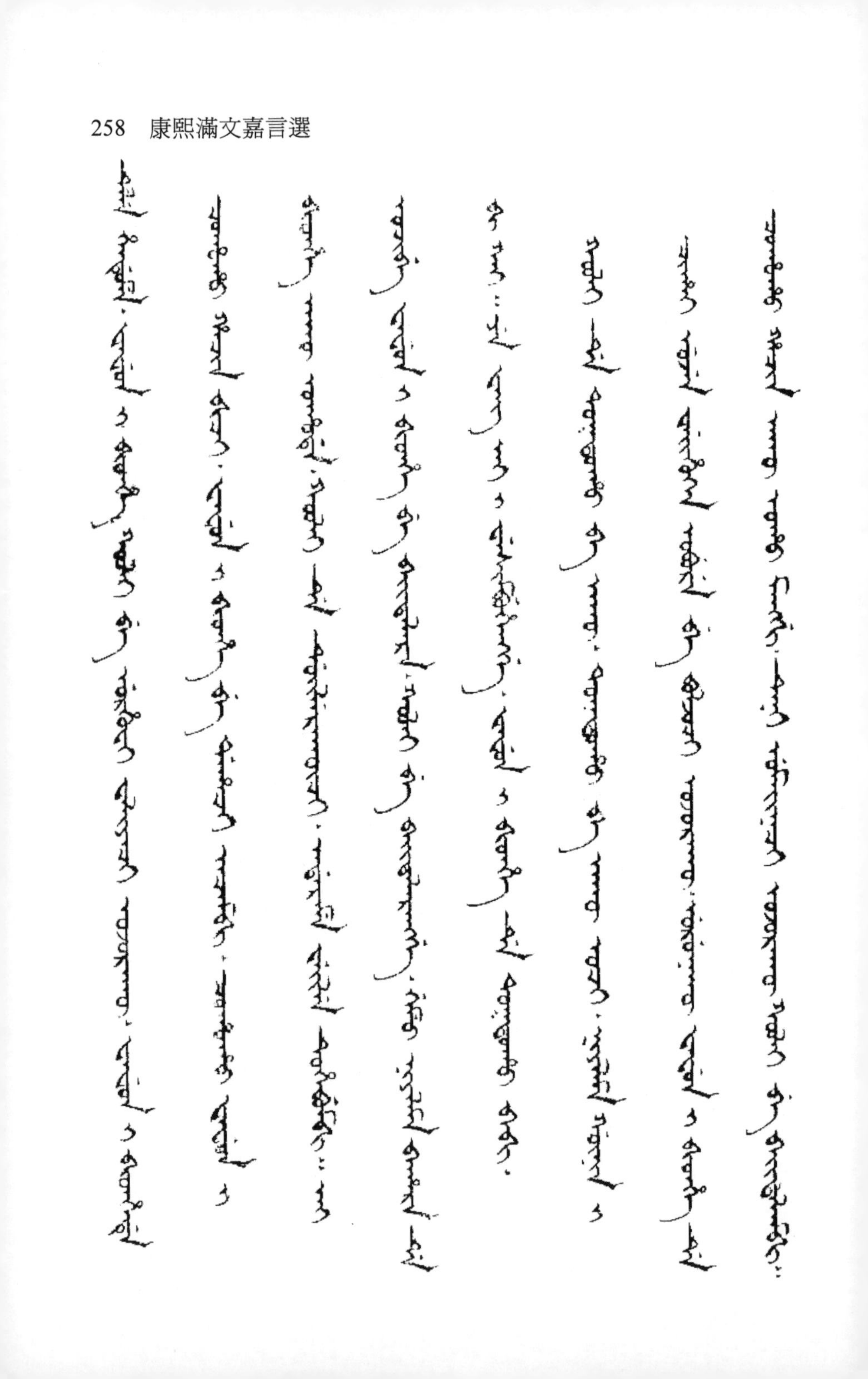

# 一一九、律有正條

dele hendume, fafun i bithe, kooli be urhufi waliyaci ojorakū, fafun i bithede cohoho hacin bici, fafun i bithe be dahaci acambi, cohoho fafun i bithe akū ohode, kooli de duilerakūci, adarame weile tuhebumbi. ai ocibe fafun i bithe be baitalara, kooli be baitalarangge, gemu niyalma bahara de bi kai. ye fang ai i wesimbuhengge, fafun i bithe de toktoho babi, kooli de toktoho ba akū, toktoho ba akū oci, niyalma gūnin i cihai ujen weihuken obure be boljoci ojorakū, urunakū fafun i bithe de cohoho hacin akū oho manggi, teni umainaci ojorakū kooli be baitalambi.

---

上曰：律與例不容偏廢，律有正條，自應從律，若無正律，非比例何以定罪。總之，用律用例，俱在得人，葉方藹奏曰：律有定，例無定，無定者，恐人得意爲輕重，必律無正條，不得已方可用例。

---

上曰：律与例不容偏废，律有正条，自应从律，若无正律，非比例何以定罪。总之，用律用例，俱在得人，叶方蔼奏曰：律有定，例无定，无定者，恐人得意为轻重，必律无正条，不得已方可用例。

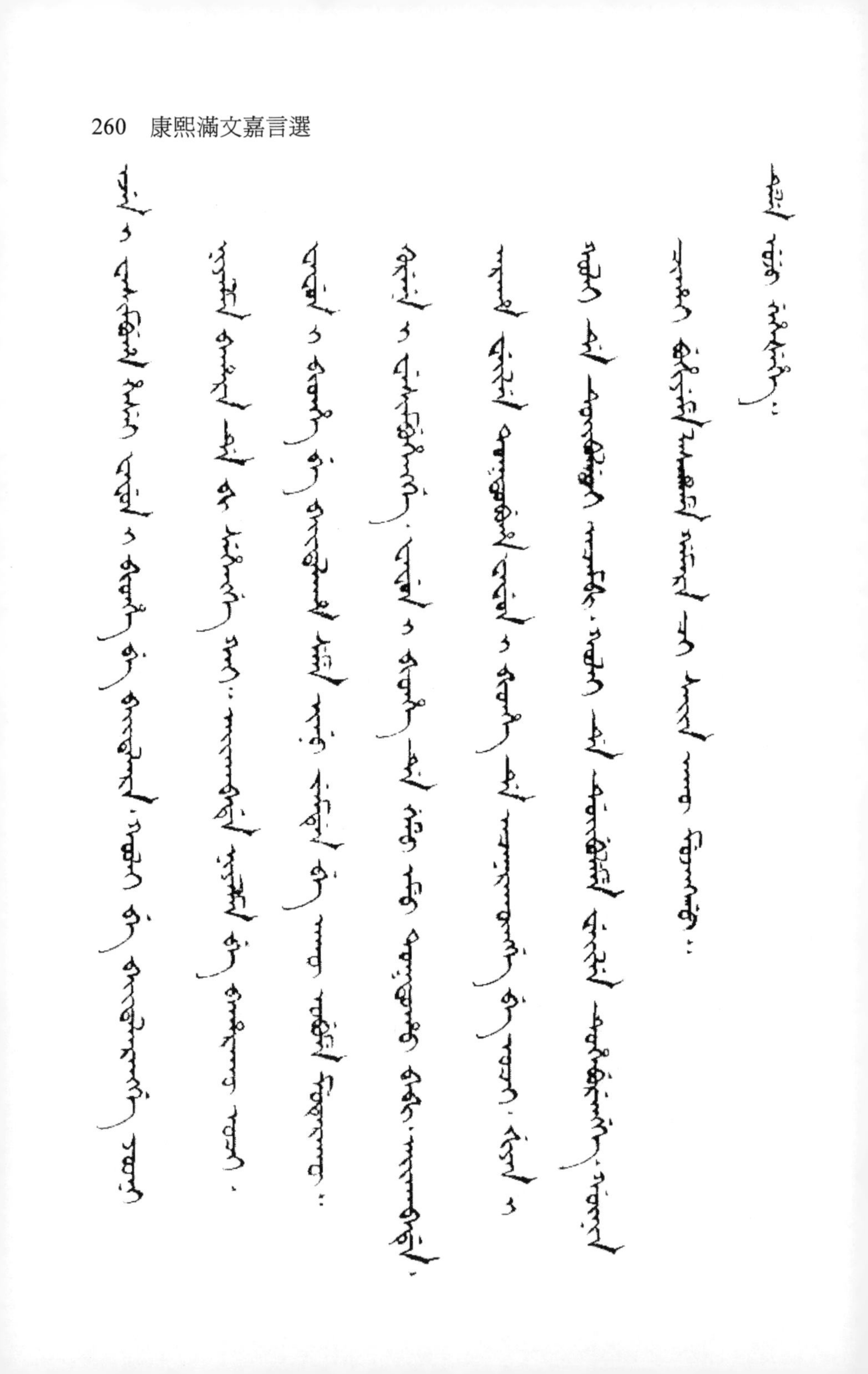

# 一二〇、用律用例

ejen i wasimbuha hesei fafun i bithe be baitalara, kooli be baitalarangge yooni niyalma bahara de bi sehengge kai. aikabade niyalma be baharakū oci, fafun i bithe be baitalaha seme inu jemden be akū obume muterakū. kurene i wesimbuhengge, fafun i bithe de gemu emu toktoho babi. aikabade, araha weile toktobuha fafun i bithe de acanarakūngge be oci, giyan i kooli de duibuleci acambi, kooli de duibuleme weile tuheburengge, gūnin cihai buhiyeme lashalame gamara ci sain akū mujanggo. dele uju gehešehe.

---

皇上所諭用律用例，全在得人也。若不得人，則用律亦不能無弊。庫勒納奏曰：律文有一定，若所犯之罪，於定律不合者，自應比例，比例定罪，豈不愈於任意懸斷乎？上頷之。

---

皇上所谕用律用例，全在得人也。若不得人，则用律亦不能无弊。库勒纳奏曰：律文有一定，若所犯之罪，于定律不合者，自应比例，比例定罪，岂不愈于任意悬断乎？上颔之。

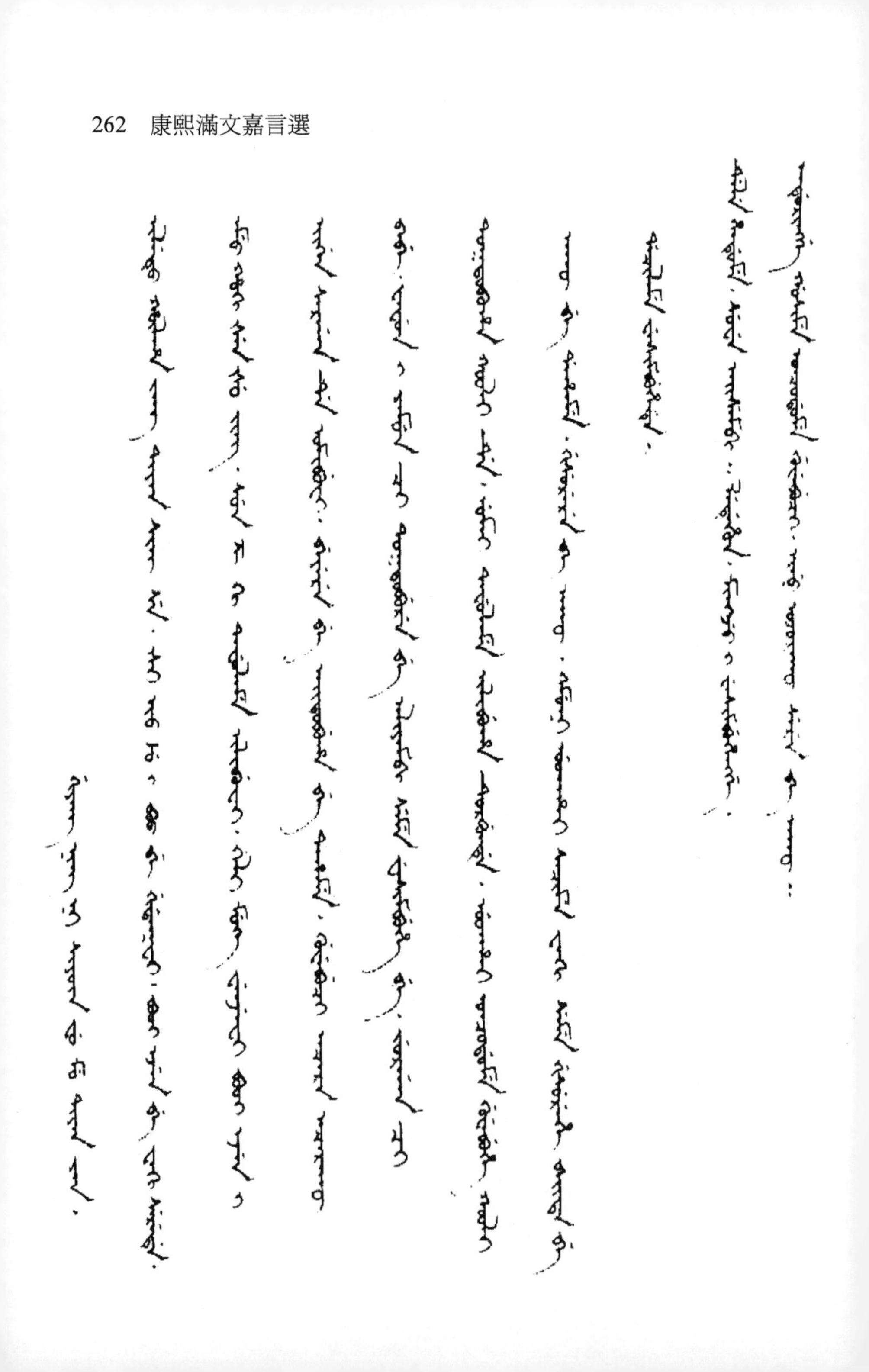

# 一二一、情有可原

giyang ning ni siyūn fu mu tiyan yan, iletu hūlha jang tiyan sing se, ši io zu i boo be gidanafi, booi ejen be waki serede, emu hoki šen šu jing, sun dz ki tafulame ilibufi, geli muke wenjefi booi ejen i eigen sargan de omibufi. beyere be aitubuha be dahame, guwebuci acara acarakū babe, fafun i yamun ci toktobure be aliyambi seme wesimbuhe be, jurgan ci toktobuha kooli de, umai tafulame ilibuha turgunde, uthai oncodome guwebuhe kooli akū be dahame, gisurere ba akū, kemuni uthai sacime waki seme gisurehe baita be dacilame wesimbuhede, dele hendume, suwe aisembi, ledehun、mingju i wesimbuhengge, enduringge gosime oncodome guwebuci, inu ojorakū sere ba akū.

---

江寧巡撫慕天顏題，強盜張天性等打劫施又儒家，欲將失主殺死，同夥沈淑靜、孫子奇勸止，又煮水與失主夫婦飲，以救其寒冷，應否從寬聽候法司定奪，部議定例從無因勸止遂行寬免之條，應無容議，仍行立斬事。上曰：爾等云何？勒德洪、明珠奏曰：聖恩寬免，亦無不可。

---

江宁巡抚慕天颜题，强盗张天性等打劫施又儒家，欲将失主杀死，同伙沈淑静、孙子奇劝止，又煮水与失主夫妇饮，以救其寒冷，应否从宽听候法司定夺，部议定例从无因劝止遂行宽免之条，应无容议，仍行立斩事。上曰：尔等云何？勒德洪、明珠奏曰：圣恩宽免，亦无不可。

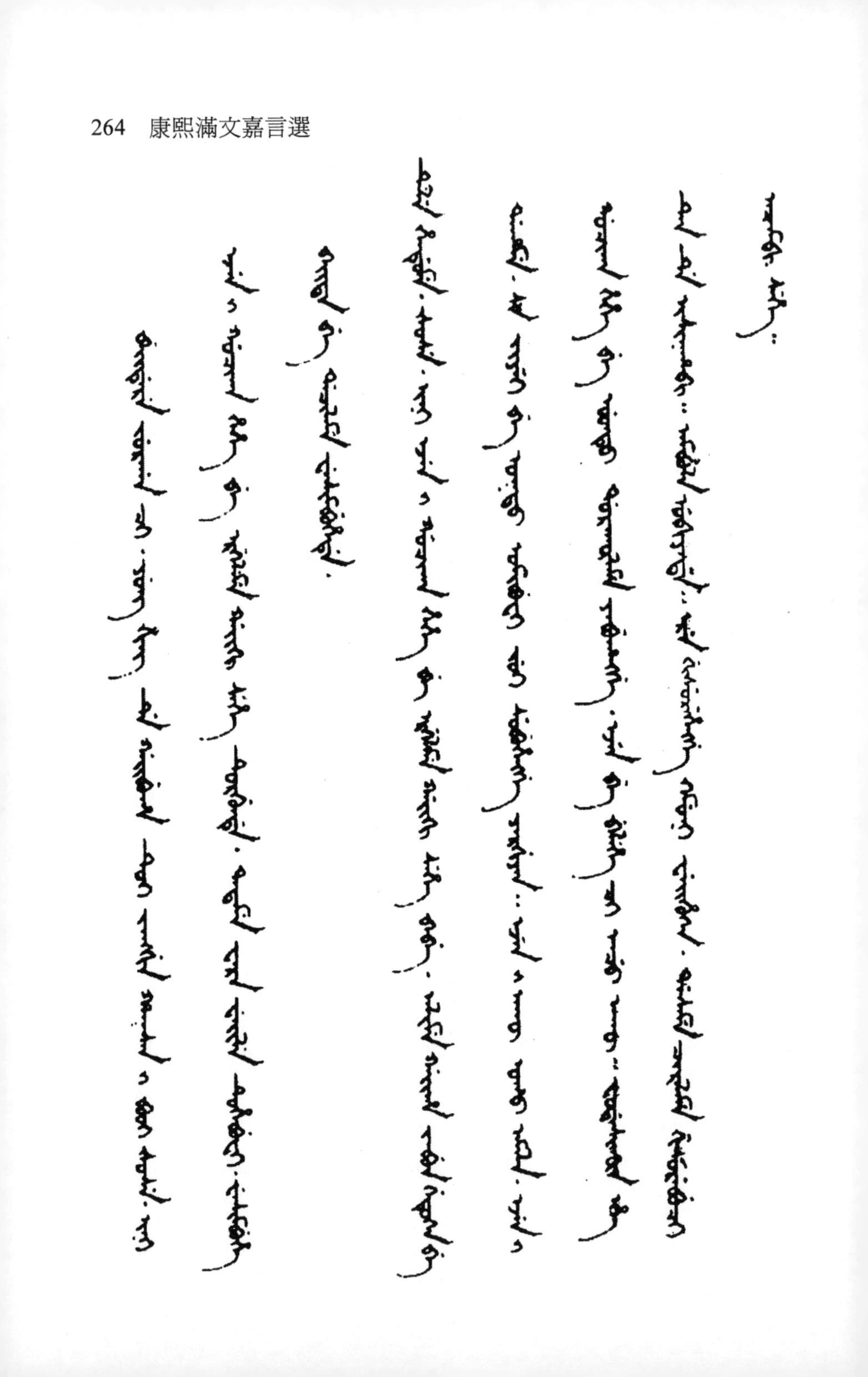

# 一二二、強娶主妾

beidere jurgan ci, yung hing de gaibuha tui janggin haksan i booi šose, ini ejen i gocika hehe be ergeleme gaiki sehe turgunde. tatame wara weile tuhebufi, wesimbuhe baita be dacilame wesimbuhede, dele hendume, šose, ini ejen i gocika hehe be ergeleme gaiki sehe babe, alime gaiha jabun getuken be dahame, sy jiyei be okto omibufi jui subuhengge yargiyan. ejen i akū oho amala, ejen i gocika hehe be uttu dorakūlame yabuhangge, ejen be belehe ci encu akū. fudasihūn ehe ten de isinahabi. ambula ubiyada. ere gisurehengge kemuni weihuken, dasame ciralame gisurebuci acambi sehe.

---

刑部題永興陣亡護軍統領哈克山家人碩色欲強娶主妾擬絞事。上曰：碩色欲強娶其主之妾供招既明，則令四姐飲藥墮胎是實。其主亡後待主妾無禮如此，與弒主何異？悖逆已極，深爲可惡，這所議尚輕，應著再加嚴議。

---

刑部题永兴阵亡护军统领哈克山家人硕色欲强娶主妾拟绞事。上曰：硕色欲强娶其主之妾供招既明，则令四姐饮药堕胎是实。其主亡后待主妾无礼如此，与弑主何异？悖逆已极，深为可恶，这所议尚轻，应着再加严议。

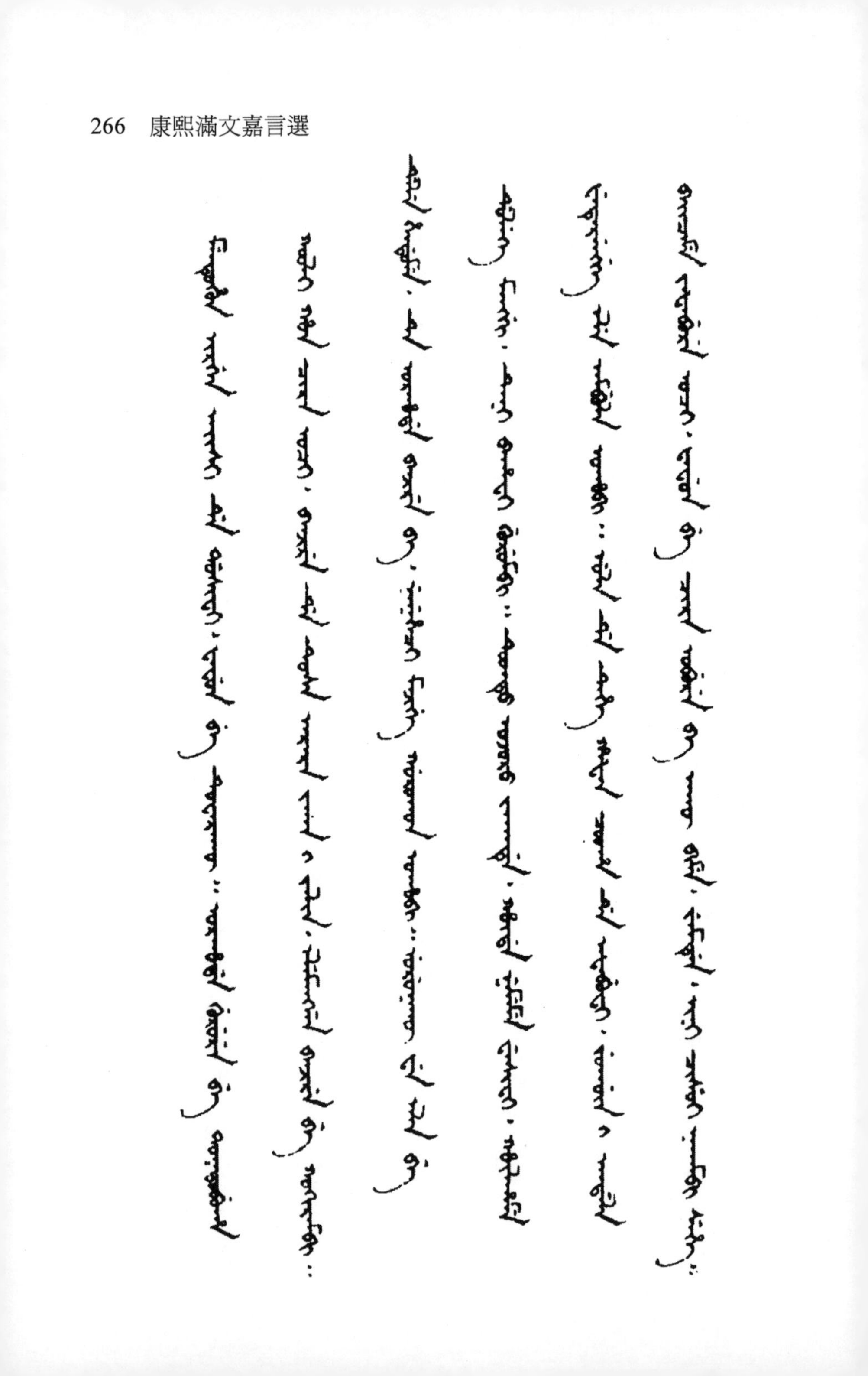

# 一二三、私採人參

mentuhun irgen aisi de dosifi, fafun be tuwarakū. orhoda gurure be toktobuha kooli hon cira oci, banjire de tusa arara jaka i jalin, elemangga banjire be kokirambi. dele hendume, te orhoda banjire ba, neneheci majige gorokon ohobi. urunakū fe ala be duleke manggi, teni bahafi gurumbi. tuttu ojoro jakade, hūda nememe wesifi, hūlhame feterengge ele ambula ohobi. ula de tehe hafan cooha de afabufi, jugūn i andala baicame jafabure oci, fafun be cira obure ba akū bime, jemden, ini cisui nakambi sehe.

---

愚民貪利，不顧法網，採參定例太嚴，養生之物，反致傷生。上曰：近來產參之地，較前稍遠，必越佛阿喇地方，始得採取，是以價日貴，而偷盜者愈多，不若令烏喇駐防官兵中路查緝，則法不待嚴而弊自絕矣。

---

愚民贪利，不顾法网，采参定例太严，养生之物，反致伤生。上曰：近来产参之地，较前稍远，必越佛阿喇地方，始得采取，是以价日贵，而偷盗者愈多，不若令乌喇驻防官兵中路查缉，则法不待严而弊自绝矣。

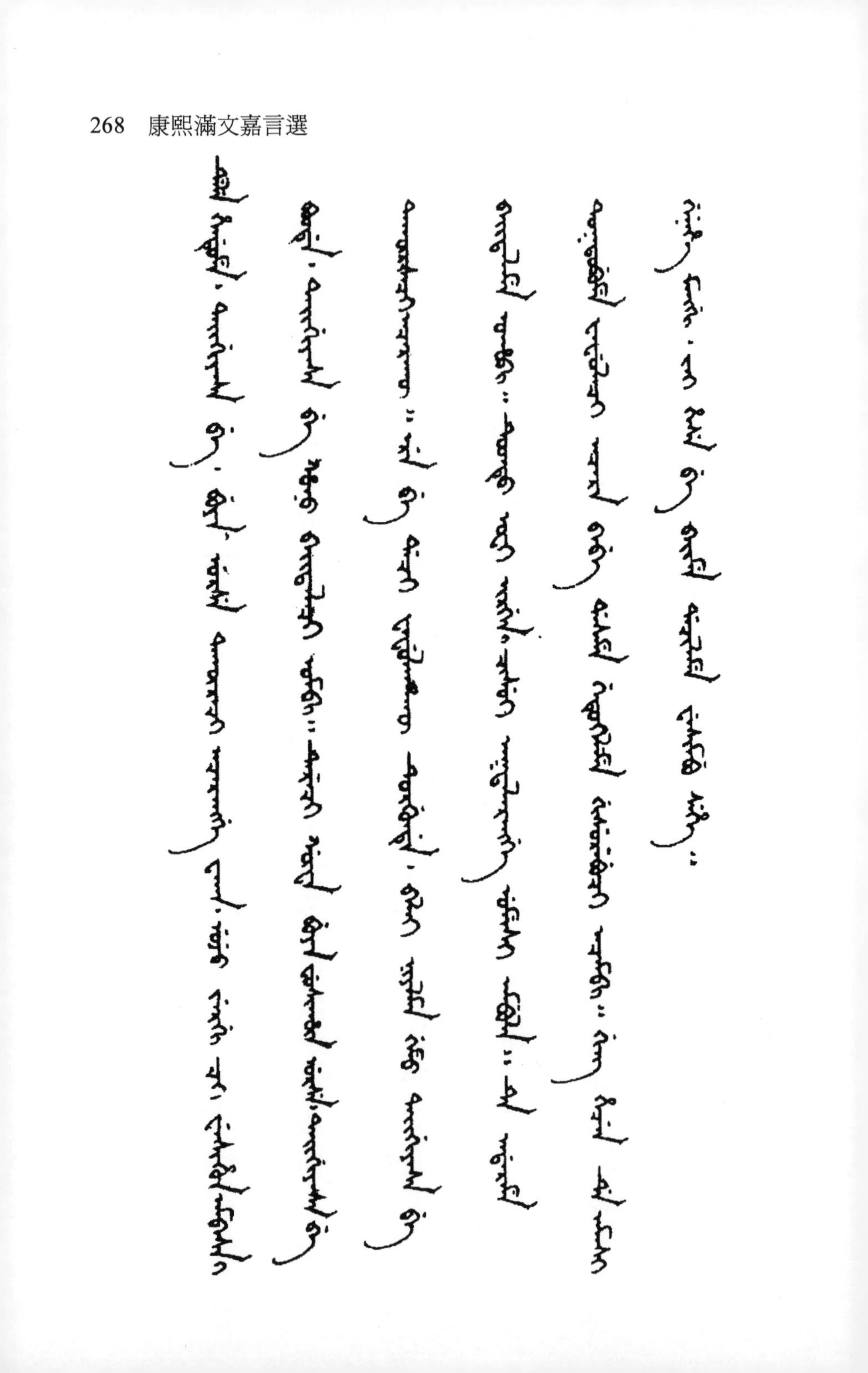

# 一二四、閹割幼童

dele hendume, taigiyasa be, buya urse takūraci acarangge waka, uju jergi ci wesihun ambasa i boode, taigiyasa be hono baitalaci ombi. tereci gūwa buya fusihūn urse, taigiyasa be takūršaci acarakū. ere be daci fafulahakū turgunde, balai niyalma gemu taigiyasa be baitalame ohobi. tuttu ofi irgen i cisui aktalarangge umesi ambula. te adarame toktobume fafulaci acara babe dasame getukeleme gisurebuci acambi. ging hecen de amasi genehe manggi, jai hese be baime dacilame wesimbu sehe.

---

上曰：卑微之人，以太監供使令不合。一品以上大臣之家，猶可使用太監，其餘卑微之人，不應以太監供使令。止因向來未有禁例，以致各項人等通用太監，故民間私自閹割者甚多。今應作何禁止，須再加詳議，俟回京日請旨。

---

上曰：卑微之人，以太监供使令不合。一品以上大臣之家，犹可使用太监，其余卑微之人，不应以太监供使令。止因向来未有禁例，以致各项人等通用太监，故民间私自阉割者甚多。今应作何禁止，须再加详议，俟回京日请旨。

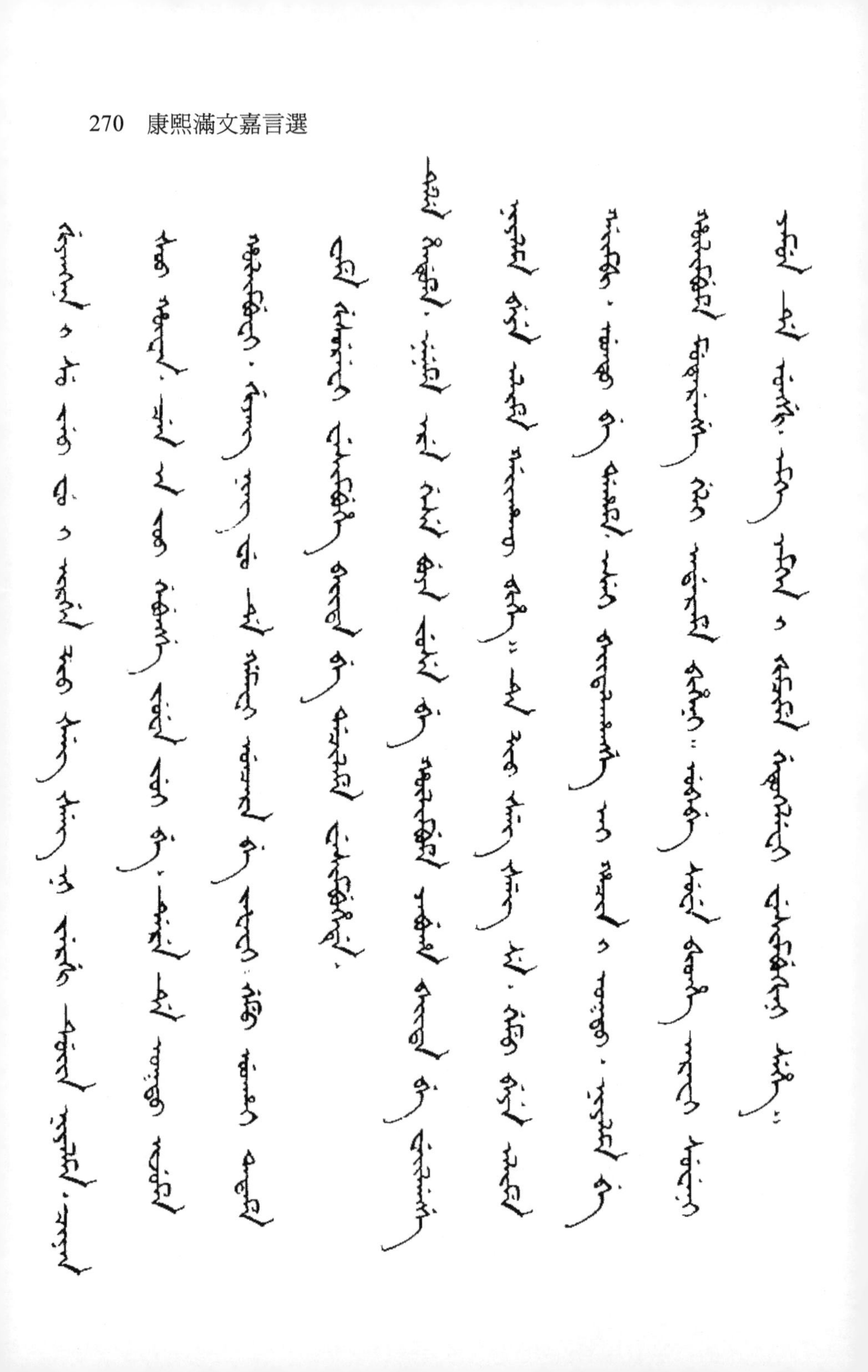

# 一二五、販賣童子

giyangnan i su jeo fu i irgen lio šeng šeng ni jergi duin niyalma, ciyan šoo hūwa,cen a joo gebungge juwe jui be, dere de okto ijume hūlimbufi, giyang ning fu de gamafi uncara be jafafi, gemu uthai tatame wame gisurefi wesimbuhe baita be dacilame wesimbuhede, dele hendume, neneme ere gese buya juse be hūlimbume yabuha baita be weilengge niyalma beye alime gaihakū bihe. te lio šeng šeng se, gemu beye alime gaimbi, uttu be dahame, esei baitalahangge ai hacin i okto, niyalma be hūlimbume muterengge geli adarame biheni. ubabe suwe bithe arafi suweni yamun de unggi, emke emken i kimcime getukelefi wesimbukini sehe.

---

江南蘇州府民柳盛生等四人將錢紹華、陳阿招二童用藥塗面迷惑，攜至江寧府販賣被獲，俱擬立絞事。上曰：前者此等迷惑童子罪人俱不自行承認，今柳盛生等既皆自認，其所用何藥，何以能迷人，爾等將此處寫明送與爾衙門一一察明具奏。

---

江南苏州府民柳盛生等四人将钱绍华、陈阿招二童用药涂面迷惑，携至江宁府贩卖被获，俱拟立绞事。上曰：前者此等迷惑童子罪人俱不自行承认，今柳盛生等既皆自认，其所用何药，何以能迷人，尔等将此处写明送与尔衙门一一察明具奏。

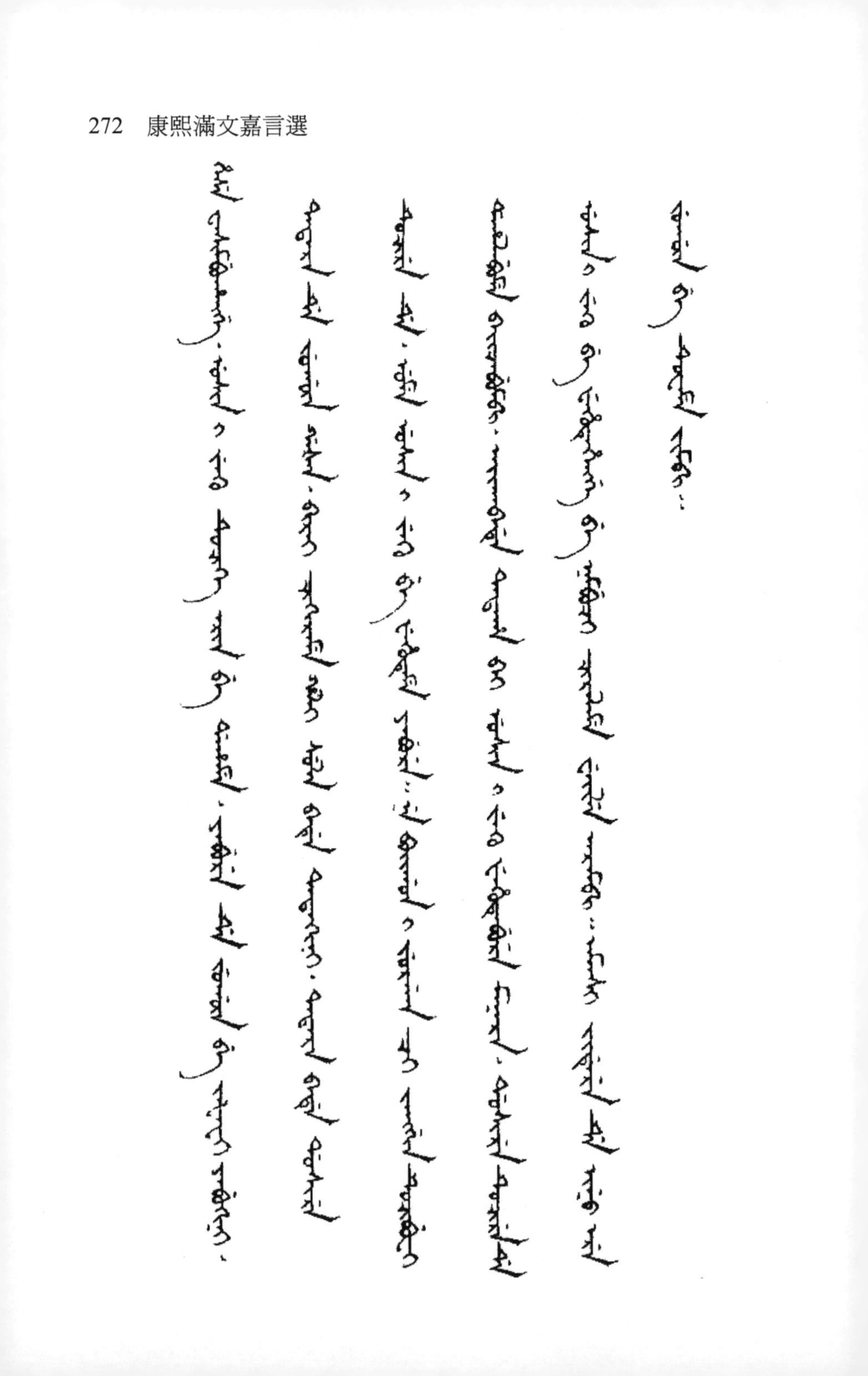

# 一二六、秋毫無犯

hese wasimbuhangge, usin i jeku tucike erin be dahame, yabure de jugūn be jafafi yabukini, tatara de jugūn gašan, birai cikirame hali sula bade tatakini, tatara bade dosire tucire de, ume usin i jeku be fehuteme yabure. ne boigon i jurgan ci janggin tucibufi dahalabume baicabumbi, aikabade tataha bai usin i jeku fehutebure manara, dosire tucire de usin i jeku be fehutehengge be nambuci ciralame weile arambi. amasi jidere de inu ere jugūn be tuwame jimbi.

---

上諭：今當田禾發生之候，行走時著遵路而行，扎營時著於道途村庄河沿荒野之處駐劄，駐劄處出入毋得踐踏田禾。現今著差戶部司官隨後稽察，如遇有駐劄處將田禾踐踏損壞，或出入之時蹂躪田禾者，嚴行議處。回鑾之時，亦從此路親看而來。

---

上谕：今当田禾发生之候，行走时着遵路而行，扎营时着于道途村庄河沿荒野之处驻札，驻札处出入毋得践踏田禾。现今着差户部司官随后稽察，如遇有驻札处将田禾践踏损坏，或出入之时蹂躏田禾者，严行议处。回銮之时，亦从此路亲看而来。

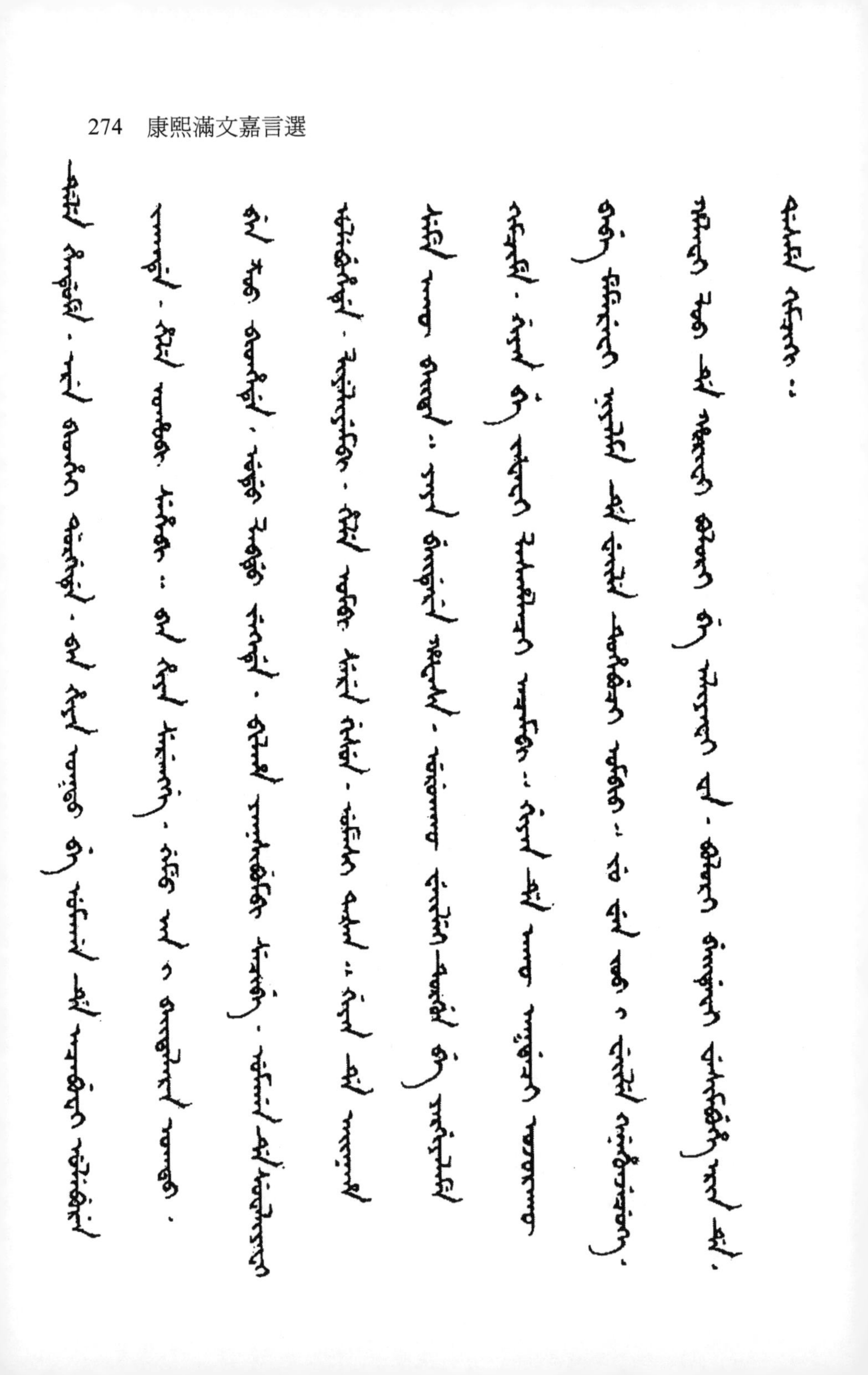

# 一二七、半夏鷄子

dele hendume, ere bithei dorgide, ban hiya okto be umgan de acabufi ulebure jakade, hele ohobi sehebi. ban hiya serengge, gemu an i baitalara okto, ben ts'oo bithede, udu labdu jekede, bilha yaksibumbi secibe, umgan de suwaliyafi ulebuhede, liyeliyembi, hele ombi sere gisun, umesi tašan. giyan de ainaha seme akū baita. yaya beidere hafasa, urunakū weilei turgun be yargiyalame kimcime, giyan be jafafi lashalaci acambi. giyan de akū akdaci ojorakū babe memerefi niyalma de weile tuhebuci ombio. ju wen joo i weile kenehunjecuke, halafi loo de horifi bolori be aliyafi wa, bolori beidefi wesimbuhe erin de, dasame kimciki.

---

上曰：此本內云，半夏和鷄子食之，因此喉啞。夫半夏乃常用之藥，雖本草云半夏多食喉閉，若和鷄子食之，便致昏迷。喉啞之說殊謬，決無此理。凡讞獄官員應詳察事情，據理審斷，若理之所無不可信者，豈可執坐人罪乎？朱文兆之罪可疑，著改爲監候秋後處決，俟秋審具題之日再爲詳酌。

---

上曰：此本内云，半夏和鸡子食之，因此喉哑。夫半夏乃常用之药，虽本草云半夏多食喉闭，若和鸡子食之，便致昏迷。喉哑之说殊谬，决无此理。凡谳狱官员应详察事情，据理审断，若理之所无不可信者，岂可执坐人罪乎？朱文兆之罪可疑，着改为监候秋后处决，俟秋审具题之日再为详酌。

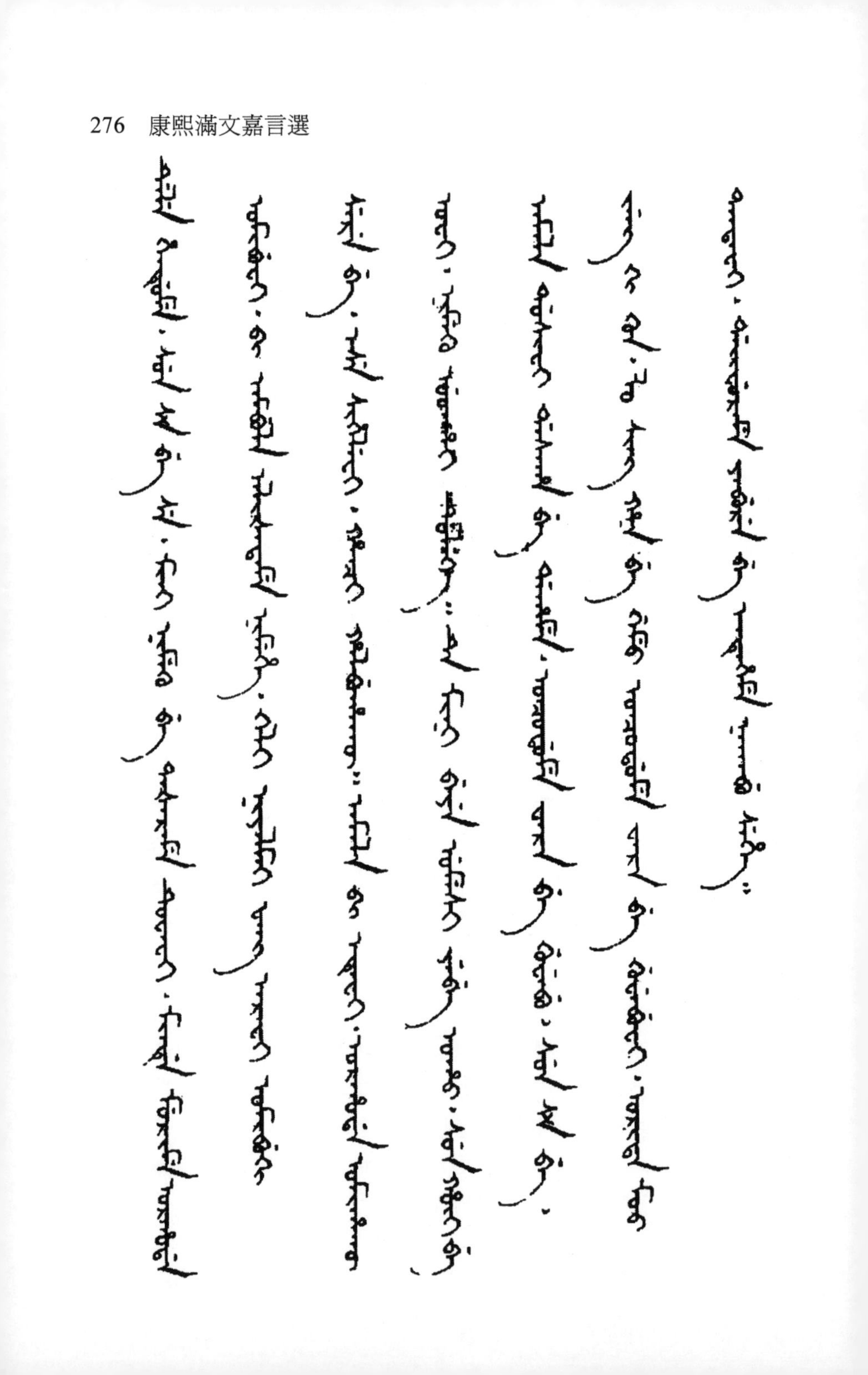

# 一二八、誤用人參

dele hendume, sun sy be se, mini nimeku be tašarame tuwafi, minde murime orhoda omibufi, bi ambula ališatame nimehe, geli niyalmai fang arafi omibuki sere be, ese sihelefi, hanci halbuhakū. amala bi etefi, orhoda omihakū ofi, nimeku uthai deleke. te mini beye umesi yebe oho. sun hūi be amala dosifi dasaha be dahame, oncodome wara be guwebu, sun sy be, jeng ki kun, lo sing han be gemu oncodome wara be guwebufi, orita moo tantafi, daifurame yabure be enteheme nakabu sehe.

---

上曰：孫斯百等誤診朕病，強用人參，致朕煩燥甚病，又將他人所立之方，伊等阻隔，不使前進。其後朕決意不用人參，病遂得痊。今朕體痊癒，孫徽百後復進內調治，著從寬免死，孫斯百、鄭起鵾、羅性涵俱從寬免死，各責二十板，永不許行醫。

---

上曰：孙斯百等误诊朕病，强用人参，致朕烦燥甚病，又将他人所立之方，伊等阻隔，不使前进。其后朕决意不用人参，病遂得痊。今朕体痊愈，孙徽百后复进内调治，着从宽免死，孙斯百、郑起鹍、罗性涵俱从宽免死，各责二十板，永不许行医。

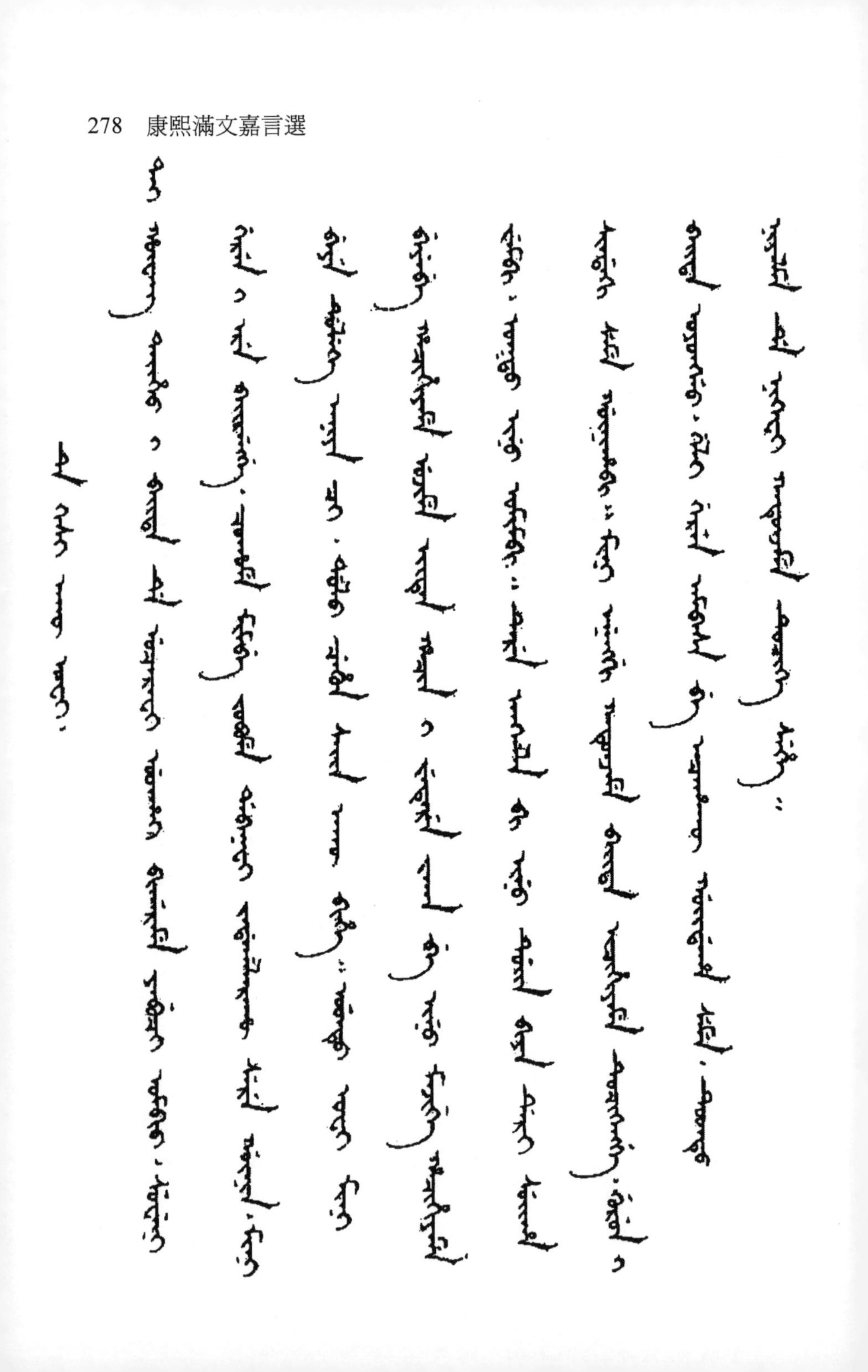

# 一二九、力疾御門

te kesi akū ofi, tai hūwang taiheo i baita de ucarafi uthai bigarame yabuci ombio, suweni geren i ere bairengge, cohome mimbe jobome dabanafi jadagalarahū sere gūnin, mini beye duleke aniya ci, dolo cehun sain akū bihe. uttu ofi mini beyebe hacihiyame ujime eiten hacin i jetere jaka be inu majige hacihiyame jembi. okto inu omimbi. tere anggala bi inu duin biya deri suiha sindaki seme gūnihabi. mini inenggi katunjame baita icihiyame tucikengge, gurun i baita oyonggo, geli geren ambasa be acahakū goidaha seme, tuttu niyalma de nikefi katunjame tucike sehe.

---

今不幸遭太皇太后之變，即行幸郊外可乎？爾等如此奏請，特爲朕躬過勞致疾之意。朕自去年心內膨悶不舒，故勉強頤養朕躬稍御飲食，亦仍進湯藥。四月間，意欲炙艾，朕今日力疾御門理事，止因國政緊要，又未接見臣工，故令人扶掖強出耳。

---

今不幸遭太皇太后之变，即行幸郊外可乎？尔等如此奏请，特为朕躬过劳致疾之意。朕自去年心内膨闷不舒，故勉强颐养朕躬稍御饮食，亦仍进汤药。四月间，意欲炙艾，朕今日力疾御门理事，止因国政紧要，又未接见臣工，故令人扶掖强出耳。

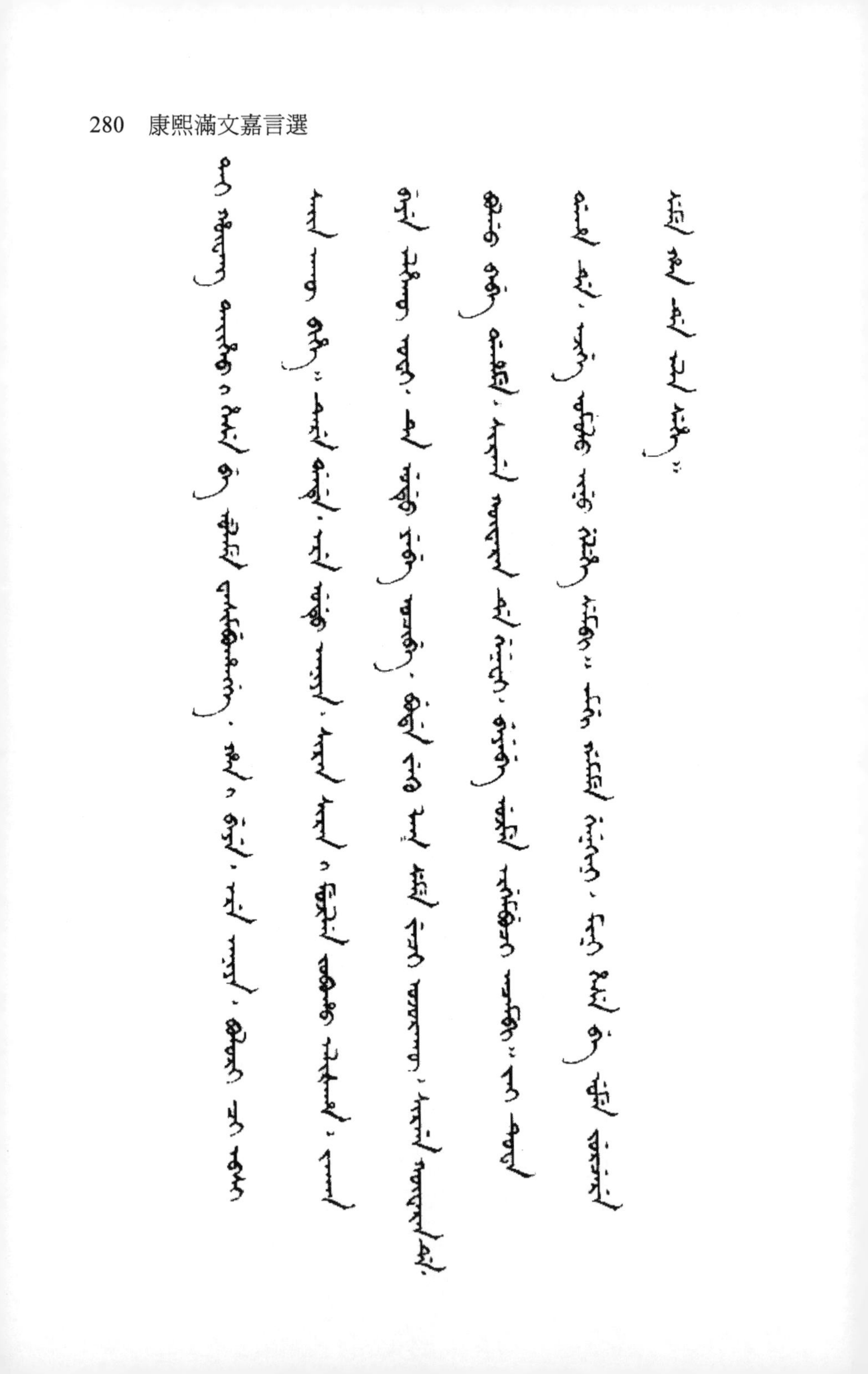

# 一三〇、頤養南苑

tai hūwang taiheo i hese be ulame wasimbuhangge, han i beye, ere aniya, bolori ci ebsi sain akū bihe. tere dade, ere udu aniya, siran siran i mujilen joboho ališaha, jakan beye elhekū ofi, te udu yebe ocibe, buda jeku lak seme jeci ojorakū, sirga kūwaran de, bolgo babe dahame, sirga kūwaran de genefi, beyebe ujime ergembuci acambi. jai tuwa daha de, ajige omolo inu gelehe sembi. emgi gamame genekini, mini hese be ume jurcere seme han de ala sehe.

---

傳太皇太后旨諭：皇帝自入秋以來，未甚爽健，且此數年間，種種憂勞，心懷不暢。頃者抱恙，今雖痊癒，但尚未甘飲食，念南苑潔淨，宜暫往南苑頤養。又昨火災，聞太子亦爾驚恐，可令同往，傳語皇帝勿違吾命。

---

传太皇太后旨谕：皇帝自入秋以来，未甚爽健，且此数年间，种种忧劳，心怀不畅。顷者抱恙，今虽痊愈，但尚未甘饮食，念南苑洁净，宜暂往南苑颐养。又昨火灾，闻太子亦尔惊恐，可令同往，传语皇帝勿违吾命。

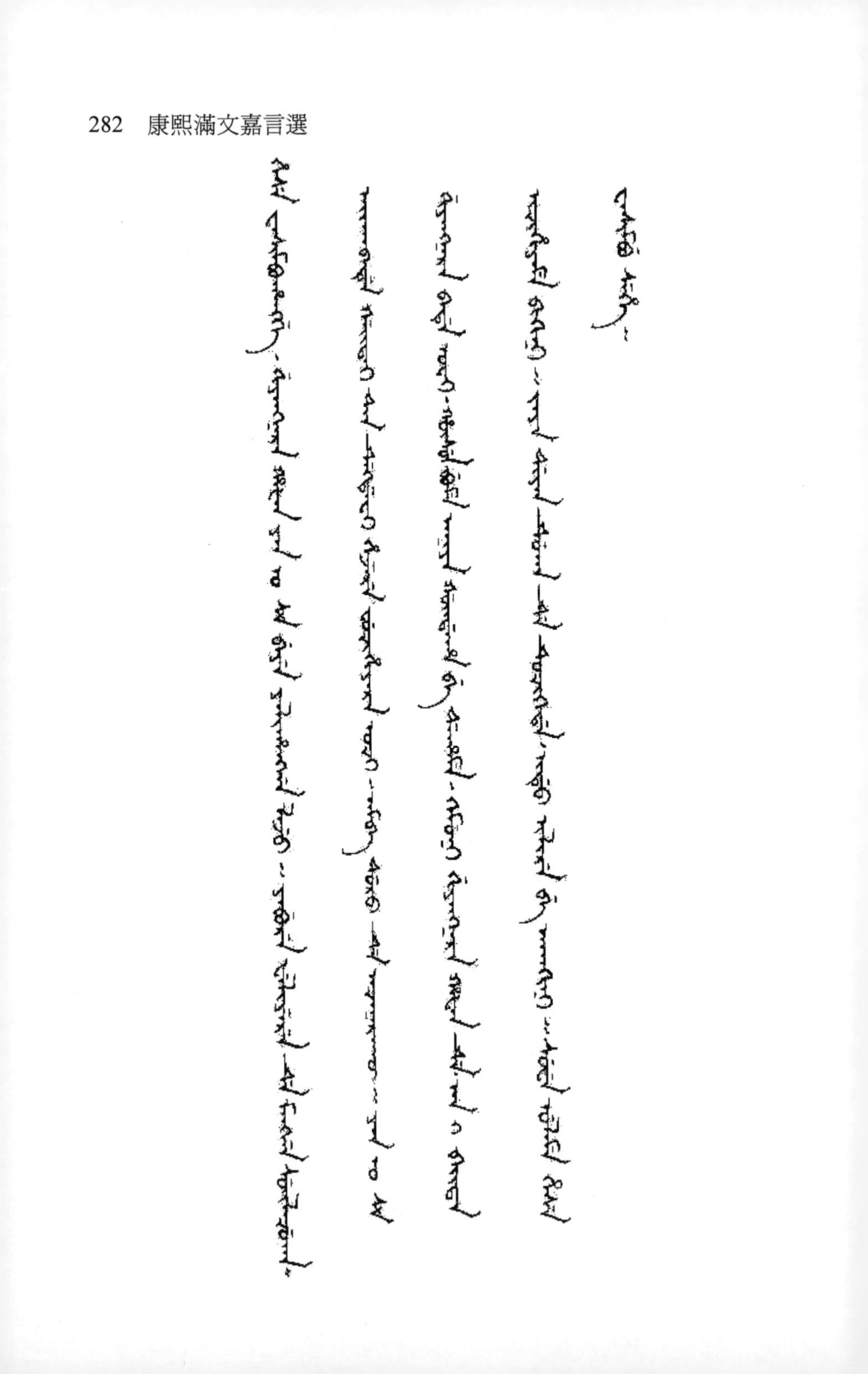

# 一三一、身體肥重

hese wasimbuhangge, giyangnara hafan yan o sy beye yalihangga laju. yabure feliyere de mangga suilacuka. aikabade gaitai tan dekdefi hejere fucihiyara oci, amba doro de acanarakū. yan o sy giyangnara bade ofi, hūsun bume aniya goidaha be dahame, kemuni giyangnara hafan de, an i baita icihiyame bikini. yaya diyan duka de tucikede, idu ilire be nakakini. suwe ulame hese wasimbu sehe.

---

諭曰：講官我斯身體肥重，難於趨走，如忽痰升喘嗽，恐有失大禮。嚴我斯在講幄効力年久，仍以講官照常辦事，凡遇升殿御門，免其侍班，爾等可傳諭行。

---

谕曰：讲官我斯身体肥重，难于趋走，如忽痰升喘嗽，恐有失大礼。严我斯在讲幄効力年久，仍以讲官照常办事，凡遇升殿御门，免其侍班，尔等可传谕行。

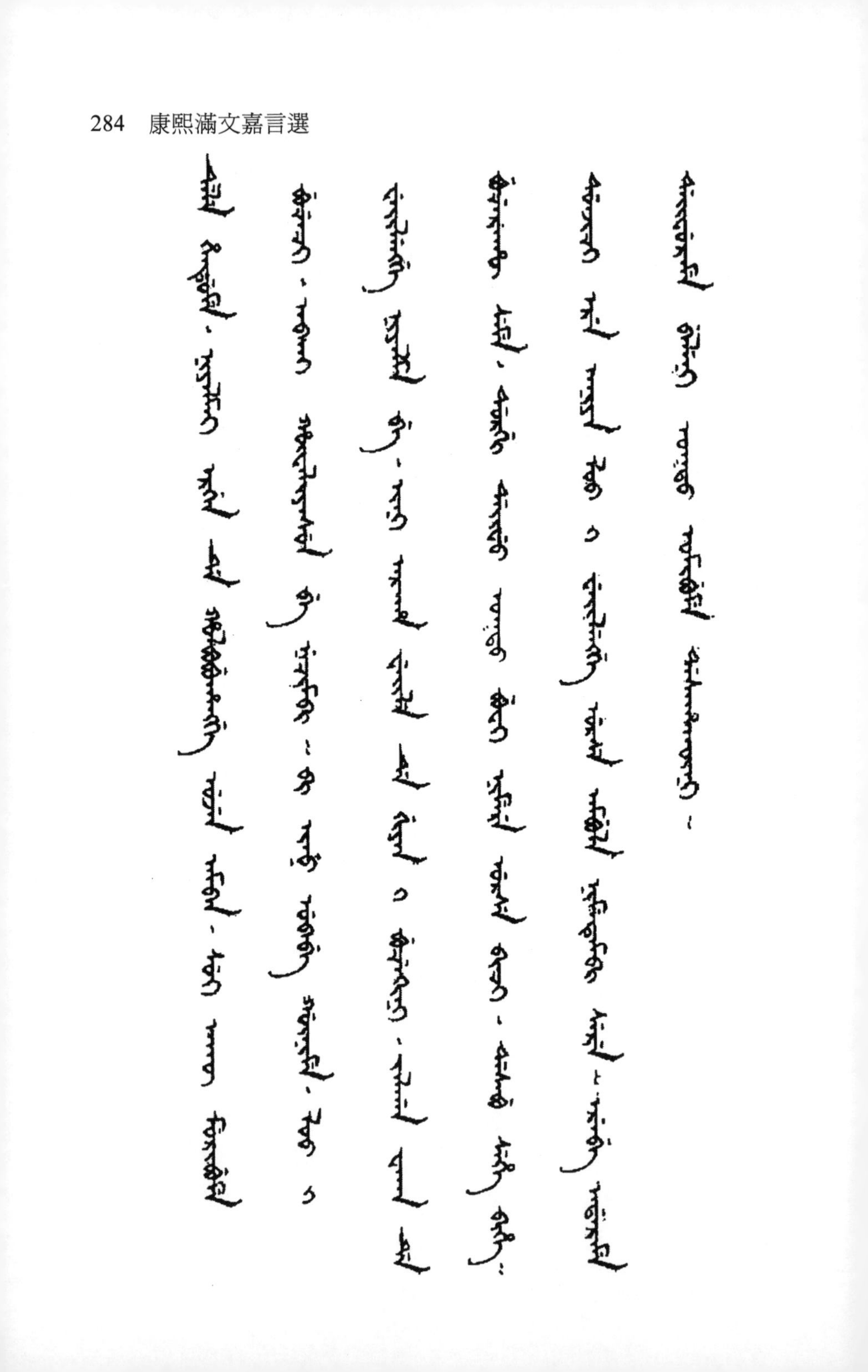

# 一三二、醫療獄囚

dele hendume, niyalmai ergen de holbobuhangge ujen amban. sui akū muribume buceci, abkai hūwaliyasun be necimbi. bi inu ubabe gūnime, loo i weilengge niyalma be, ini araha weile de giyan i bucekini, jalgan waka de bucerahū seme, dorgi daifu okto bufi nimere urse bici, dasabu sehe bihe. donjici ere aniya loo i weilengge urse ambula nimetembi sere. erebe adarame daifurame beleni okto omibume dasahakūni.

---

上曰：人命關係重大，無辜枉死，上干天和。朕念獄中犯人自作罪孽，理固應死，但恐死於非命，曾命御醫給與藥物療治有疾之人。聞今歲獄囚患病者甚多，何故不將現給醫藥療治此輩耶？

---

上曰：人命关系重大，无辜枉死，上干天和。朕念狱中犯人自作罪孽，理固应死，但恐死于非命，曾命御医给与药物疗治有疾之人。闻今岁狱囚患病者甚多，何故不将现给医药疗治此辈耶？

ᠪᡳᠮᡝ ᠵᡠᠸᡝ ᡨᡝ ᡳ ᠰᡳᡵᡤᡝᡥᡝᠪᡝ ᠮᡠᠰᡝ ᠪᡝ ᠠᡴᡡ ᠨᡳᠶᠠᠯᠮᠠ᠈ ᠵᡝᠮᡝ

ᠰᡳᠨᡳ᠈ ᠪᡠᠵᡳᡥᡝ ᠪᡠᠰᡝ ᡥᡝᠰᡝ ᡥᡝᠰᡝ ᡳ ᠮᡠᠰᡝᡳ ᠪᡳᠮᡝ᠈ ᠪᡳᡨᡥᡝ ᡝᡵᡝᠪᡝ ᠠᠮᠠᠯᠠ᠈ ᠪᡝ

ᠨᡳᠶᠠᠯᠮᠠ᠈ ᠠᡵᠠ ᡤᡡᠨᡳᠨ ᡥᡝᠰᡝ ᡳᠰᡳᠨᡳ᠈ ᡳᠯᡳ᠈ ᡥᠠᠯᡥᡡᠨ᠈ ᡥᠠᠯᡥᡡᠨ ᡳᠰᡳᠪᡠᡥᡝ ᠪᡝ ᡤᡠᠰᡝᡥᡝᠪᡝ᠈

ᡠᠮᡝᠰᡳ ᠪᡠᡵᡠ ᡤᡝᠨᡝᡥᡝ᠈ ᠨᡳᠶᠠᠯᠮᠠ ᠠᡳ ᠮᡠᠰᡝ ᡤᡝᠯᡝᡥᡝ ᠮᡠᡨᡝᠮᡝ᠈ ᠰᡝᠮᡝ

ᠰᡳᠨᡳ ᠪᡠᠵᡳᡥᡝ ᡨᡠᠸᠠᡵᡝ ᠠᠮᠠᠯᠠ ᠪᡳ ᡨᡠᡨᡠᠮᡝ ᡨᡠᠸᠠᡵᠠᡴᡡ ᠪᡳ᠈ ᡝᡵᡝ ᡠᠮᡝᠰᡳ ᠪᡝ ᡝᠮᡠᡩᡝ

ᠪᡳᡨᡥᡝ ᡥᡡᠸᠠᡧᠠᠪᡠᡵᡝ ᠪᡳᠮᡝ᠈

# 一三三、頭疼眼花

gung ding dz i amasi wesimbuhe gisun, amban bi daci nimeku ambula, ere aniya, sunja biyai orin uyun de yamulafi, baita icihiyara de, gaitai uju nimeme, yasa ilganame boode jihe manggi, ele nimeme oho, udu daifusa be gajifi, okto omime dasabucibe, kemuni ambula yebe ojoro unde, te ejen gosime cohome hanciki ambasa be takūrafi tuwanjibuha be, ajige amban bi adarame alime mutere sehe.

---

龔鼎孳回奏云：臣夙昔多病，今年五月二十九日，在衙門辦事，忽頭痛眼花，即還家，病益增劇，雖倩醫調治，尚未痊癒。今蒙皇上殊恩，特差近臣看視，微臣何以克當。

---

龚鼎孳回奏云：臣夙昔多病，今年五月二十九日，在衙门办事，忽头痛眼花，即还家，病益增剧，虽倩医调治，尚未痊愈。今蒙皇上殊恩，特差近臣看视，微臣何以克当。

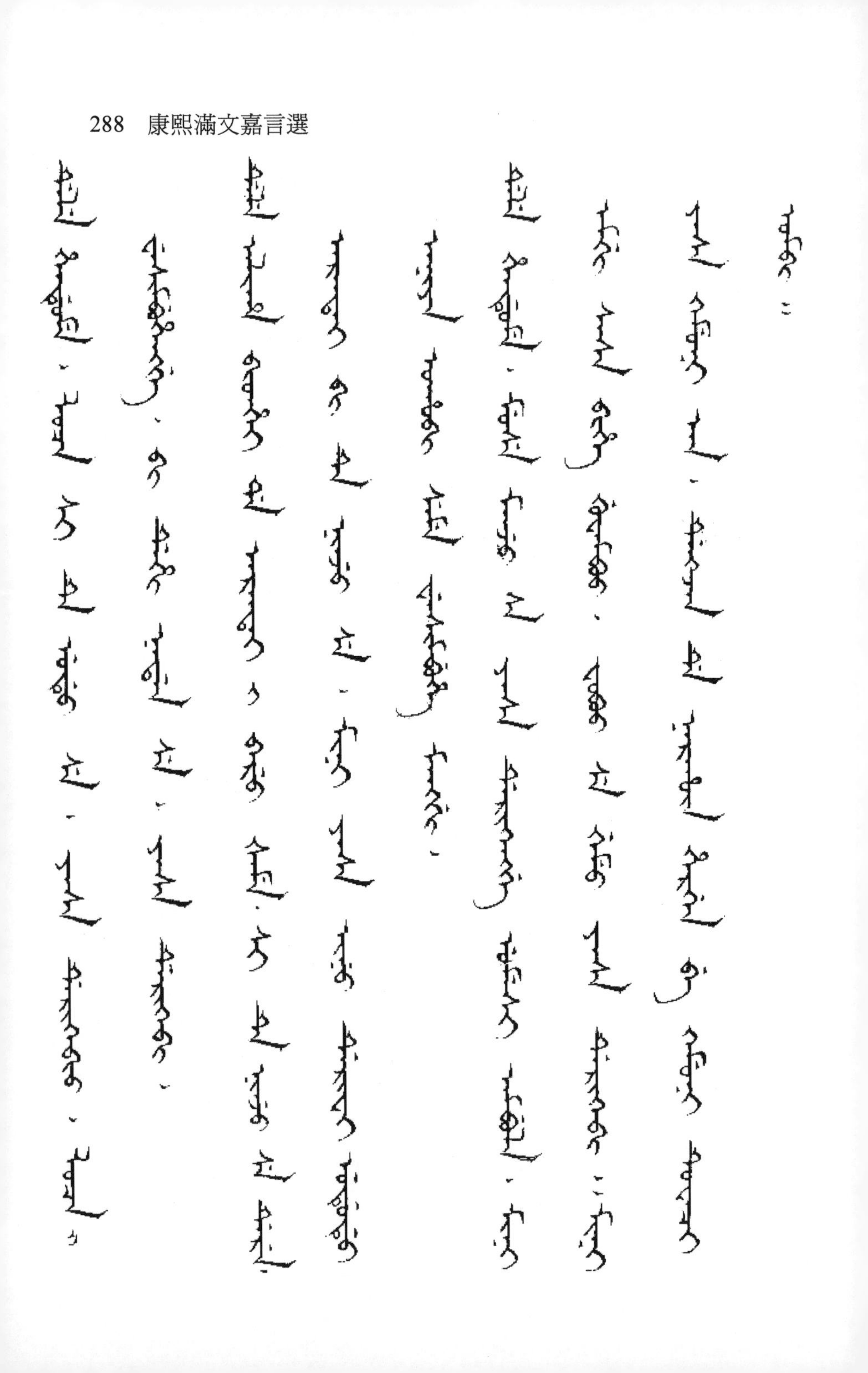

# 一三四、眼目昏花

dele hendume, loca si te udu se, yasa derikebio. loca i wesimbuhengge, bi dehi nadan se, yasa derikebi. dele aliha bithei da arantai i baru šame, si te ninju se dere, arantai bi te ninju se, mini yasa inu derifi ududu aniya ohobi seme wesimbuhe manggi, dele hendume, muse manju sa yasa derikengge umesi ambula, mini emgi sasa bihe guwamboo, foboo se gemu yasa derikebi. mini yasa kemuni an, dengjan de narhūn hergen be kemuni tuwaci ombi.

---

上曰：羅察爾年幾何？眼目昏花否？羅察奏曰：臣今四十七歲，目已昏花矣。上顧大學士阿蘭泰曰：爾今六十歲否？阿蘭泰奏曰：臣今已六十歲，臣目昏花已數年矣。上曰：我滿洲眼目昏花者甚多，朕近侍關保、佛保俱已眼目昏花，惟朕目光如常，燈下細字，尚能閱之。

---

上曰：罗察尔年几何？眼目昏花否？罗察奏曰：臣今四十七岁，目已昏花矣。上顾大学士阿兰泰曰：尔今六十岁否？阿兰泰奏曰：臣今已六十岁，臣目昏花已数年矣。上曰：我满洲眼目昏花者甚多，朕近侍关保、佛保俱已眼目昏花，惟朕目光如常，灯下细字，尚能阅之。

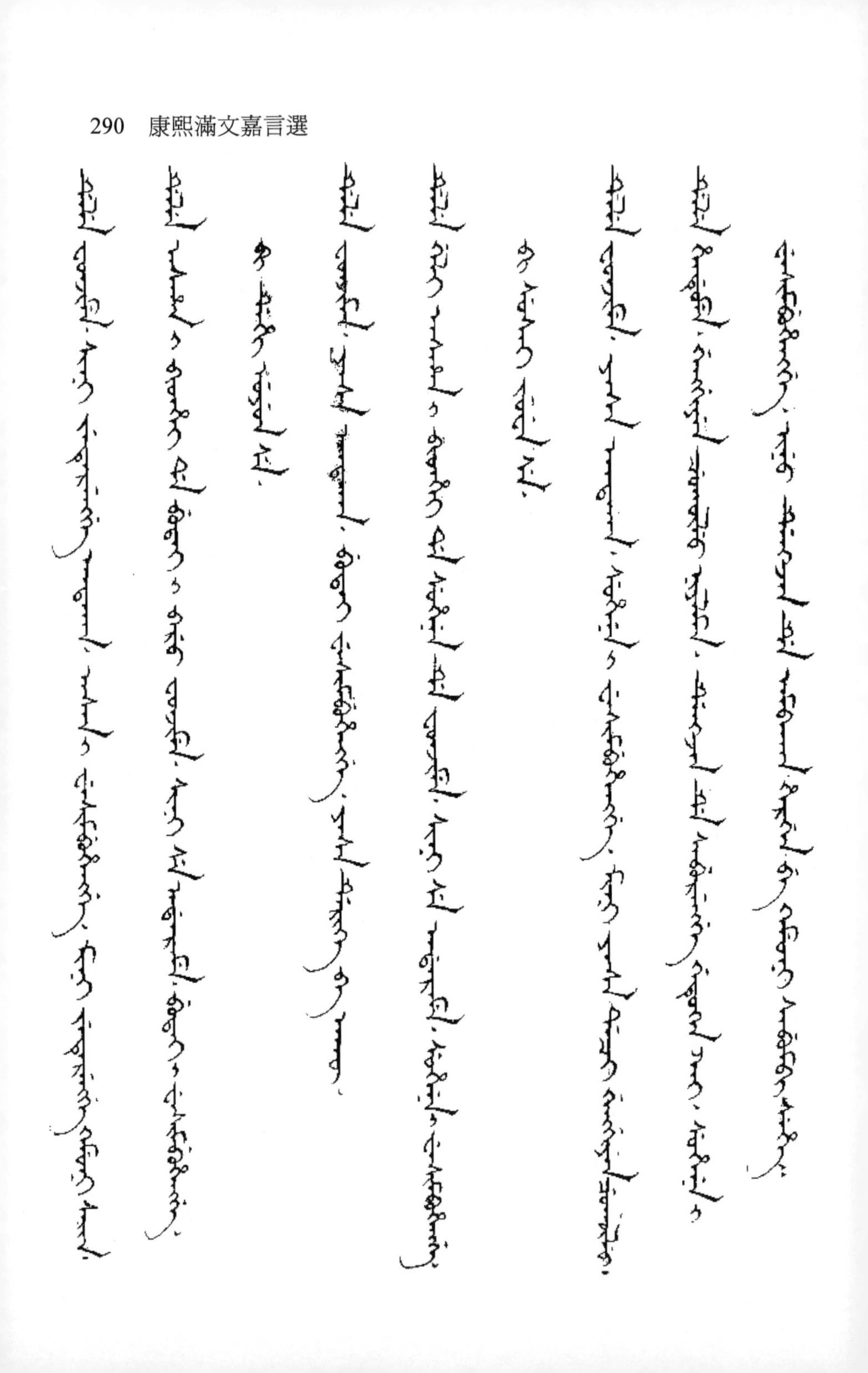

# 一三五、燈下近視

dele fonjime, sini jeterengge antaka, asan i wesimbuhengge, mini jeterengge kemuni sain. dele ashan i bithei da butai i baru fonjime, sini se adarame, butai i wesimbuhengge, bi dehi uyun se, dele fonjime, yasa antaka, butai wesimbuhengge, yasa derike ba akū. dele geli ashan i bithei da suhene de fonjime, sini se adarame, suhene i wesimbuhengge, bi susai juwe se. dele fonjime, yasa antaka, suhene i wesimbuhengge, mini yasa daci genggiyen cukūlu. dele hendume, genggiyen cukūlu niyalma, dengjan de saburengge getuken kai, suhene i wesimbuhengge, inu dengjan de ambakan hergen be kemuni sabumbi sehe.

---

上問曰：爾飲食若何？阿山奏曰：臣飲食尚壯。上問學士布泰曰：爾年幾何？布泰奏曰：臣四十九歲。上問曰：目力若何？布泰奏曰：眼未昏花。上又問學士蘇赫納曰：爾年幾何？蘇赫納奏曰：臣五十二歲。上問曰：目力若何？蘇赫納奏曰：臣原係近視。上曰：近視者，燈下轉明。蘇赫納奏曰：誠然燈下字稍大者，猶能識。

---

上问曰：尔饮食若何？阿山奏曰：臣饮食尚壮。上问学士布泰曰：尔年几何？布泰奏曰：臣四十九岁。上问曰：目力若何？布泰奏曰：眼未昏花。上又问学士苏赫纳曰：尔年几何？苏赫纳奏曰：臣五十二岁。上问曰：目力若何？苏赫纳奏曰：臣原系近视。上曰：近视者，灯下转明。苏赫纳奏曰：诚然灯下字稍大者，犹能识。

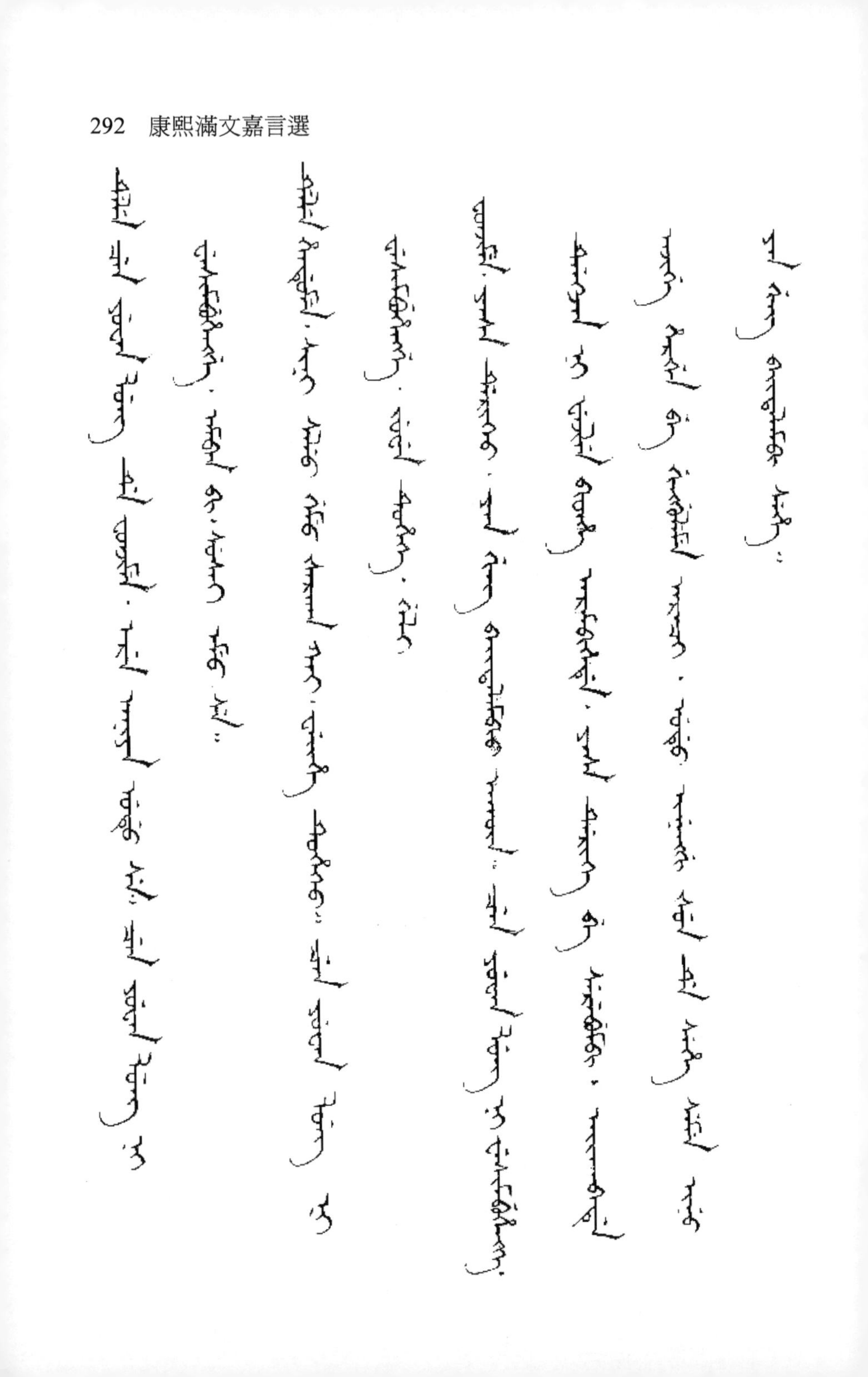

# 一三六、老花眼鏡

dele cen yuwan lung de fonjime, ere aniya udu se. cen yuwan lung ni wesimbuhengge, amban bi, susai emu se. dele hendume, sini salu gemu šaraka kai, weihe tuhekeo. cen yuwan lung ni wesimbuhengge, juwe tuheke, geli fonjime, yasa derikeo, yan ging baitalambio akūn. cen yuwan lung ni wesimbuhengge, dengjan ni fejile bithe arambihede, yasa derike be serebumbi, aikabade ajige hergen be gingguleme araci, udu inenggi šun de sehe seme inu yan ging baitalambi sehe.

---

上問陳元龍曰：爾年幾何？陳元龍奏曰：臣年五十一。上曰：爾鬚已白，齒曾落否？陳元龍奏曰：已落二齒。又問曰：爾目昏，用眼鏡否？陳元龍奏曰：燈下書字，亦覺目昏，若書細楷，雖日間亦用眼鏡。

---

上问陈元龙曰：尔年几何？陈元龙奏曰：臣年五十一。上曰：尔须已白，齿曾落否？陈元龙奏曰：已落二齿。又问曰：尔目昏，用眼镜否？陈元龙奏曰：灯下书字，亦觉目昏，若书细楷，虽日间亦用眼镜。

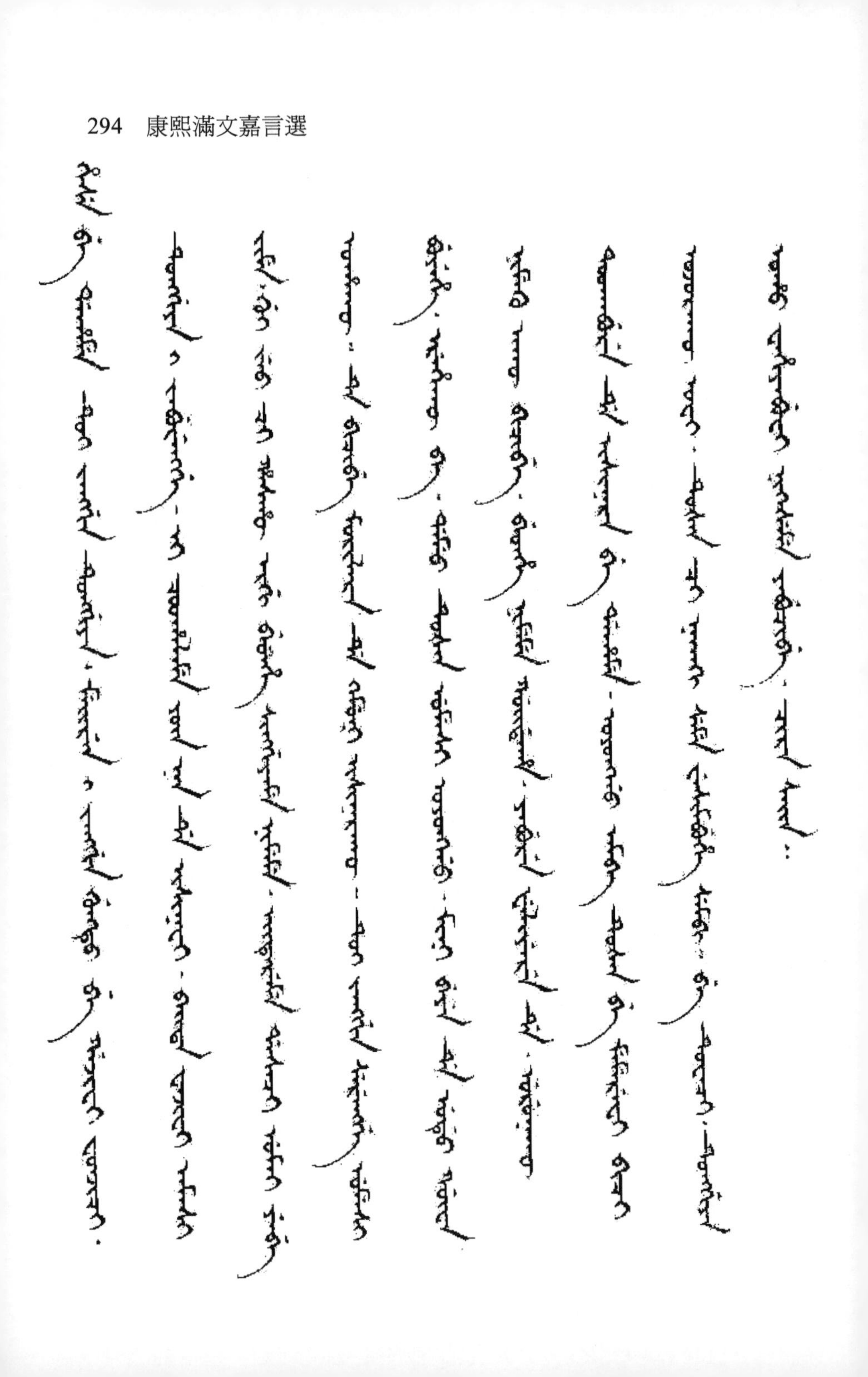

[illegible]

# 一三七、左腿酸痛

hese be dahame, tui janggin tunggiya, meiren i janggin gungtu be gajifi fonjici, tunggiya i jaburengge, i coohalame yūn nan de isinafi, baita wajifi amasi jime, gui jeo ci hashū ergi bethe singgiyame nimeme, eitereme dasaci umai yebe ohokū. te bicibe morilara de kemuni isinarakū. tui janggin serengge umesi buyehe, erehekū ba, damu tušan umesi oyonggo, mini beye de udu gūwa nimeku akū bicibe, bethe nimeme goidaha, yabure feliyere de, urunakū tookabure de isinara be dahame, oyonggo amba tušan be memerefi bici ojorakū ofi, tušan ci nakaki seme wesimbuhe sembi. be tuwaci, tunggiya oho wahiyabufi nikešeme yabucibe, cira sain.

---

遵旨傳問統領佟佳，副都統龔圖。佟佳云，伊出征到雲南畢事凱旋至貴州，左腿酸痛，調治未痊，至今不能上馬。統領之官，乃向所欣慕不敢望者，但職任甚要，臣身雖無別症，腿痛既久，行走必致貽誤，豈敢久戀要職，故求罷任。臣等看佟佳雖掖行躄躠，顏色尚好。

---

遵旨传问统领佟佳，副都统龚图。佟佳云，伊出征到云南毕事凯旋至贵州，左腿酸痛，调治未痊，至今不能上马。统领之官，乃向所欣慕不敢望者，但职任甚要，臣身虽无别症，腿痛既久，行走必致贻误，岂敢久恋要职，故求罢任。臣等看佟佳虽掖行躄躠，颜色尚好。

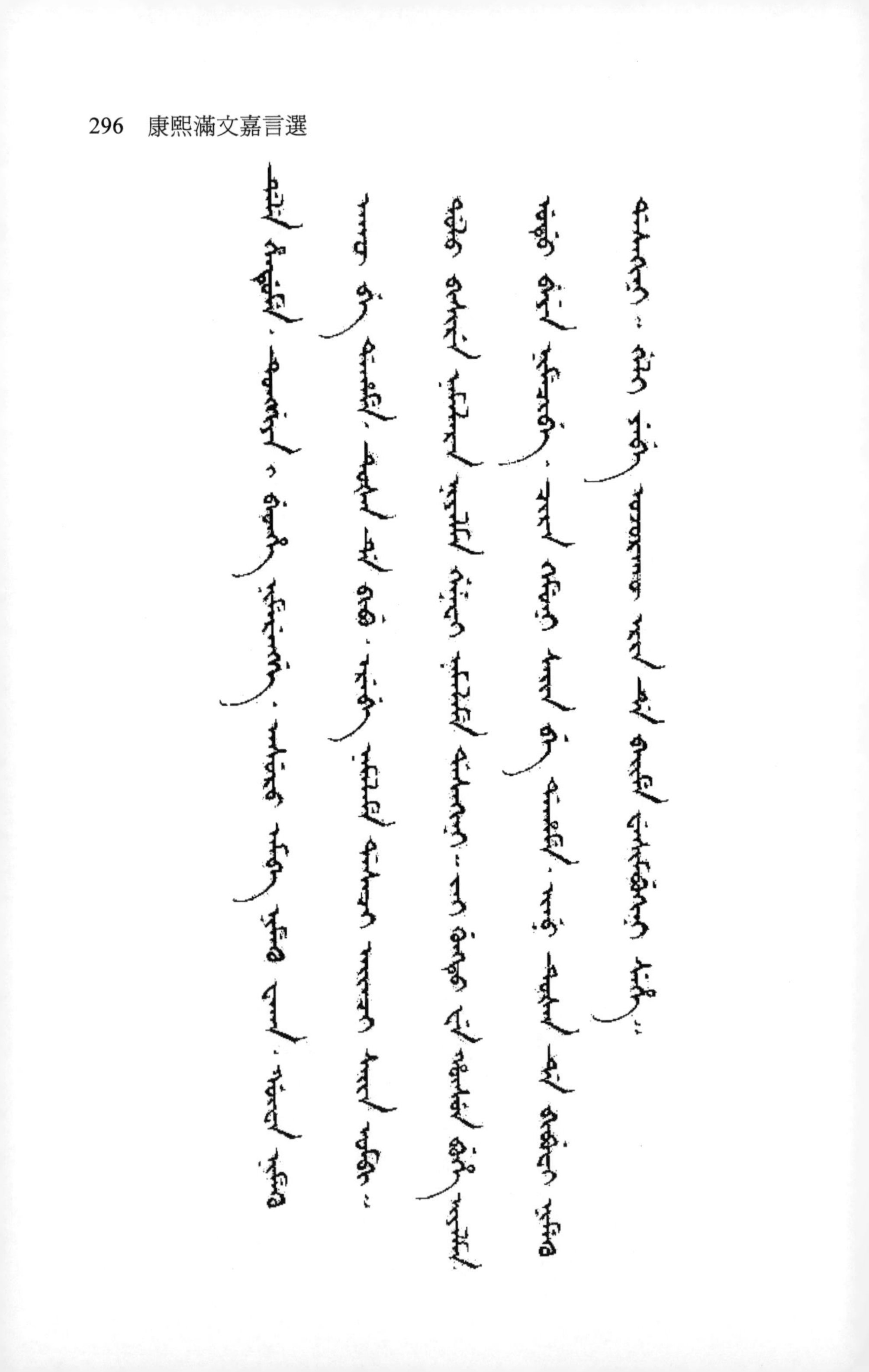

[illegible]

[illegible]

[illegible]

[illegible]

[illegible]

# 一三八、腿痛鍼灸

dele hendume, tunggiya i bethe nimerengge, asuru amba nimeku waka, gūwa nimeku akū be dahame, tušan de bibu, erebe namalame dasaci ainci sain ombi. dolo bisire namalara niyalma genefi namalame dasakini. jai gungtu fe hūsun buhe niyalma, udu beye nimecibe, cira kemuni sain be dahame, inu tušan de bibufi nimeku dasakini. geli yebe ojorakū erin de baime wesimbukini sehe.

---

上曰：佟佳腿痛，非係大病，既無別症，著留任，此病若行鍼灸，庶幾痊可，著大內鍼灸之人去鍼治。其龔圖効力舊人，身雖有病，既顏色尚好，亦著留任調治，如不痊可，再行請告。

---

上曰：佟佳腿痛，非系大病，既无别症，着留任，此病若行针灸，庶几痊可，着大内针灸之人去针治。其龚图効力旧人，身虽有病，既颜色尚好，亦着留任调治，如不痊可，再行请告。

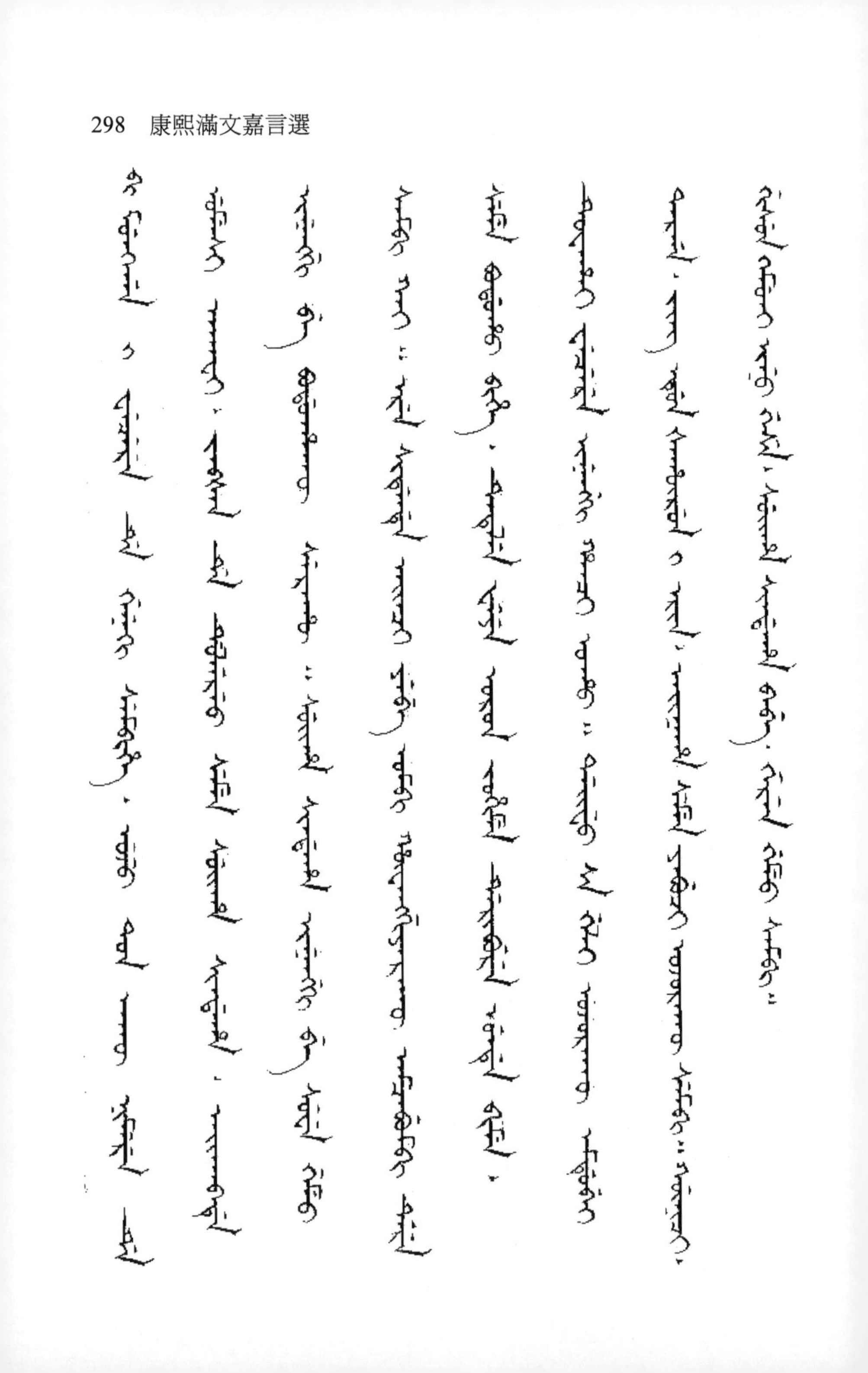

# 一三九、頭疼灼艾

bi munggan i wecere de geneki sembihe, uju ton akū nimere de umesi akafi, jabsan de dulereo seme suiha sindaha. aikabade inenggi be bodohakū serahū. suiha sindaha inenggi be suwe gemu sambi kai. ere sidende ainci yebe ombi hūwanggiyarakū amcabumbi dere seme bodoho bihe, tetele feye oron johime deribure unde bime, tuwahai wecere inenggi hanci oho. daifu sa geli ojorakū emdubei targa, jing edun šahūrun i erin. ainaha seme yabuci ojorakū sembi. gūnici, gisun kemuni inu gese, suiha sindaha babe, geren gemu sambi.

---

朕本欲親往祭陵，因時苦頭痛，早經灼艾，冀即痊可，朕豈不計定日期，灼艾之時，爾等所共知也。本謂此際必痊猶可及期無誤，不意所灼之處，至今未癒，而祭期已在目前，太醫等又再三勸阻，謂候值寒威，切不可出行，想此言似亦近理，朕之灼艾，眾皆知之。

---

朕本欲亲往祭陵，因时苦头痛，早经灼艾，冀即痊可，朕岂不计定日期，灼艾之时，尔等所共知也。本谓此际必痊犹可及期无误，不意所灼之处，至今未愈，而祭期已在目前，太医等又再三劝阻，谓候值寒威，切不可出行，想此言似亦近理，朕之灼艾，众皆知之。

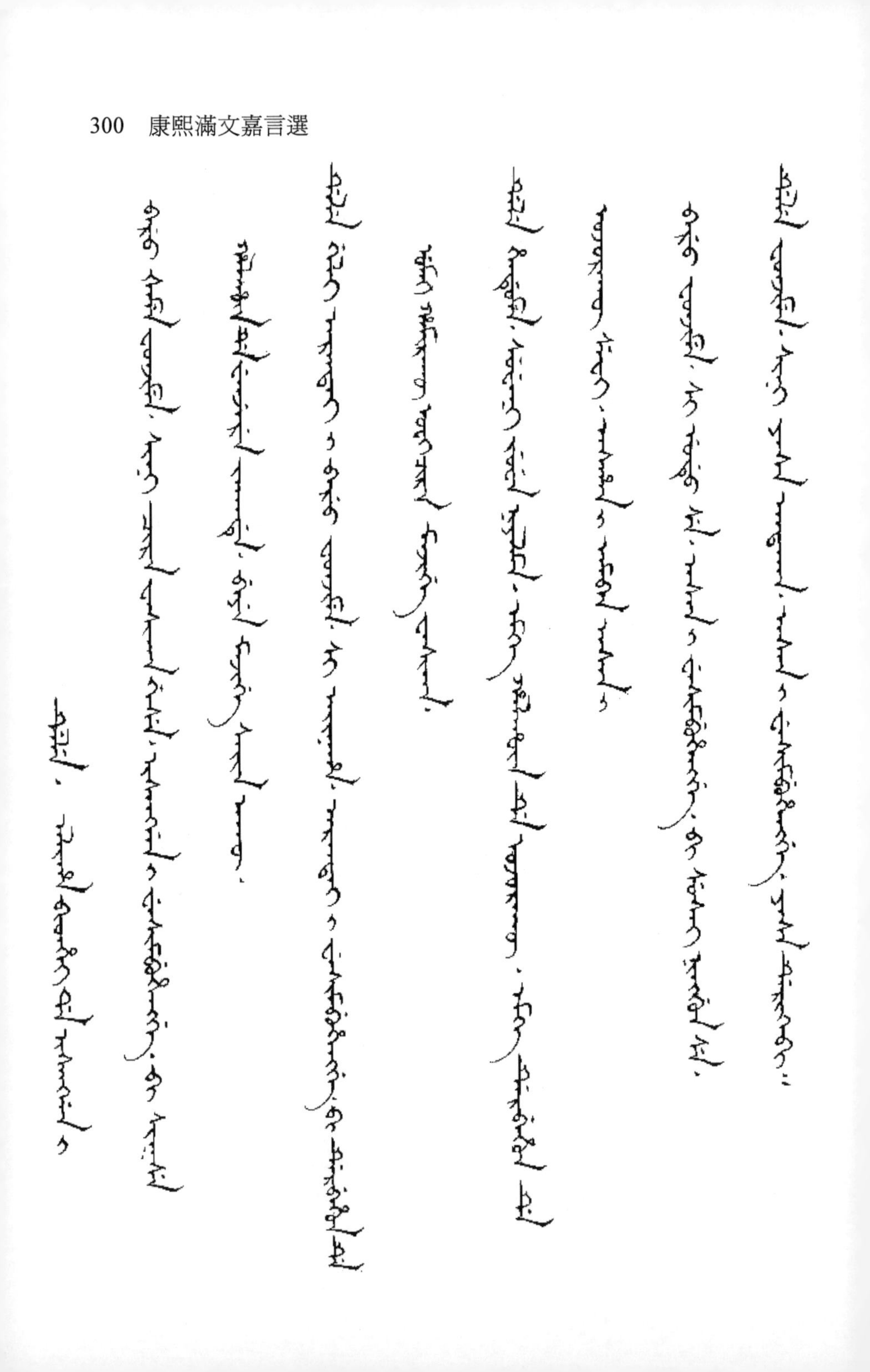

[illegible]

[illegible]

[illegible]

[illegible]

[illegible]

[illegible]

[illegible]

[illegible]

[illegible]

# 一四〇、潮濕中暑

dele, aliha bithei da isangga i baru šame fonjime, sini cira wasika gese, isangga i wesimbuhengge, bi sikse halhūn de wenjere jakade, beye majige sain akū, dele geli arantai i baru fonjime, si ainaha, arantai i wesimbuhengge, bi derbehun de umai hamirakū ofi cira majige wasika. dele hendume, suweni juwe niyalma, emke halhūn de ojorakū, emke derbehun de ojorakū sefi, ashan i amban asan i baru fonjime, si udu se, asan i wesimbuhengge, bi susai ninggun se, dele fonjime, sini yasa antaka, asan i wesimbuhengge, yasa derikebi.

---

上顧謂大學士伊桑阿曰：爾面色覺瘦？伊桑阿奏曰：臣昨日中暑，身體稍病。上又顧阿蘭泰曰：爾爲何亦瘦？阿蘭泰奏曰：臣苦於潮濕，所以稍瘦。上曰：爾二人，一不奈暑，一不奈濕。又顧問侍郎阿山曰：爾年幾何？阿山奏曰：臣年五十六。上問曰：爾目力若何？阿山奏曰：眼已昏花。

---

上顾谓大学士伊桑阿曰：尔面色觉瘦？伊桑阿奏曰：臣昨日中暑，身体稍病。上又顾阿兰泰曰：尔为何亦瘦？阿兰泰奏曰：臣苦于潮湿，所以稍瘦。上曰：尔二人，一不奈暑，一不奈湿。又顾问侍郎阿山曰：尔年几何？阿山奏曰：臣年五十六。上问曰：尔目力若何？阿山奏曰：眼已昏花。

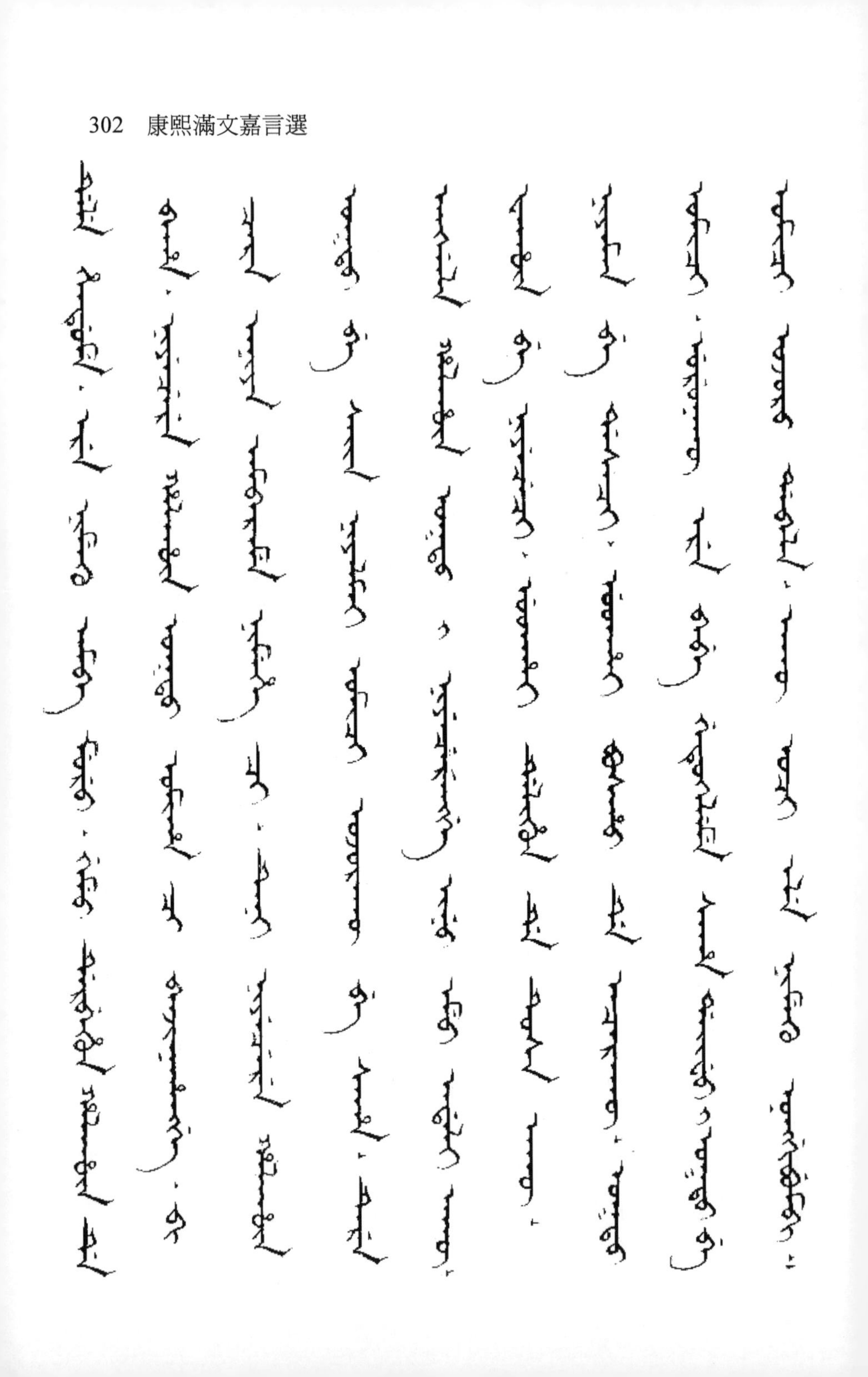

# 一四一、補肝傷脾

dele hendume, ere nimeku amba muru, gemu derbehun halhūn de baha, niyecere halhūn okto omiha ci banjinahangge, bi cara aniya ambarame nimehe ci, teni niyecere halhūn okto be sain niyalmai omici ojorakū be saha, tere anggala halhūn okto i niyecerengge inu emu adali akū, fahūn be niyececi, uthai delihun de tusa akū, niyaman be dasaci, uthai bosho de acarakū, okto omici, urunakū ere babe getukeleme saha daifu i okto be omici ojoro dabala, akū oci ele nimeku nonggibumbi.

---

上曰：此疾大抵皆溼熱所成，溫補之藥所致。朕前歲大病之後，乃知溫補之藥，大非平人所宜，且溫補亦非一法，如補肝者，即不利於脾；治心者，即不宜於腎，醫必深明乎此，然後可服其藥，不然徒增益其疾耳。

---

上曰：此疾大抵皆湿热所成，温补之药所致。朕前岁大病之后，乃知温补之药，大非平人所宜，且温补亦非一法，如补肝者，即不利于脾；治心者，即不宜于肾，医必深明乎此，然后可服其药，不然徒增益其疾耳。

ᠰᡝᠮᡝ ᡨᠠᠴᡳᠪᡠᡥᠠᠩᡤᡝ᠈ ᠪᡝ᠈ ᡤᡳᠰᡠᠨ ᠪᡠᠯᡝᡴᡠ ᠪᡝ ᠰᠠᡳᡴᠠᠨ ᡳ᠈ ᡨᡠᠮᡝᠨ ᠪᡝ ᠠᡵᠠᡴᡡ ᡳ

ᠪᡠᡥᡝ ᠪᡝ ᡨᠠᠴᡳᠪᡠᡥᠠᠩᡤᡝ ᠰᡠᡵᡝᡴᡡ ᠶᠠᡴᡳ᠉ ᡝᠮᡠ ᡤᡝᠯᡝᡵᡳ ᠪᡝ ᠰᡠᠩᡤᠠ ᠰᡠᡵᡝᡴᡠ᠈ ᠪᡠᡳᡵᡝ ᠰᡠᠮᠪᡠᡥᡝ᠈

ᡨᡝᠪᡝᠨᡝ ᠪᡝ ᠰᡠᡵᡝᡴᡠᠮᡝ ᡠᠮᡝᠰᡳ᠈ ᠰᠠᡳᠨ᠈ ᡨᡝᠪᡝᠪᡝ ᡠᠮᡝᠰᡳ ᠵᠠᡴᠠ ᠰᡠᠩᡤᡝ ᡨᡠᠪᡝᡳᡵᡝ᠈

ᠨᡳᠶᠣ ᠰᡠᡵᡝᡴᡠᠪᡝ ᠪᡝᠶᡝ᠈ ᠠᡵᠠᠪᡠᡥᡝ ᠰᡠᡵᡝᡵᡝ ᠪᡝᠶᡝᠪᡝ ᠪᠠᠨᡳᡵᡝ᠈ ᠪᡝᡳᠯᡝ ᠨᡳᠶᠠᠯᠮᠠᠪᡝ ᠰᡳᠨᡳᡵᡝ ᠪᡝ

ᡥᡝᡨᡝᠪᡝᡵᡝ ᠪᡝ ᠨᡳᠶᠠᠯᠮᠠ ᡨᡠᠪᡝᡵᡝᠩᡤᡝ ᠰᡝᡵᡝ ᡤᡝᠯᡝ᠈ ᠵᡳᡥᡝ ᡨᡠᠪᡝᡳᡵᡝᠩᡤᡝ ᠪᡳ ᠠᠪᡴᠠᡳ ᠨᡳᠶᠠᠯᠮᠠᠪᡝ᠈

ᠰᡠᡵᡝᡴᡠ ᠪᡝ ᠰᡠᠩᡤᡳᡵᡝ᠈ ᠰᡝᡵᡝᠩᡤᡝ ᠠᡵᠠᡴᡡ᠈ ᡤᡝᠯᡝᡵᡝ ᠪᡝ ᡨᡠᠪᡝᡵᡝ ᠰᡳᠨᡳᠩᡤᡝ ᠰᠠᡳᠨ᠈

ᠪᡝᠶᡝᠪᡝ ᠰᡠᡵᡝᡴᡠ ᡨᡠᠪᡝᡳᡵᡝ᠉ ᠨᡝᠨᡝ ᡨᡠᠪᡝᡵᡝ ᡳ ᠰᡳ ᡥᠠᠨ ᠪᡝᠶᡝ ᠮᡠᠰᡝ ᠰᡠᠩᡤᡳᡵᡝᠩᡤᡝ ᠪᡝᠶᡝ᠈

ᠪᡝ ᡤᡳᠰᡠᠨ ᠠᠯᡳᠮᠪᠠᡥᠠᡵᠠᡴᡡ᠉ ᡝᠮᡠ ᠵᡳᠯᡝ ᠪᡳᡨᡥᡝ ᠪᡝ᠈ ᠪᡝ ᡨᡝᠪᡝᠨ ᠠᠯᡳᠪᡠᠮᠪᡳ᠉

# 一四二、煉丹長生

hese wasimbuhangge, bi, ging suduri bithe be tuwaha šolo de, yaya hacin i bithe be tuwahangge ambula. ere jergi dan okto urebume, beyebe ujime, jalgan be golmin obumbi sere, saman tuwame doigon de sambi serengge, gemu untuhun tašan, akdaci ojoro baita waka, damu mentuhun irgen be holtoci ojoro dabala, ging be hafuka, giyan be ulhihe urse be ainaha seme holtoci ojorakū. sung gurun i sy ma guwang ni leolehengge umesi inu, bi kemuni saišambi. ere jergi baita be, bi daci akdarakū.

---

諭曰：朕經史之餘，所閱載籍多矣，凡煉丹修養長生及師巫自謂前知者，皆誕妄不足信，但可欺愚民而已。通經明理者，斷不爲其所惑也。宋司馬光所論甚當，朕有取焉，此等事，朕素不信。

---

谕曰：朕经史之余，所阅载籍多矣，凡炼丹修养长生及师巫自谓前知者，皆诞妄不足信，但可欺愚民而已。通经明理者，断不为其所惑也。宋司马光所论甚当，朕有取焉，此等事，朕素不信。

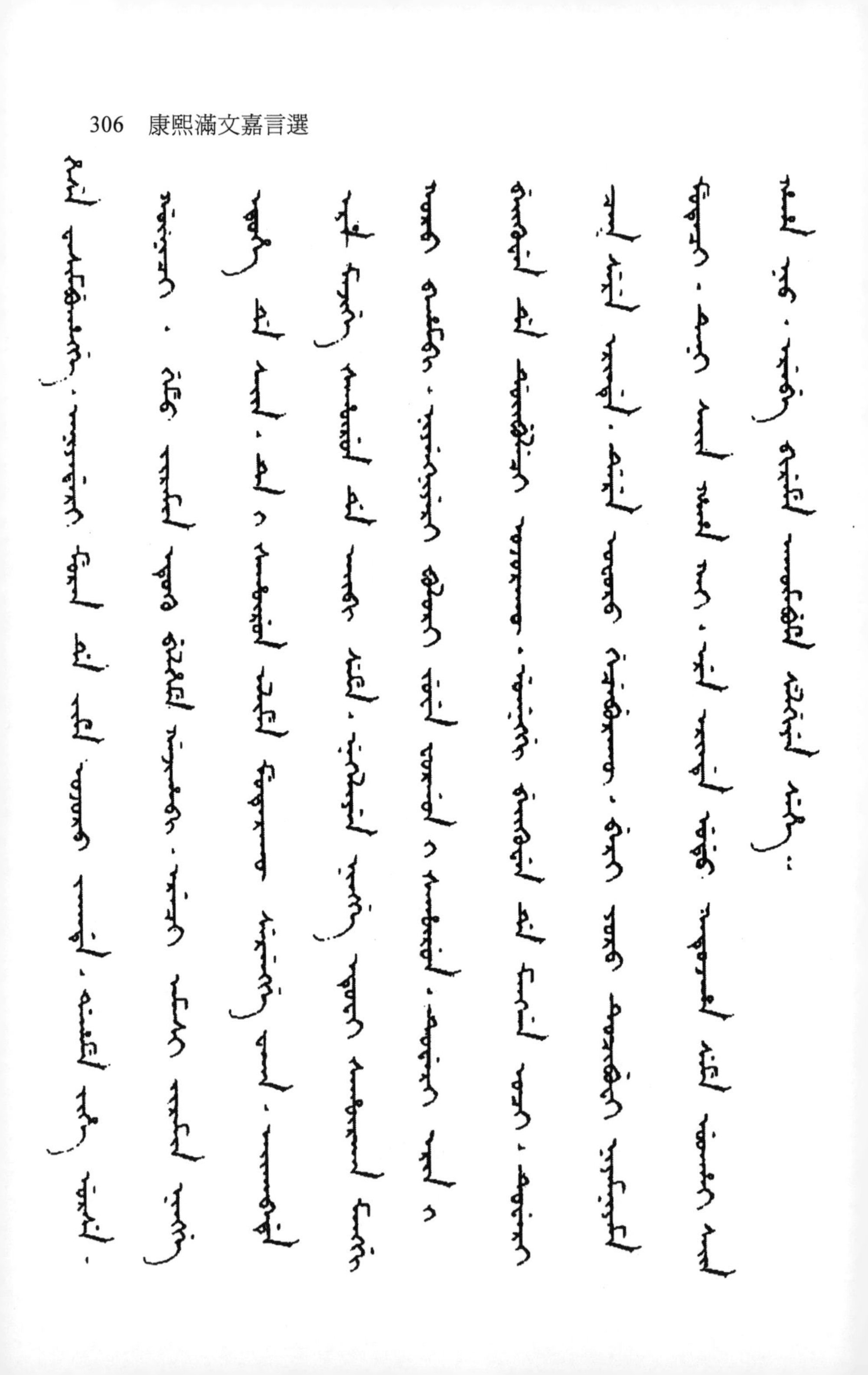

[illegible]

# 一四三、嚴冬耐寒

hese wasimbuhangge, aniyadari muran de jime ojoro jakade, dahame jihe urse, gūnici, gemu jiramin etuku belheme gajihabi, ereci amasi jiramin ningge etuhe de sain, te i šahūrun alime muterakū serengge waka, aikabade ere majige šahūrun de aibi seme, nekeliyen ningge etufi šahūraka manggi koro bahambi, niyengniyeri bolori juwe forgon i šahūrun, tuweri erin i beikuwen de duibuleci ojorakū, unenggi beikuwen de mangga oci, tuweri cak sere erinde, dere oforo geceburakū, beri yoro tucibufi niyamniyame muteci, teni sain haha kai, ere erinde udu katujaha seme uthai sain haha nio, erebe bireme akūmbume selgiye sehe.

---

諭曰：每年來哨鹿，想扈從人員俱必帶得厚實衣服來，嗣後穿厚實些方好，此時之寒涼，非人不能耐受，若謂此些須之寒何害，穿衣單薄受寒，則必受害矣。春秋二季之寒，不得以冬季之寒可比，果善於耐寒，嚴冬之時，不凍臉鼻，能挽弓拈箭騎射者，方可謂之好，此時即勉強過，豈得謂之好漢，著遍行曉諭。

---

谕曰：每年来哨鹿，想扈从人员俱必带得厚实衣服来，嗣后穿厚实些方好，此时之寒凉，非人不能耐受，若谓此些须之寒何害，穿衣单薄受寒，则必受害矣。春秋二季之寒，不得以冬季之寒可比，果善于耐寒，严冬之时，不冻脸鼻，能挽弓拈箭骑射者，方可谓之好，此时即勉强过，岂得谓之好汉，着遍行晓谕。

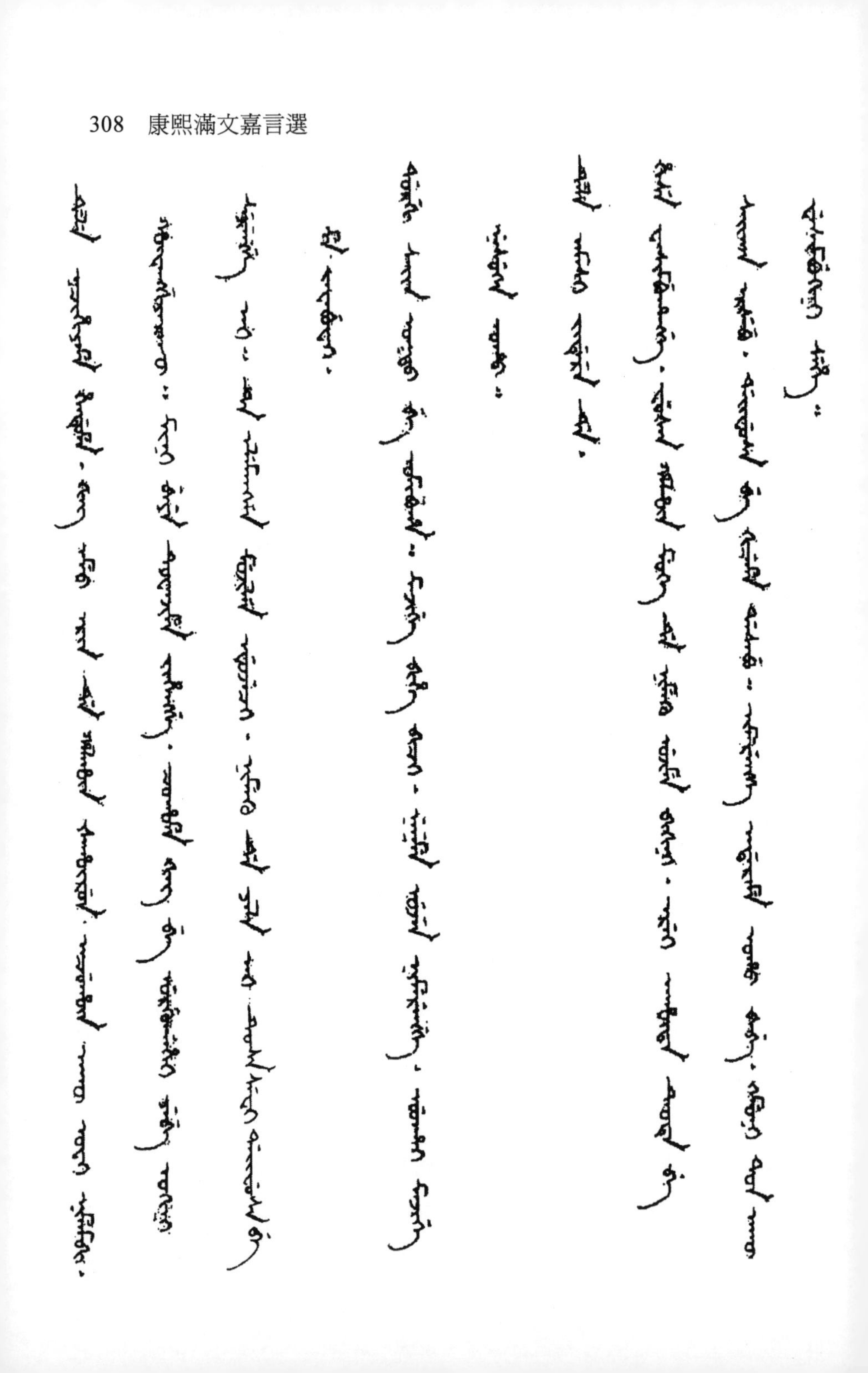

# 一四四、寒暑不均

dele nacihiyame hendume, king emu erin de halhūn šahūrun acuhūn akū ofi nimembi,hūwanggiyarakū. mini beye tuwanjime jihengge, cohome king be urgunjehei yebe okini serengge kai. te elemangga mujilen efujeci, nimeku de yala ai tusa sefi, daifusa be me jafabufi, dorgi sain okto be omibuha. majige bihe bici, neneme ujen nimerengge, uthai majige nesuken oho. dele amasi jidere de, hese wasimbuhangge, fušan halhūn muke de nimeku ujime bikini, erei ahūta deote be saikan eršebu, daifusa be kiceme dasabu. nimerengge adarame oho babe, kemuni ton akū wesimbukini sehe.

---

上慰之曰：卿因一時寒暑不均致疾，料無他虞。朕躬臨視，冀卿悅懌痊可耳，今反致傷感，于病何益？于是令醫胗脈，將御用良劑服之。少頃，沉疴頓安。上還，傳諭曰：福善留溫泉養病，令其兄弟輩，殫心護視，醫官加意調治，其病勢如何？不時來奏。

---

上慰之曰：卿因一时寒暑不均致疾，料无他虞。朕躬临视，冀卿悦怿痊可耳，今反致伤感，于病何益？于是令医胗脉，将御用良剂服之。少顷，沉疴顿安。上还，传谕曰：福善留温泉养病，令其兄弟辈，殚心护视，医官加意调治，其病势如何？不时来奏。

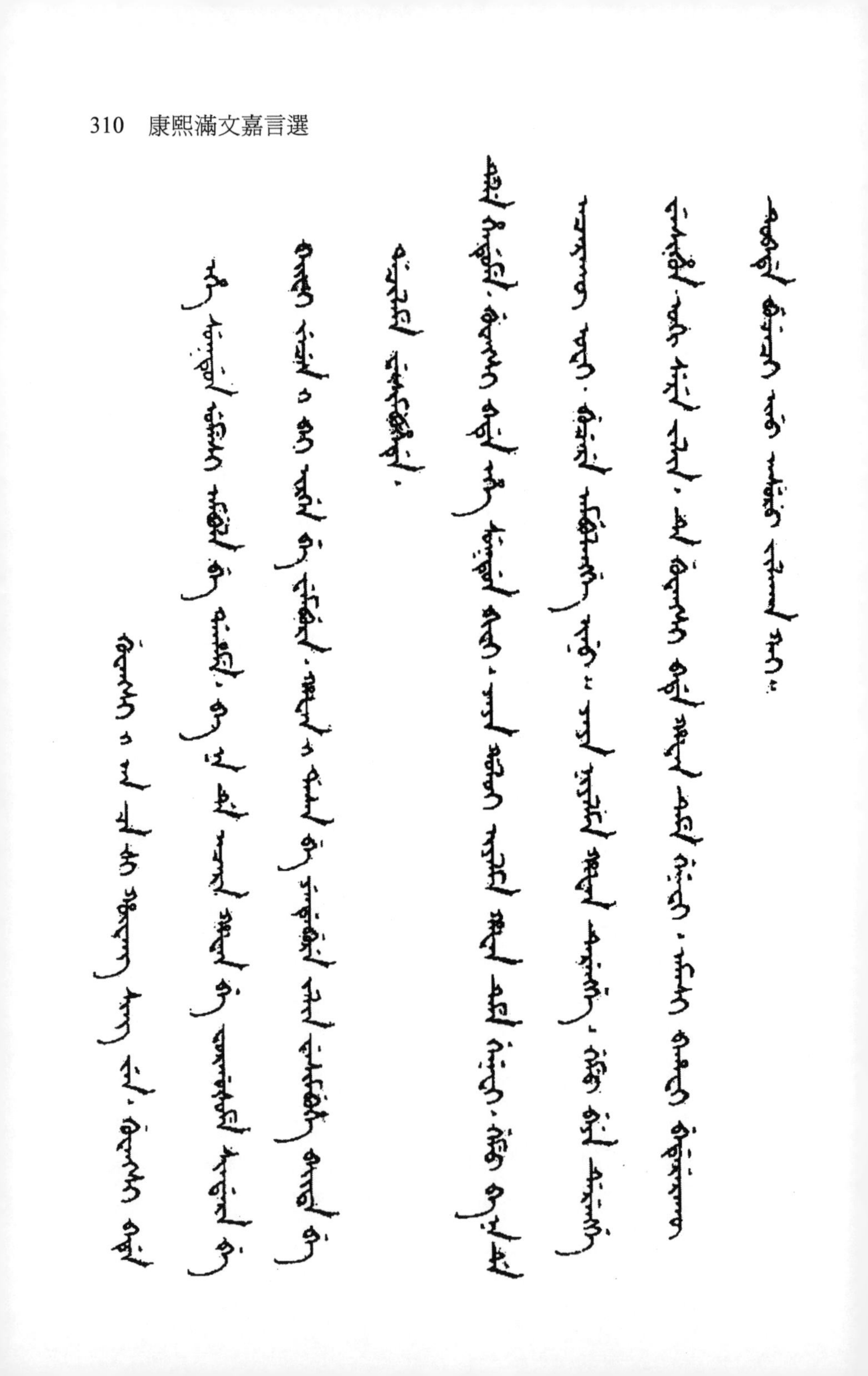

# 一四五、廣西瘴氣

guwangsi i an ca ši hūwang sing jen, guwangsi bade ehe sukdun umesi ambula be dahame, ba na de acara hafan be forgošome sindara be baifi jecen i bai irgen be wembure, hafan i dasan be yendebure jalin wesimbuhe baita be dacilame wesimbuhede, dele hendume, guwangsi bade ehe sukdun bifi, yaya goloi niyalma hafan teme genefi, gemu ba na de acarakū ofi, bucere ambulangge inu. yaya niyalma hafan terengge, gemu beye derengge wesihun oki sere jalin, te guwangsi bade hafan teme genefi, amasi bahafi bedererakū tubade buceci inu asuru jilakan kai.

---

廣西按察使黃性震題廣西省最多瘴氣，請以地方相宜官員調用，以化邊民，以興吏治。上曰：廣西因有瘴癘之氣，凡各省人員往任彼處，與土俗俱不相宜，死喪者實多，凡人居官皆思榮貴，今往任廣西者，每不得歸而死於彼處，誠可憐憫。

---

广西按察使黄性震题广西省最多瘴气，请以地方相宜官员调用，以化边民，以兴吏治。上曰：广西因有瘴疠之气，凡各省人员往任彼处，与土俗俱不相宜，死丧者实多，凡人居官皆思荣贵，今往任广西者，每不得归而死于彼处，诚可怜悯。

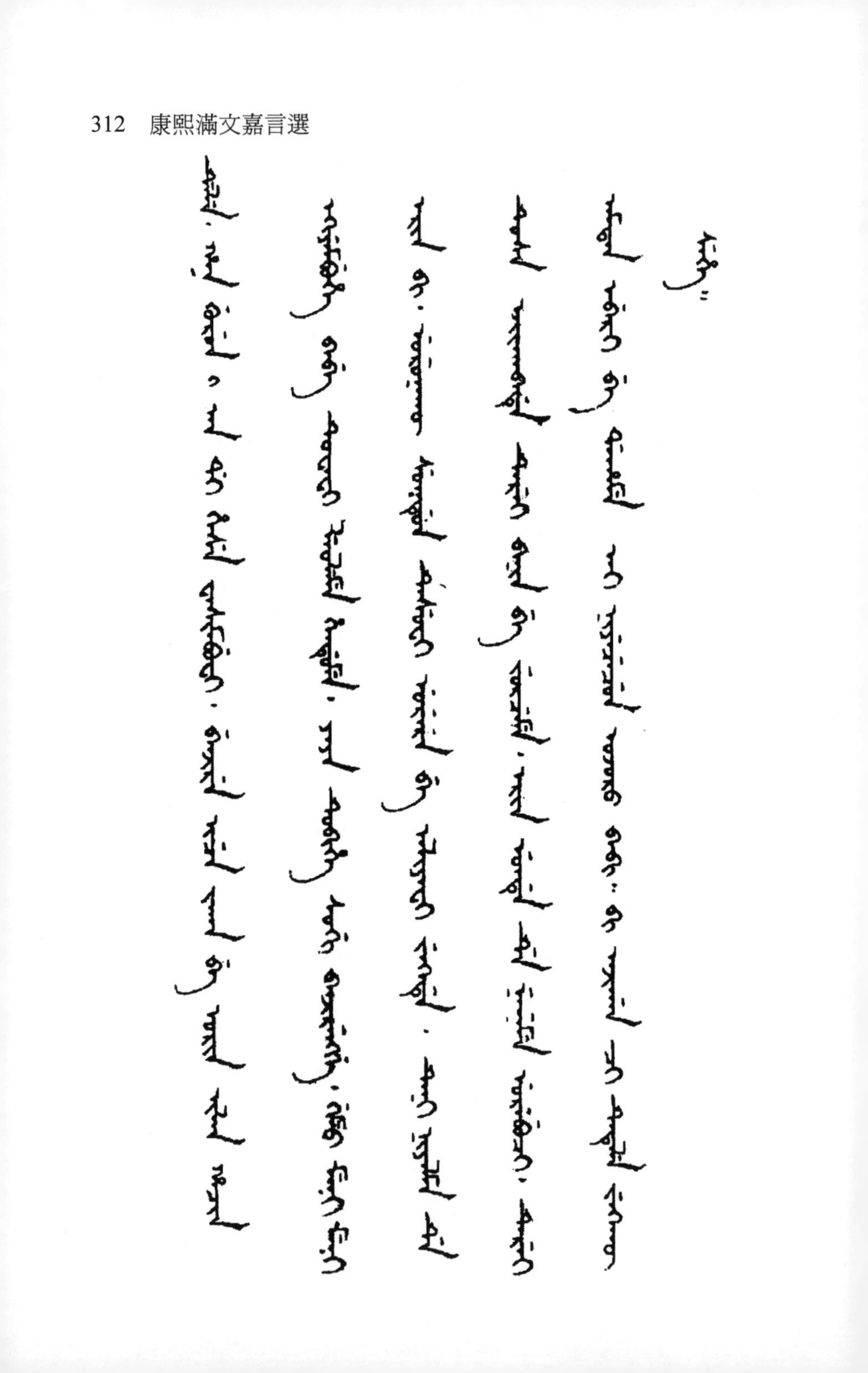

# 一四六、氣足味全

dele, han gurun i an di hese wasimbufi, benjire ice jaka be orin ilan hacin ekiyembuhe babe tuwafi leoleme hendume, yaya tubihe sogi banjirengge, gemu meni meni erin bi, urunakū sukdun tesufi urere be aliyafi jekede, teni niyalma de tusa, aikabade terei banin be jurceme, erin unde de neneme urebuci, terei amtan eberi be dahame, ai niyececun ojoro babi. bi ajigan ci tetele jekekū sehe.

---

上閱漢安帝詔省薦新物二十三種。論曰：凡果蔬之生，各有其時，必待氣足而熟，食之乃可養人。若矯拂其性，使之先時早熟，其味不全，有何滋益？朕自幼至今，從未食也。

---

上阅汉安帝诏省荐新物二十三种。论曰：凡果蔬之生，各有其时，必待气足而熟，食之乃可养人。若矫拂其性，使之先时早熟，其味不全，有何滋益？朕自幼至今，从未食也。

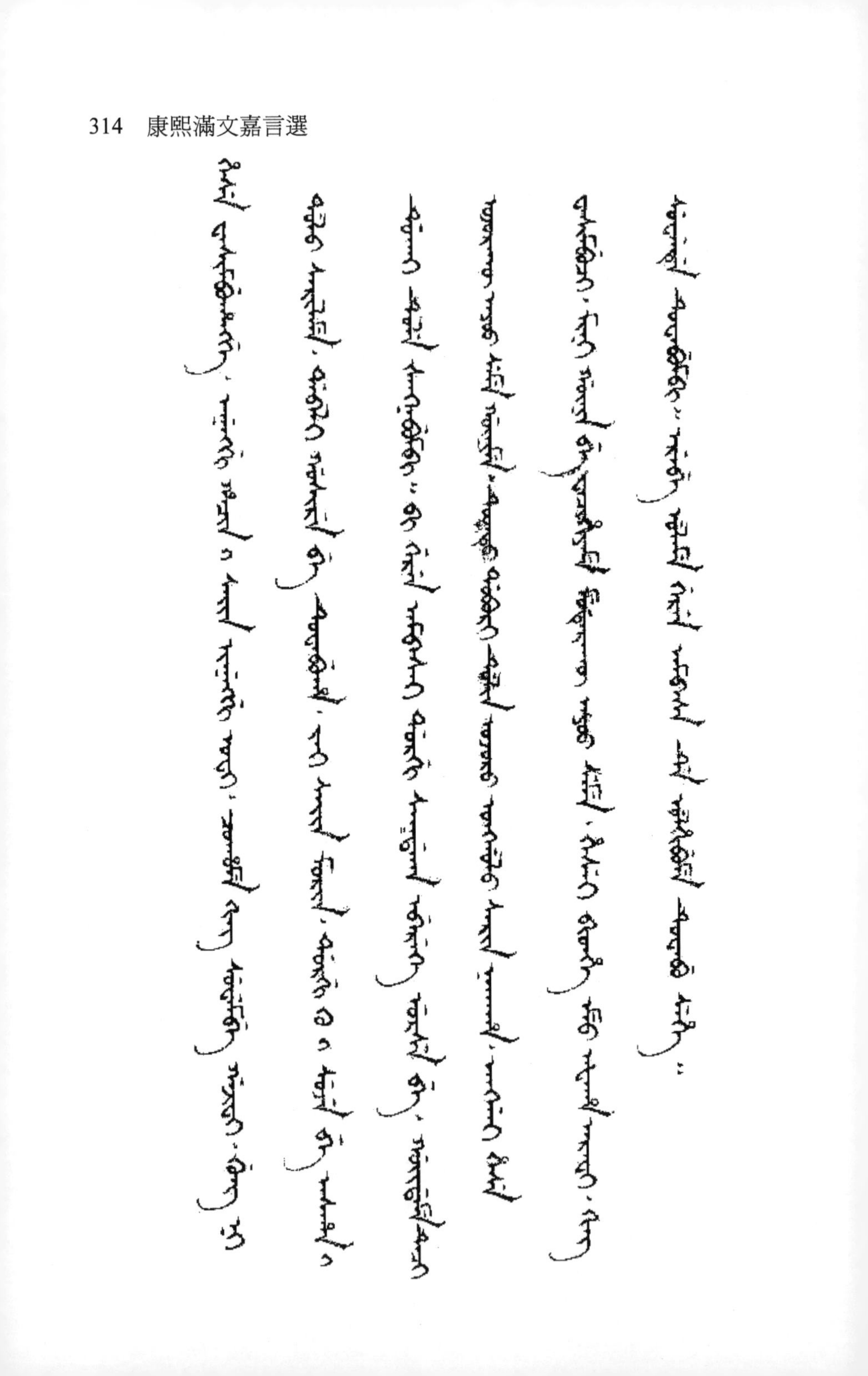

# 一四七、賜宴宮中

hese wasimbuhangge, enenggi hacin i sain inenggi ofi, cohome king suwembe gajifi, gung ni dolo sarilame, dabali gosire be tuwabuha, jai sain morin, dorgi ku suje be ashan i dukai tule šangnabumbi. bi geren ambasai dorgi sakdaka ebereke urse be. goidame teci ojorakū ayoo seme gūnime, tuttu dobori dulin ojoro onggolo sarin nakaha, anggai hese wasimbuci, mini gūnin be wacihiyame muterakū ayoo seme, hesei bithe emu afaha arafi, king suwende tuwabumbi. erebe ulame geren ambasa de ulhibume tuwabu sehe.

---

諭曰：今日因上元令節，特召卿等，賜宴宮中，以示優眷，尚有馴馬內幣，令於掖門外頒賜。朕念諸臣中，有年力衰老，不能久坐者，故夜漏未闌，遂爾罷讌，恐口諭未悉朕懷，茲書諭旨一通示卿等，可傳示諸臣知之。

---

谕曰：今日因上元令节，特召卿等，赐宴宫中，以示优眷，尚有驯马内币，令于掖门外颁赐。朕念诸臣中，有年力衰老，不能久坐者，故夜漏未阑，遂尔罢燕，恐口谕未悉朕怀，兹书谕旨一通示卿等，可传示诸臣知之。

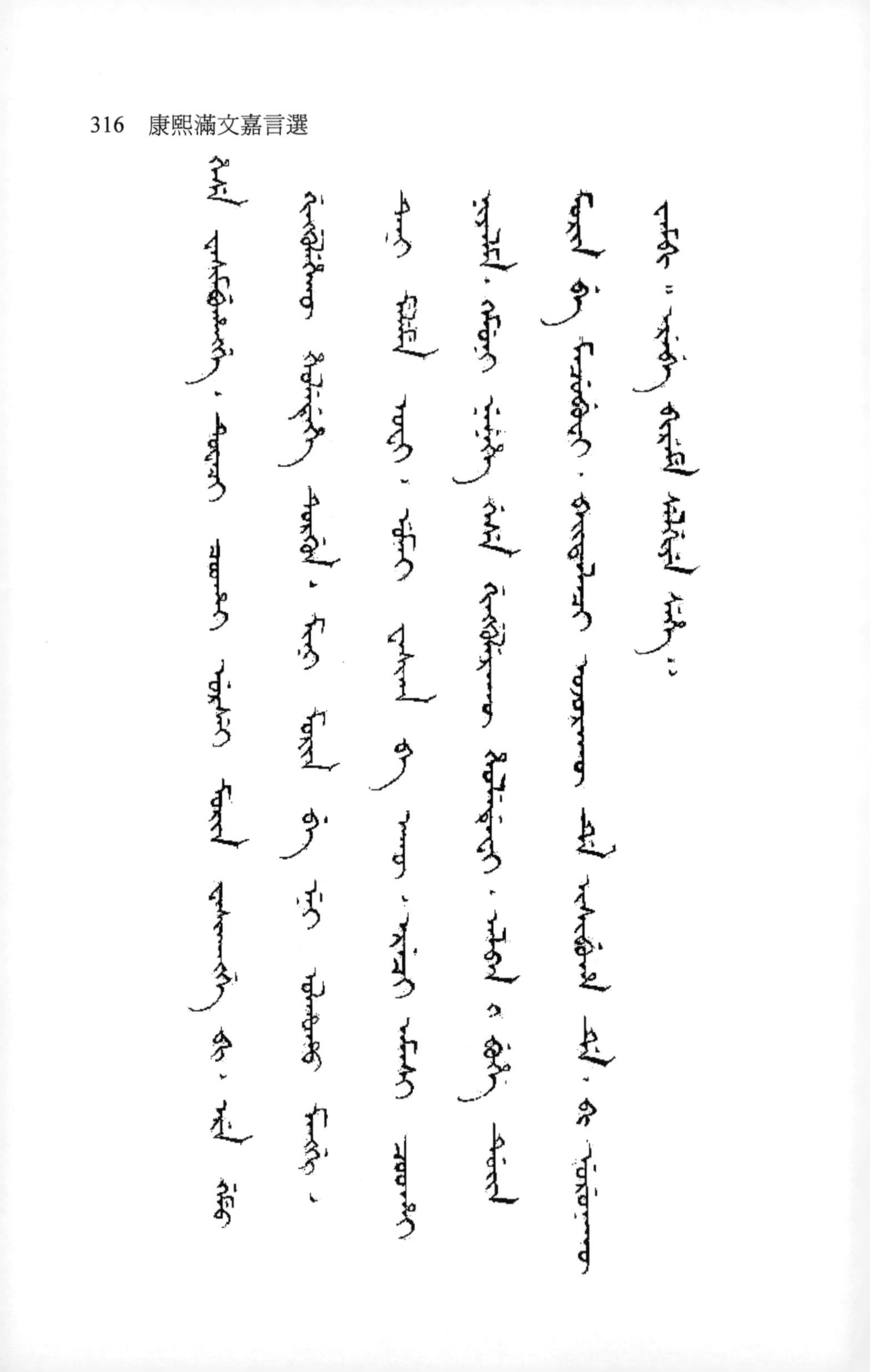

[illegible]

[illegible]

[illegible]

[illegible]

[illegible]

[illegible]

# 一四八、汗乾飲水

hese wasimbuhangge, tuwaci coohai ursei morin wasikangge bi, ere gemu ginggulehekū heoledehe turgun, mini morin be nei olhoho manggi, teni meleme ofi, umai wasika ba akū, ereci amasi coohai niyalma, kemuni nenehe gese ginggulerakū heoledefi, alban i buhe duin morin be macubufi, baitalaci ojorakū de isibuha de, bi urunakū wambi. erebe bireme selgiye sehe.

---

諭曰：兵丁馬匹見有疲瘦者，此皆玩忽不謹之故，朕所乘馬，俟其汗乾，然後飲水，故常肥健，嗣後兵丁若仍前玩忽不謹，以致所給官馬四匹疲瘦不堪用者，定行正法，著通行曉示。

---

谕曰：兵丁马匹见有疲瘦者，此皆玩忽不谨之故，朕所乘马，俟其汗干，然后饮水，故常肥健，嗣后兵丁若仍前玩忽不谨，以致所给官马四匹疲瘦不堪用者，定行正法，着通行晓示。

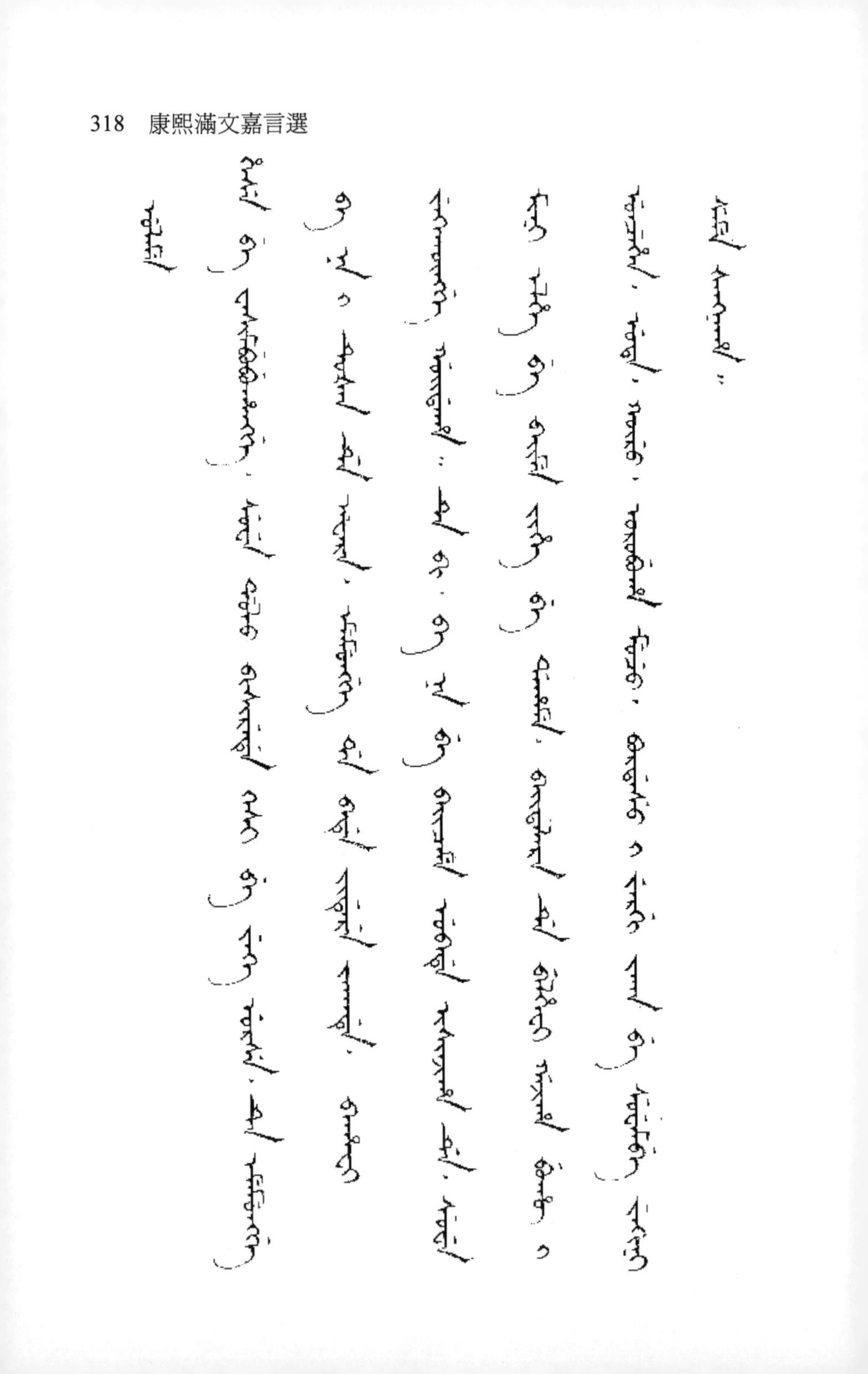

[illegible]

[illegible]

[illegible]

[illegible]

[illegible]

[illegible]

[illegible]

# 一四九、省方賜食

ulame hese be wasimbubuhangge, suwe dolo bisirede kesi be jeke urse, te ememungge ba na i tušan de afara, ememungge da bade jidere jakade, bahafi jekekūngge goidaha. te bi, ba na be baicame ubade isinjiha de, suwe mini elhe be baime jihe be dahame, baitalara de belhefi gajiha buhū i uncehen, uta, kūru, orobuha mucu, bordasu i jergi jaka be suwembe jekini seme šangnaha.

---

傳旨曰：爾等在朝時，朕嘗賜食，比來或履外任，或歸鄉里，久未得與頒賜。今朕省方來此，爾等至行在起居[1]，特以攜來御用鹿尾、烏塔糕[2]、乳餅、葡萄糕、乳酒等物賜爾等嘗之。

---

传旨曰：尔等在朝时，朕尝赐食，比来或履外任，或归乡里，久未得与颁赐。今朕省方来此，尔等至行在起居[3]，特以携来御用鹿尾、乌塔糕[4]、乳饼、葡萄糕、乳酒等物赐尔等尝之。

---

1 至行在起居，滿文作“mini elhe be baime jihe”，意即「來請朕安」
2 烏塔糕，滿文讀如“uta”，意即「奶油糕」，或「炒麵」。

3 至行在起居，满文作“mini elhe be baime jihe”，意即「来请朕安」
4 乌塔糕，满文读如“uta”，意即「奶油糕」，或「炒面」。

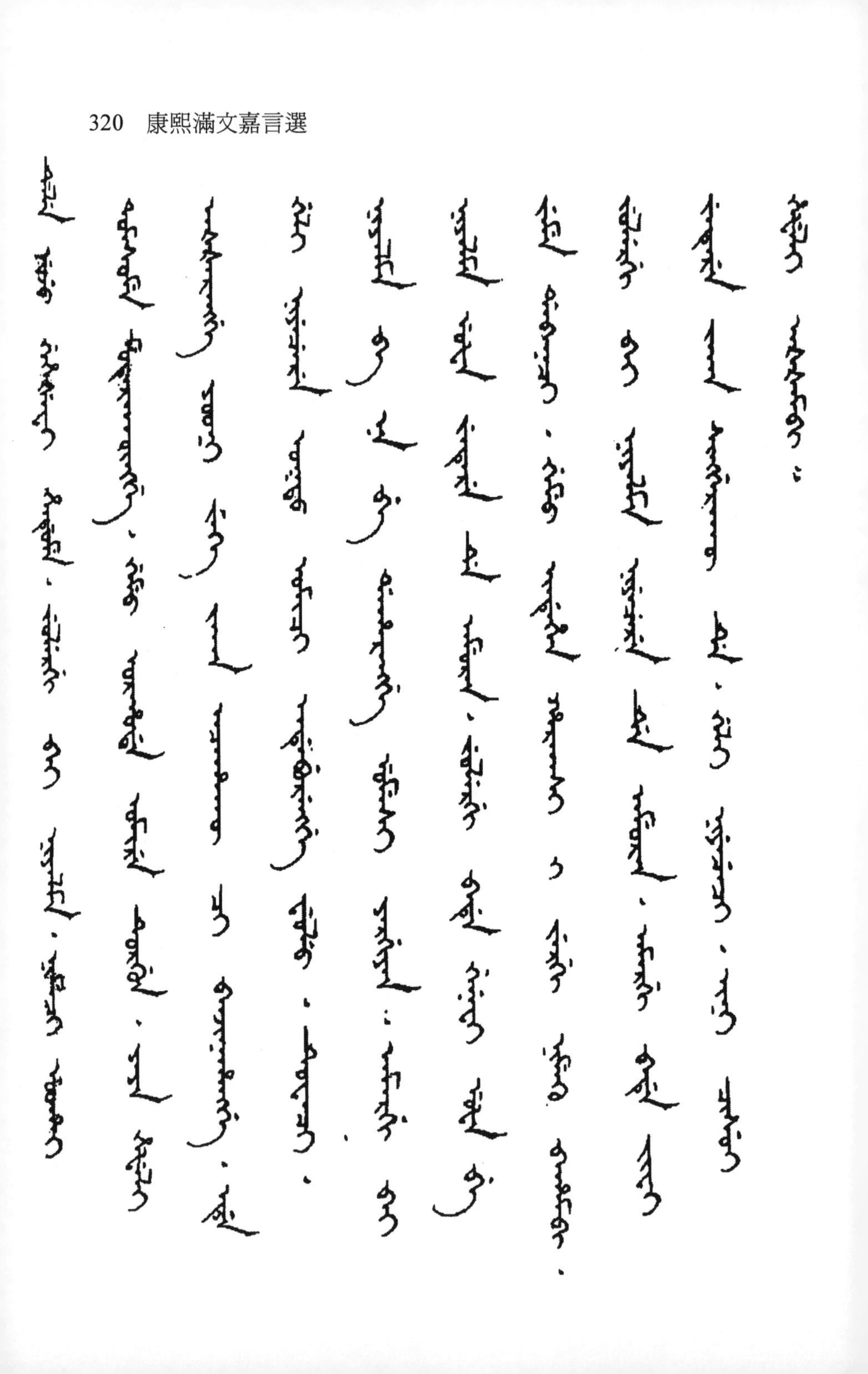

# 一五〇、南人好補

dele uju gehešefi hendume, julergi bai niyalma, nimeci uthai tomsome muterakūngge, gemu orhoda omire turgun, yaya hefeli aššarangge yooni jeke jaka acahakū ci banjinahangge, ede geli niyecere okto omici endeburengge fulu, tuwaci, niyalma ba na be daharangge umesi yargiyan, amargi bai niyalma ufa jetere de amuran, julergi bade genefi ufa be jeme dabanaci, gemu indehen harkasi i jergi nimeku bahambi, julergi bai niyalma niyecere de amuran, amargi bade jifi jetere jaka singgerakū de, geli niyececi, ini cisui hefeli aššambi.

---

上頷之曰：南人一病不支者，俱係動服人參之故。凡肚腹作瀉，皆飲食不調所致，更服補劑，誤人多矣。看來人因水土信然，北人嗜麵，至南方過食麵食，皆患瘧疾傷寒等症，南人好補，來北方停食未消，復加補劑，自應作瀉。

---

上颔之曰：南人一病不支者，俱系动服人参之故。凡肚腹作泻，皆饮食不调所致，更服补剂，误人多矣。看来人因水土信然，北人嗜面，至南方过食面食，皆患疟疾伤寒等症，南人好补，来北方停食未消，复加补剂，自应作泻。

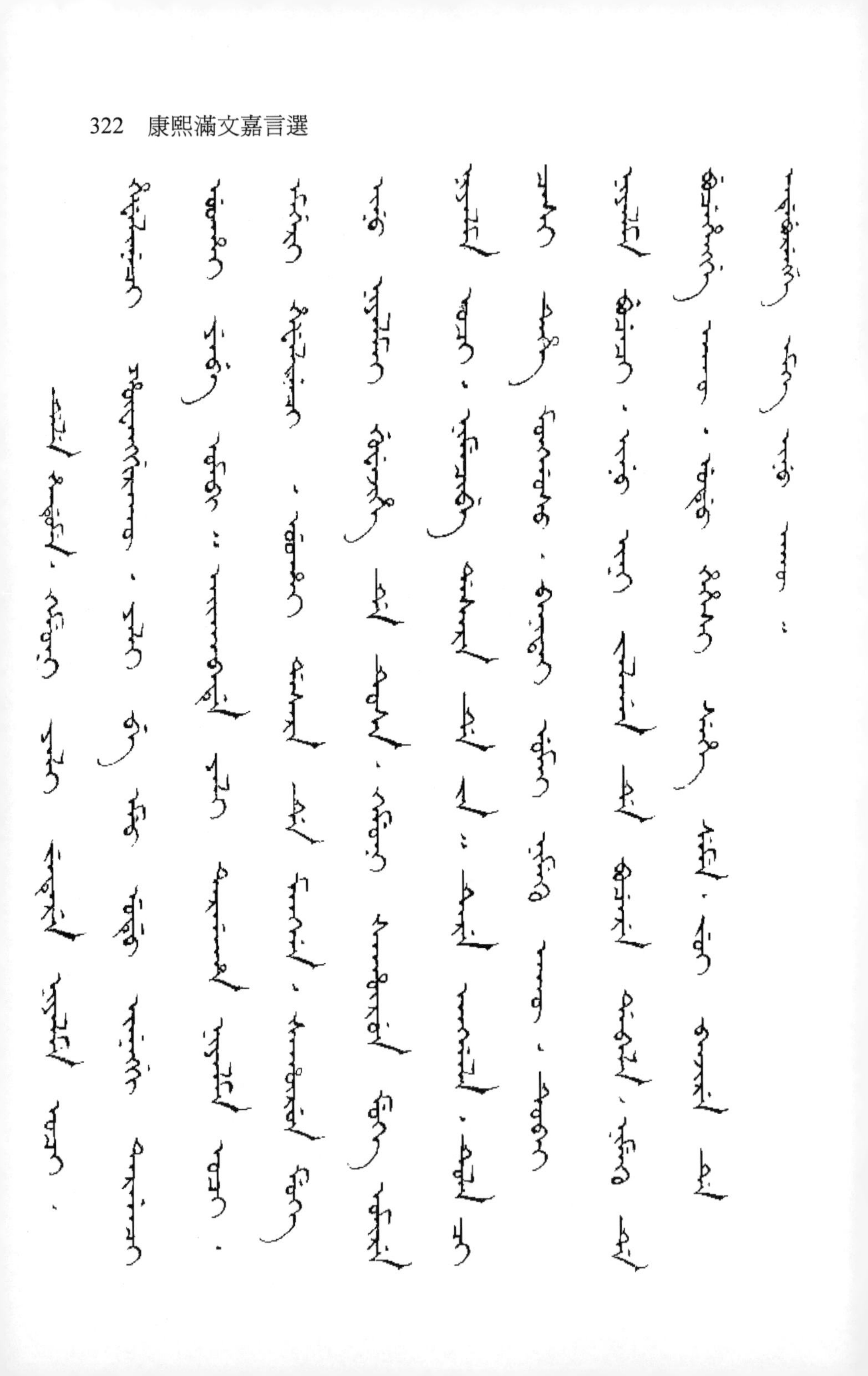

# 一五一、常飲涼水

dele hendume, kemuni yali jetere niyalma oci, hefelineci hūwanggirakū, yali be emu udu inenggi targaci uthai yebe ombi. aikabade yali targaha niyalma oci, emgeri hefelineci, uthai dasara de mangga, šahūrun muke inu niyalmai guwejihe de tusa, kemuni šahūrun muke omire niyalma oci, nimecibe dasara de ja. tere anggala, tula ci casi tehe monggoso, banitai umai nimeku akū, tubai niyalma buceci, inu ini jalgan de bucere dabala, nimeku de bucehengge akū, udu hehesi sehe seme, jui banjire de endeburengge emke inu akū.

---

上曰：常食肉之人，作瀉不妨，但忌肉一二日即癒矣。若茹素之人，一作泄瀉，便難醫治。涼水亦有益於脾胃，常飲涼水之人，雖病易治，且自土喇地方以北之蒙古，一生少病，即死亡亦其命數耳，鮮有以疾死者，即婦女亦無有因生育而死者。

---

上曰：常食肉之人，作泻不妨，但忌肉一二日即愈矣。若茹素之人，一作泄泻，便难医治。凉水亦有益于脾胃，常饮凉水之人，虽病易治，且自土喇地方以北之蒙古，一生少病，即死亡亦其命数耳，鲜有以疾死者，即妇女亦无有因生育而死者。

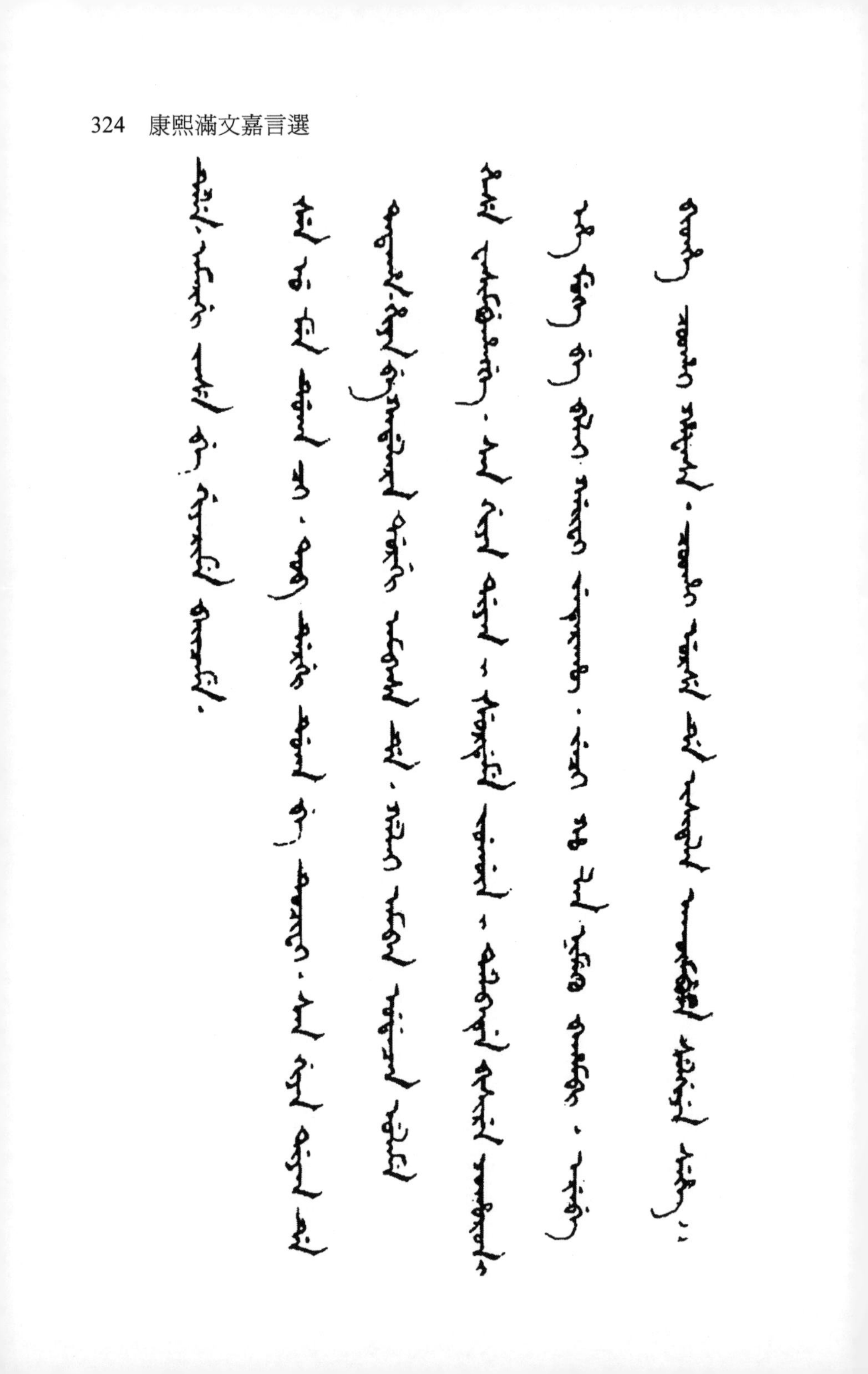

[illegible]

# 一五二、毋飲溝水

dele, amargi jase be giyarime baicame, šen u men duka ci, tob dergi duka be tucifi, san giya diyan de tataha, hiya be kadalara dorgi ambasa de, galai amban udacan ulame hese wasimbuhangge, san giya diyan i šurdeme jugūn i dalbade bisire yohoron i ehe muke be balai gaifi jeterahū, jeci ho lan nimeku bahambi, erebe bithe, coohai hafasa, coohai urse de isitala akūmbume selgiye sehe.

---

上以巡行塞外，由神武門出東直門，駐蹕三家店，前鋒統領吳達禪傳諭領侍衛內大臣等曰：附近三家店道傍溝壑之水，毋得取飲，誤飲即成霍亂，著徧諭文武官員及軍士人等知之。

---

上以巡行塞外，由神武门出东直门，驻跸三家店，前锋统领吴达禅传谕领侍卫内大臣等曰：附近三家店道傍沟壑之水，毋得取饮，误饮即成霍乱，着徧谕文武官员及军士人等知之。

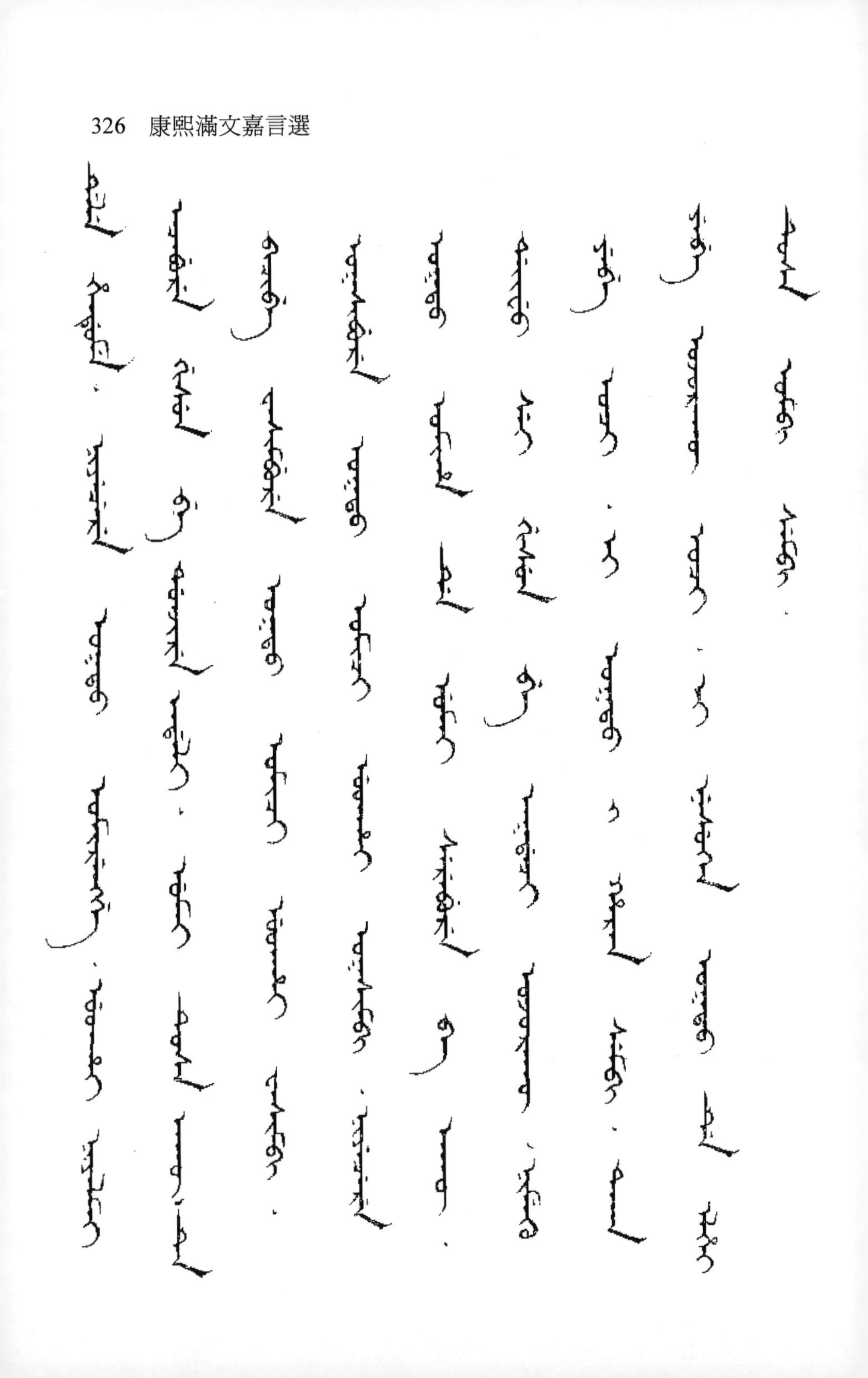

# 一五三、不服補藥

dele hendume, niyecere okto omirengge, uthai niyalmai acabure gisun be donjire adali umai tusa akū, te bicibe wasimbure okto omici uthai wasimbi, oksibure okto omici uthai oksimbi, niyecere okto omiha de umai serebure ba akū, daifu sei gisun be akdaci ojorakū, nimeku yebe oci, i okto i haran sembi, taka yebe ojorakū oci, i nesuken okto de elhei tusa ombi sembi.

---

上曰：服補藥如聞譽言，總無利益。如服下藥即下；服吐藥即吐，服補藥總不知覺。醫者之不可信，病癒則曰藥之功，不癒則曰平和之藥緩乃有效。

---

上曰：服补药如闻誉言，总无利益。如服下药即下；服吐药即吐，服补药总不知觉。医者之不可信，病愈则曰药之功，不愈则曰平和之药缓乃有效。

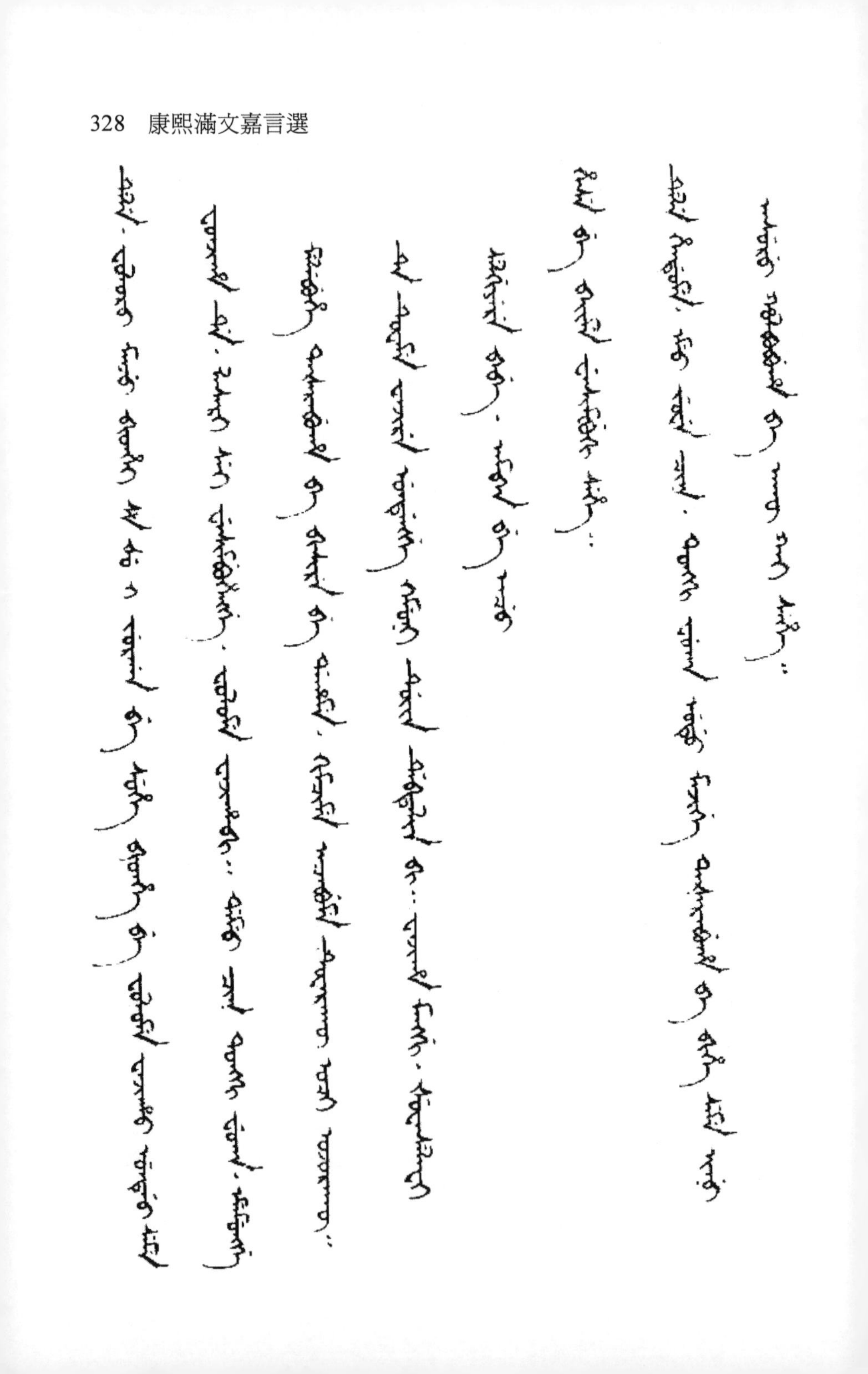

# 一五四、句讀點畫

dele, foloro manju bithei sy šu i jurgan be suhe bithe be folome wajihao undeo seme fonjiha de, lasari sei wesimbuhengge, folome wajihabi. damu cik tongki fuka, ememungge melebuhe tašarabuha ba bisire be dahame, kimcime acabume tuwarakū oci ojorakū. te tuwame wajire undengge kemuni duin debtelin bi. wajiha manggi, šuwaselafi selgiyere babe, amban be encu hese be baime wesimbuki sehe. dele hendume, emu juwe cik, tongki fuka udu majige tašarabuha ba bihe seme inu asuru holbobuha ba akū kai sehe.

---

上問所刻滿文四書解義曾否刻完？喇沙里等奏言，板已刻完，但句讀點畫，間有遺漏舛錯者，不得不詳加撿勘，今未閱完者，尚有四本，告竣之日，其印刷頒行，臣等另行請旨。上曰：句讀點畫，即偶有一二小錯，亦無甚關係。

---

上问所刻满文四书解义曾否刻完？喇沙里等奏言，板已刻完，但句读点画，间有遗漏舛错者，不得不详加捡勘，今未阅完者，尚有四本，告竣之日，其印刷颁行，臣等另行请旨。上曰：句读点画，即偶有一二小错，亦无甚关系。

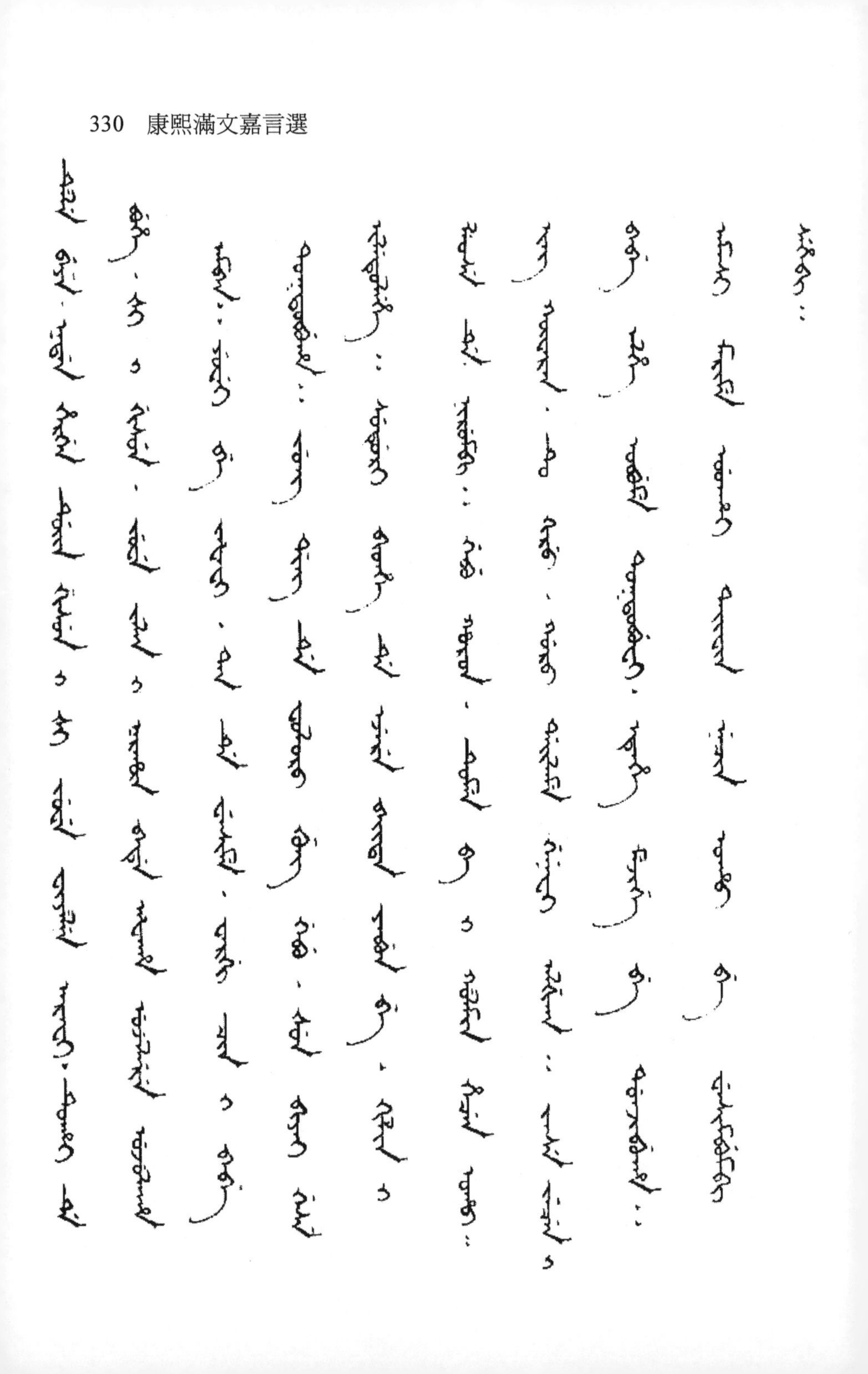

# 一五五、七言絕句

dele beye, nadan hergen duin gisun i ši juwe fiyelen arafi, tuhai de buhe, ši i gisun, juwe jalan i narhūn bade afaha ujelere ujulaha amban. yuwei be jafafi, tan de wesime, wargi cin i babe toktobuha. jung ding de foloro gung gebu, šun biyai gese iletulehe. suduri bithe de ejere baita yabun be, kilin i leose de nirumbi. gebu horon, tumen ba i golmin hecen oho. ing kūwaran, tu kiru, goro dailame genefi algika. jase jecen i babe elhe obume toktobufi, etehe mejige be donjibuha. amasi marime uthai taifin necin oho be wesimbumbi sehebi.

---

上親製七言絕句二首賜圖海，詩曰：兩朝密勿重元臣，秉鉞登壇西定秦。鐘鼎功名懸日月，丹青事業畫麒麟。威名萬里作長城，壁壘旌旗壯遠征。綏靖邊陲馳露布，凱旋立奏泰階平。

---

上亲制七言绝句二首赐图海，诗曰：两朝密勿重元臣，秉钺登坛西定秦。钟鼎功名悬日月，丹青事业画麒麟。威名万里作长城，壁垒旌旗壮远征。绥靖边陲驰露布，凯旋立奏泰阶平。

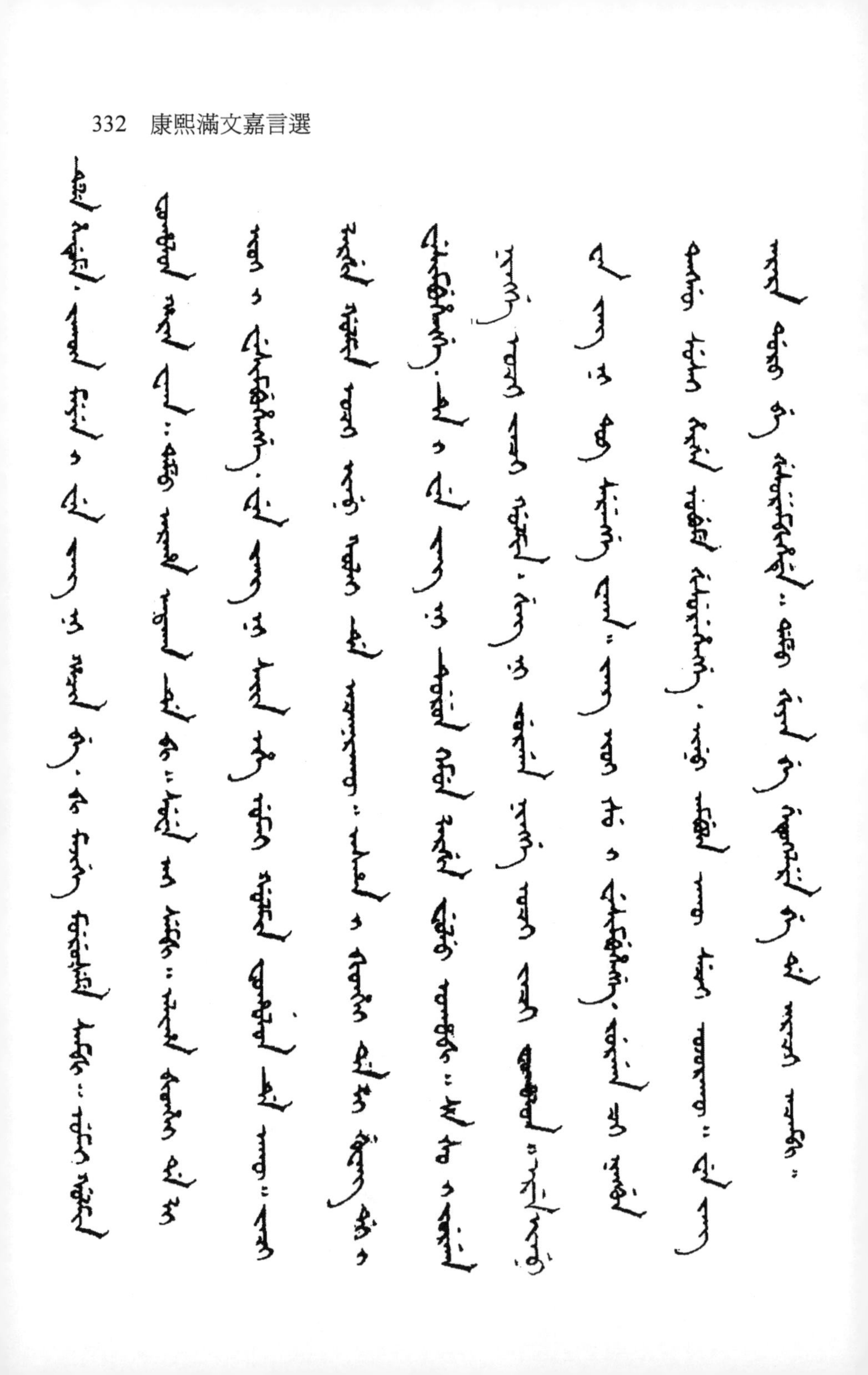

[illegible]

# 一五六、八股文字

dele hendume, jakūn meyen i wen jang ni hacin be, bi majige murušeme sambi. umai golmin foholon haran waka. damu araha antaka de bi. suwe ai sembi. aliha bithei da li ioi i wesimbuhengge, wen jang ni sain ehe umai golmin foholon de akū. jaci largin golmin oci inu kooli de acanarakū. ashan i bithei da li guwang di i wesimbuhengge, te i wen jang ni durun kemun largin fulu ohobi. sy šu i jurgan ningge oci jaci golmin, ging ni jurgan ningge oci jaci foholon. ere inu wen jang ni tob serengge waka. jang ioi šu i wesimbuhengge, jurgan ci ninggun tanggū susai hergen obume gisurehengge, inu ambula akū seci ojorakū. wen jang arara doro be gisurembihede. damu giyan be getukelere be da araci acambi.

---

上曰：八股文字，朕亦知其大概，長短全無關係，在所作何如爾，爾等云何？大學士李霨奏曰：文章美惡，原不系乎長短，但太冗長，則不合格。學士李光地奏曰：近來文章風氣大覺冗雜，書義過長，經義過短，亦非文體之正。張玉書奏曰：部議限六百五十字，不爲不多，若論作文之道，但當以明理爲主。

---

上曰：八股文字，朕亦知其大概，长短全无关系，在所作何如尔，尔等云何？大学士李霨奏曰：文章美恶，原不系乎长短，但太冗长，则不合格。学士李光地奏曰：近来文章风气大觉冗杂，书义过长，经义过短，亦非文体之正。张玉书奏曰：部议限六百五十字，不为不多，若论作文之道，但当以明理为主。

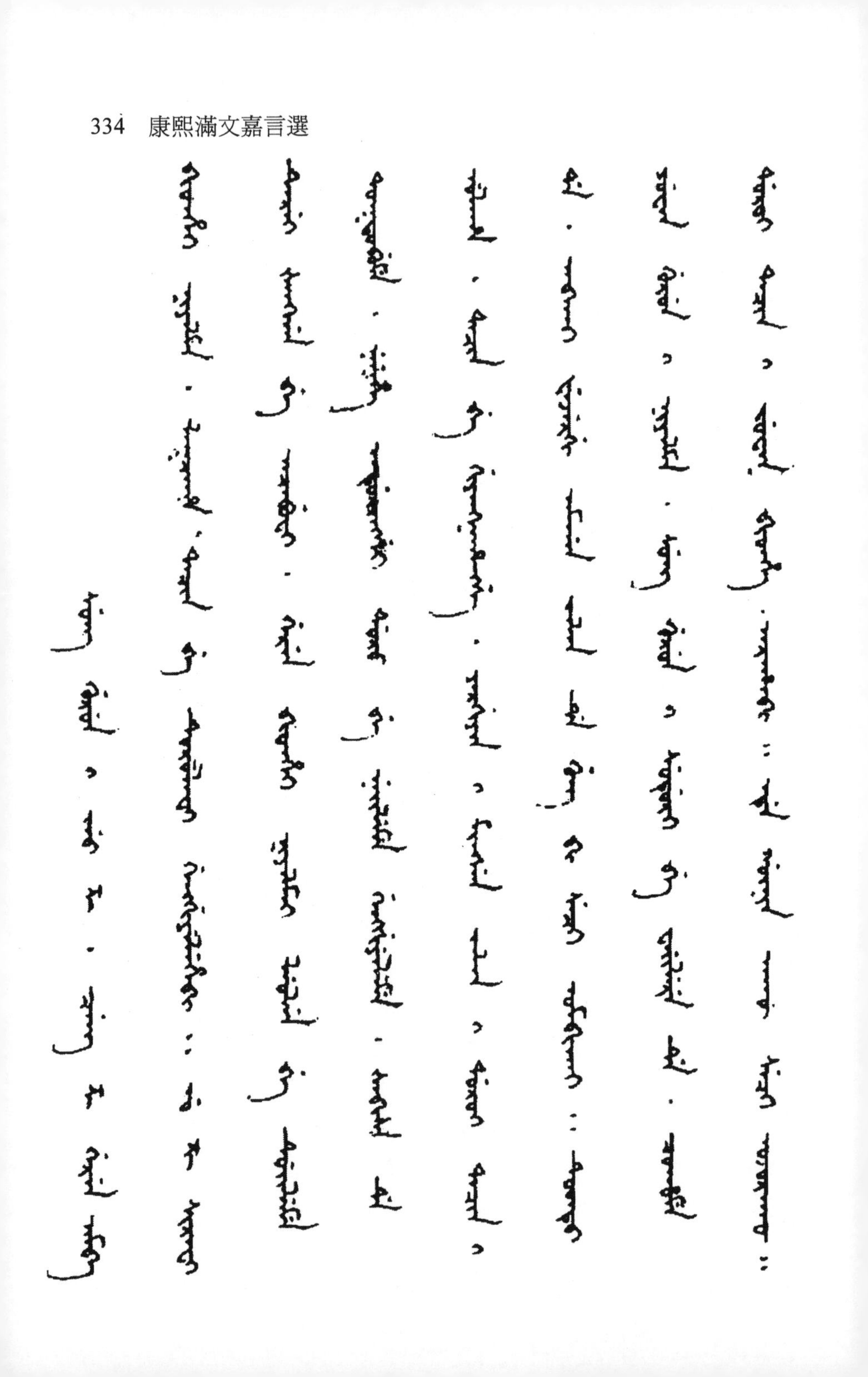

# 一五七、道學列傳

sung gurun i jeo dz, ceng dz geren amba bithei niyalma, lakcaha tacin be turulafi genggiyelehebi. ju dz sirafi terei šanggan be acabufi, geren bithei niyalmai leolen be duileme toktobume, nenehe enduringgei doro be neileme genggiyeleme. šabisa de ulaha, tacin be giyangnahangge, yargiyan i minggan jalan i doroi tacin i da, abkai fejergi amaga jalan de gung bi seci ombikai. tuttu yuwan gurun i niyalma, sung gurun i suduri be weilere de, cohome doroi tacin i juwan bithe arahabi. ede gūnin akū seci ojorakū.

---

宋周程大儒倡明絕學，而朱子繼之，集其成，折衷諸儒之說，發明先聖之道，授徒講學，實爲千古道學之宗，有功於天下後世，故元人修宋史特爲道學立傳，不爲無見。

---

宋周程大儒倡明绝学，而朱子继之，集其成，折衷诸儒之说，发明先圣之道，授徒讲学，实为千古道学之宗，有功于天下后世，故元人修宋史特为道学立传，不为无见。

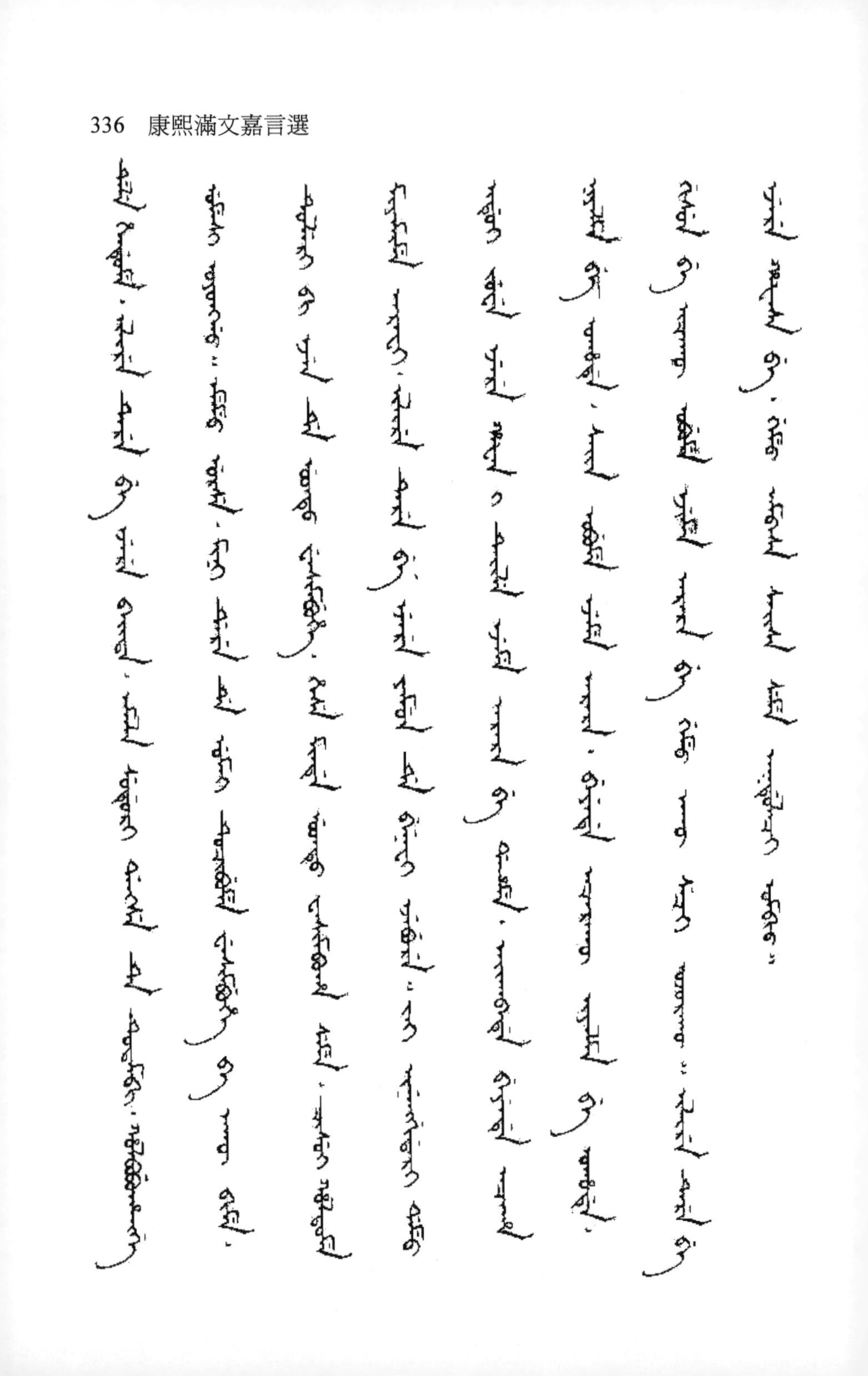

[illegible]

# 一五八、記注起居

dele hendume, ilire tere be ejere baita. amala suduri dangse de tutambi, holbobuhangge umesi oyonggo. ememu urse, mini dere de umai tucibume wesimbuhe ba akū bime, tuleri bi ejen de uttu wesimbuhe, hese minde uttu wasimbuha seme, cisui holtome miyamime arafi, ilire tere be ejere yamun de benefi ejebure. jai inenggidari damu idui juwe ejere hafan i teile ejeme arara be dahame, aikabade beyede acaha niyalma be ohode, sain obume ejeme arara, beyede acarakū niyalma be ohode, gisun be icakū obume ejeme arara be gemu akū seci ojorakū. ilire tere be ejere hafasa be, gemu ambasa saisa seme akdulaci ombio.

---

上曰：記注起居事跡，將以垂之史冊，所關甚要，或在朕前原未陳奏，乃在外妄稱如何上奏？如何奉旨，私自緣飾開寫，送起居注館，且每日止該直官二員記注，或因與己相善，特美其辭，與己不相善，故抑其辭，皆未可知，起居注官能必其盡君子乎？

---

上曰：记注起居事迹，将以垂之史册，所关甚要，或在朕前原未陈奏，乃在外妄称如何上奏？如何奉旨，私自缘饰开写，送起居注馆，且每日止该直官二员记注，或因与己相善，特美其辞，与己不相善，故抑其辞，皆未可知，起居注官能必其尽君子乎？

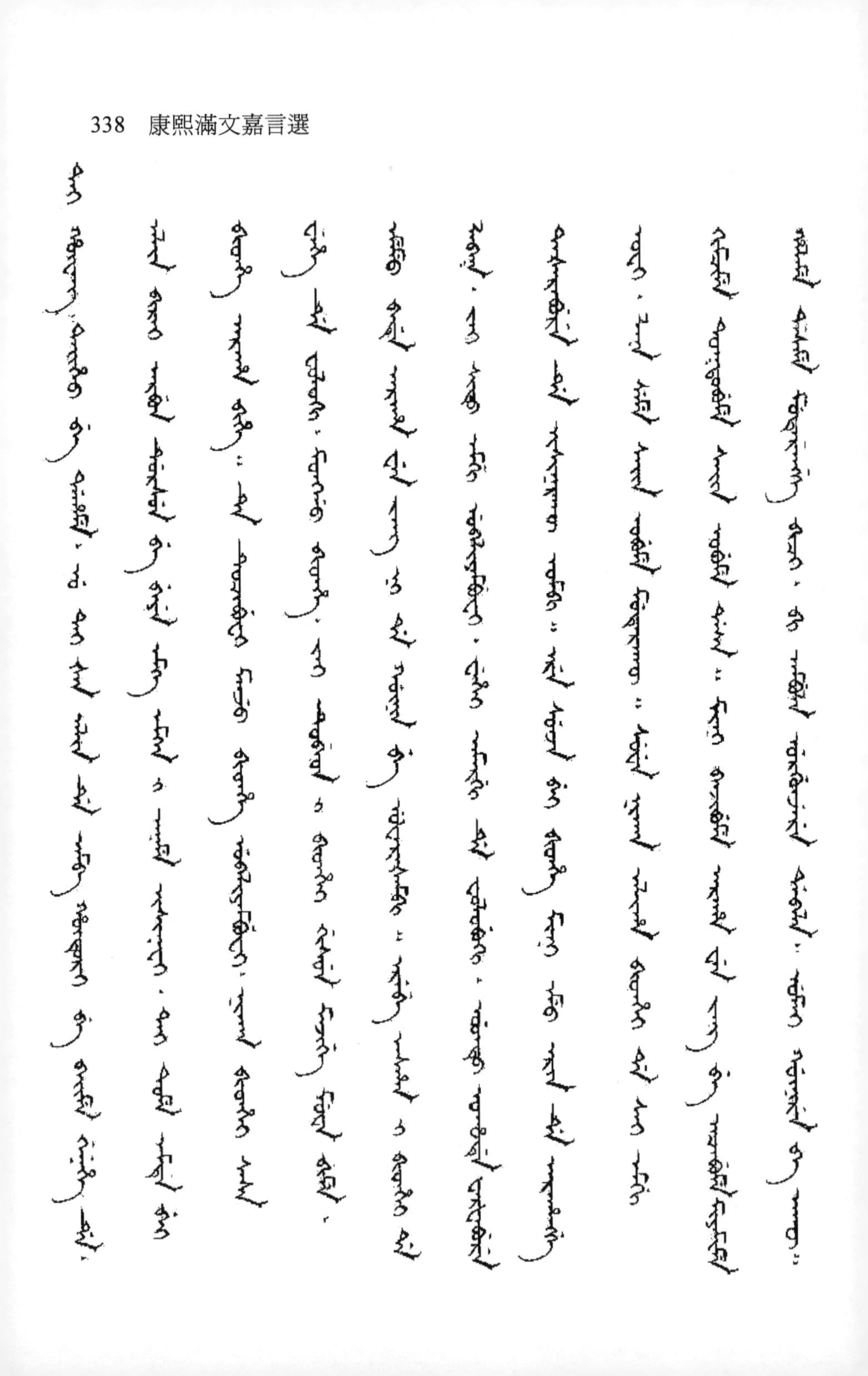

# 一五九、祈求景福

tai hūwang taiheo be dahame, u tai šan alin de amba hūturi be baime genehe de, alin birai arbun dursun be beye emke emken i aname isinafi, tai tome emte bei bithe araha bihe. te tucibufi manju bithe ubaliyambufi, nikan bithei sasa wehe de foloki, monggo bithe, jai tubet i bithei gisun majige muwa bime, ememu bade araha wen jang ni da gūnin be ufarašambi. erebe ashan i bithei da labak, jai situ emgi ubaliyambufi, wehei amargi de folobuki, uttu ohode farfabure tašarabure de isinarakū ombi. ere sunja bei bithe mini emu erin de arahangge ofi, lak seme sain obume muterakū. suwe nikan aliha bithei da sai emgi kimcime toktobume sain obume dasa. mini banjibume araha wen jang be acabume miyamime halame dasame muterengge bici, bi ambula urgunjere dabala, umai gūnire ba akū.

---

奉太皇太后諭五臺山祈求景福，覽觀山川形勢，一一歷觀其地，每臺各製碑文，今錄出翻譯滿書，與漢書並勒于右，其蒙古及土白特書，字句稍粗，間失行文本指，可令學士喇巴克等與石圖等翻譯勒于碑陰，庶免淆訛。朕所撰碑文一時結構未能精當，爾等可與漢大學等詳加修飾斟酌盡善，朕所撰文字有能潤色改易者，朕所深喜，不以爲嫌也。

---

奉太皇太后诣五台山祈求景福，览观山川形势，一一历观其地，每台各制碑文，今录出翻译满书，与汉书并勒于右，其蒙古及土白特书，字句稍粗，间失行文本指，可令学士喇巴克等与石图等翻译勒于碑阴，庶免淆讹。朕所撰碑文一时结构未能精当，尔等可与汉大学等详加修饰斟酌尽善，朕所撰文字有能润色改易者，朕所深喜，不以为嫌也。

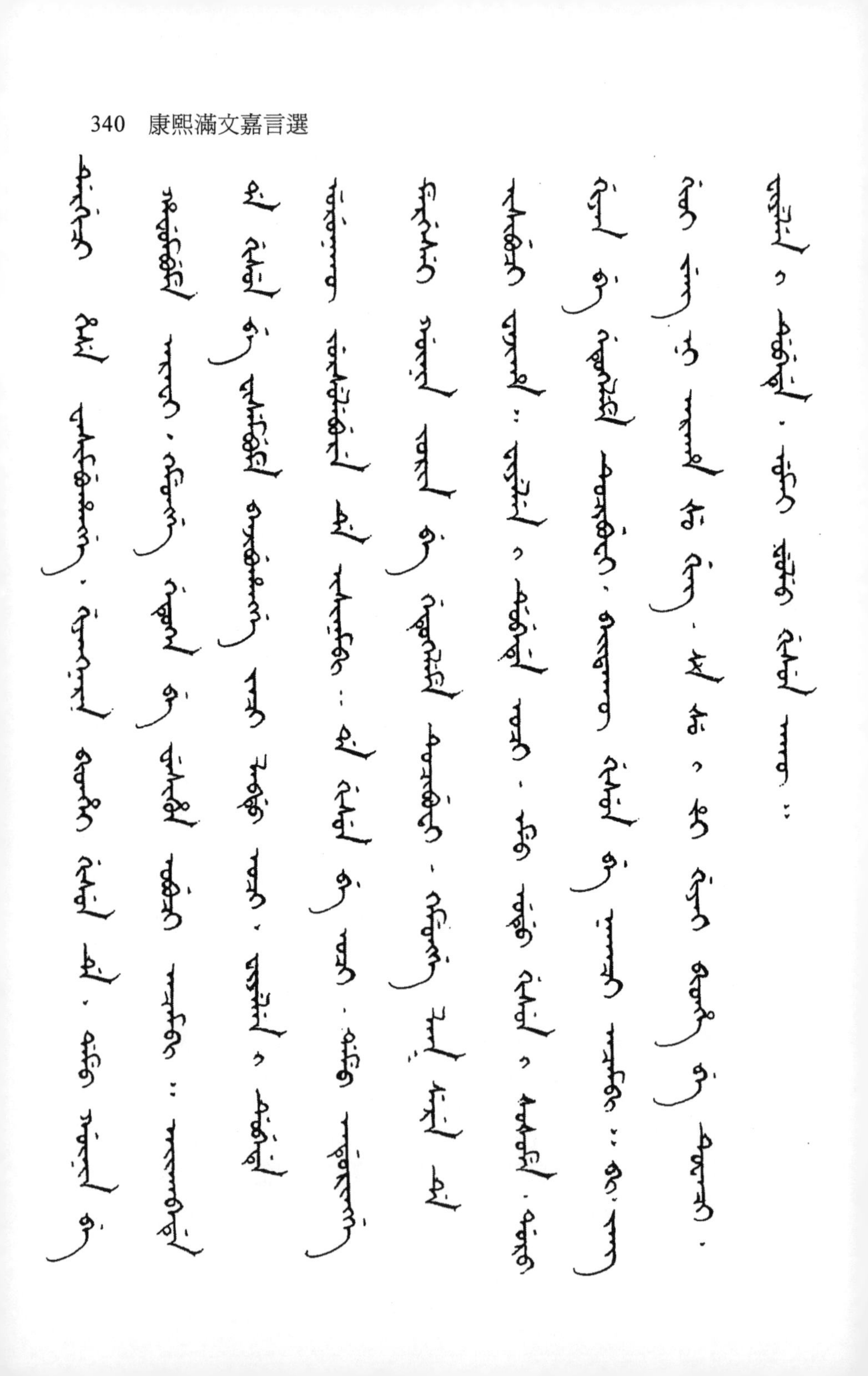

# 一六〇、詞取達意

dergici hese wasimbuhangge, giyangnara bithei gisun de, damu gūnin be hafumbume arafi, kemungge getuken be wesihun obuci acambi. aikabade da gisun be fisembume banjibuhangge jaci labdu oci, fiyelen i dubede urunakū jursulebure de isinambi. da gisun be oci, damu enduringge mergesei gūnin jorin be getukeleme tucibufi, kemungge lak sere de isibuci wajiha. fiyelen i dubede oci, emu udu gisun i šošome, doro giyan be getukeleme tucibufi, baitakū gisun be nakaci acambi. bi, jang gioi jeng ni araha šu ging, sy šu i jy giyai bithe be tuwaci, fiyelen i dubede, umai fulu gisun akū.

---

上諭曰：講章詞取達意，以簡要明白爲尙，如本文敷衍太多，則斷章未免重複，在本文貴了徹聖賢意旨，歸於簡當，而斷章發揮數語，闡明理道，務去陳言。朕閱張居正尙書、四書直解篇末，俱無支辭。

---

上谕曰：讲章词取达意，以简要明白为尚，如本文敷衍太多，则断章未免重复，在本文贵了彻圣贤意旨，归于简当，而断章发挥数语，阐明理道，务去陈言。朕阅张居正尚书、四书直解篇末，俱无支辞。

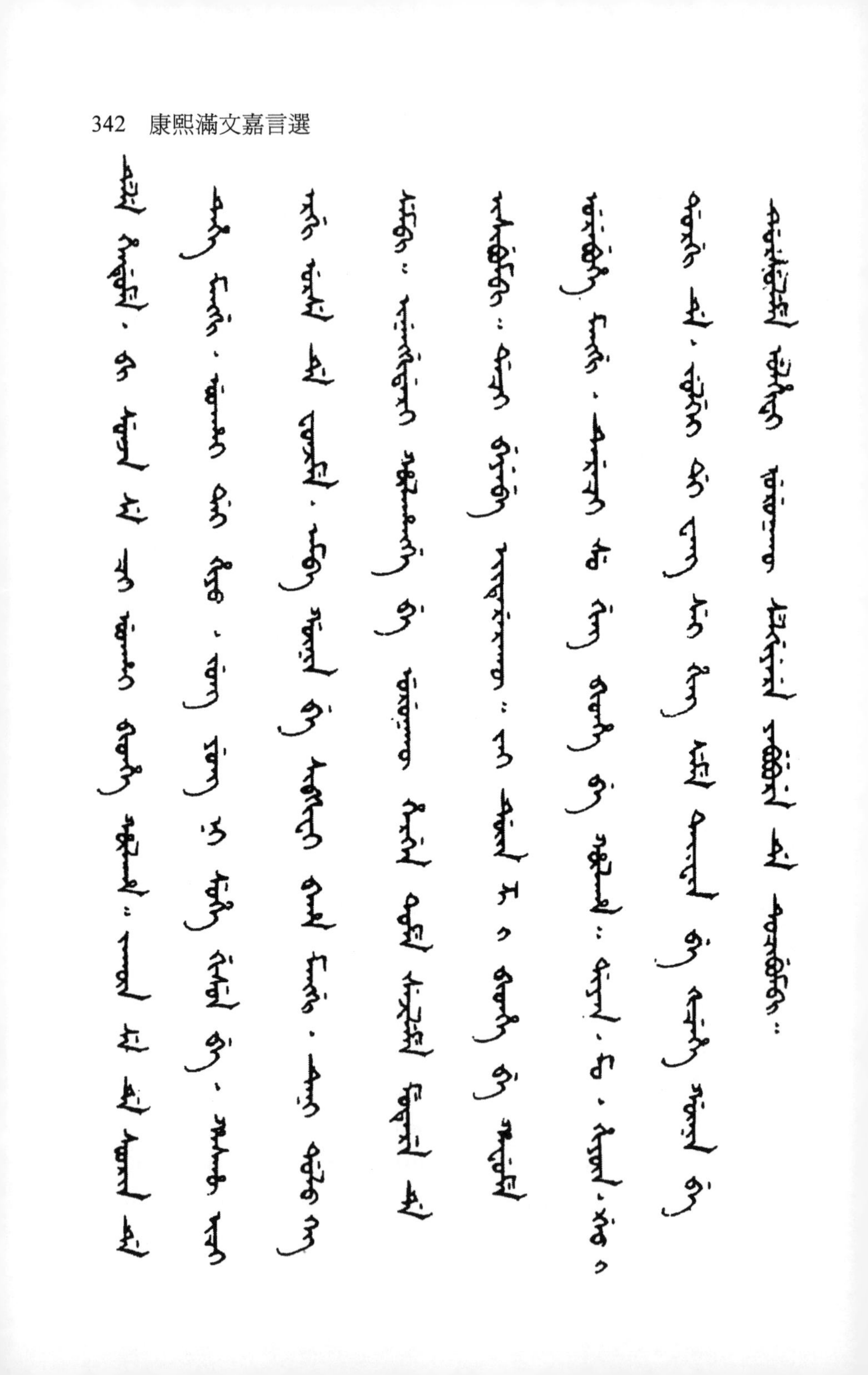

[illegible]

[illegible]

[illegible]

[illegible]

[illegible]

[illegible]

[illegible]

[illegible]

# 一六一、字字成誦

dele hendume, bi sunja se ci uthai bithe hūlaha. jakūn se de soorin de tehe manggi, uthai dai hiyo, jung yung ni suhe gisun be, hashū ici ergi urse de fonjime, amba gūnin be sibkifi baha manggi, teni dolo keng sembi. inenggidari hūlahangge be, urunakū hergen tome šejileme mutere de isibumbi. daci beyebe eitererakū. jai duin dz i bithe be hafume urebuhe manggi, tereci šu ging bithe be hūlaha. diyan、mo, hiyūn, g'ao i dorgi de, julgei di wang sei hing seme taifin be kicehe gūnin be dursuleme ulhifi urunakū selgiyere yabubure de tucibumbi.

---

上曰：朕自五齡即知讀書，八齡踐阼，輒以學庸訓詁，詢之左右，求得大意而後愉快，日所讀書，必使字字成誦，從來不肯自欺。及四子之書，既已通貫，乃讀尚書，于典謨訓誥之中，體會古帝王孜孜求治之意，期見之施行。

---

上曰：朕自五龄即知读书，八龄践阼，辄以学庸训诂，询之左右，求得大意而后愉快，日所读书，必使字字成诵，从来不肯自欺。及四子之书，既已通贯，乃读尚书，于典谟训诰之中，体会古帝王孜孜求治之意，期见之施行。

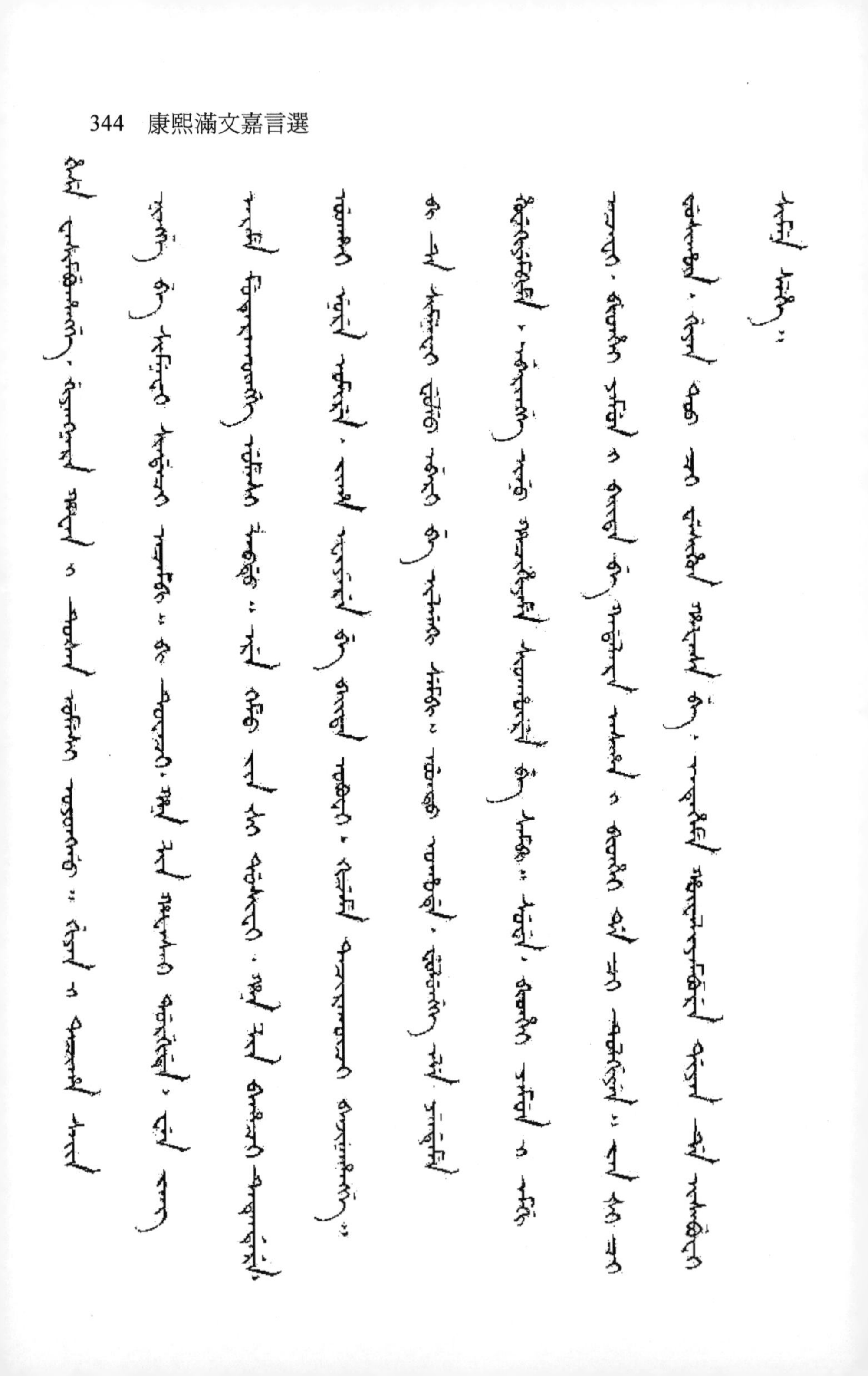

# 一六二、翰林考試

hese wasimbuhangge, giyangnara hafan i tušan umesi oyonggo. giyan i taciha sain ningge be simnefi sindaci acambi. bi tuwaci, han lin hafasai dorgide, wen jang arame muterakūngge umesi labdu. ere gemu jin ši dosifi, han lin bahaci tetendere, uthai nure omire, jiha efiyere be baita obufi, kiceme tacirakūci banjinahangge. bi te simnefi fulu eberi be ilgaki sembi. uttu ohode, fulungge ele yendeme huwekiyembime, eberingge inu hacihiyame sithūre be sambi. suwe, bithei yamun i emgi acafi, bithei yamun i baita be kadalara ashan i bithei da ci tulgiyen. jan ši ci fusihūn, giyan too ci wesihun hafasa be, enteheme hūwaliyambure diyan de isabufi simne sehe.

---

諭曰：講官職任緊要，應考試學問優長者充補，朕觀翰林官員內不能著作文章者甚多，此皆由既中進士入翰林後，即以飲酒博弈為事，不加學問所致。今朕欲加考試，以分別其優劣庶優者益加鼓勵，劣者亦知勉勵，爾等會同翰林院，除掌院學士外，將詹事以下，檢討以上官員傳集保和殿考試。

---

谕曰：讲官职任紧要，应考试学问优长者充补，朕观翰林官员内不能著作文章者甚多，此皆由既中进士入翰林后，即以饮酒博弈为事，不加学问所致。今朕欲加考试，以分别其优劣庶优者益加鼓励，劣者亦知勉励，尔等会同翰林院，除掌院学士外，将詹事以下，检讨以上官员传集保和殿考试。

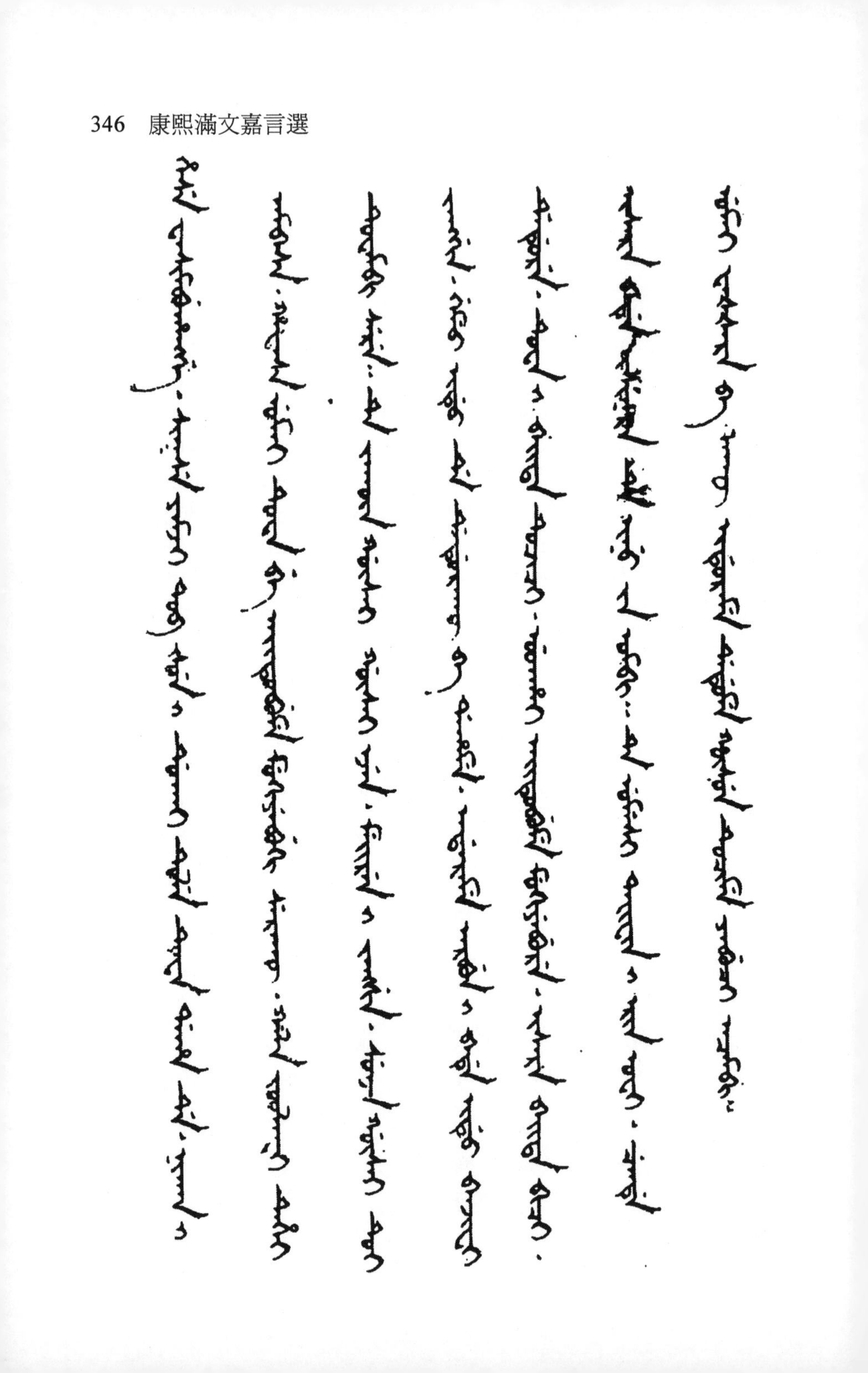

# 一六三、袖手旁觀

hese wasimbuhangge, sikse yamji tob šun i dukai tule tuwa daha de, nikan i ambasa, hafasa umai tuwa be aitubume mukiyebuki sereakū, gala joolafi tehei tuwambi sere. te jakūn gūsai gūsai ejen, meiren i janggin, sunja gūsai tui janggin, gemu idu de dedurakū be dahame, adarame arbun i bade idu banjifi dedure, tuwa i baita tucici, uthai aitubume mukiyebure, isara baita bici, isara bade isinara de inu ja ombi. te umesi taifin i erin ofi, cende umai faššara ba akū idurame dedume hūsun tucime yabuci acambi.

---

諭曰：昨晚正陽門外失火，聞漢官並不欲撲滅，袖手旁觀。今八旗都統、副都統、五旗護軍統領，從未直宿。今作何立法，令其於要地分班輪宿，若遇火災，即行撲救，倘有傳集之事，亦易於取齊。今時際太平，伊等並無効力之處，應令分班直宿，効力行走。

---

谕曰：昨晚正阳门外失火，闻汉官并不欲扑灭，袖手旁观。今八旗都统、副都统、五旗护军统领，从未直宿。今作何立法，令其于要地分班轮宿，若遇火灾，即行扑救，倘有传集之事，亦易于取齐。今时际太平，伊等并无効力之处，应令分班直宿，効力行走。

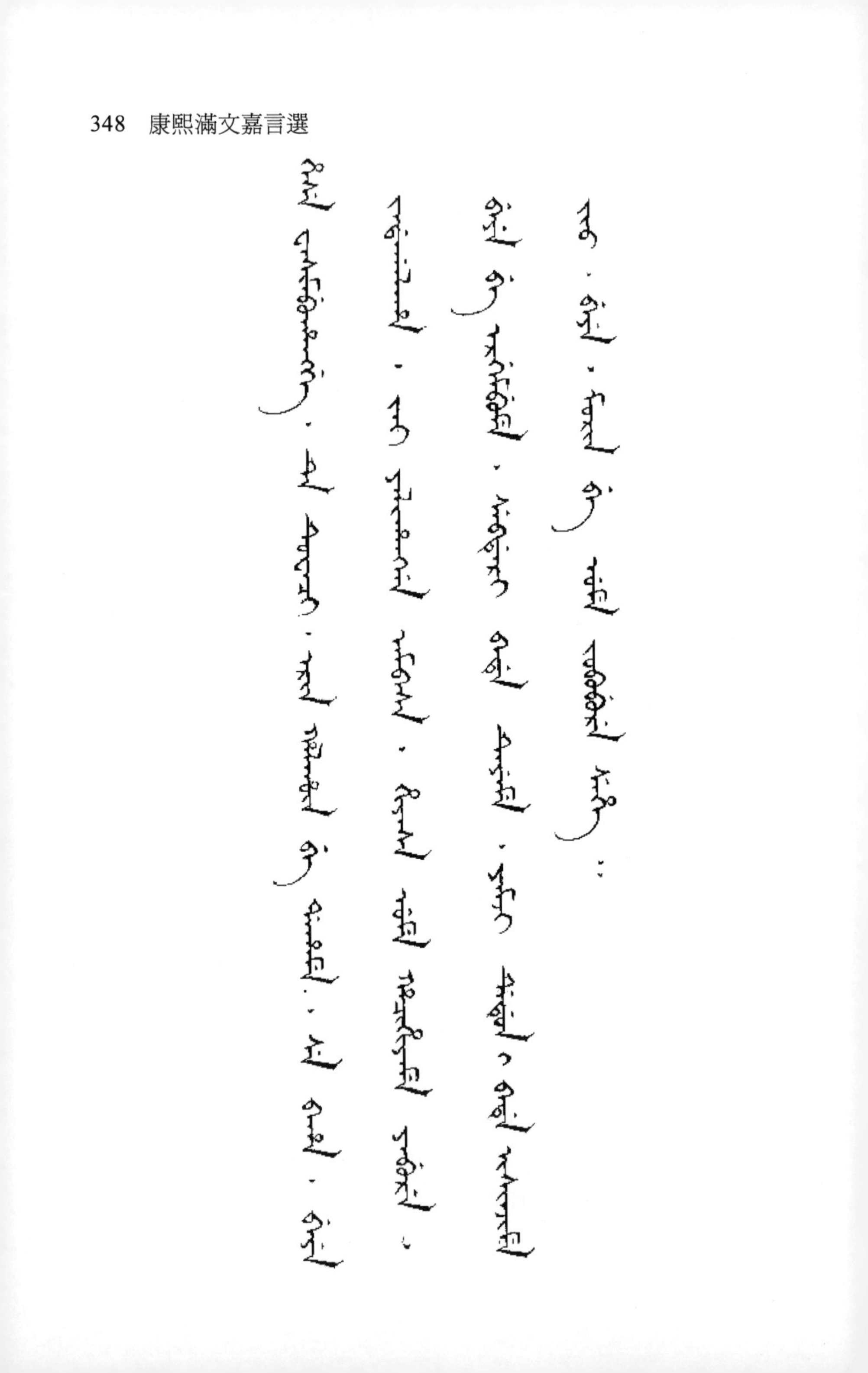

[illegible] [illegible] . [illegible] [illegible] [illegible] . [illegible] [illegible] . [illegible] [illegible] [illegible] . [illegible] [illegible] . [illegible]

[illegible] . [illegible] [illegible] [illegible] . [illegible] . [illegible] [illegible] [illegible] .

[illegible] [illegible] [illegible] ᠪᡝ [illegible] [illegible] . [illegible] [illegible] , [illegible] [illegible]

ᡝᠮᡠ . ᡩᠣᠪᠣᡵᡳ . [illegible] ᡩᡝ [illegible] [illegible] ᡤᡳᠰᡠᠨ ::

# 一六四、天時暑熱

hese wasimbuhangge, te tuwaci, erin halhūn be dahame, se baha, beye jadagalaha, jai yalihangga ambasa, hiyasa ume hacihiyame yabure, beye be ergembume, sebderi bade teyeme, yamji dedun i bade isinjime jio, beye, morin be ume jobobure sehe.

---

諭曰：今見天時暑熱，年老殘疾及體胖大臣、侍衛不必緊行，可於陰涼處暫停歇息，晚至宿處，勿致勞苦身體及馬匹。

---

谕曰：今见天时暑热，年老残疾及体胖大臣、侍卫不必紧行，可于阴凉处暂停歇息，晚至宿处，勿致劳苦身体及马匹。

ᡩᡝᡵᡤᡳ
ᡳᠯᡝᡨᡠᠯᡝᡥᡝ ᠪᡠᡥᡝ᠈ ᠪᡠᡥᡝ ᠨᡳᠶᠠᠯᠮᠠ ᠮᡠᠰᡝ ᠨᡳᠶᠠᠯᠮᠠ ᠪᡝ᠈ ᠪᡝ ᡨᡠᠸᠠᠮᡝ ᠪᡳ ᠰᡝᠮᡝ ᠵᠠᡴᠠ ᠪᡝᠶᡝ᠈
ᡳᠯᡳᠨᠵᡳ ᠪᡝ ᡳᠰᡳᠮᠪᡳ ᡤᡠᠨᡳᠨ ᡳᠯᡳᠨᡩᡠᡵᡝ ᠪᡝ᠈ ᠪᡝ ᡩᡝ ᠮᡝᡵᡤᡝᠨ ᠠᡩᠠᡵᠠ
ᠮᡠᠰᡝᡳ ᡩᠣᡵᡤᡳ ᠮᡠᠵᡳᠯᡝᠨ᠈ ᠮᡝᠨᡳ ᠮᡠᠵᡳᠯᡝᠨ ᡤᡠᠨᡳᠨ᠈ ᡳᠨᡠ ᠵᡳᠯᡳᠨ ᡳᠰᡳᠨᠵᡳᠮᡝ ᠮᡝᠰᡝ ᡨᡝᡵᡝ
ᠰᡝᠮᡝ ᡩᠣᠯᠣ ᠪᡳ᠈ ᡥᠠᡩᠠᡥᠠᠨ᠈ ᡳᠨᡠ ᠪᡝ ᡩᠣᡵᡤᡳ ᠮᡠᠰᡝᡳ ᠮᡝᠨᡳ᠈ ᠮᡝᠨᡳ ᡳᠰᡳᠮᠪᡳ᠈ ᡳᠰᡳᠮᡝ
ᡨᡠᠸᠠᠮᡝ ᠪᡳᡥᡝᠨ ᡤᡳᠰᡠᡵᡝᠮᡝ ᠮᡠᠰᡝᡳ ᡨᡝᡵᡝ ᠮᡠᠰᡝ ᠪᡝᠶᡝ ᠪᡝ ᠪᡳᠮᡝ ::

# 一六五、書生之見

dele hendume, bithei niyalma sung gurun i g'ao dzung be ama ahūn i kimun be karu gaihakū seme wakašame gisurere be, bi umai gūnin daharakū, tere fonde g'ao dzung ni beye inu ju siyan jen de bifi, aisin gurun de gamabufi, amasi unggihe bihe, aisin gurun i cooha umesi etuhun, sung gurun umesi yadalinggū, oron bakcin waka, g'ao dzung ni tuwakiyame mutehengge joo kai, erebe kemuni wakašahangge, jaci sui mangga sehe.

---

上曰：書生有譏宋高宗不復父兄之讐，朕意大不然之。其時高宗亦在朱仙鎮，爲金人所獲，後乃放回。是時，金兵甚強，宋甚弱，原非敵手，高宗能守，斯亦已矣，而猶然非之，豈不屈哉。

---

上曰：书生有讥宋高宗不复父兄之雠，朕意大不然之。其时高宗亦在朱仙镇，为金人所获，后乃放回。是时，金兵甚强，宋甚弱，原非敌手，高宗能守，斯亦已矣，而犹然非之，岂不屈哉。

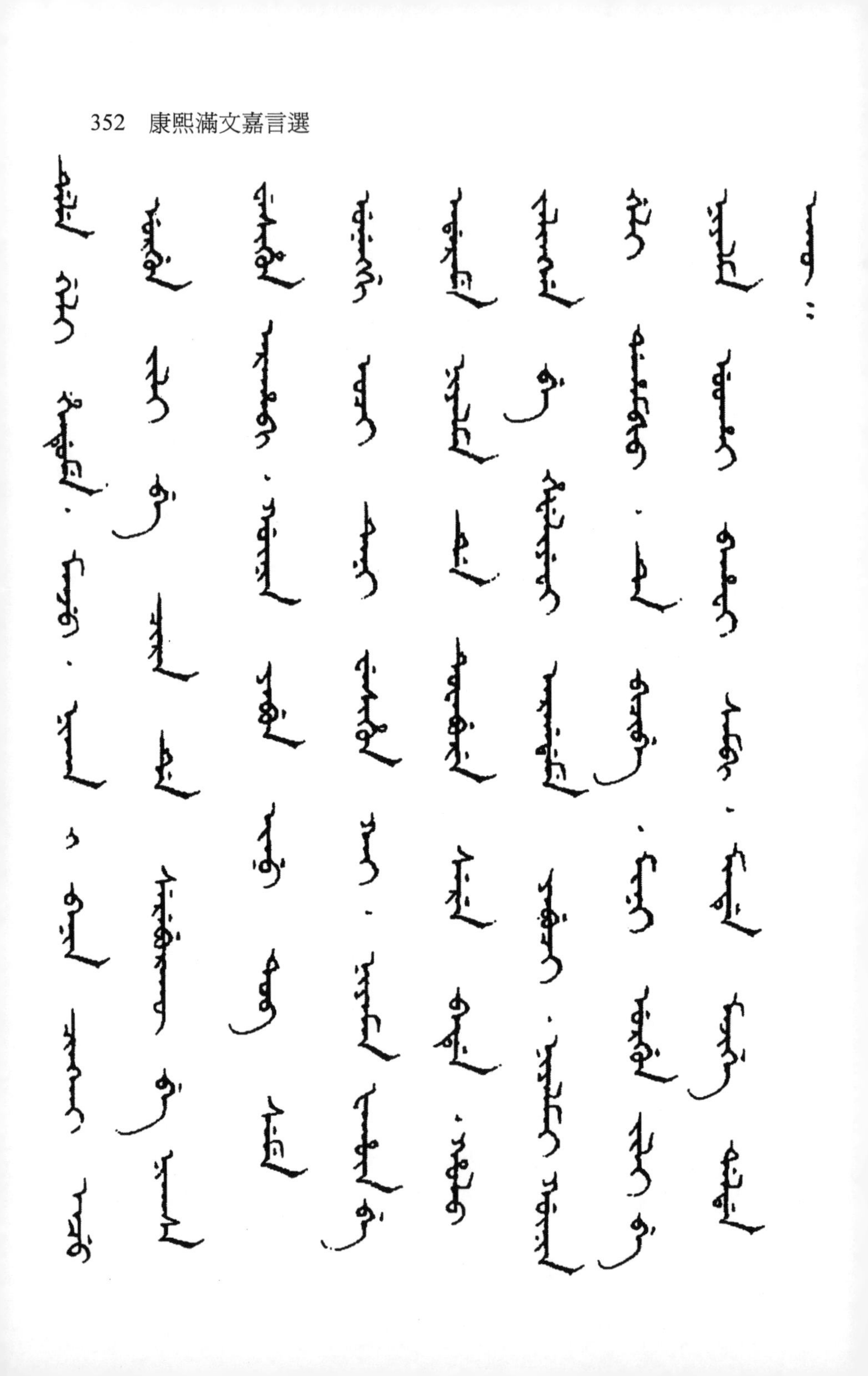

# 一六六、喜形於色

dele geli hendume, manju, nikan i banin cingkai encu, urgun jili be cira de sereburakū be nikasa wesihun arahabi, gūnin yabun inu tob seme unenggi oci teni wesihun kai, niyaman fahūn be adarame niyalma de tuwabure sere bade, holo jalingga be hefeliyefi argadame yabuci, niyalmai gūnin geli dahambio, te bicibe. mini urgun jili be niyalma uthai bahafi sambi, minde majige dalda akū.

---

上又曰：滿洲、漢人之性，迥然不同，漢人以喜怒不形於色爲貴。若存心行事，誠實始爲貴耳，倘欲開示肺肝懷詐挾術，人心又豈服耶？如朕之喜怒，人即得而知之，朕毫無隱匿。

---

上又曰：满洲、汉人之性，迥然不同，汉人以喜怒不形于色为贵。若存心行事，诚实始为贵耳，尚欲开示肺肝怀诈挟术，人心又岂服耶？如朕之喜怒，人即得而知之，朕毫无隐匿。

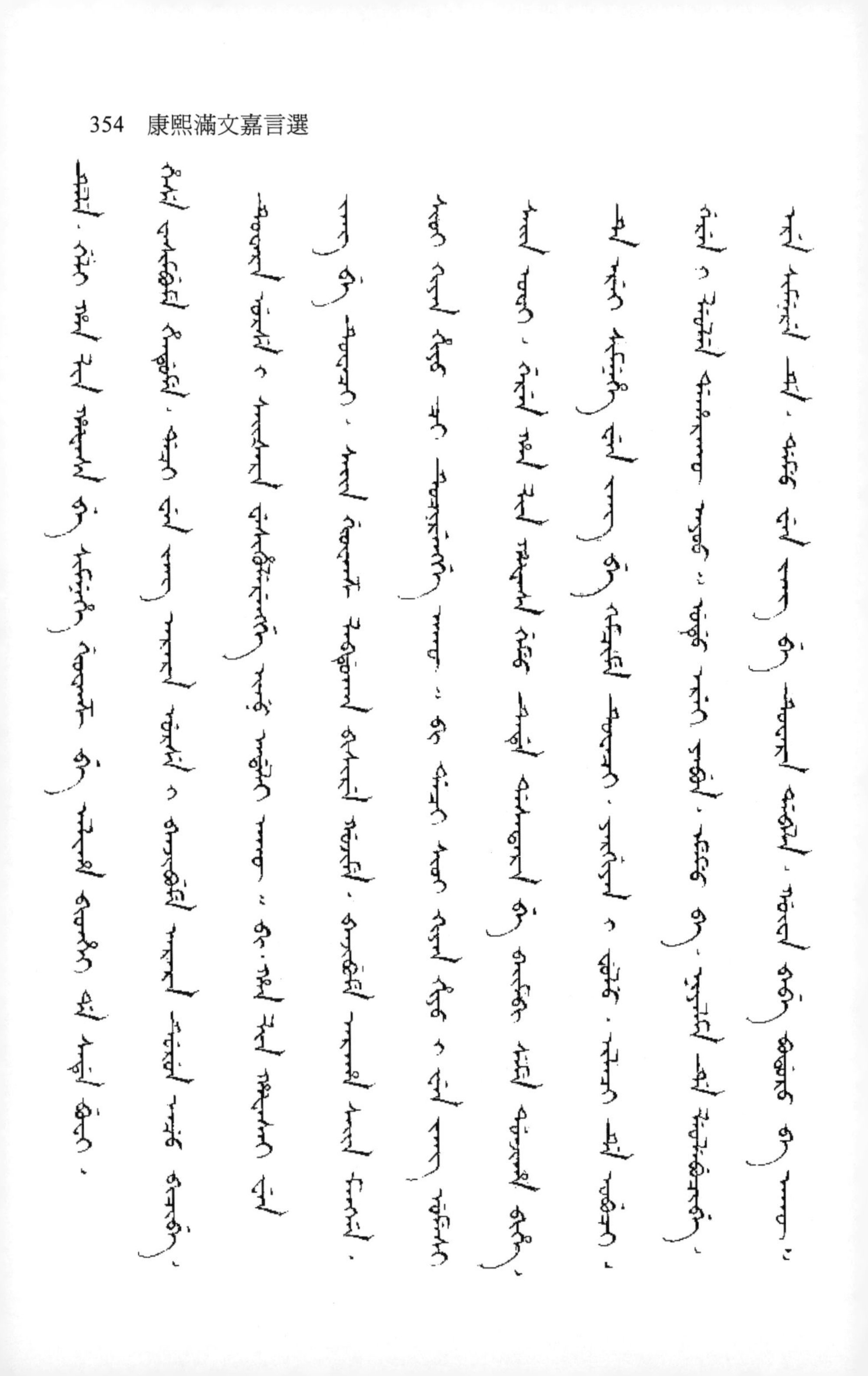

# 一六七、翰林佳卷

dele, geli han lin hafasa be simnehe giowandz be aliha bithei da sade bufi, hese wasimbume hendume, daci wen jang arara urse i banjibume arara durun encu bicibe, tuwara urse i saišara wesihulerengge inu adali akū. bi han lin hafasai wen jang be tuwaci, sain giowandz labdukan bisire gojime, banjibume araha sain mangga, sioi kiyan hiyo ci tucirengge akū. bi daci sioi kiyan hio i wen jang umesi sain ofi, geren han lin hafasa gemu tede dasatara be baimbi seme donjiha bihe, te erei simnehe wen jang be kimcime tuwaci, yargiyan i fulu, ilaci de obuci, geren i leolen daharakū ayoo. udu erei yabun, ememu ba, niyalma deleolebucibe, ere simnere de, damu wen jang be tuwara dabala, gūwa babe bodoro ba akū.

---

上以翰林官試卷示大學士諭曰：從來文章家作者手筆固自不同，閱者好尙亦不一轍。朕觀翰林頗多佳卷，而筆力高古，無出徐乾學之右。朕向聞徐乾學文字最工，諸翰林官莫不向彼請正，今細閱其所試文，果堪領袖，置之第三，恐眾論不服，即其爲人或有被人議論處，然此考試，止論文章，不及其他。

---

上以翰林官试卷示大学士谕曰：从来文章家作者手笔固自不同，阅者好尚亦不一辙。朕观翰林颇多佳卷，而笔力高古，无出徐干学之右。朕向闻徐干学文字最工，诸翰林官莫不向彼请正，今细阅其所试文，果堪领袖，置之第三，恐众论不服，即其为人或有被人议论处，然此考试，止论文章，不及其它。

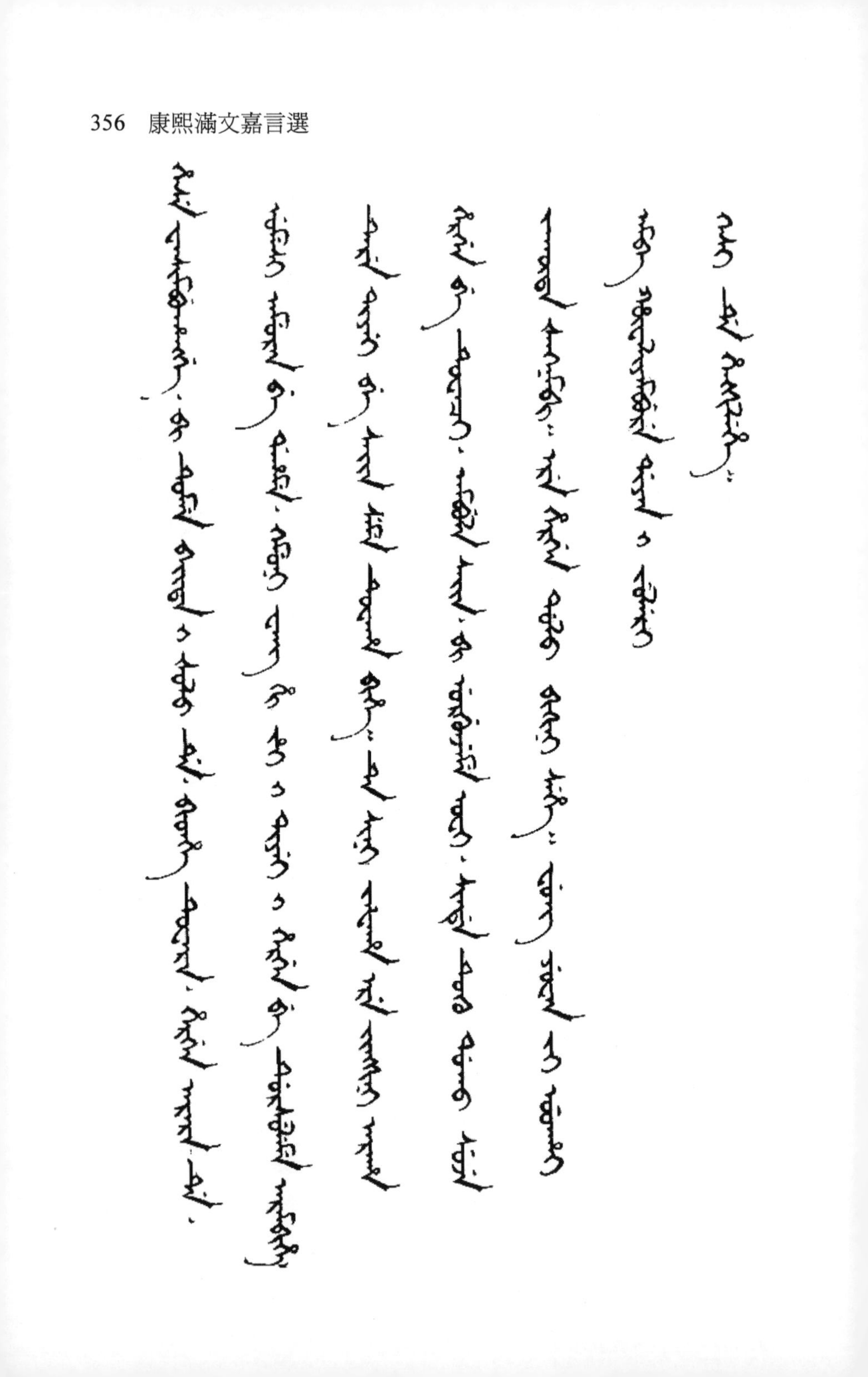

[illegible]

# 一六八、讀書臨帖

hese wasimbuhangge. bi tumen baita i šolo de, bithe tuwara, hergen arara de, umesi amuran be dahame, kemuni wang hi jy i tiyei i hergen be dursuleme arambihe, tere tiyei be sain seme tuwaha bihe. te sini jafaha ere jingkini araha hergen be tuwaci, ambula sain, bi urgunjeme ofi, sinde tuku doko suje jakūta šangnambi. ere hergen dolo bikini sehe. fung yuwan ji uthai amba hūwaliyambure diyan i juleri kesi de hengkilehe.

---

上諭曰：朕萬幾之暇，篤好讀書臨帖，常臨王羲之字，素謂此帖甚善，今覩爾所獻真蹟更佳，朕心喜悅，賜以表裏各八端，將此帖留覽，馮源濟隨於太和殿前謝恩。

---

上谕曰：朕万几之暇，笃好读书临帖，常临王羲之字，素谓此帖甚善，今覩尔所献真迹更佳，朕心喜悦，赐以表里各八端，将此帖留览，冯源济随于太和殿前谢恩。

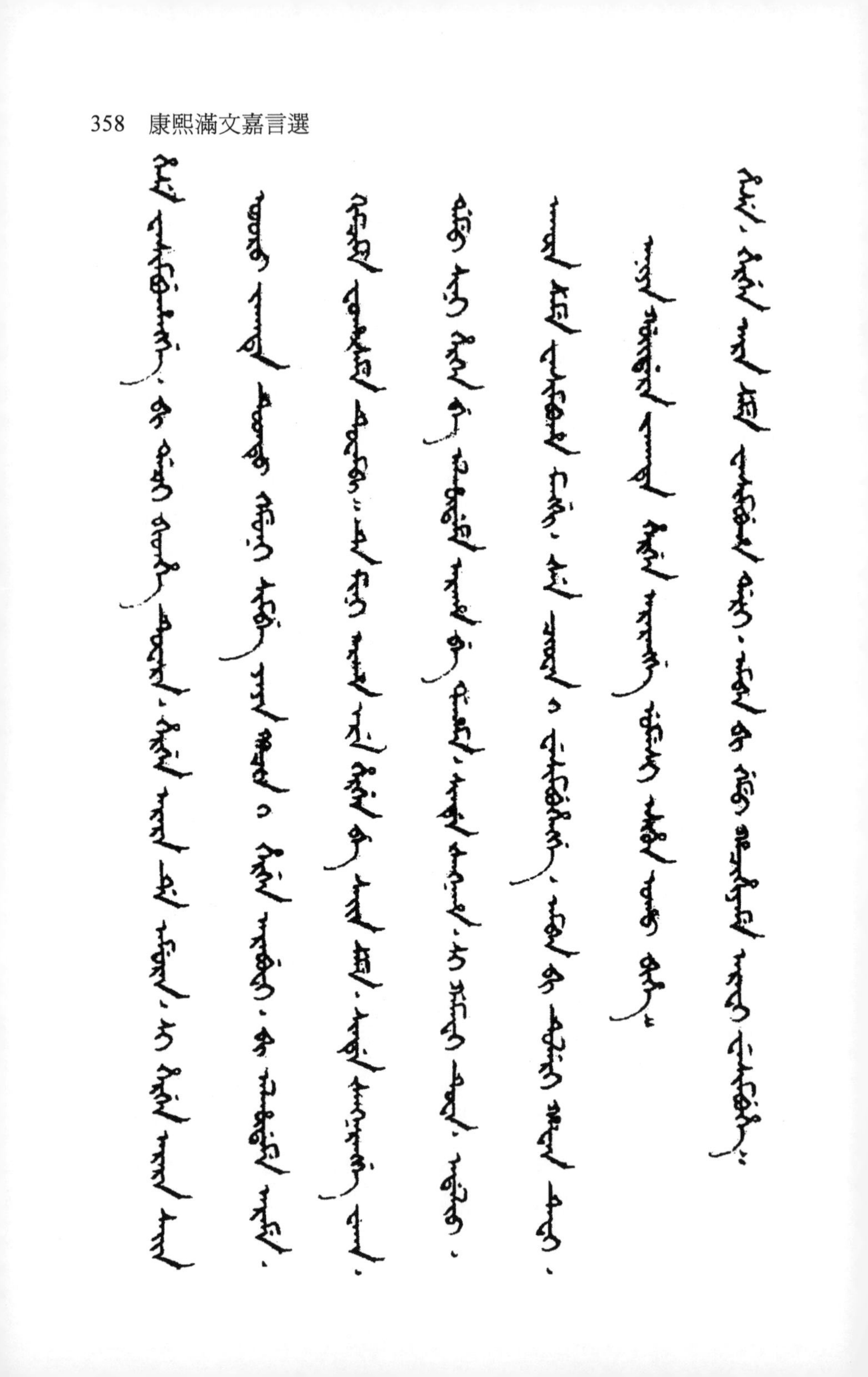

# 一六九、摹倣玩味

hese wasimbuhangge, bi daci bithe tuwara, hergen arara de amuran, si hergen arara sain ojoro jakade, tuttu kemuni simbe yaya hacin i hergen arabufi, bi alhūdame arame, kimcime fuhašame tuwambi. te mini araha ere hergen be sain seme, sinde šangnarangge waka, damu sini hergen be alhūdame araha be dahame, sinde šangnaha, si gamafi tuwa, adalio, akūn seme wasimbuha manggi, šen ciowan i wesimbuhengge, amban bi tuleri hafan tefi, aniya goidara jakade, hergen ararangge umesi eshun oho bihe. hese, hergen ara seme wasimbuha dari, amban bi gemu hacihiyame arafi wesimbuhe.

---

諭曰：朕素好翰墨，以爾善於書法，故時令書寫各體，備朕摹倣玩味，今將朕所書之字賜汝，非以爲佳，但以摹倣爾字，故賜汝觀之，果相似否？沈荃奏曰：臣任外吏有年，書法甚爲生踈，每奉旨命書，臣皆勉強繕寫進呈。

---

谕曰：朕素好翰墨，以尔善于书法，故时令书写各体，备朕摹仿玩味，今将朕所书之字赐汝，非以为佳，但以摹仿尔字，故赐汝观之，果相似否？沈荃奏曰：臣任外吏有年，书法甚为生踈，每奉旨命书，臣皆勉强缮写进呈。

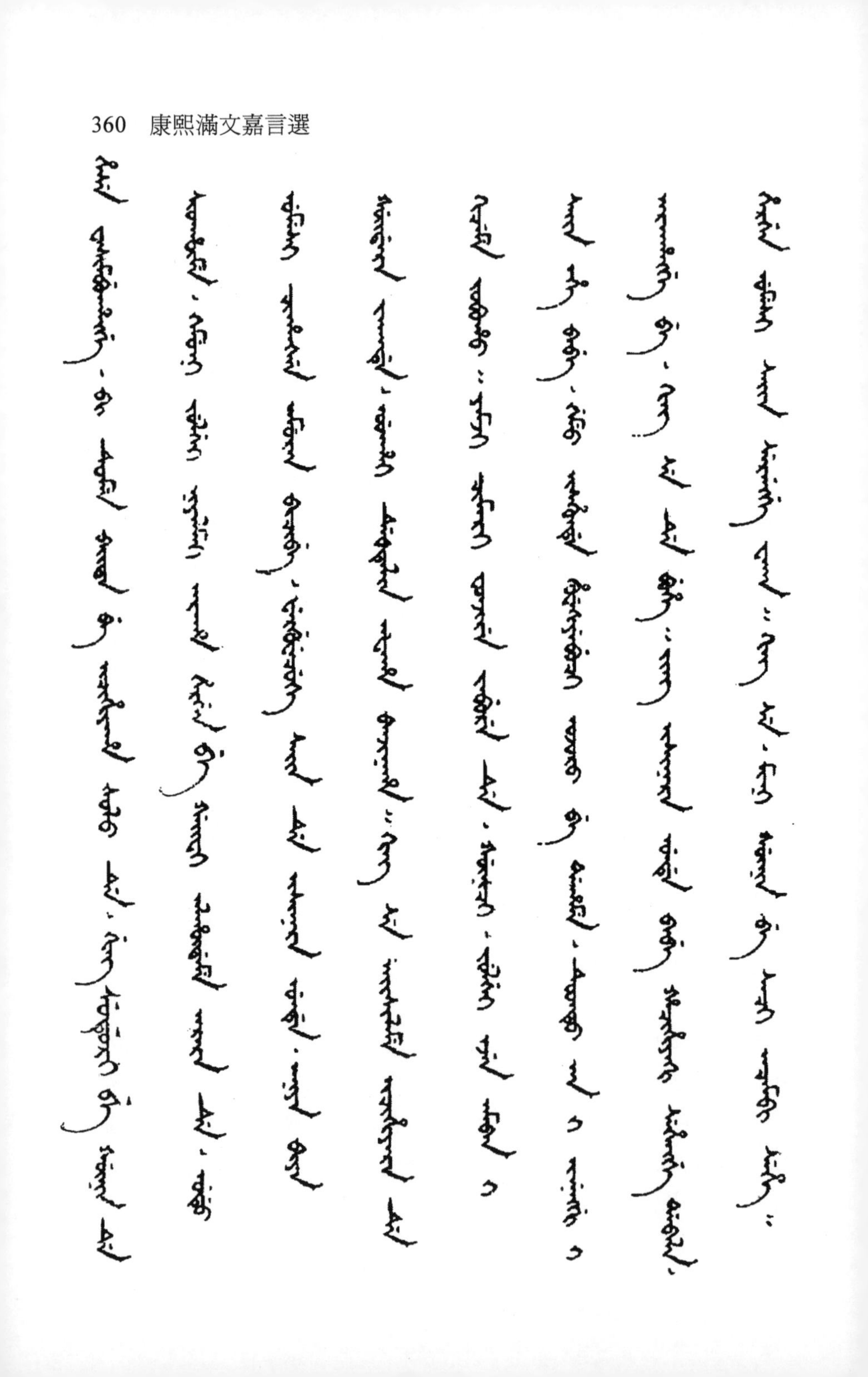

# 一七〇、臨摹墨蹟

hese wasimbuhangge, bi tumen baita be icihiyaha šolo de, ging suduri be gūnin de sithūme, kemuni julgei niyalmai araha hergen be gaifi alhūdame arara de, udu umesi cihangga amuran bicibe, ferguwecuke sain de isinara unde. aniya biya goidara jakade, uthai debtelin afaha banjinaha. king se aisilame icihiyara de kiceme joboho. yamji cimari fonjire jabure de, gūnici, julgei ejen amban i sain ehe babe, gemu ishunde huwekiyebuci ojoro be dahame, tuttu an i inenggi i arahangge be, king se de buhe. jing isinara unde babe hacihiyaki sehengge dabala, hergen umesi sain serengge waka. king se, mini gūnin be saci acambi sehe.

---

諭曰：朕萬幾餘暇，留心經史，時取古人墨蹟臨摹，雖好慕不衰，未窺其堂奧，歲月既深，偶成卷軸，卿等佐理勤勞，朝夕問對，因思古之君臣美惡，皆可相勸，故以平日所書者賜卿，方將勉所未逮，非謂書法已工也，卿等其知朕意。

---

谕曰：朕万几余暇，留心经史，时取古人墨迹临摹，虽好慕不衰，未窥其堂奥，岁月既深，偶成卷轴，卿等佐理勤劳，朝夕问对，因思古之君臣美恶，皆可相劝，故以平日所书者赐卿，方将勉所未逮，非谓书法已工也，卿等其知朕意。

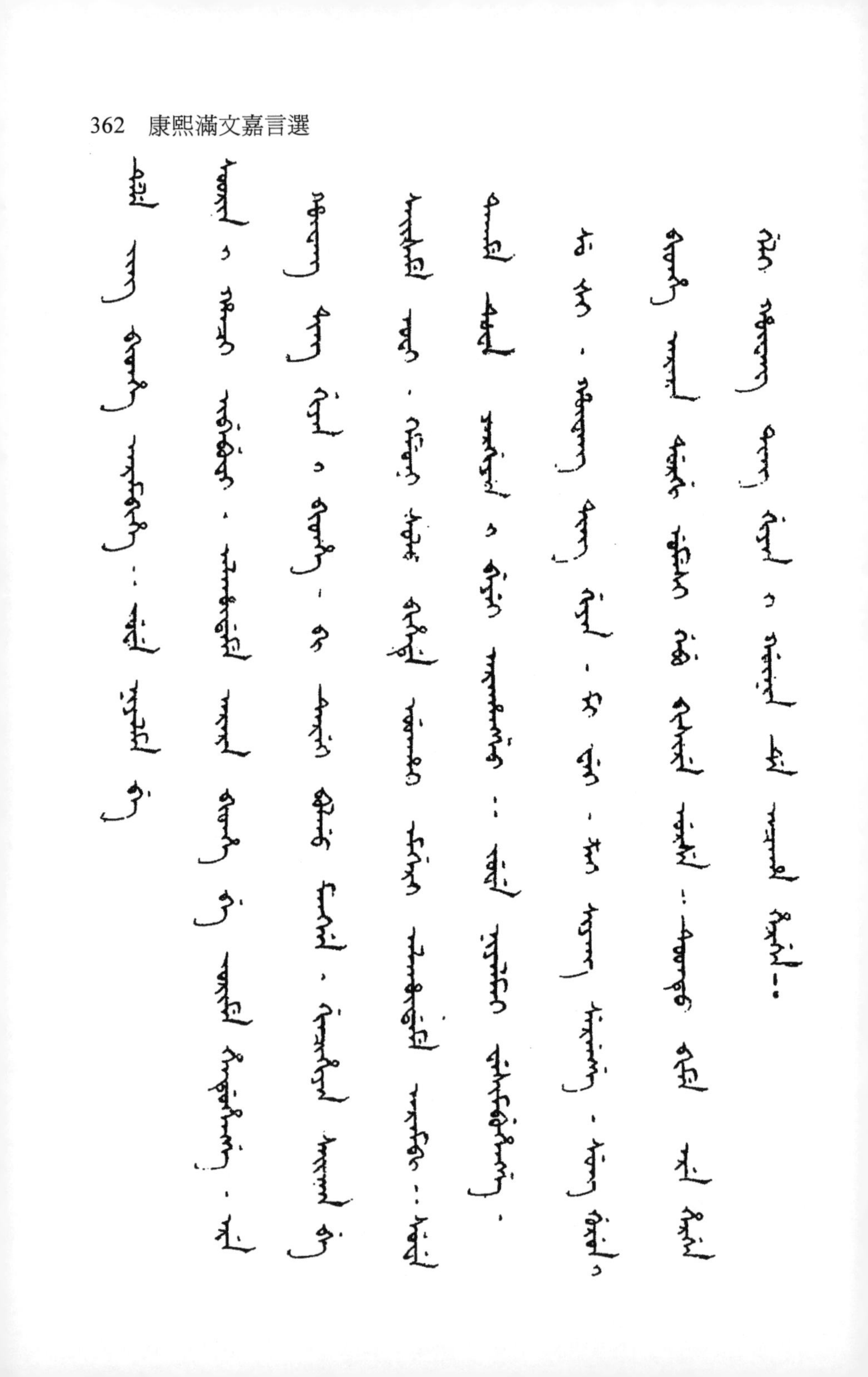

# 一七一、臨摹真蹟

dele jing bithe arambihe. juwe niyalma be soorin i hanci ibebufi, alhūdame arara bithe be jorime henduhengge, ere hūwang ting giyan i bithe, bi terei bolgo mangga, gincihiyan saikan be saišame ofi, kemuni šolo bihede, uthai emgeri alhūdame arambi. suwe takame tuwa yargiyan i beyei arahanggeo. juwe niyalmai wesimbuhengge, su ši. hūwang ting giyan. mi fei, ts'ai siyang serengge, sung gurun i bithe arara dorgi umesi gebu bisire urse. tuttu bime, ere hergen geli hūwang ting giyan i gūnin de acaha hergen.

---

上方御翰墨，命二臣近榻前，指所臨帖謂曰：此黃庭堅書，朕喜其清勁有秀氣，每暇時，輒取一臨摹，汝等審視，果真蹟否？二臣奏：蘇軾、黃庭堅、米芾、蔡襄，宋書之最有名者，而此書又黃庭堅得意之筆。

---

上方御翰墨，命二臣近榻前，指所临帖谓曰：此黄庭坚书，朕喜其清劲有秀气，每暇时，辄取一临摹，汝等审视，果真迹否？二臣奏：苏轼、黄庭坚、米芾、蔡襄，宋书之最有名者，而此书又黄庭坚得意之笔。

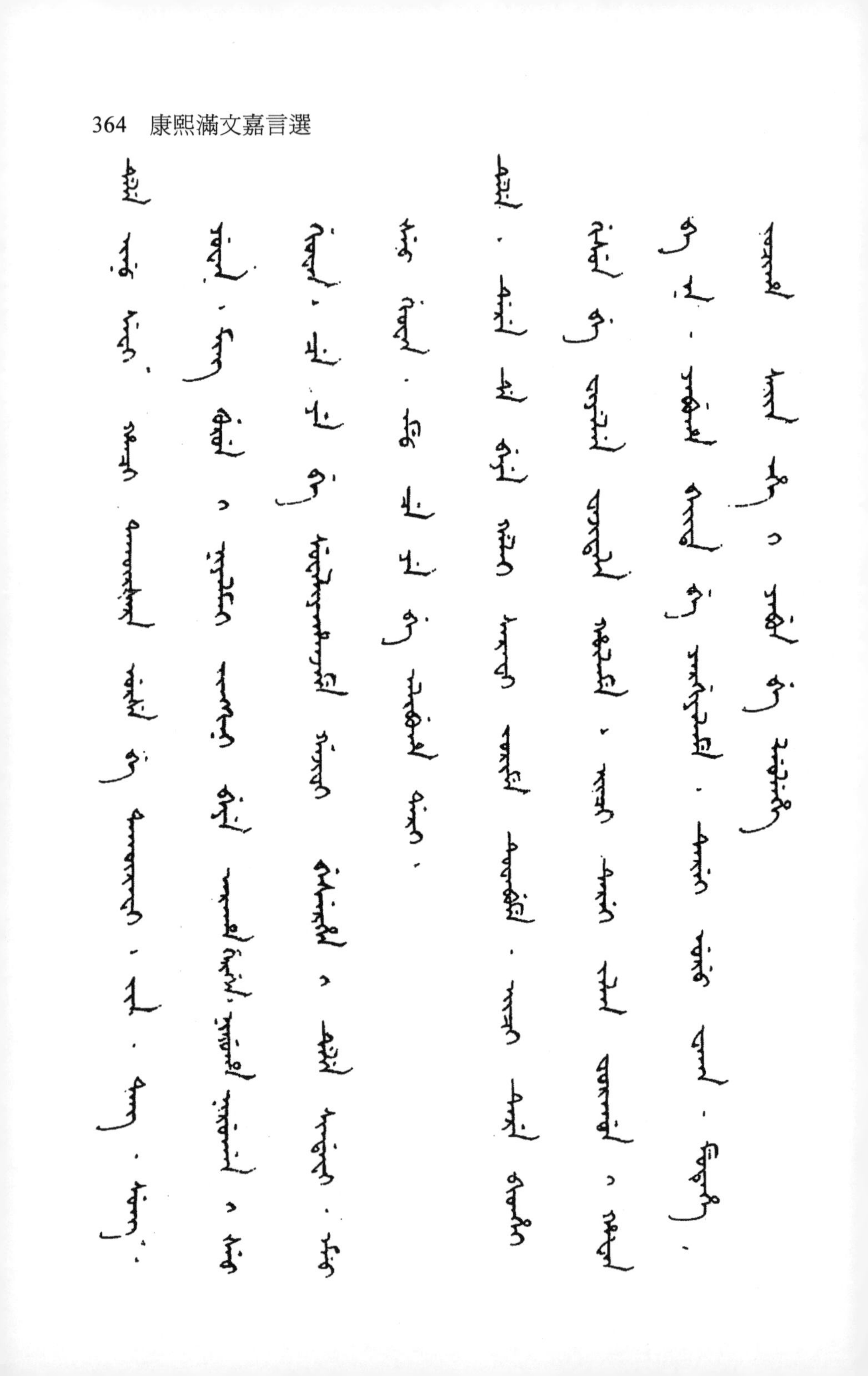

# 一七二、字畫真蹟

dele inu sefi, hanci takūršara urse be takūrafi, jin、tang、sung、yuwan、ming gurun i niyalmai jingkini beye araha hergen, niruha nirugan i šeo giowan, ce ye be suwaliyahanjame gajifi, beserhen i dele sindafi, emu šeo giowan, emu ce ye be alibuha dari, dele dere de beye galai sarafi jorime tuwabume, eici tere bithei gisun be fiyelen wajitala hūlame, eici terei jalan forgon i hafan ba na, yabuha baita be yargiyalame, terei uru waka, mutehe jociha, sain ehe i yabun be leolehe.

---

上曰：然。命近侍雜取晉、唐、宋、元、明人字畫真蹟卷冊，置榻上，每進一卷冊，上於御案上手自舒卷指點開示，或誦其文句至於終篇，或詳其世代爵里事實，論其是非成敗美惡之迹。

---

上曰：然。命近侍杂取晋、唐、宋、元、明人字画真迹卷册，置榻上，每进一卷册，上于御案上手自舒卷指点开示，或诵其文句至于终篇，或详其世代爵里事实，论其是非成败美恶之迹。

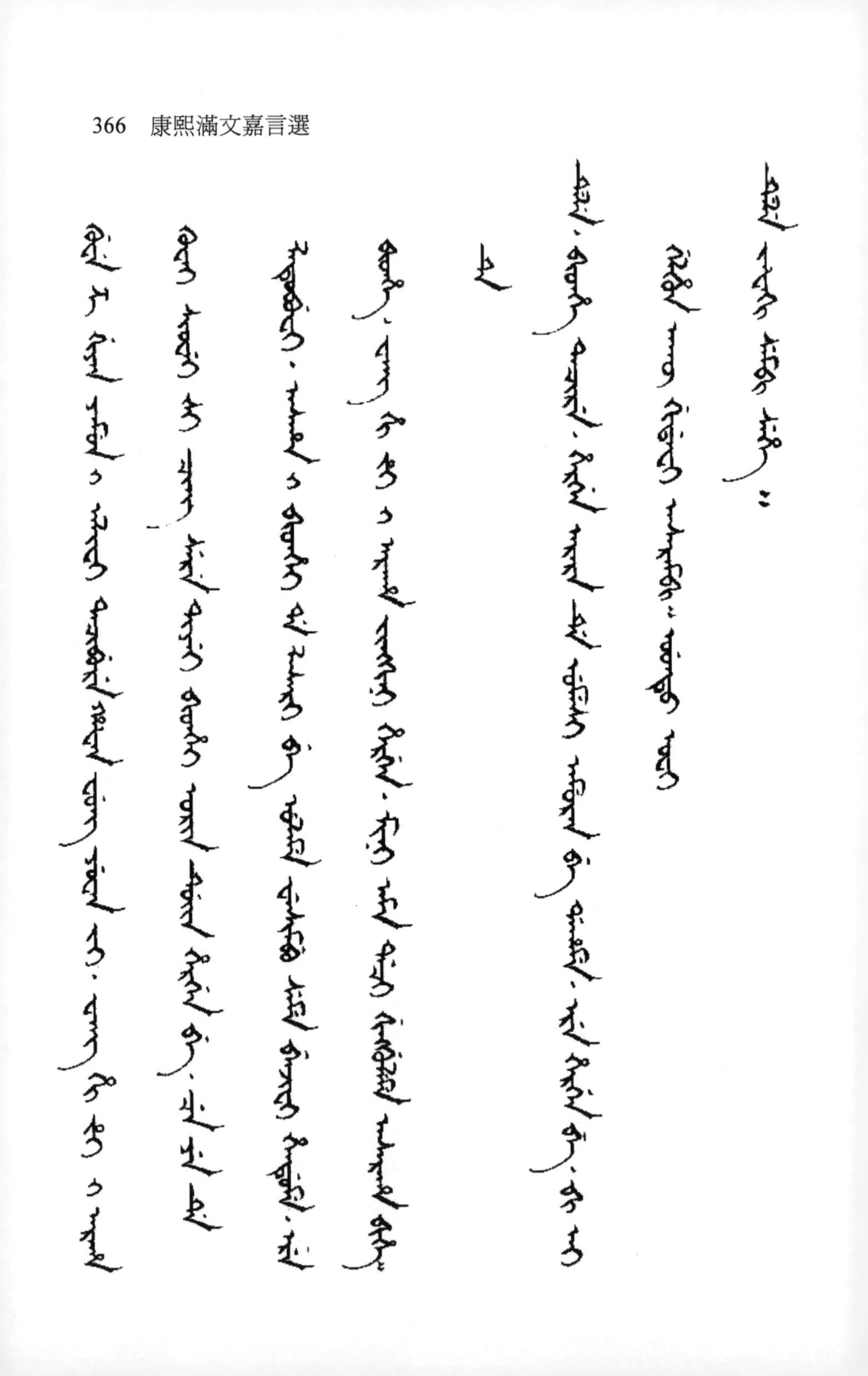

# 一七三、快雪時晴

guwe dz giyan yamun i alifi tacibure hafan fung yuwan ji, wang hi jy i araha kuwai siowei ši cing sere tiyei bithei orin duin hergen be, ce ye de latubufi, ashan i bithei da lasari be ulame wesimbu seme benjifi hendume, ere bithe, wang hi jy i araha jingkini hergen, mini ama daci gingguleme asaraha bihe. te dele, bithe tacire, hergen arara de umesi amuran be dahame, ere hergen be, bi ai gelhūn akū gidafi asarambi. uttu ofi dele jafaki sembi sehe.

---

國子監祭酒馮源濟以王羲之快雪時晴帖墨蹟二十四字裝成冊頁，賫付學士喇沙里代奏曰：此帖乃王羲之所書真蹟，臣父素所珍藏。今皇上留心翰墨，臣不敢收藏此帖，願進御覽。

---

国子监祭酒冯源济以王羲之快雪时晴帖墨迹二十四字装成册页，赍付学士喇沙里代奏曰：此帖乃王羲之所书真迹，臣父素所珍藏。今皇上留心翰墨，臣不敢收藏此帖，愿进御览。

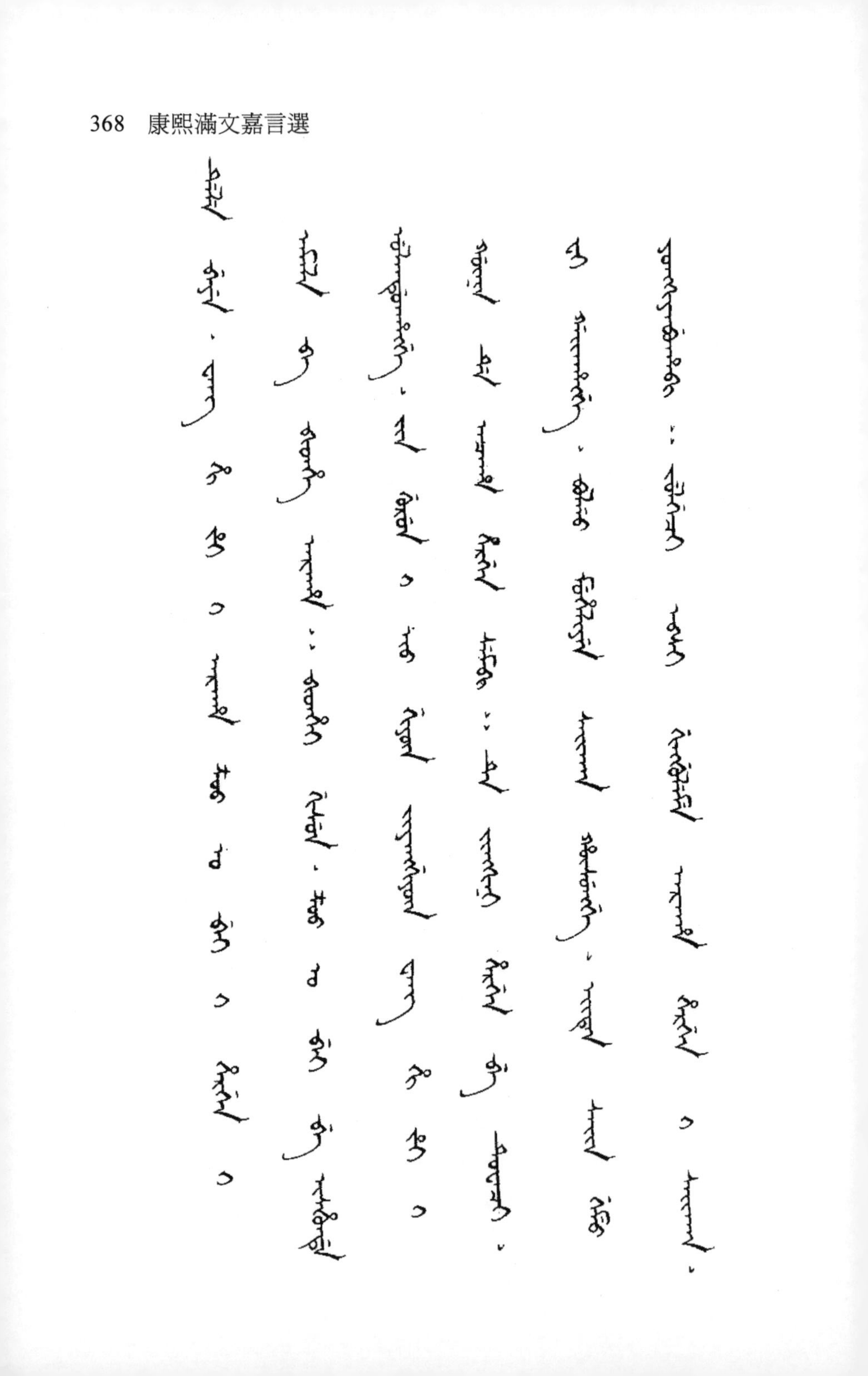

# 一七四、跋曹娥碑（1）

dele beye, wang hi jy i araha ts'oo o bei i hergen i amala ba bithe araha. bithei gisun, ts'oo o bei be ishunde ulanduhangge, jin gurun i io giyūn jiyanggiyūn wang hi jy i gūnin de acaha hergen sembi. te jingkini hergen be tuwaci, fi gaihangge, bolgo muheliyen saikan hūsungge, eiten sain gemu yongkiyabuhabi. julgeci ebsi gingguleme araha hergen i saikan,

---

上親跋王羲之曹娥碑真跡。詞曰：曹娥碑相傳爲晉右軍將軍王羲之得意書。今覩真蹟，筆勢清圓秀勁，眾美兼備。古來楷法之精。

---

上亲跋王羲之曹娥碑真迹。词曰：曹娥碑相传为晋右军将军王羲之得意书。今覩真迹，笔势清圆秀劲，众美兼备。古来楷法之精。

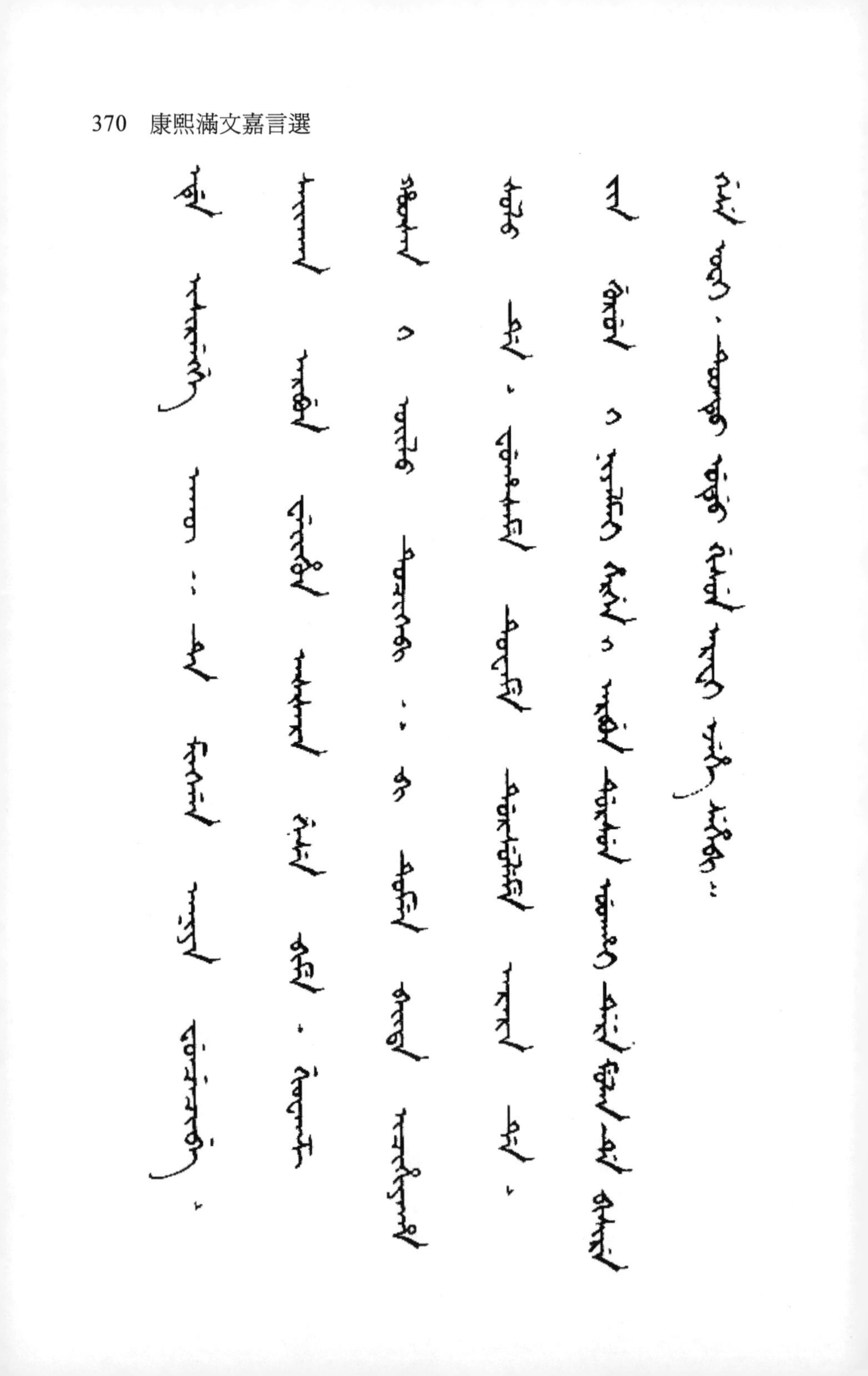

# 一七四、跋曹娥碑（2）

ede isirengge akū. te minggan aniya funcecibe, saikan arbun weihun aššara gese bime, giowandz hoošan i oilo tucikebi. bi tumen baita icihiyara šolo de, fuhašame tuwame dursuleme arara de, jin gurun i niyalmai hergen i arbun dursun uthai dere mulan de bisire gese ofi, tuttu udu gisun arafi ejehe sehebi.

---

未有與之匹者，至今千餘年，神采生動，透出絹素之外。朕萬幾餘暇，披玩摹倣，覺晉人風味，宛在几案間，因書數言識之。

---

未有与之匹者，至今千余年，神采生动，透出绢素之外。朕万几余暇，披玩摹仿，觉晋人风味，宛在几案间，因书数言识之。

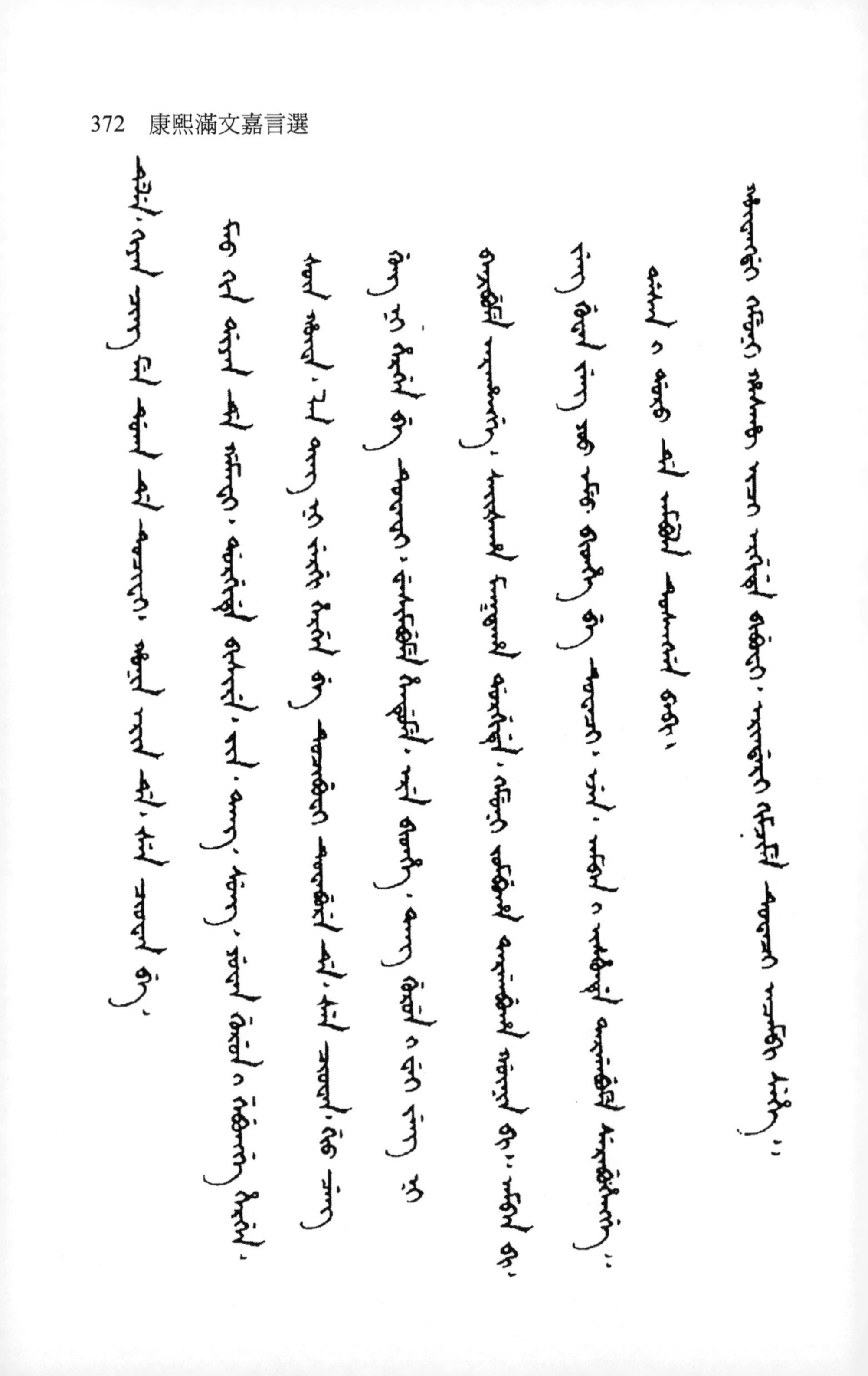

[illegible]

[illegible]

[illegible]

[illegible]

[illegible]

[illegible]

[illegible]

[illegible]

# 一七五、九成宮帖

dele, kiyan cing men duka de tucifi, honin erin de, šen ciowan be, moo kin diyan de gamafi, dorgide bisire, jin、tang、sung、yuwan gurun i gebungge hergen šun hūwa, lan ting ni jergi hergen be tucibufi tuwabure de, šen ciowan, gio ceng gung ni hergen be tuwafi, wesimbume hendume, ere bithe, tang gurun i wei jeng ni banjibume arahangge, saišaha maktaha dorgide, kemuni jombuha targabuha gūnin bi, amban bi, jeng guwan jeng yoo emu bithe be tuwaci, ejen amban i ishunde targabame serebuhengge. dasan i doro de ambula tusangga habi. hūwangdi kemuni hashū ici ergide bibufi. erindari kimcime tuwaci acambi sehe.

---

上御乾清門，未時召沈荃至懋勤殿，出示御府晉、唐、宋、元名蹟及淳化蘭亭諸帖。沈荃閱九成宮帖，奏曰：此銘乃唐魏徵所撰，頌美之中，仍寓規誡。臣見貞觀政要一書，君臣咨儆，大有裨於治道，皇上宜置左右，時加省覽。

---

上御干清门，未时召沈荃至懋勤殿，出示御府晋、唐、宋、元名迹及淳化兰亭诸帖。沈荃阅九成宫帖，奏曰：此铭乃唐魏征所撰，颂美之中，仍寓规诫。臣见贞观政要一书，君臣咨儆，大有裨于治道，皇上宜置左右，时加省览。

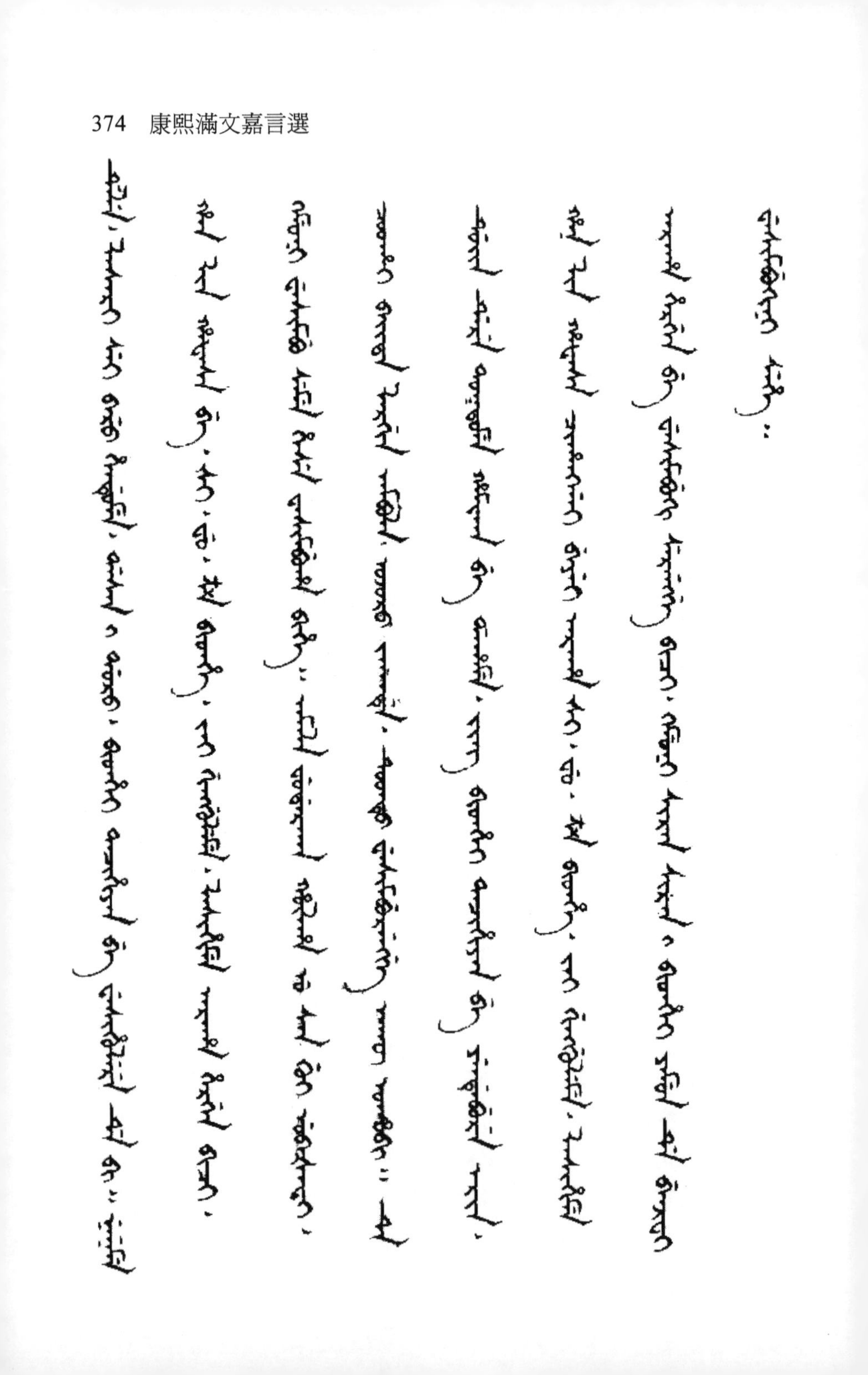

# 一七六、真行草書

dele, lasari sei baru hendume, dasan i doro, bithei tacihiyan be wesihulere de bi. neneme han lin hafasa be. ši, fu, ts'y bithe, jai gingguleme, lasihime araha hergen bici, kemuni wesimbu seme hese wasimbuha bihe. amala fudaraka hūlha u san gui ubašafi, coohai baita largin ambula ojoro jakade, tuttu wesimburengge akū ohobi. te duin dere toktome hamika be dahame, jing bithei tacihiyan be yendebure erin, han lin hafasa cihanggai beyei araha ši, fu, ts'y bithe, jai gingguleme, lasihime araha hergen be wesimbuki serengge bici, kemuni siran siran i bithei yamun de benjifi wesimbukini sehe.

---

上諭喇沙里等曰：治道在崇儒雅，前有旨著翰林官將所作詩賦詞章及真行草書，不時進呈。後因逆賊吳三桂反叛，軍事倥傯，遂未進呈。今四方漸定，正宜修舉文教之時，翰林官有願將所作詩賦詞章及真行草書進呈者，著不時陸續送翰林院進呈。

---

上谕喇沙里等曰：治道在崇儒雅，前有旨着翰林官将所作诗赋词章及真行草书，不时进呈。后因逆贼吴三桂反叛，军事倥偬，遂未进呈。今四方渐定，正宜修举文教之时，翰林官有愿将所作诗赋词章及真行草书进呈者，着不时陆续送翰林院进呈。

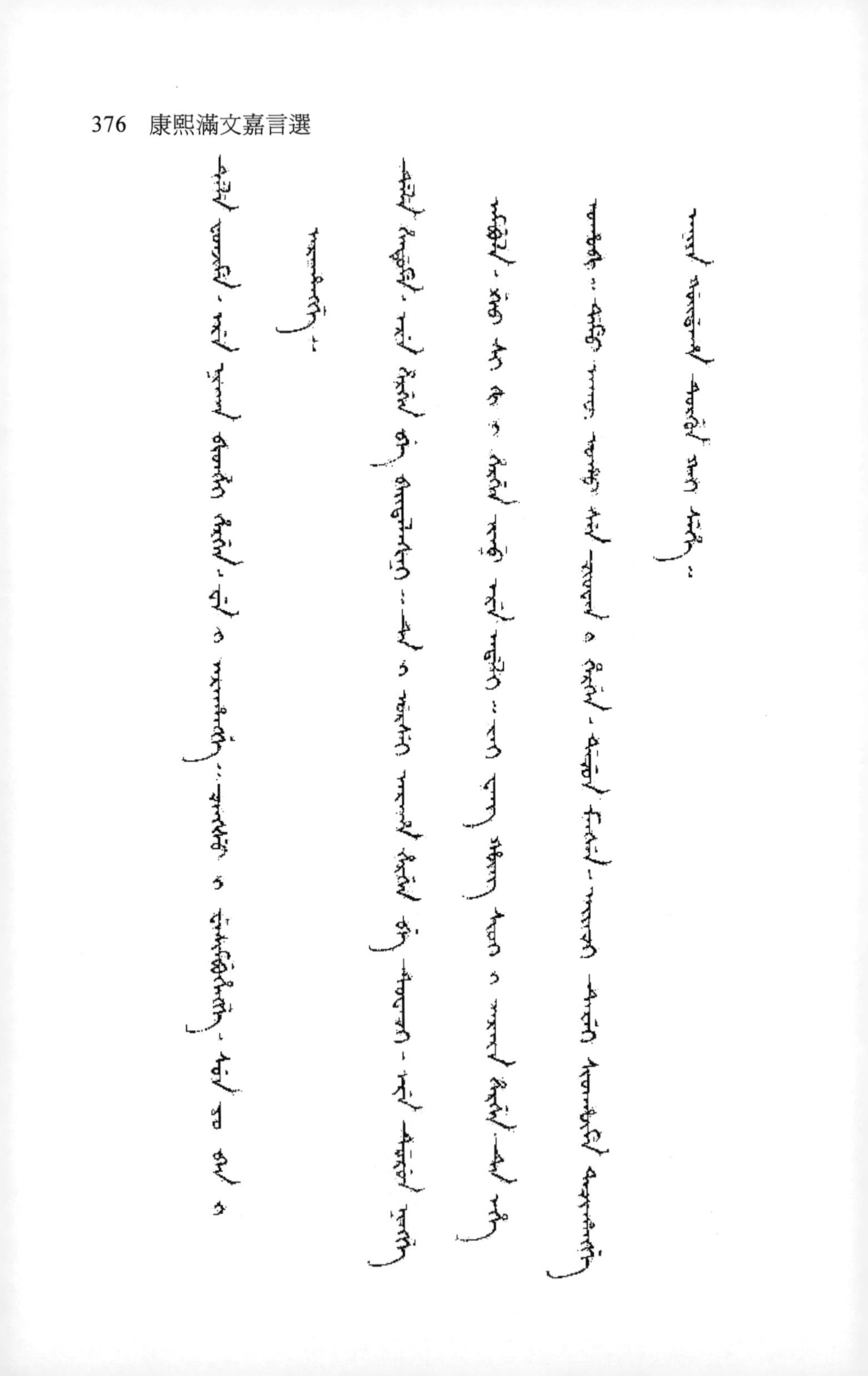

[illegible]

[illegible]

[illegible]

[illegible]

[illegible]

[illegible]

# 一七七、書法遒勁

dele fonjime, ere nikan bithei hergen, we i arahangge. cangšu i wesimbuhengge, sun yo ban i arangge. dele hendume, ere hergen be baitalakini. te i ursei araha hergen be tuwaci, ere durun ningge ambula, g'ao ši ki i hergen inu ere adali. jai wang hūng sioi i arara hergn te ehe ohobi. damu akū oho šen ciowan i hergen, dacun mangga, ainci terei sithūme tacihangge aniya goidaha turgun kai sehe.

---

上問曰：此漢字係誰所書？常書奏曰：孫岳頒書。上曰：著用此字，朕觀今人書法，此等體式頗多，高士奇字亦與此相類。近日王鴻緒字殊不見佳，惟已故沈荃書法遒勁，想專心學習有年故耳。

---

上问曰：此汉字系谁所书？常书奏曰：孙岳颁书。上曰：着用此字，朕观今人书法，此等体式颇多，高士奇字亦与此相类。近日王鸿绪字殊不见佳，惟已故沈荃书法遒劲，想专心学习有年故耳。

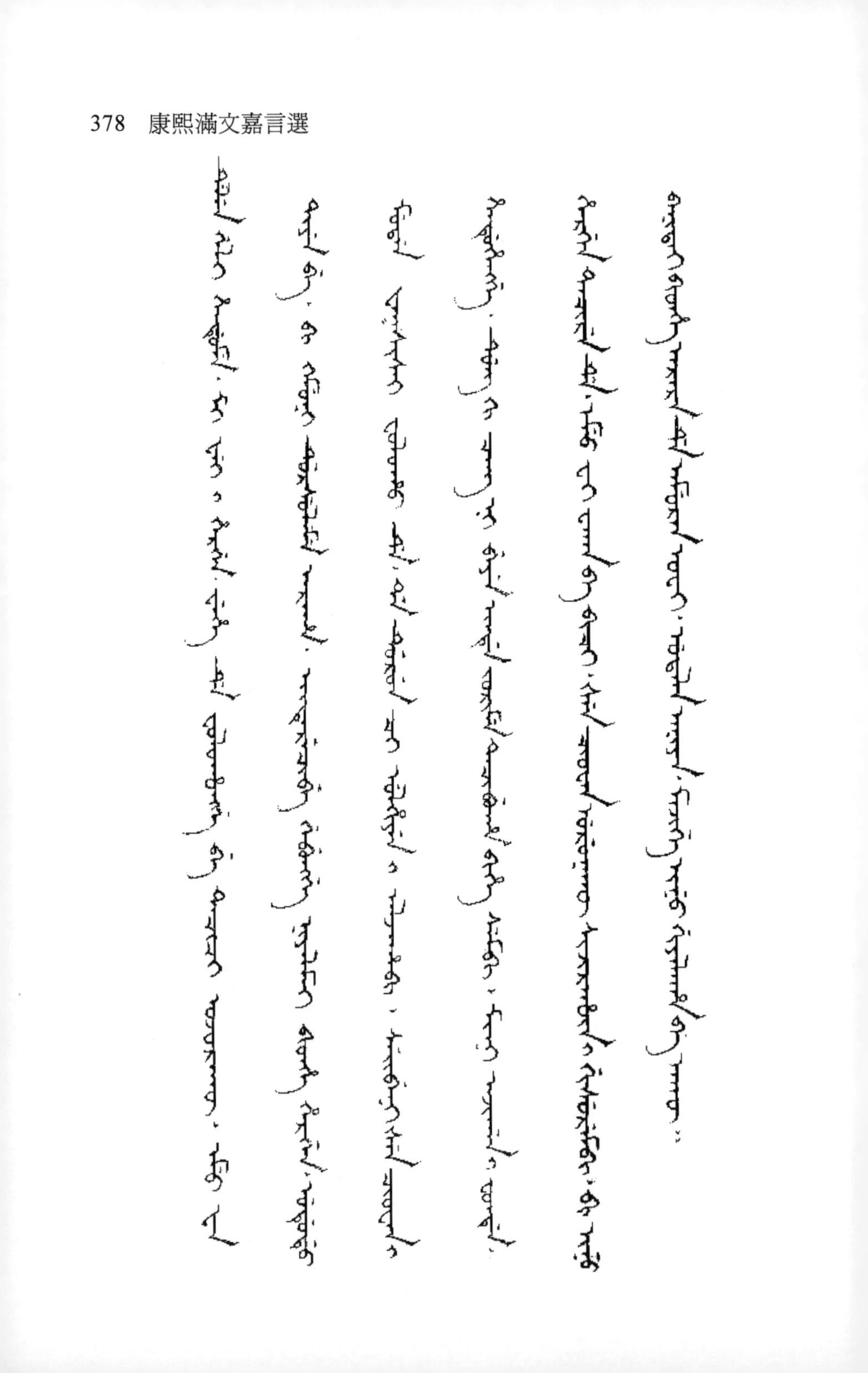

# 一七八、米芾石刻

dele geli hendume, mi fei i hergen wehe de folohongge be tacici ojorakū, emu fa tiye be, bi kemuni dursuleme araha, eiterecibe gebungge niyalmai bithe hergen, ududu mudan faksisai foloho de, da durun ci ulhiyen i aljahabi, seibeni šen ciowan i henduhengge, dung ki cang ni beye inde jorime tacibuha bihe sembi, mini ajigan i fonde, hergen tacire de, emu fi waka ba bici, šen ciowan urunakū sijirhūn i gisurembi. bi inu banitai bithe arara de amuran ofi, utala aniya, majige inu giyalaha ba akū.

---

上又曰：米芾石刻可不必學，所有法帖，朕曾臨徧，大抵名人墨蹟，屢經匠工鏤刊，其原本精神漸皆失真。沈荃昔云，伊曾親受董其昌指訓。朕幼年學書，有一筆不似處，沈荃必直言之。朕素性好此，久歷歲年，毫無間斷。

---

上又曰：米芾石刻可不必学，所有法帖，朕曾临徧，大抵名人墨迹，屡经匠工镂刊，其原本精神渐皆失真。沈荃昔云，伊曾亲受董其昌指训。朕幼年学书，有一笔不似处，沈荃必直言之。朕素性好此，久历岁年，毫无间断。

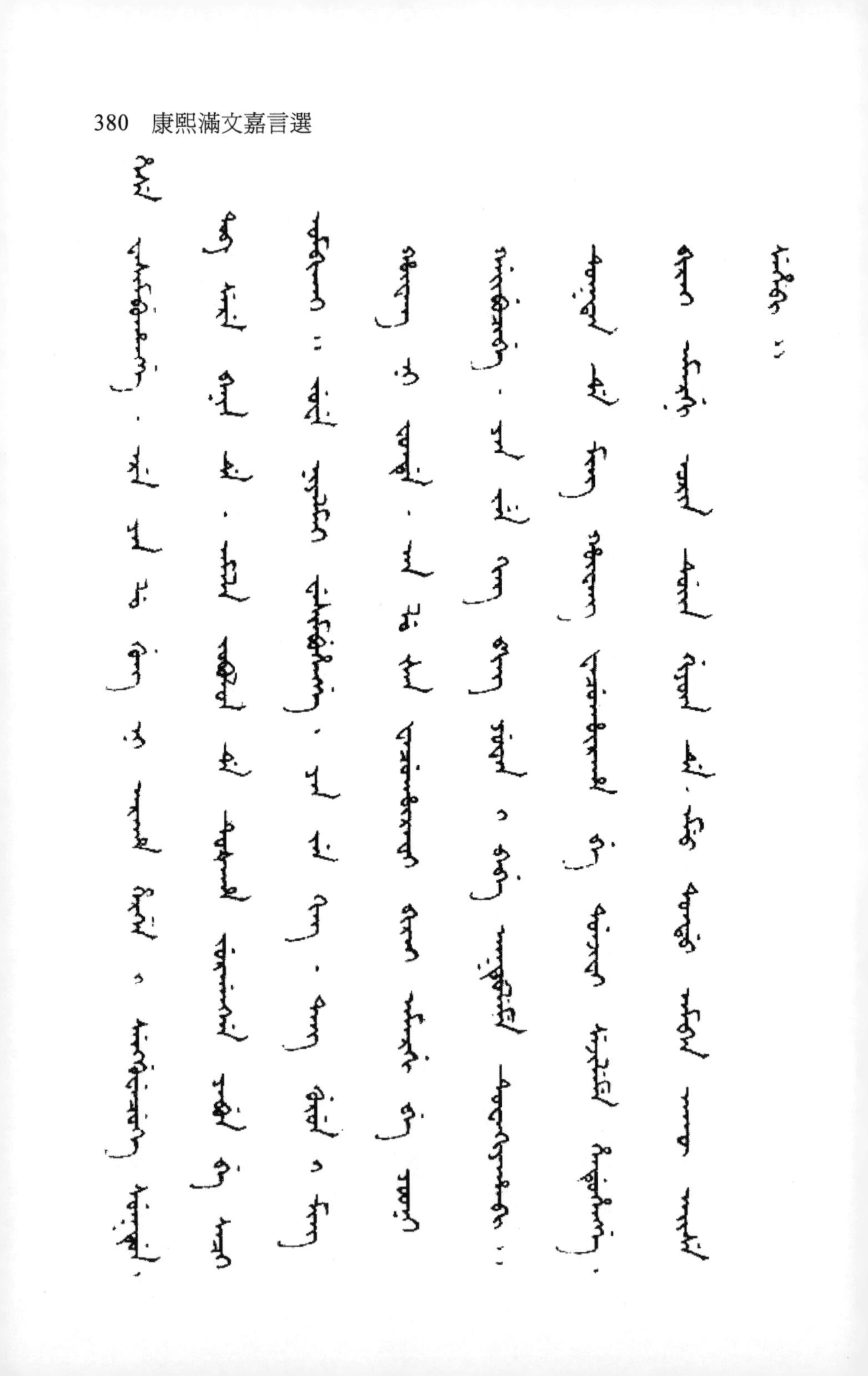

# 一七九、嚴氣正性

hese wasimbuhangge, ere yan lu gung ni araha hergen i sengguwecuke sukdun tob sere banin de. amala jobolon de tušaha jurgangga yabun be saci ombikai. juwe niyalmai wesimbuhengge, yan jen king, tang gurun i ming hūwang ni fonde, an lu šan facuhūrafi birai amargi be yooni gaibucibe, yan jen king ping yuwan i babe akduleme tuwakiyahabi. tuktan de ming hūwang facuhūraha be donjifi sejileme henduhengge. birai amargi orin duin giyūn de emu tondo amban akū aise sehebi.

---

諭謂此顏魯公書，嚴氣正性，可卜後來臨難風節。二臣奏：顏真卿當唐明皇時，安祿山之亂，河朔盡陷，顏真卿固守平原。初明皇聞亂，歎曰：河北二十四郡無一忠臣耶？

---

谕谓此颜鲁公书，严气正性，可卜后来临难风节。二臣奏：颜真卿当唐明皇时，安禄山之乱，河朔尽陷，颜真卿固守平原。初明皇闻乱，叹曰：河北二十四郡无一忠臣耶？

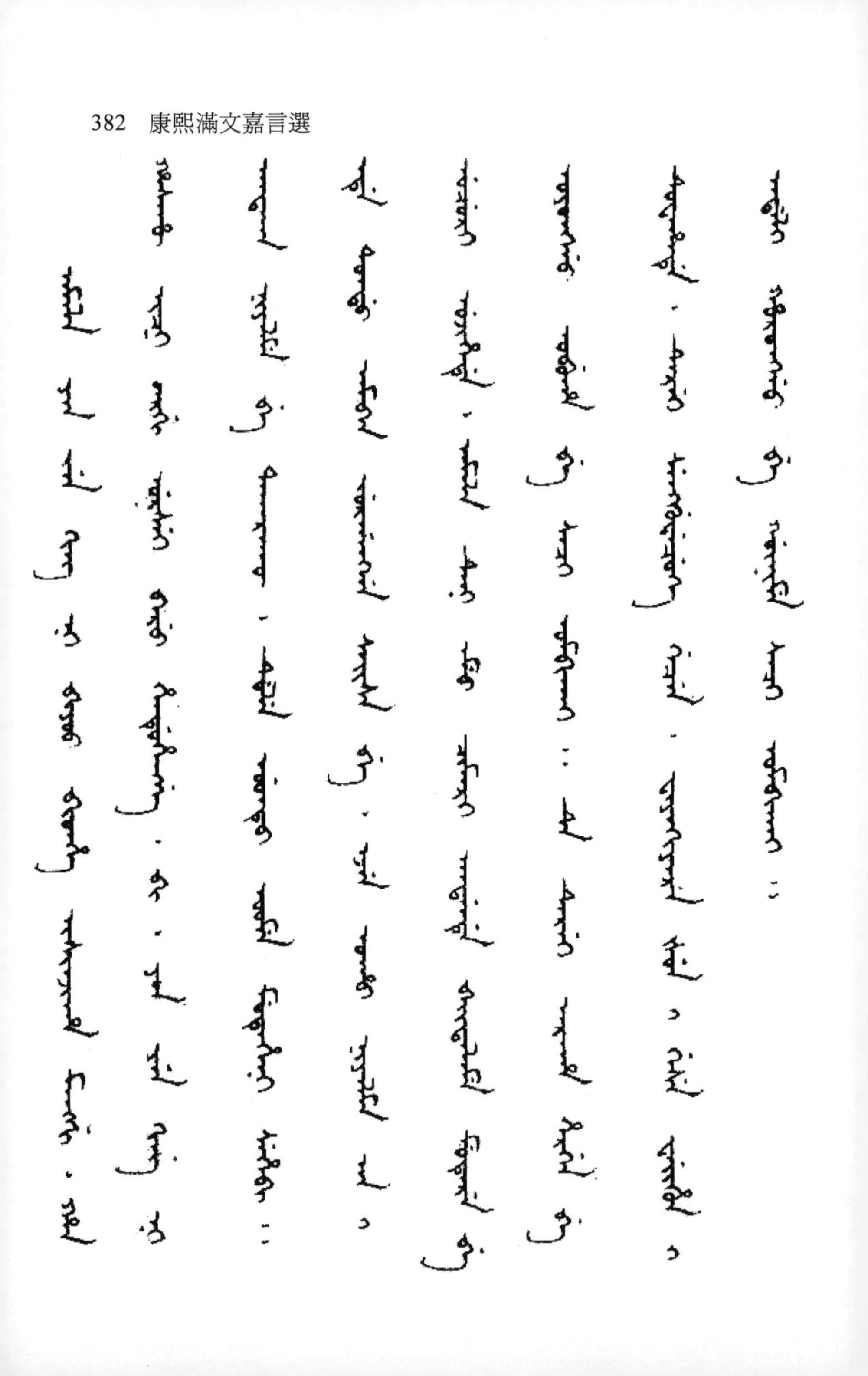

# 一八〇、嚴霜烈日

amala yan jen king ni biyoo bithe isinjiha manggi, han hashū ici ergi ursei baru henduhengge, bi yan jen king ni antaka niyalma be takarakū, dule uttu oome muteheni sehebi. ede tondo amban jurgangga saisa be, ejen oho niyalma an i ucuri ujihede, amala teni emu cimari andande baitalame mutere be oyonggo obuha be saci ombikai, te terei araha hergen be tuwahade, terei sengguwecuke gecen fiyakiyara šun i gese weihun i adali horonggo be gūnime saci ombikai.

---

及顏真卿奏至，帝謂左右曰：朕不識顏真卿爲何如人，乃能若是，此可見忠臣義士，人君貴養之於平時，然後用之於一旦，今觀其書，可想見其嚴霜烈日，凜然生氣。

---

及颜真卿奏至，帝谓左右曰：朕不识颜真卿为何如人，乃能若是，此可见忠臣义士，人君贵养之于平时，然后用之于一旦，今观其书，可想见其严霜烈日，凛然生气。

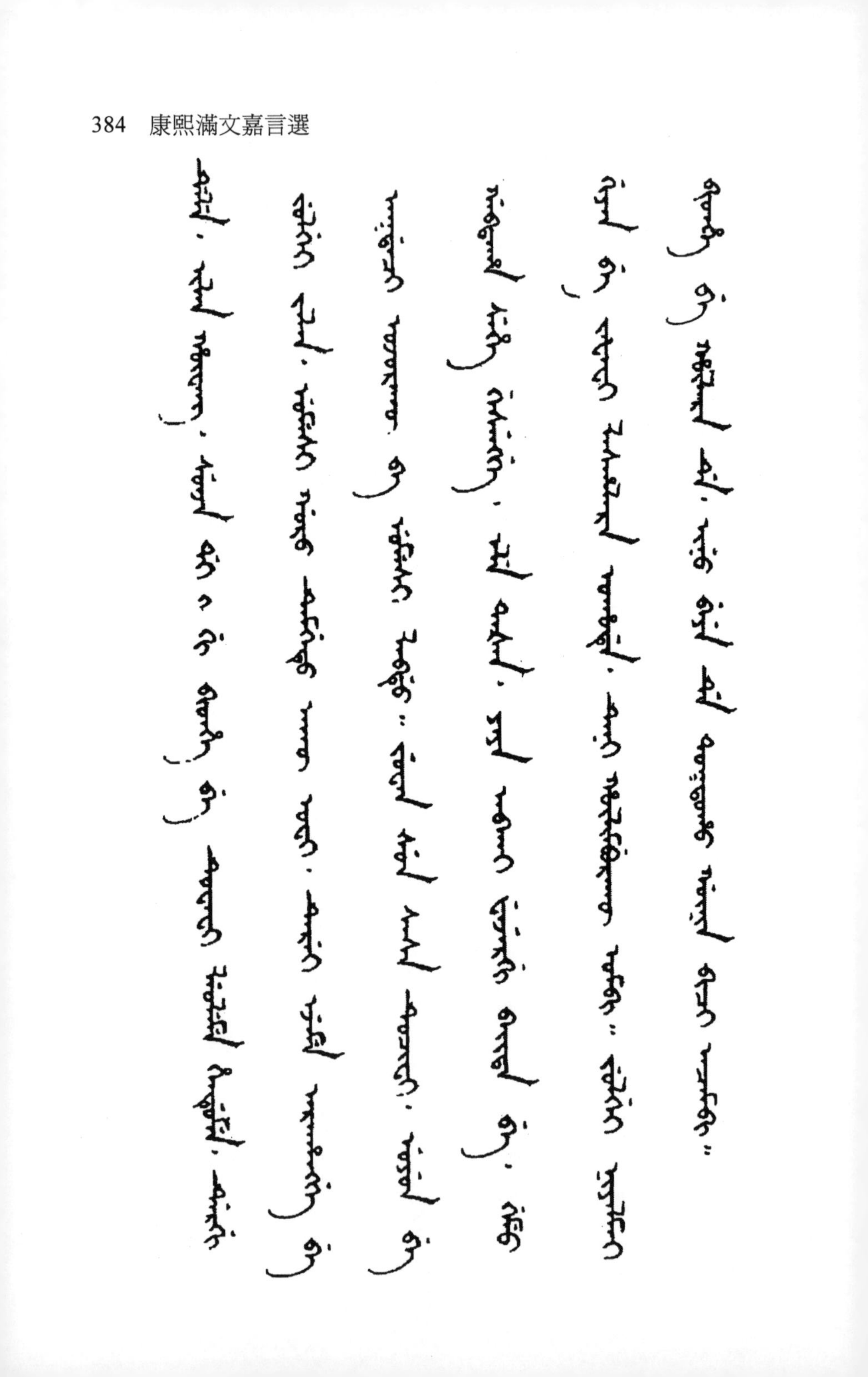

# 一八一、十日並出

dele, ilan hūwang, sunja di i gi bithe be tuwafi leoleme hendume, dergi julgei jalan, umesi goro temgetu akū ofi, terei ejeme arahangge be akdaci ojorakū ba umesi labdu. juwan šun sasa tucifi, uyun be gabtaha sehe gesengge, ele tašan, yaya abkai fejergi baita be, gemu giyan be jafafi lashalara ohode, teni hūlimburakū ombi. julgei niyalmai bithe be hūlara de, inu beye de toktoho gūnin bici acambi.

---

上閱三皇五帝紀論曰：上古之世，荒遠無徵，其所紀載，不可信者甚多，如十日並出，射去其九，尤爲誕妄。大凡天下之事，皆宜斷之以理，庶不爲其所惑。讀古人之書，亦當自有定見也。

---

上阅三皇五帝纪论曰：上古之世，荒远无征，其所纪载，不可信者甚多，如十日并出，射去其九，尤为诞妄。大凡天下之事，皆宜断之以理，庶不为其所惑。读古人之书，亦当自有定见也。

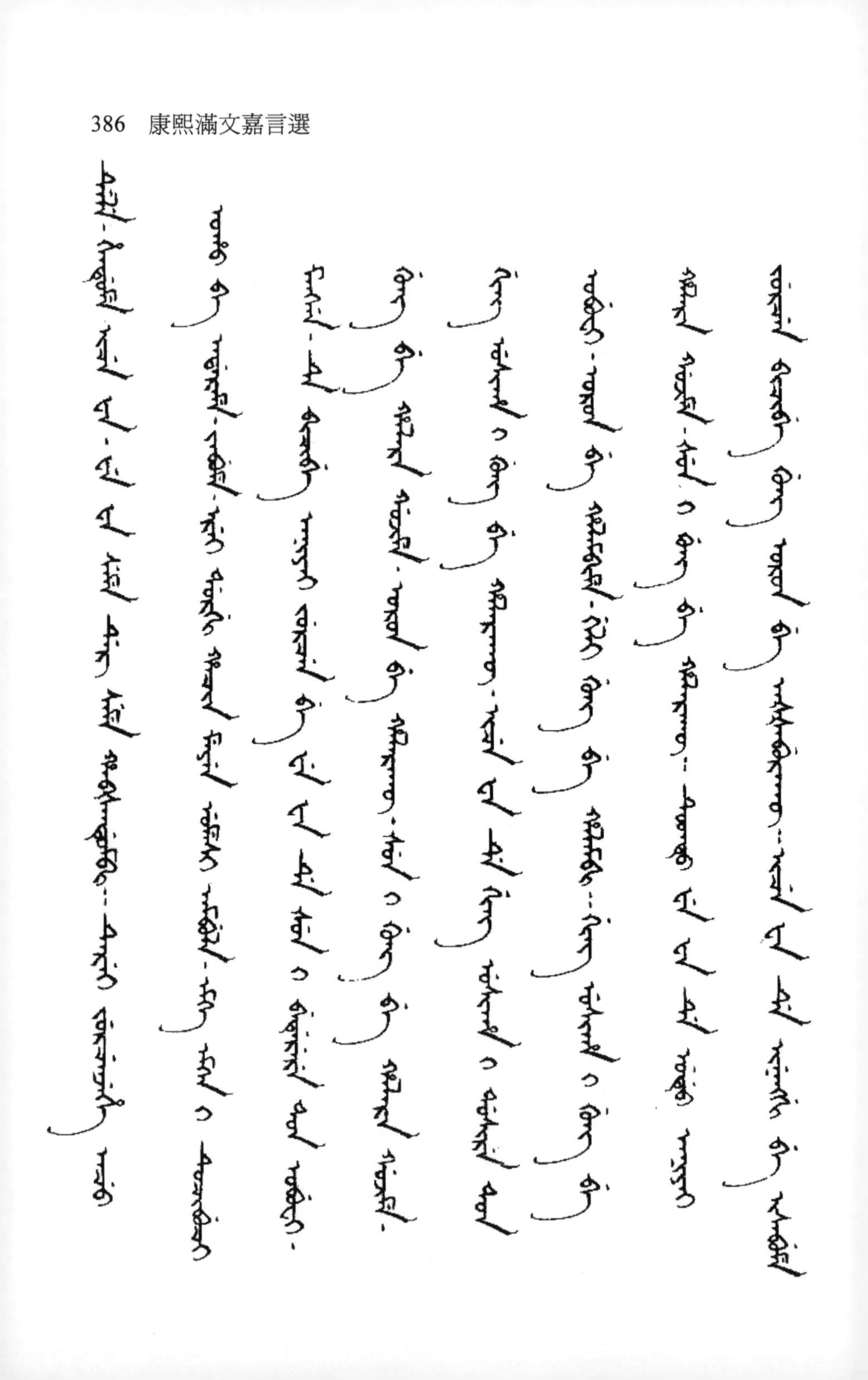

[illegible]

[illegible]

[illegible]

[illegible]

[illegible]

[illegible]

[illegible]

[illegible]

[illegible]

# 一八二、觜參顛倒（1）

dele hendume, ice fa, fe fa seme der seme habšandumbi. terei jurcenjehe encu oho ba adarame, jabume, erei dorgi hacin meyen umesi ambula, emke emken i tucibuci mangga, te bicibe aniyai jurcen be fe fa de šun i bederere ton obufi, gung be halara gojime, oron be halarakū, šun i gung be halara gojime, ging usiha i gung be halarakū, ice fa de ging usiha i dosire ton obufi, oron be halambime, geli gung be halambi. ging usiha i gung be halara gojime, šun i gung be halarakū. tuttu fe fa de udu aniyai jurcen bicibe gung oron be aššaburakū. ice fa de inenggi be isabume,

---

上曰：新法舊法，紛紛聚訟，其差異處安在？對曰：就中款項甚多，難以枚舉，即如歲差，舊法是太陽退數，換宮不換宿，換太陽宮，不換經星宮。新法是經星進數，換宿兼換宮，換經星宮，不換太陽宮。所以舊法雖有歲差，宮宿不動。新法日積

---

上曰：新法旧法，纷纷聚讼，其差异处安在？对曰：就中款项甚多，难以枚举，即如岁差，旧法是太阳退数，换宫不换宿，换太阳宫，不换经星宫。新法是经星进数，换宿兼换宫，换经星宫，不换太阳宫。所以旧法虽有岁差，宫宿不动。新法日积

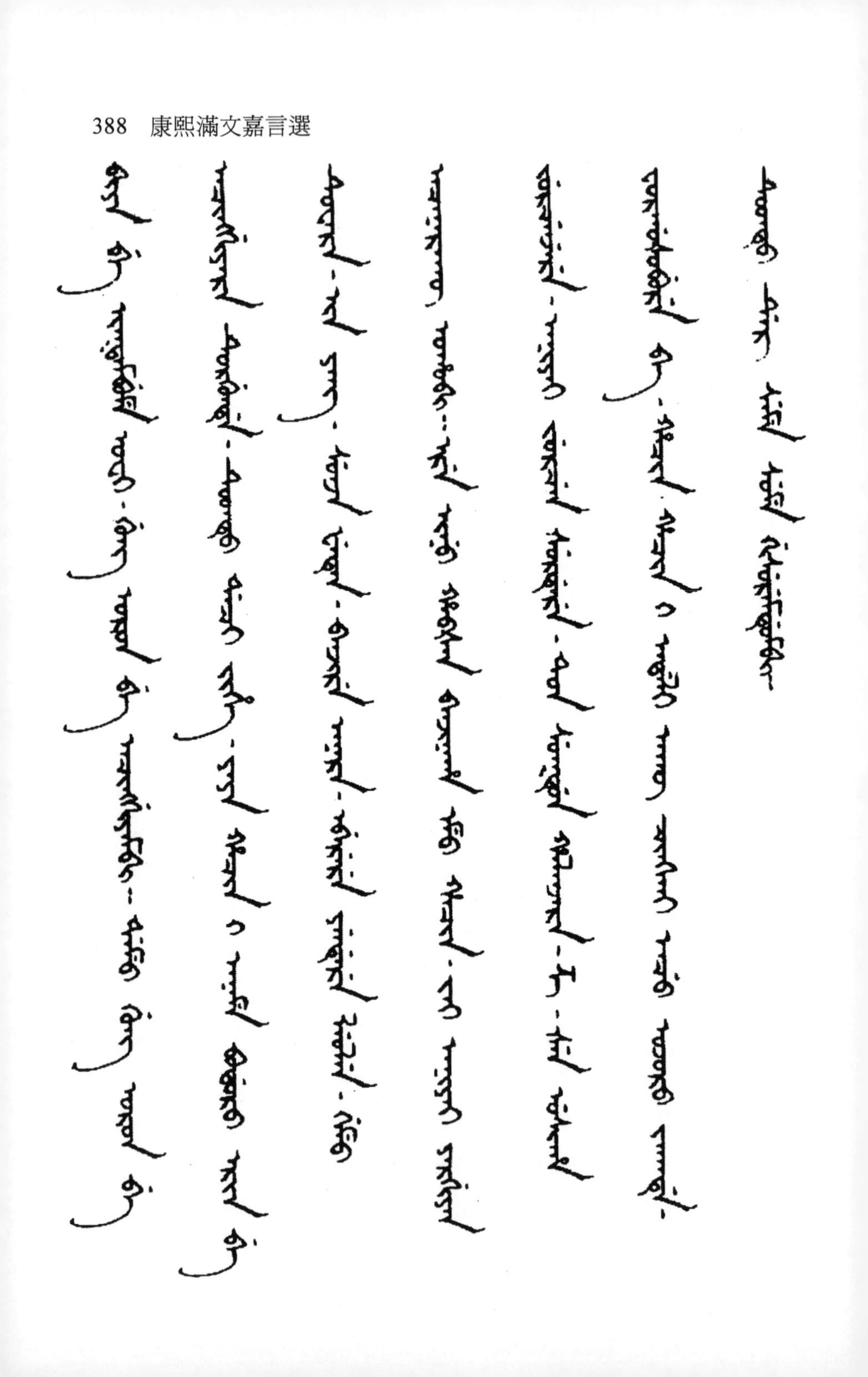

# 一八二、觜參顛倒(2)

biya be iktambume ofi, gung oron be acinggiyambi. damu gung oron be acinggiyara turgunde, tuttu daci jihe, yaya hacin i aname bodoro erin be tuwara, in yang, sunja feten, banjire anara, eberere yendere leolen, gemu acanarakū ohobi. ere inu habšan banjinaha emu hacin, jai aniyai yargiyan jurcenjere, aniyai jurcen šurdere, ton sukdun halanjara, dz, šen usiha forgošobure ba, hacin hacin i adali akū cingkai encu ojoro jakade, tuttu der seme sume gisuremdumbi.

---

月累，宮宿郮移，惟其宮宿郮移，向來一切推算占候、陰陽五行，生剋衰旺之說，都難以取合，此亦聚訟之一端也。至於歲參差，歲差環轉，節氣游移，觜參顛倒，種種不同，大相逕庭，是以紛紛辯論。

---

月累，宫宿郮移，惟其宫宿郮移，向来一切推算占候、阴阳五行，生克衰旺之说，都难以取合，此亦聚讼之一端也。至于岁参差，岁差环转，节气游移，觜参颠倒，种种不同，大相径庭，是以纷纷辩论。

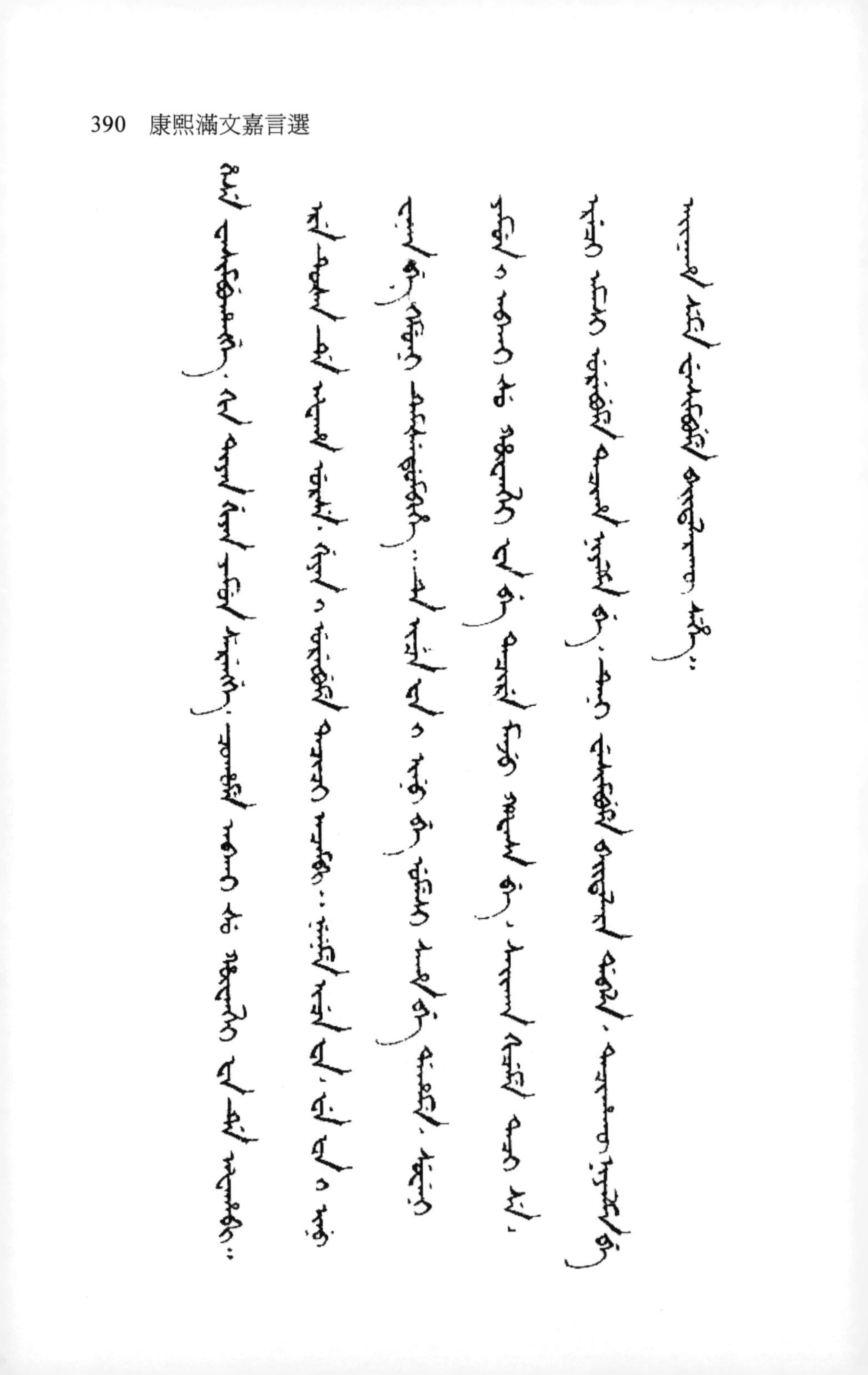

[illegible]

# 一八三、天文曆法

hese wasimbuhangge, kin tiyan giyan yamun serengge, cohome abkai šu hūwangli fa de afahabi. ere tušan de afaha urse, giyan i urebume tacici acambi. neneme ice fa, fe fa i inu waka be kemuni temšendumbihe. te ice fa i inu be umesi saha be dahame, suweni yamun i abkai šu hūwangli fa be tacire manju hafasa be, saikan kiceme taci se, ereci amasi urebume taciha niyalma be teni wesimbume baitalara dabala, tacihakū niyalma be ainaha seme wesimbume baitalarakū sehe.

---

諭曰：欽天監衙門專司天文曆法，任是職者，必當習學精熟。向者新法舊法，是非爭論，今既深知新法爲是，爾衙門習學天文曆法滿洲官員，務令精勤習學，此後習學精熟之人方准陞用，其未經習學者，不准陞用。

---

谕曰：钦天监衙门专司天文历法，任是职者，必当习学精熟。向者新法旧法，是非争论，今既深知新法为是，尔衙门习学天文历法满洲官员，务令精勤习学，此后习学精熟之人方准升用，其未经习学者，不准升用。

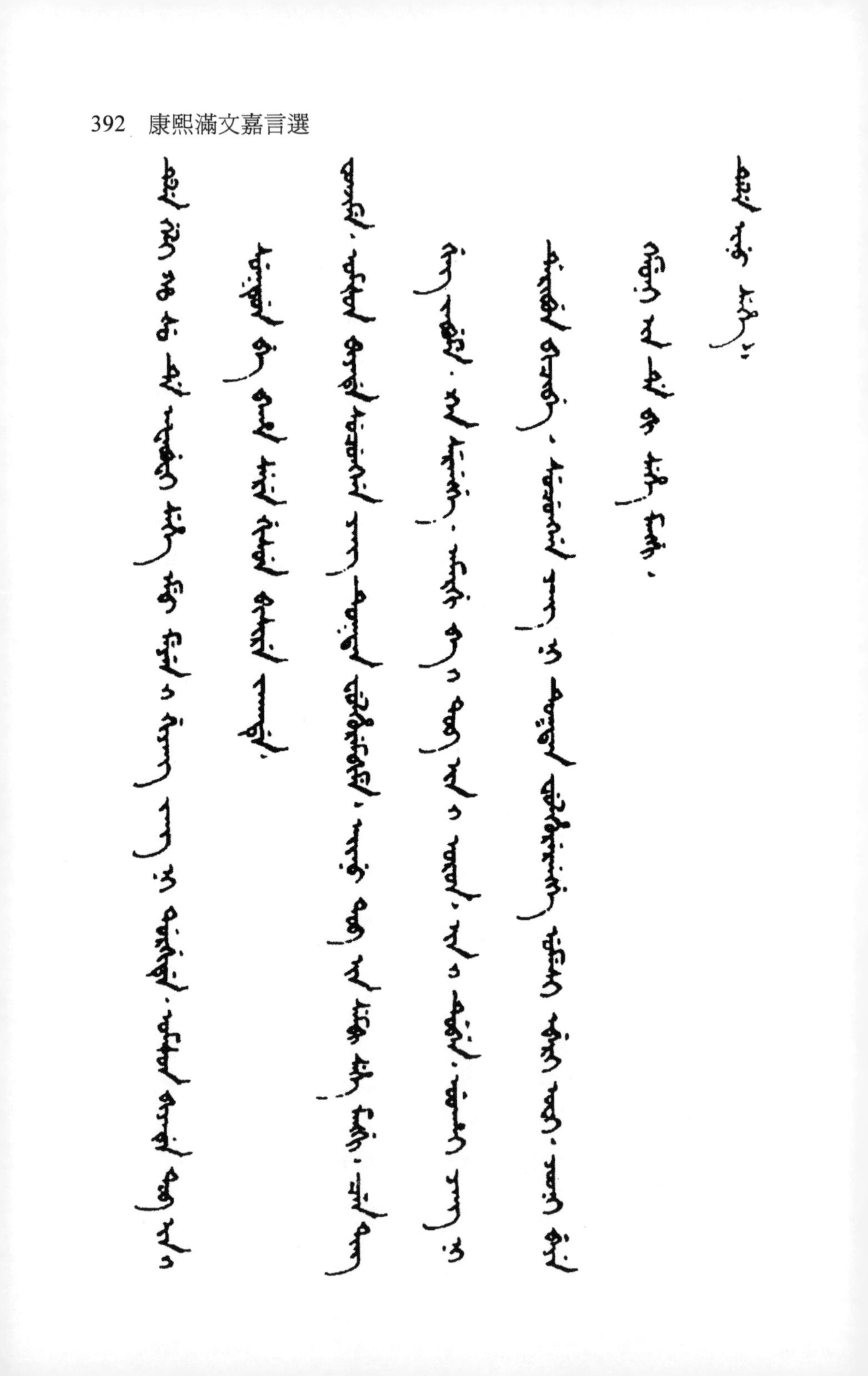

# 一八四、陰陽終始

dele geli ho šu de afabufi sehe emu meyen i giyang jang ni dorgide, omšon biyade tob in i sukdun be baha sere gisun bisire jakade, fonjime, omšon biyade sucungga yang tuktan fulhurembime, ainu tob in sembi sehe manggi, cen ting ging jabume, k'an serengge, amargi ba i tob in i oron, in i duben, uthai yang ni deribun bicibe, sucungga yang ni tuktan fulhurerengge umesi eberi ofi, yooni beye kemuni in de bi sehe manggi, dele inu sehe.

---

上因申命和叔一節講章中，有仲冬得正陰之氣語問仲冬之月一陽初生，如何謂之正陰？陳廷敬對曰：坎爲北方正陰之位，陰之終，即陽之始，然一陽始生而甚微，全體猶是屬陰，上頷之。

---

上因申命和叔一节讲章中，有仲冬得正阴之气语问仲冬之月一阳初生，如何谓之正阴？陈廷敬对曰：坎为北方正阴之位，阴之终，即阳之始，然一阳始生而甚微，全体犹是属阴，上颔之。

ᡝᠵᡝᡴᡝ᠈ ᠰᠠᡳᠨ ᠪᡠᠶᡝᡵᡝ ᠪᡝ ᡨᡠᠸᠠ ᠮᡠᠰᡝ ᡨᡝ ᠪᡠᠴᡝ ᡤᡡᠸᠠᠯᡳᠶᠠᡵᠠ᠈ ᠨᡳᠶᠠᠯᠮᠠ ᡳ ᡤᡡᠰᡳᠨ ᠪᡝ ᡝᡵᡝᠴᡠᡴᡝ
ᠠᡴᡡᠮᠪᡠᡵᡝ᠉ ᡝᡵᡝ ᡳᠯᡳ ᡳ ᡨᡠᠸᠠᠮᠪᡠᡵᡝᠩᡤᡝ᠈ ᡤᡡᠨᡳᠨᡤᡝ ᡠᠵᡠ ᠪᠣᡥᠣᡵᡳ ᡠᠯᡥᡳ᠉ ᠪᠣᠵᡳᠯᡝᡵᡝ ᠪᠣᠣ
ᠪᠠᡳᡨᠠᡴᡡ ᠪᠠᡳᡨᠠᠯᠠᠮᠪᡳ᠈ ᡝᡵᡝ ᡝᠯᡝᠴᡠᠨ ᠮᠠᠩᡤᠣ᠉
ᡝᠵᡝᡴᡝ ᠨᡳᠶᠠᠯᠮᠠ᠈ ᠪᡝᠶᡝ ᠰᠠᡳᠨ ᡳ ᠪᡠᠶᡝᡵᡝᠩᡤᡝ ᡨᡝᡵᡝ᠈ ᠮᡠᡨᡝᡵᡝ ᡩᡝ ᡝᠯᡝᠴᡠᠨ᠈ ᠪᡳᠰᡳᡵᡝ
ᡨᠠᡴᡡᡵᠠ᠈ ᡳᠰᡳᡥᠠ ᡳ ᠪᠠᡳᡨᠠᠯᠠᠮᠪᡳ ᠰᡝᡵᡝ ᠪᡳ ᡤᡝᠯᡝᠮᡝ ᠪᡠᠶᡝᡵᡝ᠉ ᡝᡵᡝ ᠪᡳᡨᡥᡝ ᠰᡝᠮᠪᡳ
ᡳᠰᡳᠨᡩᠠᡵᠠ ᡤᡡᠨᡳᠨ ᠪᡝ ᠮᡠᡨᡝᡵᡝ᠉ ᠪᡳᡨᡥᡝ ᡳ ᠪᡠᠶᡝᡵᡝᠩᡤᡝ ᠪᡝ᠈ ᠠᠯᡳᠶᠠ
ᠪᠠᡳᡨᠠᠯᠠᠮᡝ ᡤᡡᠨᡳᠨ᠈ ᡤᡡᠸᠠ ᡩᡝ ᠪᡝ ᡨᡝ ᠮᡠᡨᡝᡵᡝ ᠪᠣᡵᠣ ᡳᠯᡳ᠉

# 一八五、分析節氣

dele, aliha bithei da li ioi sei baru fonjime, nadan dasan i hūwangli be selgiyeci acambio. li ioi i wesimbuhengge, selgiyehe seme inu tusa akū. usiha tuwara ursei baitalarangge, gemu ereci encu. dele hendume, nadan dasan i hūwangli de, erin forgon be ilgame faksalahangge, umesi narhūn, irgen i baitalarangge gemu biyan lan tung šu bithe. fe hūwangli de ilgaha erin forgon be dahahabi. udu nadan dasan i hūwangli be selgiyehe seme, ainahai baitalame mutere, kemuni ne yabubure kooli songkoi yabubu sehe.

---

上顧問大學士李霨等曰：七政曆應頒行否？李霨奏曰：頒行亦無益，星家所用皆與此不同。上曰：七政曆分析節氣，極爲精細。但民間所用，皆是便覽通書，依舊曆所分節氣，雖頒發七政曆，未必能用，可仍照現行例行。

---

上顾问大学士李霨等曰：七政历应颁行否？李霨奏曰：颁行亦无益，星家所用皆与此不同。上曰：七政历分析节气，极为精细。但民间所用，皆是便览通书，依旧历所分节气，虽颁发七政历，未必能用，可仍照现行例行。

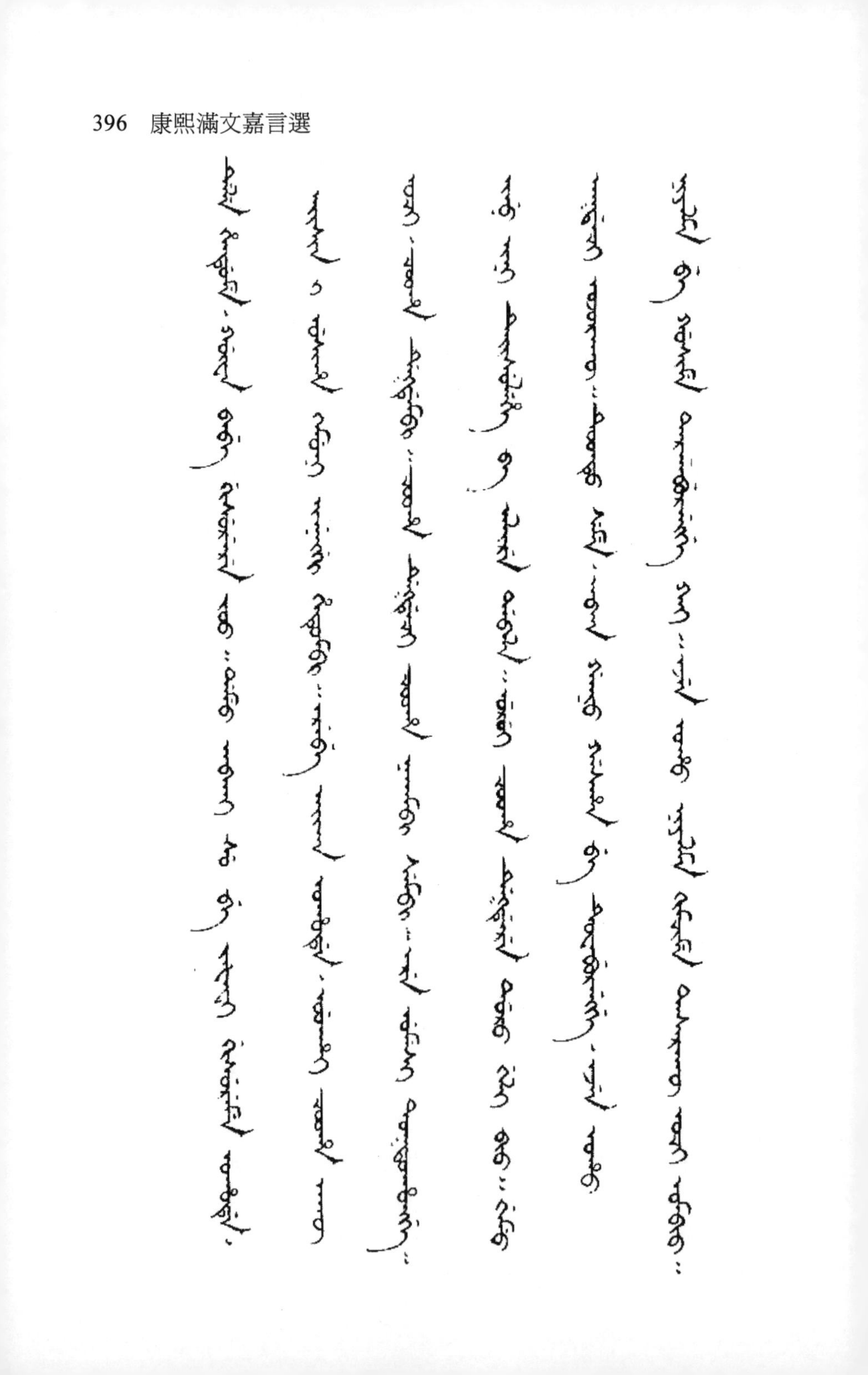

# 一八六、金星晝見

dele hendume, gūwa babe gisurere joo. damu abkai šu be jafafi gisureme ohode, aisin i usiha kemuni inenggi hetumbi. erebe aika ohode, uthai cooha akū oci, cooha dekdembi. cooha dekdeci cooha nakambi sembi. ere umesi toktohongge. inu ini teisulehe ba alire dabala. urui cooha dekdere doro geli bio. gemu akdaci ojorakū. tuttu seme, abka ganio gashan be tuwaburengge, ejen oho niyalma be gosime targaburengge kai. ejen oho niyalma kimcime dasarakū oci ombio？

---

上曰：他且無論，即以天文言之，金星時常白晝經天，議者動言，無兵則爲兵起，有兵則爲兵息，此乃一定者也，亦不過所值分野當之，豈有概占兵起之理，此皆不足信，雖然天示災眚，乃眷戒人主之意，人主漫不修省可乎？

---

上曰：他且无论，即以天文言之，金星时常白昼经天，议者动言，无兵则为兵起，有兵则为兵息，此乃一定者也，亦不过所值分野当之，岂有概占兵起之理，此皆不足信，虽然天示灾眚，乃眷戒人主之意，人主漫不修省可乎？

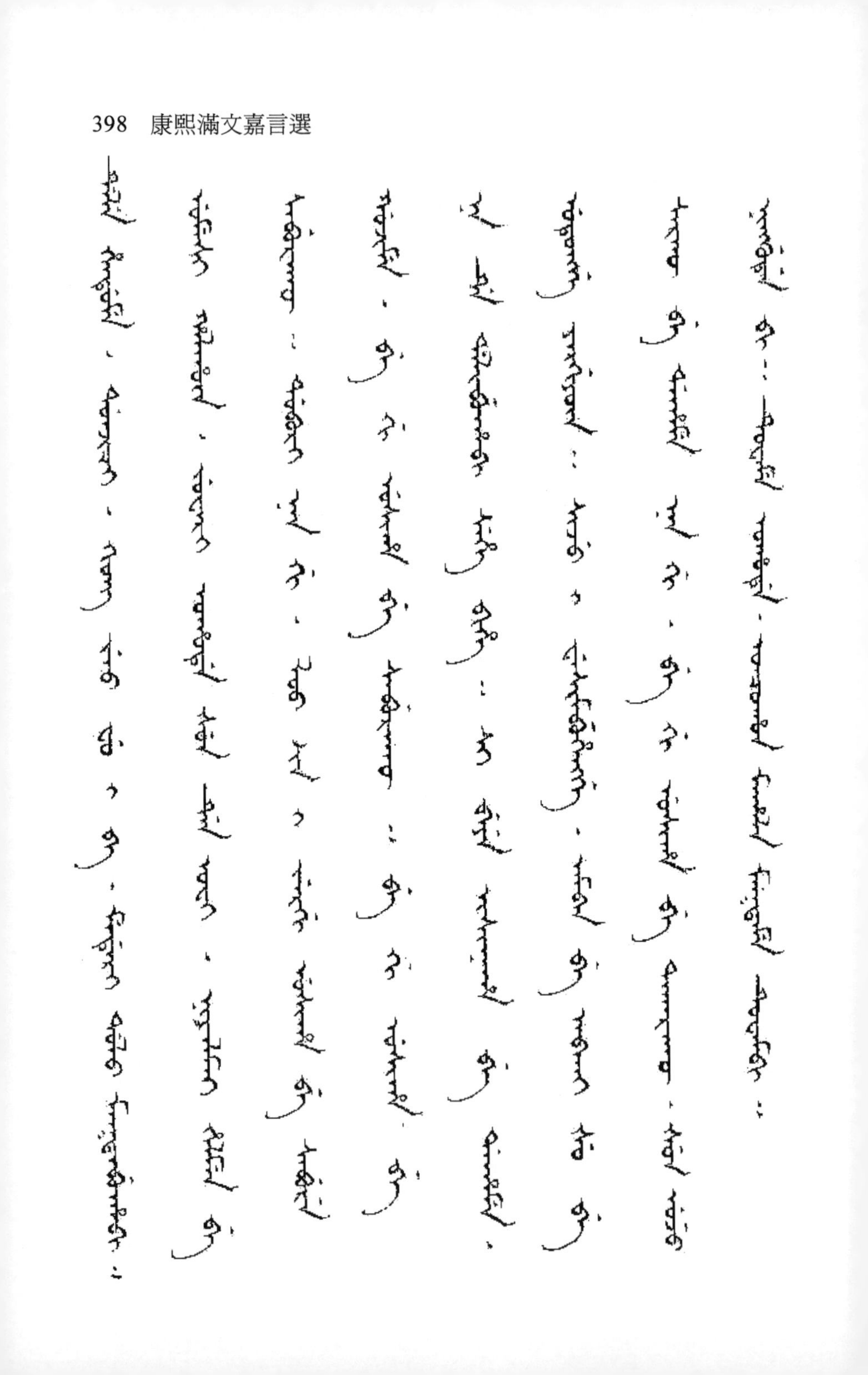

# 一八七、南極老人

dele hendume, donjici, kiong jeo fu i ba, mederi dolo maktabuhabi. umesi halhūn, juwari ohode šun den ofi, niyalmai helmen be saburakū. dobori nan gi. loo zin i jergi usiha be sabure gojime. be gi usiha be saburakū. be gi usiha be na de dalibuhabi sehe bihe. si beye isinaha be dahame, utungge yargiyūn. siju i wesimbuhengge, amban be abkai šu be sarkū be dahame, nan gi, be gi usiha be takarakū, šun uju ninggude bi. tuwame ohode, oncohon mahala maktame tuwambi.

---

上曰：聞瓊州府偏居海中，甚爲炎熱，至夏時日高則不見人影，夜間止見南極、老人等星，並不見北極星，北極星被地遮揜。爾親至彼處，果如是否？石柱奏曰：臣等不知天文，不識南極、北極等星，但日在頭上仰面而視。

---

上曰：闻琼州府偏居海中，甚为炎热，至夏时日高则不见人影，夜间止见南极，老人等星，并不见北极星，北极星被地遮揜。尔亲至彼处，果如是否？石柱奏曰：臣等不知天文，不识南极、北极等星，但日在头上仰面而视。

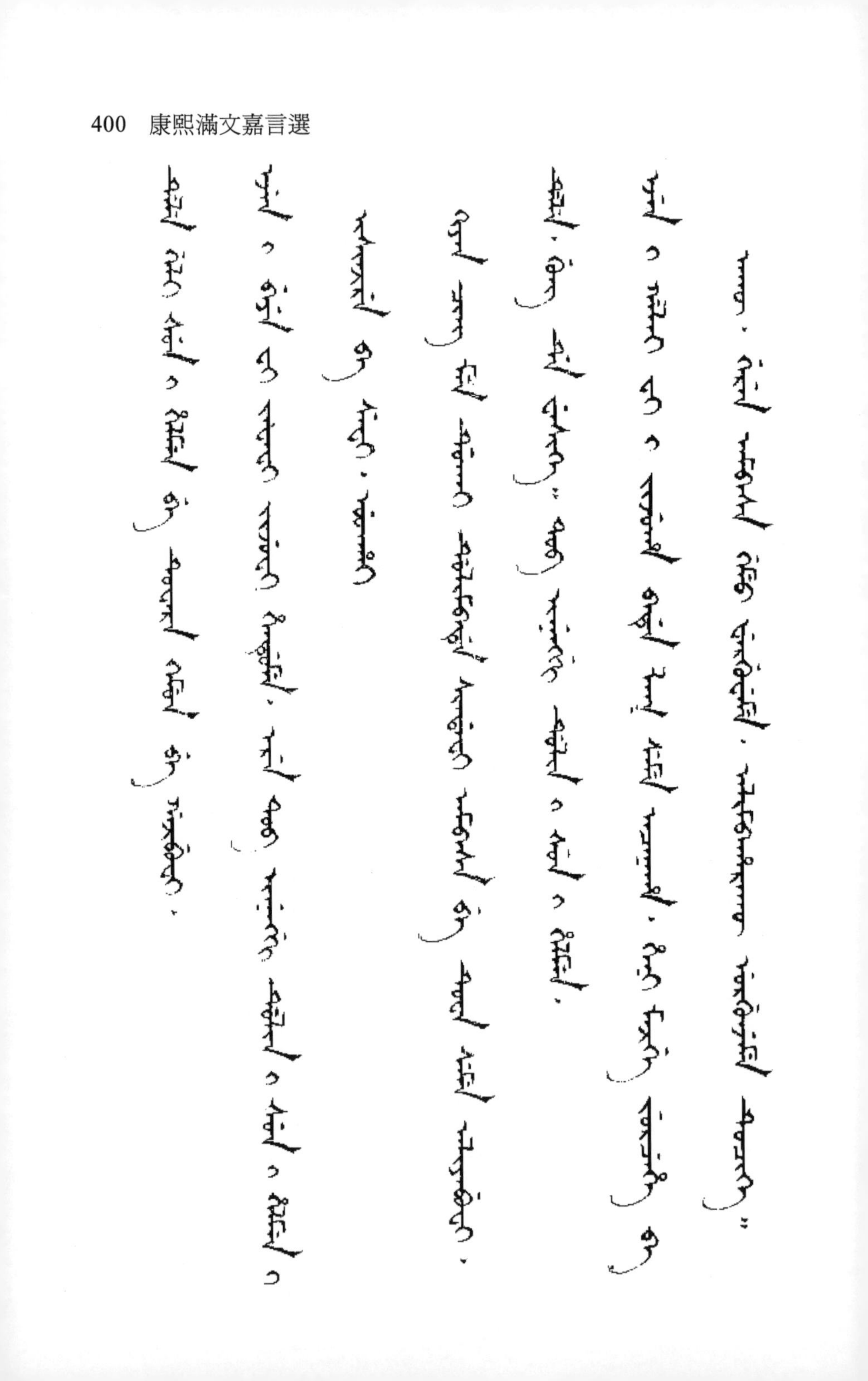

# 一八八、測日晷表

dele geli šun i helmen be tuwara kemun be gajibufi, ejen i beye fi jafafi jijufi hendume, ere tob inenggi dulin i šun i helmen i isinjire ba sefi, uthai kiyan cing men dukai dulimbade sindafi. ambasa be tuwa seme aliyabufi, dele gung de wesike. tob inenggi dulin i šun i helmen, ejen i galai fi i jijuha bade lak seme acanaha, heni majige jurcehe ba akū, geren ambasa gemu ferguweme, alimbaharakū urgunjeme tucike.

---

上又命取測日晷表，以御筆畫之曰：此正午日影所至之處，遂置乾清門正中，令諸臣候視，上回宮，至正午日影與御筆畫處，毫髮不爽，諸臣咸感激欣忭而出。

---

上又命取测日晷表，以御笔画之曰：此正午日影所至之处，遂置干清门正中，令诸臣候视，上回宫，至正午日影与御笔画处，毫发不爽，诸臣咸感激欣忭而出。

[illegible] ᡳ [illegible] ， [illegible] [illegible] ᡳ ᠪᡳ

[illegible] [illegible] [illegible] ， [illegible] [illegible] [illegible] [illegible] [illegible] [illegible]

[illegible] ᠠᡴᡡ [illegible] ， [illegible] [illegible] ᠪᡳ [illegible] ：：

[illegible] [illegible] ， [illegible] ᡳ ᠪᡳ [illegible] [illegible] [illegible] [illegible] [illegible] ， [illegible] ᡳ

[illegible] [illegible] [illegible] [illegible] ᠪᡳ [illegible] ， [illegible] [illegible] ᡳ ᠪᡳ

[illegible] ᠪᡳᡨᡥᡝ ， [illegible] ᠠᡴᡡ [illegible] ：：

# 一八九、日落不暗

kurene i wesimbuhengge, donjici aihūn i ba inenggi golmin dobori foholon, udu yamji šun tuheke seme asuru farhūn akū sembi, ere turgun be sarkū. dele hendume, aihūn i ba umesi dergi amargi ergide bi, šun i tucire tuherengge gemu dergi amargi ba ofi, tuttu aihūn i ba dobori foholon, farhūn akū sehe.

---

庫勒納奏曰：聞說黑龍江日長夜短，雖晚日落，不至甚暗，不知何故？上曰：黑龍江極東北之地，日出日入，皆近東北方，所以黑龍江夜短，日落亦不甚暗。

---

库勒纳奏曰：闻说黑龙江日长夜短，虽晚日落，不至甚暗，不知何故？上曰：黑龙江极东北之地，日出日入，皆近东北方，所以黑龙江夜短，日落亦不甚暗。

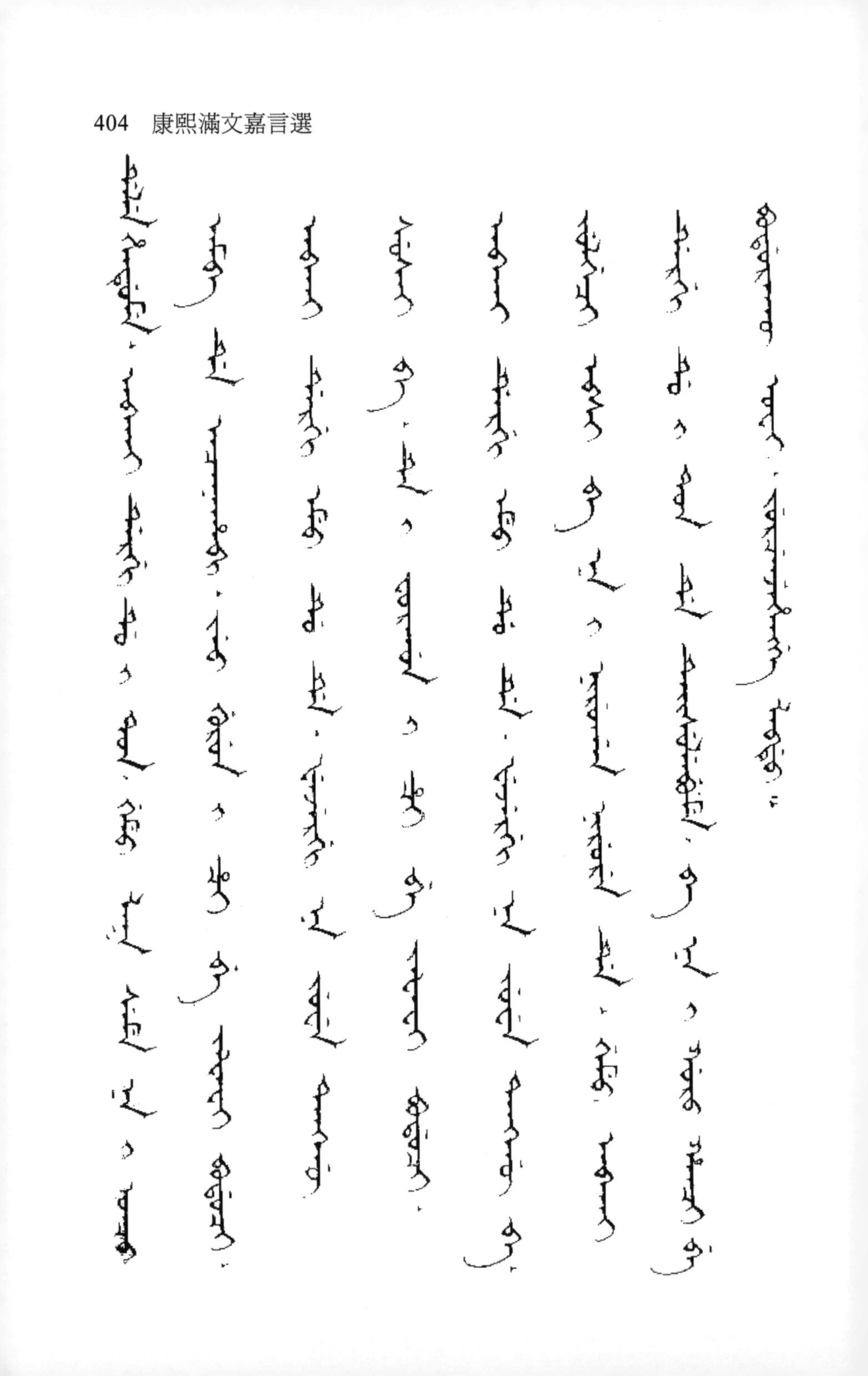

[illegible]

# 一九〇、天上度數

dele hendume, abkai dergi du i ton, gemu lak seme na i onco amba de acanahabi, jeo gurun i cy be jafafi bodoci, abkai dergi emu du de, fejergi na juwe tanggū susai ba, te i forgon i cy be jafafi bodoci, abkai dergi emu du de, fejergi na juwe tanggū ba, julgeci ebsi ba na i nirugan nirure de, gemu abkai dergi du i ton de teisulebume, ba na i goro hanci be bodorakū ofi, jurcenjehengge labdu.

---

上曰：天上度數俱與地之寬大脗合，以周時之尺算之，天上一度，即有地下二百五十里，以今時之尺算之，天上一度，即有地下二百里，自古以來，繪輿圖者，俱不准照天上之度數推算地理之遠近，故差誤者多。

---

上曰：天上度数俱与地之宽大脗合，以周时之尺算之，天上一度，即有地下二百五十里，以今时之尺算之，天上一度，即有地下二百里，自古以来，绘舆图者，俱不准照天上之度数推算地理之远近，故差误者多。

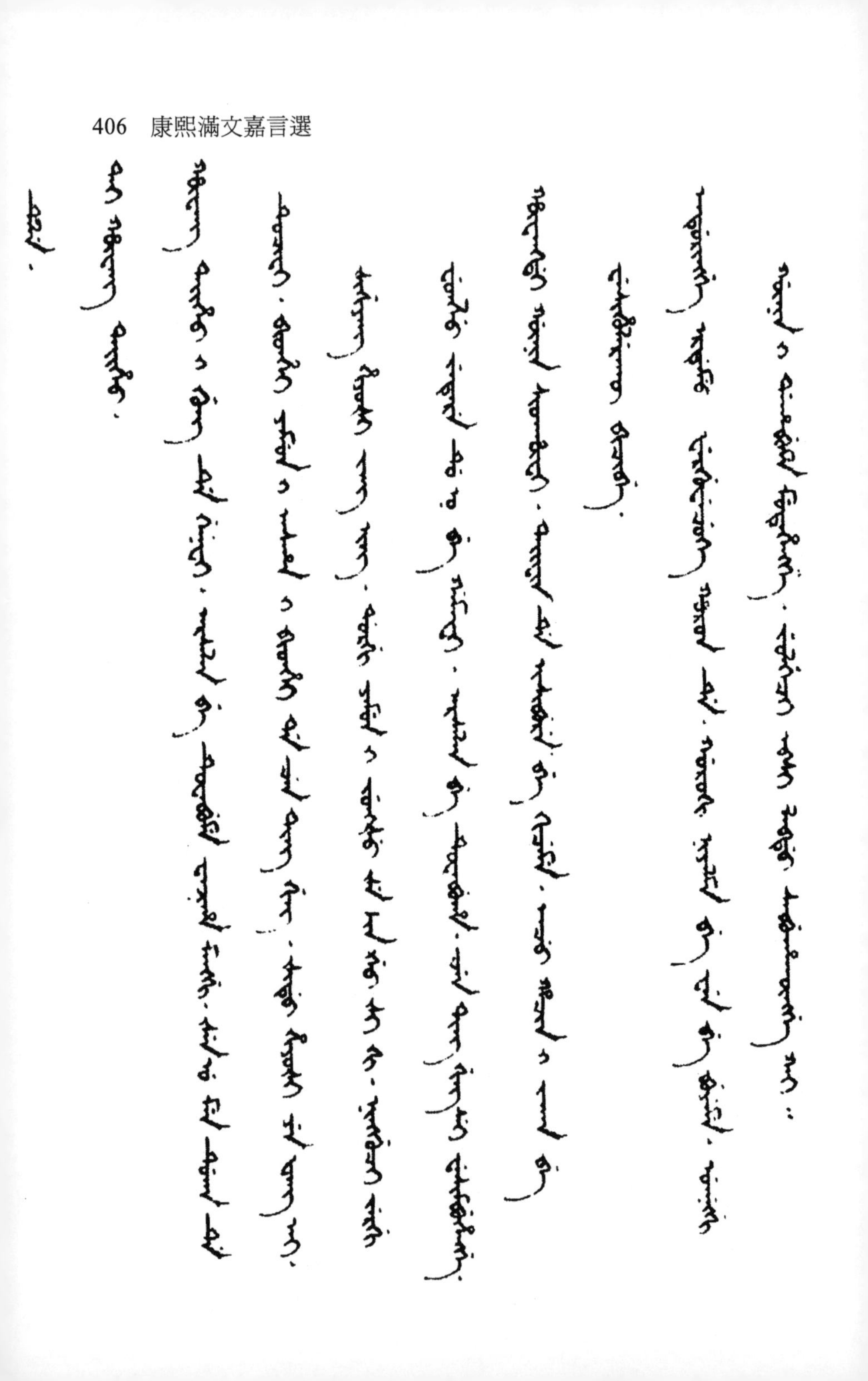

[illegible]

[illegible]

[illegible]

[illegible]

[illegible]

[illegible]

[illegible]

[illegible]

[illegible]

# 一九一、西洋獅子

dele, tai hūwang taiheo, hūwang taiheo i gung de genefi, arsalan be tuwabume wajiha manggi. šen u men duka de tucifi, bithei yamun i ashan i bithei da cen ting ging, šidu hiyoši ye fang ai, šigiyang hiyoši jang ing. dorgi yamun i jungšu še zin g'ao ši ki, ningguci jergi funglu jetere du no be gamafi, arsalan be tuwabuha, cen ting ging sei wesimbuhengge, hūwangdi gūnin sithūfi, taifin de isibure be kiceme, encu hacin i jaka be wesihulerakū bicibe, enduringge erdemu ferguwecuke horon de, goroki niyalma be wen be buyeme, unenggi gūnin i dahabume mutehengge, julgeci ebsi labdu sabuhakūngge kai.

---

上詣太皇太后、皇太后宮，恭進獅子，閱畢，御神武門，召掌院學士陳廷敬、侍讀學士葉芳藹、侍講學士張英、內閣中書舍人高士奇，支六品俸杜訥同觀獅子。陳廷敬等奏言，皇上加意至治，不貴異物，而聖德神威，能使遠人慕化歸誠，自古不可多覯。

---

上诣太皇太后、皇太后宫，恭进狮子，阅毕，御神武门，召掌院学士陈廷敬、侍读学士叶芳蔼、侍讲学士张英、内阁中书舍人高士奇，支六品俸杜讷同观狮子。陈廷敬等奏言，皇上加意至治，不贵异物，而圣德神威，能使远人慕化归诚，自古不可多觏。

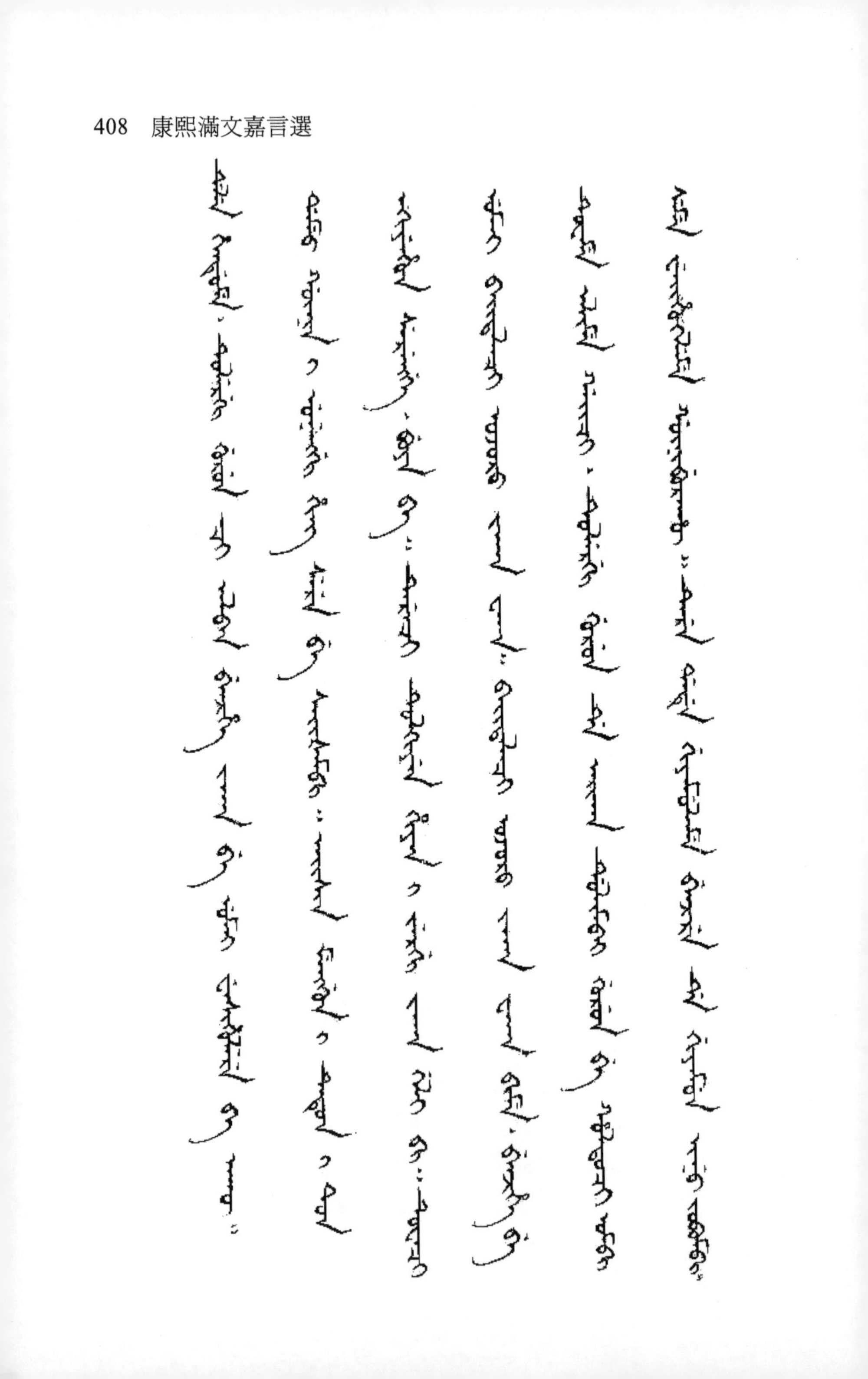

[illegible]

[illegible]

[illegible]

[illegible]

[illegible]

[illegible]

# 一九二、外國進貢

dele hendume, tulergi gurun ci alban benjihe jaka be umai wesihulere ba akū. damu gūnin i unenggi hing sere be saišambi. aisin menggun i tetun i ton ekiyehun serengge, buya ba. tereci tulgiyen hiyan i jergi jaka geli bi. tuwaci umai baitalaci ojoro jaka waka. baitalaci ojoro jaka waka bime, benjihe be tuwame alime gaici, tulergi gurun de aika dulimbai gurun be holtoci ombi seme weihukeleme gūniburahū. tere dade giyamulame benjire de giyamun inu jobombi.

---

上曰：外國進貢之物，原不足重，但嘉其誠意而已，金銀器皿短少，乃是小事，外尚有香等各種，皆非可用之物，物既無用，照所貢盡數收之，恐外國輕視中國，以爲可欺，且驛地傳送，亦屬煩苦。

---

上曰：外国进贡之物，原不足重，但嘉其诚意而已，金银器皿短少，乃是小事，外尚有香等各种，皆非可用之物，物既无用，照所贡尽数收之，恐外国轻视中国，以为可欺，且驿地传送，亦属烦苦。

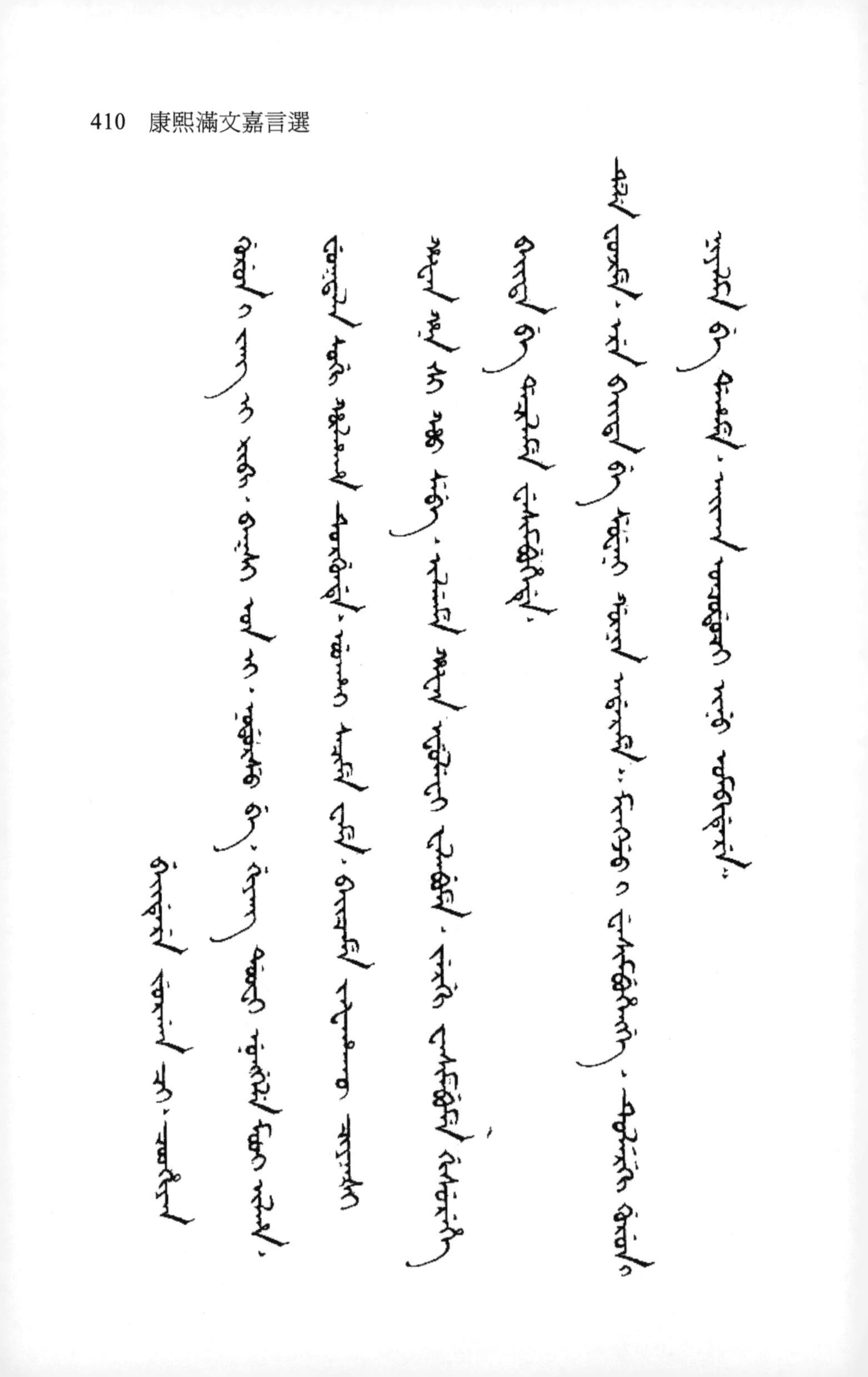

# 一九三、外人從寬

beidere jurgan ci, coohiyan gurun i jang i ribi, baksi on i, nodorsu be, giyang doofi nunggele mooi ilha, fuktala sogi hūlhaha turgunde, uthai sacime wame, baicame jafahakū ciyanši hafan han ši hoo sebe, ilgame hafan efulefi falabume, jergi wasimbume gisurehe baita be dacilame wesimbuhede, dele fonjime, ere baita be suweni gūnin adarame. mingju i wesimbuhengge, tulergi gurun i niyalma be dahame, aika oncodoci inu ombidere.

---

刑部議朝鮮人張以立、朴時雄、奴道所因渡江取椵椴、蕨菜，相應立斬，其不行查緝僉事韓是豪等分別革職流徙降級事。上問曰：此事爾以爲何如？明珠奏曰：外國人似可寬免。

---

刑部议朝鲜人张以立、朴时雄、奴道所因渡江取椵椴、蕨菜，相应立斩，其不行查缉佥事韩是豪等分别革职流徙降级事。上问曰：此事尔以为何如？明珠奏曰：外国人似可宽免。

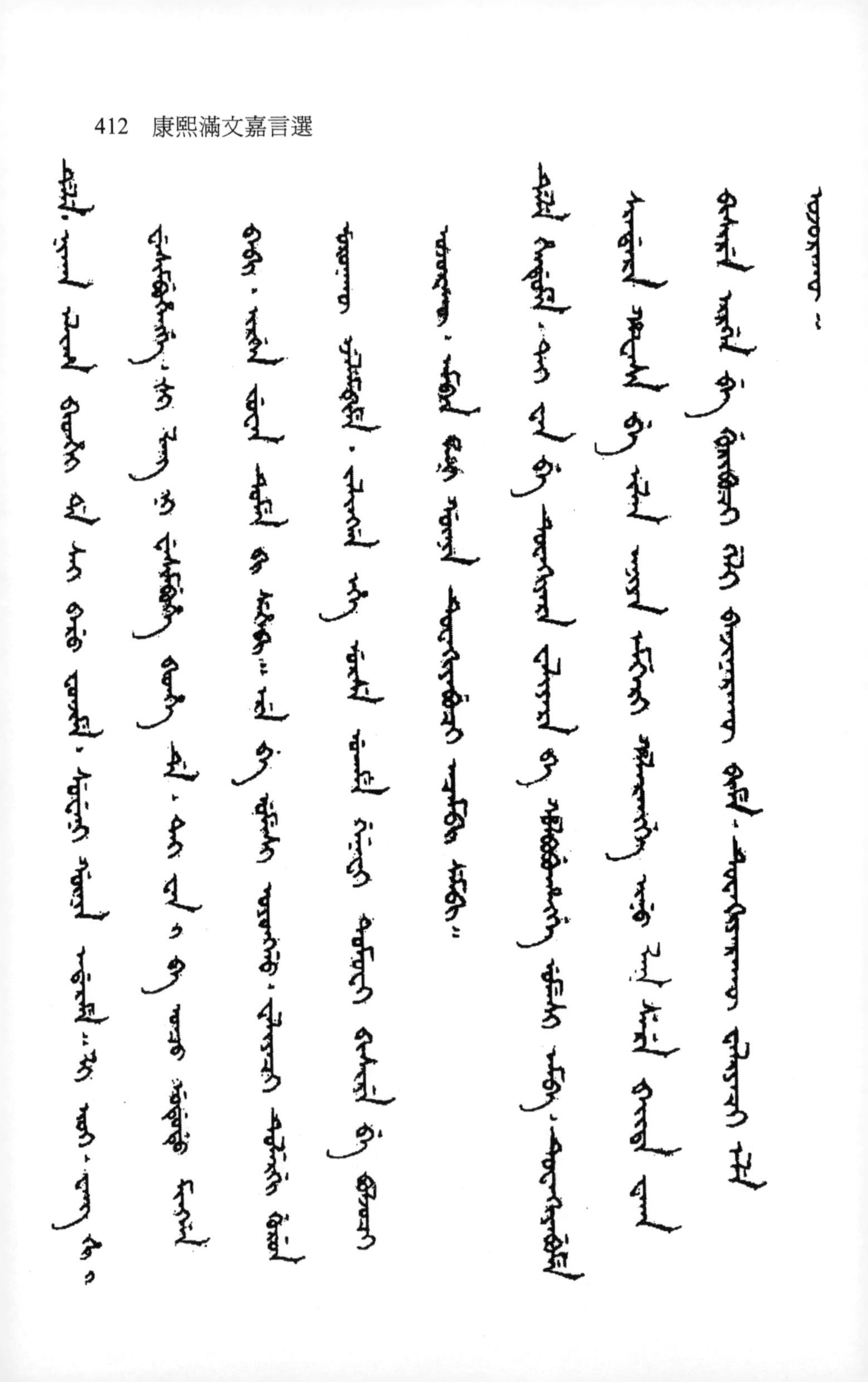

# 一九四、臺灣棄取

dele nikan aliha bithei da sai baru fonjime, suweni gūnin adarame. li ioi, wang hi i wesimbuhengge, ši lang ni wesimbuhe bithe de, tai wan i ba onco ududu minggan babi, irgen juwan tumen bi sehebi. ere ba umesi oyonggo, waliyaci tulergi gurun urunakū ejelembime, jalingga ehe urse ukame genefi tomofi bisire be boljoci ojorakū, amban meni gūnin tuwakiyabuci acambi sembi. dele hendume, tai wan be tuwakiyara waliyara ba holbobuhangge umesi amba, tuwakiyabume sindara hafasa be ilan aniya emgeri halarangge inu lak sere baita waka, bisire irgen be guribuci geli banjinarakū bime, tuwakiyarakū waliyaci ele ojorakū.

---

上顧漢大學士等曰：爾等之意若何？李霨、王熙奏曰：據施琅奏內稱，臺灣有地數千里，人民十萬，則其地甚要，棄之必爲外國所踞，姦宄之徒，竄匿其中，亦未可料，臣等以爲守之便。上曰：臺灣棄取，所關甚大，鎭守之官，三年一易，亦非至當之策，若徙其人民，又恐致失所，棄而不守，尤爲不可。

---

上顾汉大学士等曰：尔等之意若何？李霨、王熙奏曰：据施琅奏内称，台湾有地数千里，人民十万，则其地甚要，弃之必为外国所踞，奸宄之徒，窜匿其中，亦未可料，臣等以为守之便。上曰：台湾弃取，所关甚大，镇守之官，三年一易，亦非至当之策，若徙其人民，又恐致失所，弃而不守，尤为不可。

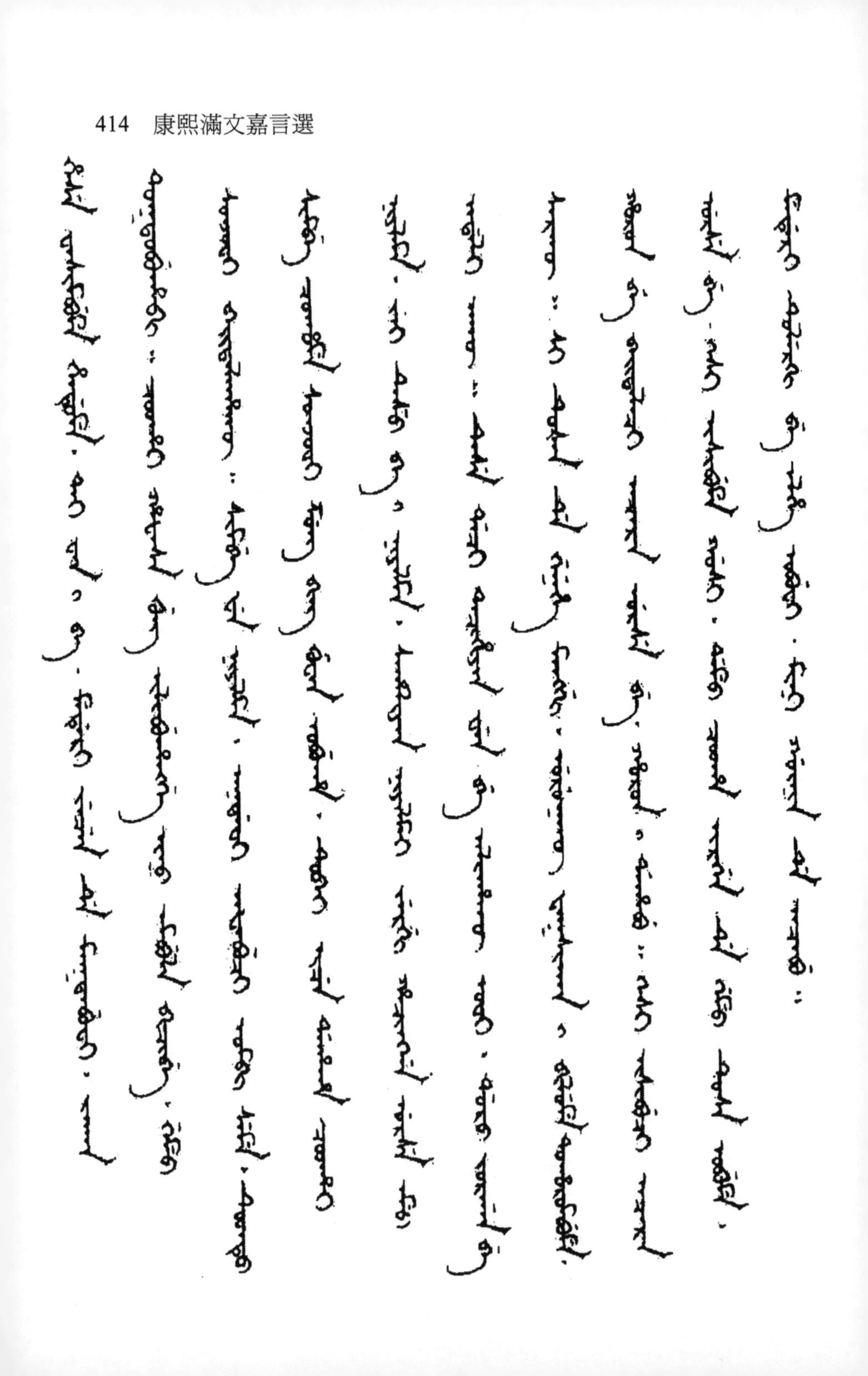

# 一九五、海外晏安

hese wasimbume hendume, tai wan i ba, mederi jecen de maktabufi, jakan toktobuhabi. coohai hafasa gung ilibuhangge inu ambula bicibe, gemu sonjofi baitalahakū. simbe fe niyalma, akdafi afabuci ombi seme, tuttu simbe cohome sonjofi dzung bing guwan obuha, tubai ice dahaha coohai niyalma, jai tesu ba niyalma, sahaliyan niyalmai jergi hacingga urse emu adali akū. tese daci tacihiyan wen be alihakū ofi, doro jurgan be sarkū. si tušan de genehe manggi, urunakū faksikan i bilume tohorombume, horon be baitalaci acara urse be, horon i dahabu. kesi isibuci acara urse be, kesi isibume gosi, damu cooha irgen de gemu tusa obume, mederi tulergi be elhe obufi, mini gūnin de acabu.

---

諭曰：臺灣遠在海隅，新經底定，將弁立功者頗多，俱未簡用，因爾係舊人，可以委任，故特簡爾爲總兵官。彼處新附兵丁以及土人、黑人，種類不一，向來未沾教化，不知禮義，爾到任務期撫輯有方，宜用威者，懾之以威；宜用恩者，懷之以恩，總在兵民兩便，海外晏安，以稱朕意。

---

谕曰：台湾远在海隅，新经底定，将弁立功者颇多，俱未简用，因尔系旧人，可以委任，故特简尔为总兵官。彼处新附兵丁以及土人、黑人，种类不一，向来未沾教化，不知礼义，尔到任务期抚辑有方，宜用威者，慑之以威；宜用恩者，怀之以恩，总在兵民两便，海外晏安，以称朕意。

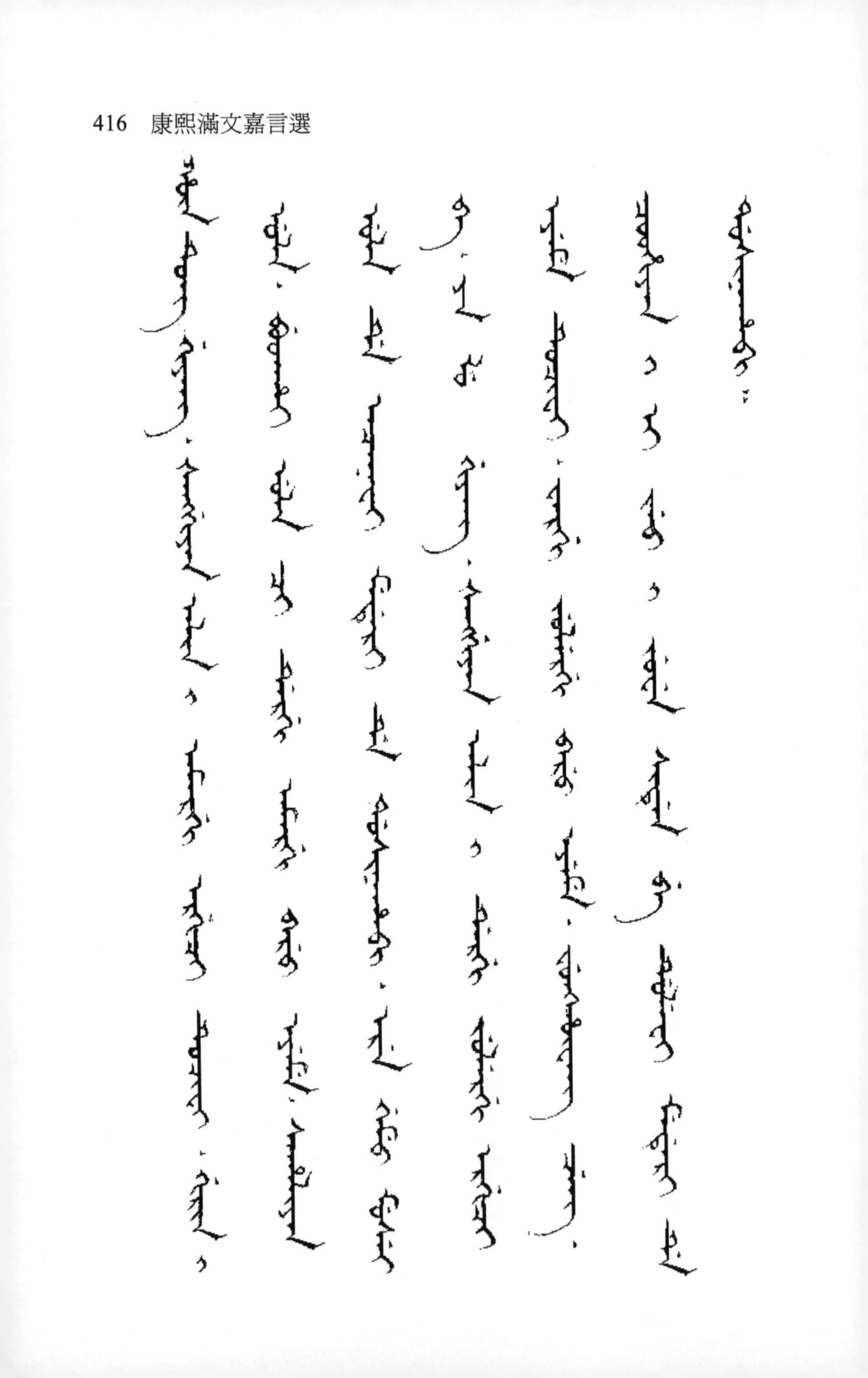

# 一九六、以江為界

hūn tung giyang, šanggiyan alin i amargi ergici tucifi, girin i ula, buthai ula ci dergi amargi baru eyeme, sahaliyan ula de acanafi mederi de dosinahabi, ere gemu musei ba, ya lu giyang, šanggiyan alin i dergi julergi ergici eyeme tucifi, wargi julergi baru eyeme, funghūwang ceng, coohiyan i i jeo i juwe siden be dulefi mederi de dosinahabi.

---

混同江自長白山後流出，由船廠、布塔哈烏拉向東北流，會於黑龍江入海，此皆係我們地方。鴨綠江自長白山東南流出，向西南而往由鳳凰城，朝鮮國義州兩間流入於海。

---

混同江自长白山后流出，由船厂、布塔哈乌拉向东北流，会于黑龙江入海，此皆系我们地方。鸭绿江自长白山东南流出，向西南而往由凤凰城，朝鲜国义州两间流入于海。

ᠪᡝᠶᡝ ᡤᡡᠨᡳᠨ ᠮᡠᠵᡳᠯᡝᠨ ᠪᡝ ᠪᡳ ᠨᡳᠶᠠᠯᠮᠠ ᡳ ᠰᠠᡳᠨ ᠰᠠᡳᠰᠠ ᡤᡡᠰᡝᠮᡝ ᠣᠴᡳ ᠨᡳᠶᠠᠯᠮᠠ ᡳ ᠰᠠᡳᠰᠠ ᠰᠠᡳᠰᠠ ᠵᡠᠸᡝᠩᡤᡝ ᡩᡝ ᠣᠴᡳ ᠨᡳᠶᠠᠯᠮᠠ ᠣᠴᡳ ᡨᡠᠸᠠᡵᡳ ᠪᡠᠯᡝᡴᡠᡧᡝᠮᡝ ᡤᡳᠯᡝᡴᡝ ᠨᡳᠶᠠᠯᠮᠠ ᡥᡡᠰᡠᠨ ᠪᡝ ᡤᡝᠮᡠ ᡩᡝ ᡳᠰᡳᠨᠠᡵᠠ ᠪᠠᡳᠨᡳ ᡥᡡᠸᠠᠰᠠᠮᡝ ᠪᡝᠶᡝ ᠪᠠᡳᡨᠠ ᠰᡳᠮᠠᡵᡳ ᡨᡠᠸᠠᠮᡝ ᡝᡵᡝᠨᡨᡠᠮᡝ ᠪᡝᡳᠯᡝᡵᡝ ᠪᡝᠯᡝᡥᡝ ᠰᡳᠮᡝ ᡝᡩᡠᠨ ᠪᡝᠯᡝᡥᡝ ᠨᡳᠶᠠᠯᠮᠠ ᡳ ᠰᠠᡳᠰᠠ ᡩᡝ ᡨᡠᠸᠠᠮᡝ ᡩᡝ ᠣᠴᡳ ᠨᡳᠶᠠᠯᠮᠠ ᡳ ᠪᡝᡳᠯᡝᡵᡝ ᡤᡳᠰᡠᠨ ᠪᠠᡥᠠᠪᡠᡵᡝ ᠪᡠᠯᡝᡴᡠᡧᡝᡵᡝ ᡥᡡᠰᡠᠨ ᠣᠴᡳ ᠪᠣᠯᠣᠮᡝ ᡤᡳᠰᡠᠨ ᠨᡳᠶᠠᠯᠮᠠ ᠣᠴᡳ ᠮᡠᠵᡳᠯᡝᠨ ᠪᡠᠯᡝᡴᡠᡧᡝᠮᠪᡳ᠉ ᡳᠰᡳᠮᡝ ᡥᡡᠸᠠᠰᠠᠮᡝ ᠪᡠᠯᡝᡴᡠ ᠪᡝ ᠨᡳᠶᠠᠯᠮᠠ ᠣᠴᡳ ᠮᡝᠨᡳ ᠨᡳᠶᠠᠯᠮᠠ ᠪᡳ ᠪᡳᡨᡥᡝ ᡝᡩᡠᠨ ᠨᡳᠶᠠᠯᠮᠠ ᡳ ᠪᠠᡳᠨᡳ ᠣᠴᡳ ᠪᡝ ᠰᠠᡳᠰᠠ ᡝᡵᡩᡝᠮᡠ ᠣᠴᡳ ᡤᡝᠮᡠ ᡩᡝ ᡳᠪᡝᡴᡝ ᠠᡴᡡ᠉

# 一九七、鴨綠土門

dele geli hendume, ya lu giyang ni wargi amargi musei ba, giyang ni dergi julergi coohiyan i ba, giyang be hešen obuhabi, tumen giyang, šanggiyan alin i dergi ergici tucifi, dergi julergi baru eyeme, mederi de dosinahabi, tumen giyang ni wargi julergi coohiyan i ba, giyang ni dergi amargi musei ba, inu giyang be hešen obuhabi, ere gemu getuken, damu ya lu giyang, tumen giyang, ere juwe giyang ni siden, ba na adarame bihe be getuken i sarkū.

---

上又曰：鴨綠江之西北，係我們地方，江之東南，係朝鮮地方，以江爲界。土門江自長白山東邊流出，向東南流入於海，土門江西南，係朝鮮地方，江之東北，係我們地方，亦以江爲界。此處俱已明白，但鴨綠江、土門江二江之間，地方緣由，知之不明。

---

上又曰：鸭绿江之西北，系我们地方，江之东南，系朝鲜地方，以江为界。土门江自长白山东边流出，向东南流入于海，土门江西南，系朝鲜地方，江之东北，系我们地方，亦以江为界。此处俱已明白，但鸭绿江、土门江二江之间，地方缘由，知之不明。

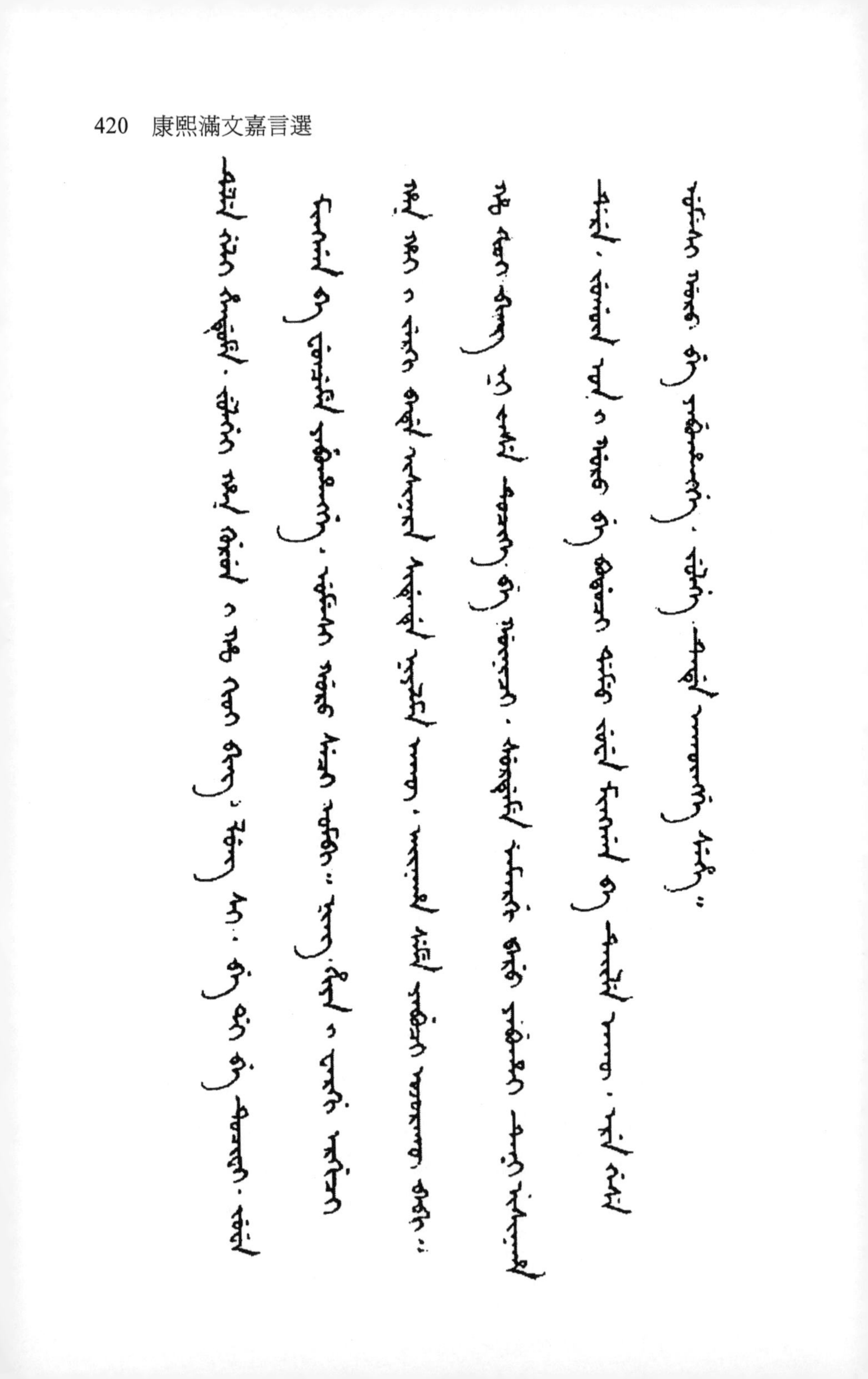

# 一九八、西域瀚海

dele geli hendume, julgei han gurun i ho kioi bing, lung si, be di be tucifi, juwe minggan ba funceme yabuhangge, umesi goro seci ombi. ning hiya i wargi ergici han hai i jergi bade isinara sidende niyalma akū, ainaha seme yabuci ojorakū babi. ho kioi bing ni jase tucike be gūnici, šurdeme amargi baru yabuhai teni isinaha dere, jugūn on i goro be bodoci damu juwe minggan ba teile akū, ere gese umesi goro be yabuhangge, julge tede akūngge sehe.

---

上又曰：昔漢霍去病出隴西北地二千餘里，可稱極遠。自寧夏以西至瀚海諸處多有絕無人烟，必不可行之地。計霍去病出塞必迂道而北始可前進，道里迢遙，當不止二千里，如此絕遠，亦古今所未有也。

---

上又曰：昔汉霍去病出陇西北地二千余里，可称极远。自宁夏以西至瀚海诸处多有绝无人烟，必不可行之地。计霍去病出塞必迂道而北始可前进，道里迢遥，当不止二千里，如此绝远，亦古今所未有也。

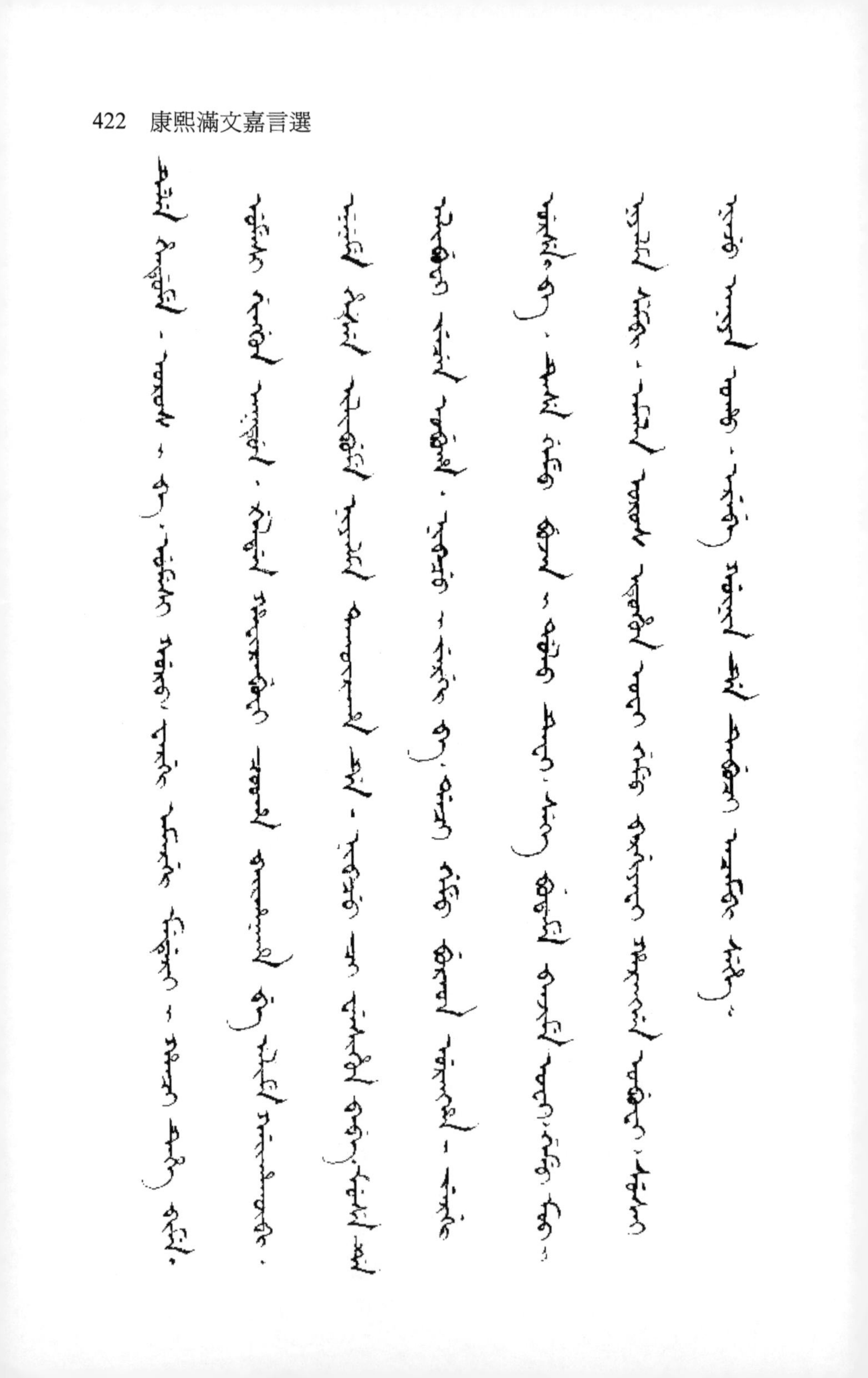

[illegible]

[illegible]

[illegible]

[illegible]

[illegible]

[illegible]

[illegible]

# 一九九、林木中人

dele hendume, oros i ba, umesi goro, wargi amargi mederi i hanci tehe bime, umesi ginggun akdun, g'aldan hafirabufi cooha baihanaha be alime gaihakūbi, neneme hešen ilibume niyalma takūraha de, nibcu ci wesihun babe, muse de alibufi jecen obuha, nibcu i jergi ba, daci gemu burat urangga i jergi urse i ba, tese gemu bujan i dolo tefi, seke butame banjime ofi, gemu moo i niyalma sembi. amala oros etuhun ofi gemu bargiyafi harangga obufi, susai ninju aniya oho, erebe gūnin de tebuci acambi sehe.

---

上曰：鄂羅斯地方遙遠，僻處西北海隅，然甚誠敬。噶爾丹窘迫求救，彼曾拒而不答。曩者遣人分畫邊界，即獻尼不除地以東爲界。尼不除等處原係布拉忒吳郎海諸部落之地，彼皆林居，以捕貂爲業，人稱之爲木中人。後鄂羅斯強盛，遂併吞之，已五六十年矣，即此允當軫念也。

---

上曰：鄂罗斯地方遥远，僻处西北海隅，然甚诚敬。噶尔丹窘迫求救，彼曾拒而不答。曩者遣人分画边界，即献尼不除地以东为界。尼不除等处原系布拉忒吴郎海诸部落之地，彼皆林居，以捕貂为业，人称之为木中人。后鄂罗斯强盛，遂并吞之，已五六十年矣，即此允当轸念也。

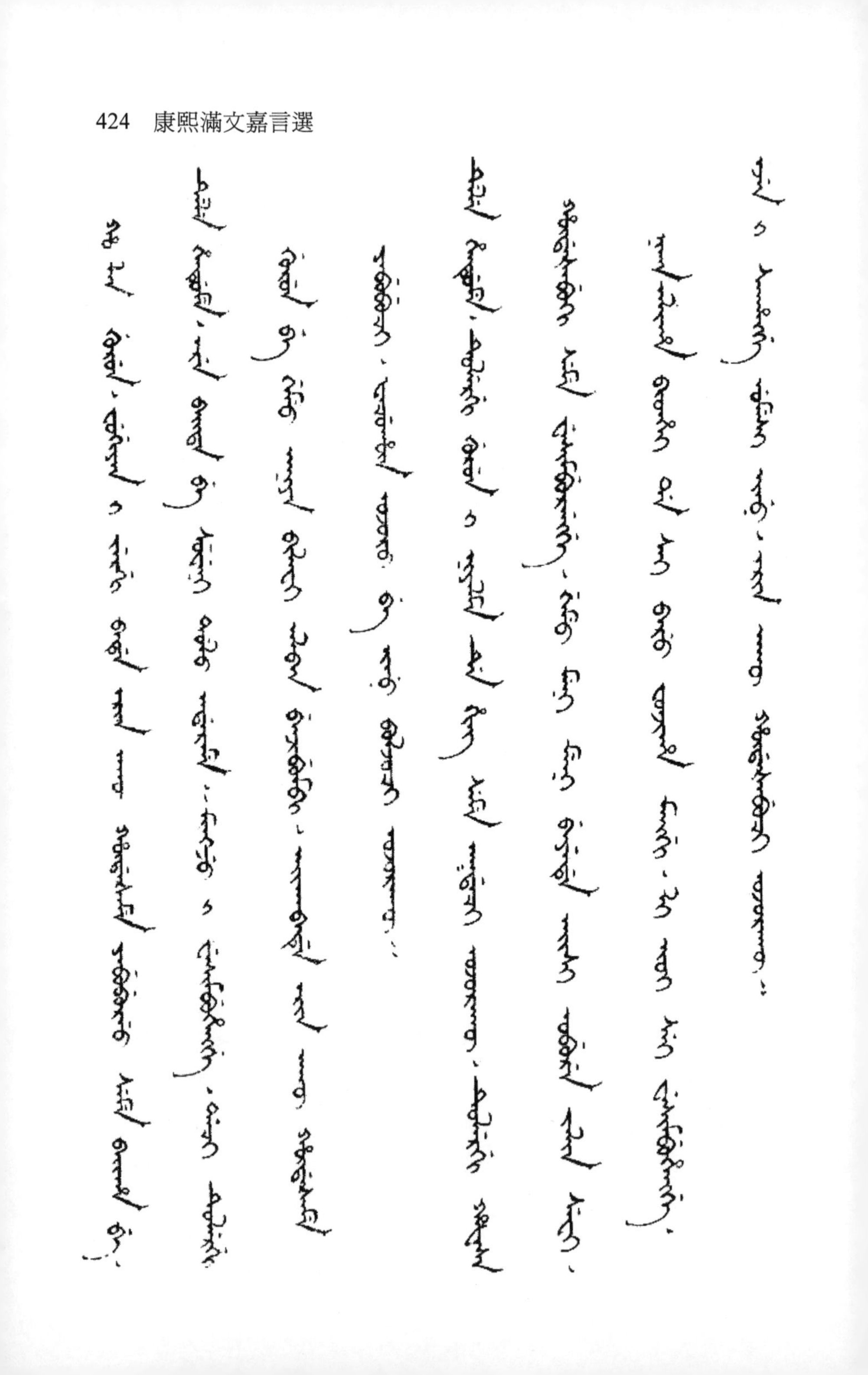

# 二〇〇、荷蘭互市

ho lan gurun, fugiyan i jergi bade erin akū hūdašame yabubureo, seme baiha be, dele hendume, ere baita be suweni dolo adarame. mingju i wesimbuhengge, daci tulergi gurun be gemu aniya bilafi alban benjibumbi. aikabade erin akū hūdašame yabubuci, facuhūn ojoro be inu boljoci ojorakū. dele hendume, tulergi gurun i niyalma de hing seme akdaci ojorakū, tulergi hafasa hūdašabaki seme wesimburengge, gemu meni meni beyede aisi obure jalin sefi, nikan aliha bithei da sai baru fonjiha manggi, li ioi sei wesimbuhengge, ejen i sahangge umesi inu, erin akū hūdašabuci ojorakū.

---

荷蘭國請於福建地方不時互市，上曰：此事爾等之意如何？明珠奏曰：從來外國入貢，各有年限，若令不時互市，恐有妄行，亦未可定。上曰：外國人不可深信，在外官員奏請互市，各圖自利耳。因顧問漢大學士等，李霨等奏曰：皇上睿見極當，不時互市，必不可行。

---

荷兰国请于福建地方不时互市，上曰：此事尔等之意如何？明珠奏曰：从来外国入贡，各有年限，若令不时互市，恐有妄行，亦未可定。上曰：外国人不可深信，在外官员奏请互市，各图自利耳。因顾问汉大学士等，李霨等奏曰：皇上睿见极当，不时互市，必不可行。

國家圖書館出版品預行編目資料

康熙滿文嘉言選：都俞吁咈 / 莊吉發編譯. -- 初版 -- 臺北市：文史哲, 民 102.1
面； 公分（滿語叢刊；18）
ISBN 978-986-314-078-8（平裝）

1.滿語 2.格言

802.9138 102000853

滿語叢刊 18

# 康熙滿文嘉言選

## 都俞吁咈

編譯者：莊吉發
出版者：文史哲出版社
http:// www.lapen.com.tw
e-mail:lapen@ms74.hinet.net
登記證字號：行政院新聞局版臺業字五三三七號
發行人：彭正雄
發行所：文史哲出版社
印刷者：文史哲出版社
臺北市羅斯福路一段七十二巷四號
郵政劃撥帳號：一六一八〇一七五
電話886-2-23511028・傳真886-2-23965656

實價新臺幣五八〇元

中華民國一〇二年（2013）元月初版



ISBN 978-986-314-078-8 65118